商管**全華圖書**
叢書 BUSINESS MANAGEMENT

U0044911

金融市場

第 **4** 版

Financial Market

李顯儀　編著

四版序

　　本書此次改版，除了更新每章的金融數據、證照考題、實務案例與影片連結檔（教學光碟）外，再新增「金融小常識」專欄，以彌補課本內容與實務連結之不足。

　　由於全球金融市場變化太快，層面太廣，有時孤力並無法兼顧所有情勢，若內容有缺失之處，也盼學術先進們，給予寶貴的建議與指正，才能使教材更臻完善。

　　此次改版感謝商管部編輯昱潔的細心編修，美編部優秀的排版，以及業務部門的推廣，才能讓此書順利改版發行。最後，感謝所有用書的師生們，有您們的鼓勵，才能讓本書有不斷精進、往前邁進的機會。

　　個人對本書改版之修訂與補充雖竭盡心力，傾全力以赴，奈因個人才疏學淺，謬誤疏忽之處在所難免，敬祈各界先進賢達不吝指正，以匡不逮。若有賜教之處請email 至 :k0498@gcloud.csu.edu.tw。

李顯儀 謹識

2021 年 8 月

作者序

近年來網路通訊、行動裝置的發達；使得金融交易更具效率、市場與機構的運作與經營型態，亦產生著實的變化。且市場上因前些年，全球金融大海嘯的影響，使得金融監理與財務操作，更趨的嚴格與謹慎。但全球金融市場的投資動態與金融創新，仍每日持續的變化著，所以從事財金相關領域的工作者，必須不斷的自我充實，才能跟得上時代的脈動。

因此財金類的相關教科書內容，也必須隨時依市場的變化而修訂，才能符合實務所需。個人早期在編撰金融實務相關教材時，當年（1998 年）正值臺灣金融商品與創新操作，開始蓬勃發展之際。當時坊間，一直缺乏有系統整理與介紹的相關教科書；個人將當時大量且創新的金融商品與操作常識，有系統的整理於書中，感謝實務界與學術界的支持與愛護，才使得內容不斷的更新進步。

本書仍依循著以往編撰金融實務教材之風格，以實務為主，理論為輔；希望讓教材能兼顧理論又符合現實所用，也希望對教授者與讀者提供易教、易讀的書籍。以下為本書的主要特色：

1. 章節架構循序漸進，內容敘述簡明易讀，並輔以豐富圖表，有利教學。

2. 每章節皆附「實務案例與其短評」，讓課本內容與實務相結合，以彰顯內容的重要性與應用性。

3. 章末習題分「基礎題」、「進階題」與「證照考題」，讓學生練習由易入難，且提供欲赴試者應考方向；另附各章題庫與詳解（教學光碟），可供教授者出習題與考題的方便性。

4. 另提供每章相關實務影片連結檔與解說（教學光碟），讓上課內容更加貼近實務，並藉以提昇學習興趣與效果。

本書能順利完成，首先，感謝全華圖書公司的厚愛，提供個人出版創作發揮的舞台；其次，感謝全華的奇勝、芸珊在出版上的協助；編輯斯淳提供精良與效率的編修、以及美編優秀的排版協助，才得使此書順利出版。再者，感謝同事們、太太與家人在校務與家務的協助，才讓個人能較專心的投入寫作。最後，將此書獻給具

教養之恩的雙親——李德政先生與林菊英女士、以及具深摯手足之情的胞弟韋儀，個人的一切成就將歸屬於他們。

　　個人對本書之撰寫雖竭盡心力，傾全力以赴，奈因個人才疏學淺，謬誤疏忽之處在所難免，敬祈各界先進賢達不吝指正，以匡不逮。若有賜教之處請 email 至：davidlsy2@yahoo.com.tw 或 davidlsy3@gmail.com。

李顯儀 謹識

2015 年 10 月

目錄

第一篇 金融市場基礎篇

CHAPTER 01 金融市場概論

- 1-1 金融市場的簡介 1-2
- 1-2 金融市場的組織結構 1-6
- 1-3 金融市場的參與者 1-16
- 1-4 國內金融市場的發展近況 1-19
- 1-5 國際金融市場的發展近況 1-27

CHAPTER 02 金融機構

- 2-1 金融主管機構 2-3
- 2-2 金融服務機構 2-6
- 2-3 金融機構─貨幣機構 2-11
- 2-4 金融機構─非貨幣機構 2-15
- 2-5 影子金融機構 2-20

第二篇 金融現貨市場

CHAPTER 03 存放款市場

- 3-1 銀行的存放款市場 3-2
- 3-2 金融同業間拆款市場 3-11

Contents

CHAPTER 04 票券市場

- 4-1　票券市場的交易工具 4-2
- 4-2　票券市場的參與者 4-6
- 4-3　票券交易實務 4-9
- 4-4　臺灣的票券市場 4-21

CHAPTER 05 股票市場

- 5-1　股票的簡介 5-1
- 5-2　股票市場的結構 5-7
- 5-3　股票的發行 5-14
- 5-4　股票交易實務 5-17
- 5-5　臺灣的股票市場 5-27

CHAPTER 06 債券市場

- 6-1　債券的簡介 6-2
- 6-2　債券市場的組成 6-9
- 6-3　債券交易實務 6-16
- 6-4　資產證券化商品 6-21
- 6-5　臺灣的債券市場 6-26

目錄

CHAPTER 07 共同基金市場

- 7-1 基金的簡介 7-2
- 7-2 基金的種類 7-7
- 7-3 指數證券型基金 7-15
- 7-4 指數投資證券 7-25
- 7-5 不動產投資信託證券 7-29
- 7-6 基金交易實務 7-33
- 7-7 臺灣的基金市場 7-37

CHAPTER 08 外匯市場

- 8-1 外匯市場的簡介 8-1
- 8-2 匯率的簡介 8-7
- 8-3 外匯市場的交易工具 8-12
- 8-4 臺灣的外匯市場 8-23

第三篇 衍生性金融商品市場

CHAPTER 09 遠期合約

- 9-1 遠期合約的簡介 9-3
- 9-2 遠期利率合約 9-4
- 9-3 遠期匯率合約 9-10
- 9-4 債券遠期交易 9-15

Contents

CHAPTER 10 期貨市場

- 10-1 期貨商品的簡介 10-1
- 10-2 期貨市場的參與者 10-9
- 10-3 臺灣的期貨市場 10-15

CHAPTER 11 選擇權市場

- 11-1 選擇權的簡介 11-2
- 11-2 臺灣的選擇權市場 11-7
- 11-3 臺灣的權證市場 11-13

CHAPTER 12 金融交換

- 12-1 金融交換的簡介 12-2
- 12-2 利率交換 12-4
- 12-3 貨幣交換 12-10
- 12-4 股價交換 12-12
- 12-5 商品交換 12-14

目錄

第四篇 國際金融

CHAPTER 13 國際金融市場

- 13-1 歐洲通貨市場 13-3
- 13-2 國際資本市場 13-8
- 13-3 國際外匯市場 13-15
- 13-4 國際黃金市場 13-16
- 13-5 國際衍生性商品市場 13-19

CHAPTER 14 國際金融機構

- 14-1 國際貨幣基金 14-2
- 14-2 世界銀行集團 14-6
- 14-3 國際清算銀行 14-11
- 14-4 區域性國際金融機構 14-13
- 14-5 歐美的中央銀行 14-17

CHAPTER A 中英文索引   A-1

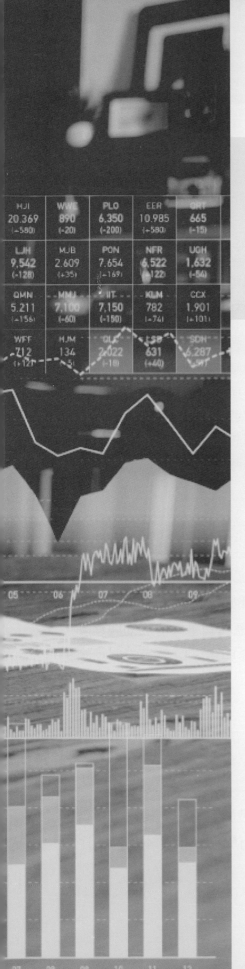

第一篇
金融市場基礎篇

Financial Market

　　無論個人的投資理財或企業的公司理財，都必須透過金融市場的運作才能順利達成。所以有關金融市場裡的相關種種事務，是現代人不可或缺的資訊與常識。本篇主要包含二大章，主要介紹金融市場的基本架構與相關的金融組織機構。此內容為學習金融市場該學科時，所必須先瞭解的基本架構與觀念。

Chapter 01　金融市場概論
Chapter 02　金融機構

金融市場概論

本章內容為金融市場概論,主要介紹金融市場的簡介、組織結構、參與者、以及國內與國際金融市場的發展近況等內容,其內容詳見下表。

節次	節名	主要內容
1-1	金融市場的簡介	介紹金融市場的形成、種類與功能。
1-2	金融市場的組織結構	介紹不同分類標準下的各種金融市場結構。
1-3	金融市場的參與者	介紹金融市場的主要參與者。
1-4	國內金融市場的發展近況	介紹國內金融市場的發展狀況與趨勢。
1-5	國際金融市場的發展近況	介紹國際金融市場的發展狀況與趨勢。

金融市場是所有現代人幾乎每天都會接觸到的地方,它是資金流動所形成的市場。無論個人的投資理財或企業的公司理財,都必須透過金融市場的運作才能順利達成。所以現代人對金融市場的相關事務,應具有基本的認知與理解。以下本章將逐一介紹金融市場的簡介、組織結構、參與者、以及國內與國際金融市場的近況發展等內容。

1-1 金融市場的簡介

金融市場(Financial Market)在整個經濟體系發展過程中,扮演著相當重要的角色,它是如何形成的?它有哪些種類?它具有哪些功能?本節將依序介紹之。

一、金融市場的形成

人類早期歷經以物易物的交換時期，爾後，循序漸進的創造出現代的貨幣。貨幣經過交易流通後，有些人聚集了許多閒置資金，但也有些人資金不足，便產生了資金供需不平衡的現象。人們爲了解決資金供需失衡的問題，產生資金交易流通的市場與場所，也就是「金融市場」（Financial Market）與「金融機構」（Financial Institutions），這是金融體系原始的雛型。

在現代經濟體系內，爲了讓資金的流動更方便，人們又創造出許多的「金融商品」（股票、債券等），當作資金流動的媒介，讓資金藉由這些金融商品的買賣，使資金流動更爲順暢。例如：公司缺資金時，可以發行股票，有閒置資金的某甲就去買股票，之後，某甲又可把股票賣給某乙，將錢收回，以此類推，資金的流動可藉由股票交易更爲活絡。

所以現代「金融體系」的運作：乃在「金融市場」內，將有資金剩餘的單位（資金供給者），透過各種金融商品的買賣，順利的流向資金不足的單位（資金需求者），其交易流通是經由「金融機構」來進行媒合與仲介。

當然，整個金融體系的運作，有些金融商品與資金，會在具有實體的場域進行交易，稱爲「有形金融市場」；但還有些其實只是在網路或電話上，並無固定的場域就可進行交易，稱爲「無形金融市場」。有關金融市場的形成圖，如圖 1-1 所示。

圖 1-1　金融市場形成圖

二、金融市場的種類

一般而言，金融市場將資金藉由各種金融商品的媒介交易，使其產生不同的交易市場、以及發揮各種不同的功能。例如：公司行號在進行營業活動時，若欠缺短期營業資金時，除了可透過銀行借貸外，亦可至「貨幣市場」發行票券，籌措短期資金；若需要長期資本資出時，除了可透過銀行進行長期融資外，亦可至「資本市場」發行股票或債券，籌措長期資金；若從事海外營業活動，則須透過「外匯市場」的運作，才能使國內外的資金順利的流通；若營業活動中收到不同幣別的遠期支票、匯票與信用狀，可透過「衍生性商品市場」中的遠期或期貨等合約進行避險。

因此企業或個人在進行融資、投資與避險活動時，必須透過各種金融商品，在不同類型的市場與機構的運作下，才能順利的完成交易。所以，基本上，金融市場若依「金融商品」的性質去區分，大致上可分成上段中，所提及的「貨幣」、「資本」、「外匯」、「衍生性商品」這四大市場。其中，「貨幣」、「資本」與「外匯」是屬於實體標的資產的「現貨市場」；另外，由「現貨」所對應衍生發展出來的商品市場，則稱為「衍生性商品市場」。以下將介紹這四種類型金融市場內的各類金融工具，圖 1-2 為金融市場的架構圖。

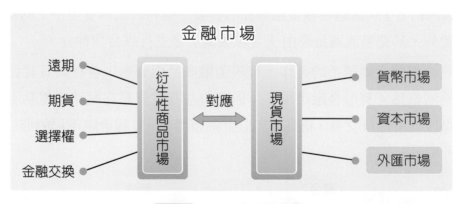

圖 1-2　金融市場架構圖

（一）貨幣市場

貨幣市場（Money Market）是指利用短期的信用交易工具，促使短期資金（1 年期以下）交易流動的市場。其市場主要功能，在於使短期資金能夠有效的運用，以提高流動性與變現性。通常貨幣市場又可分成「票券市場」與「金

融同業拆款市場」。其中,票券市場主要包括「國庫券」、「商業本票」、「承兌匯票」、「銀行可轉讓定存單」四種交易工具。

(二)資本市場

資本市場(Capital Market)是指提供長期(1年期以上)金融工具交易的市場。其市場主要功能,在於扮演中、長期資金供給與需求的橋樑,以促進資本流通與形成。通常資本市場主要包括「股票」與「債券」兩種交易工具,其乃是公司資本形成的兩大來源。

(三)外匯市場

外匯市場(Foreign Exchange Market)是指各種不同的外國通貨(包含外幣現鈔、銀行的外幣存款、外匯支票、本票、匯票及外幣有價證券)進行買賣交易的市場。外匯市場是連接國內與國外金融市場之間的橋樑;其主要功能在於幫助企業進行國際兌換與債權清算、融通國際貿易、調節國際信用、以及提供匯率風險的規避。

(四)衍生性金融商品市場

衍生性金融商品市場(Derivative Securities Market)是指依附於某些金融實體資產,所對應衍生出來的商品買賣的市場。其主要功能在於提供公司或投資人進行避險與投機的需求,並協助對金融現貨商品之未來價格進行預測。其主要商品有「遠期」、「期貨」、「選擇權」及「金融交換」等四種合約。

三、金融市場的功能

金融市場是資金供給者與需求者之間的橋梁,也是金融商品交易媒介的市場。經濟體系內有個健全的金融市場,對整個社會經濟的發展具有正面的功能。以下本處將說明健全的金融市場,在經濟社會裡所發揮的功能。

(一)促進資金流動

金融市場的運作將可促進資金流動效率,因為有市場的存在,資金供給者與需求者很容易找到交易對手,資金的移轉相對便利,也降低交易成本,且市場會提供即時的交易資訊,供將來的交易者參考,可提高交易效率,亦提高資金的流動效率。例如:公司欲籌措資金,可透過證券市場發行股票,向有閒置

資金的投資人籌資，之後又可將股票賣給其他投資人，這樣資金會藉由股票交易而流動。

（二）資產受到保障

金融市場可提供個人與公司資產（如：現金、有價證券）的儲存與保護，且提供避險管道（如：利用遠期合約或期貨合約），讓個人財產或廠商經營更具保障，增進整個經濟社會的安定。例如：
有一出口商，三個月後會有一筆美元的收入，但預期美元將來會貶值，會讓廠商收到美元後換成新臺幣變少，所以此廠商可以先向銀行承作三個月的遠期外匯，先去預訂將來要換匯的匯率，以保障外幣資產的價值。

（三）增進經濟發展

金融市場是整個經濟體系的一環，健全的金融市場可以促進公司資本的形成（如：公司從股票市場籌集資金），以利於提高公司的生產力，進而提升社會的就業率與所得水準，促進經濟繁榮發展。例如：公司缺乏資金時，可以到股票市場發行新股，將籌集的資金用於廠房設備的建置，以增加生產量，讓社會經濟成長；且新發行的股票交易，也可增加證券商手續費收入與政府稅收，同樣也促進經濟活絡。

1-2 金融市場的組織結構

一般而言，金融市場的組織結構，可以依據許多標準進行分類，以下我們將針對不同的分類標準進行說明之。

一、依資金籌措方式分類

通常企業在金融市場籌措資金，可經由兩種管道，分別為直接與間接管道，其兩種籌資管道示意圖，如圖 1-3 所示。有關國內這兩種籌資管道的統計圖，詳見圖 1-4 說明。

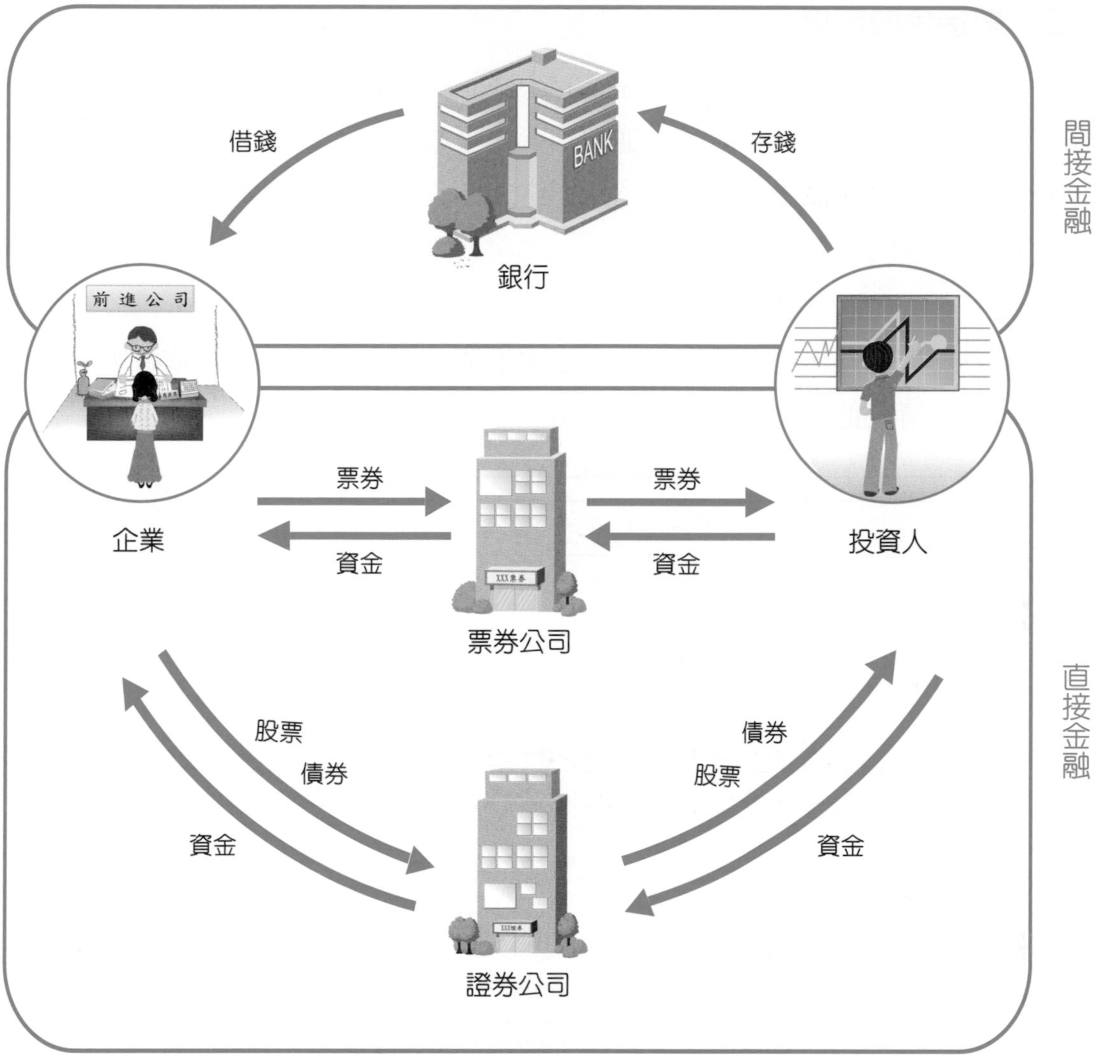

圖 1-3　直接與間接金融市場示意圖

（一）直接金融市場

直接金融市場（Direct Financial Market）是指企業為了籌措資金，直接在貨幣、資本市場發行有價證券，向不特定的個體直接取得資金，而不須經過銀行當仲介的管道。通常此融資管道，資金需求者知道資金，是由哪些供給者所提供的。

例如：台積電缺資金時，發行股票，A 君去認購新股，此時台積電就會知道這筆資金是 A 君提供的，A 君也清楚他提供資金給台積電，是台積電的股東。

（二）間接金融市場

間接金融市場（Indirect Financial Market）是指企業為了籌措資金，經由銀行作為資金籌措的仲介機構。通常銀行先吸收投資大眾的存款，再扮演資金供給者將資金貸款給需求者的管道。通常此融資管道，資金需求者並不知道資金，是由哪些供給者所提供的。

例如：B 君將一筆錢存入銀行，銀行將許多人的存款集結後，再放款給鴻海，鴻海只知道資金是銀行借它的，它並不清楚資金是哪些人存款進來的，當然 B 君也不清楚他的錢是借給哪家公司。

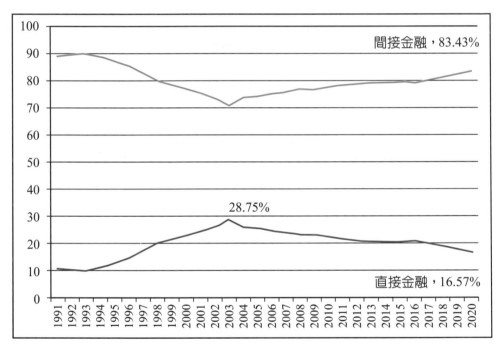

圖 1-4　國內 1991 年～ 2020 年直接金融與間接金融的比例圖

（圖 1-4 短評：國內的直接金融的比例，由 90 年代初期約占 10%，隨著國內資本市場的蓬勃發展，至 2003 年約占近 30% 的比例。但近年來，隨著利率持續下滑且處於低檔，使得企業發行債券與直接向銀行借款的成本所差無幾、以及許多中小型股在股市得不到投資人的青睞，導致股價不能真實反映真正價格，於是紛紛放棄利用債券與股票籌資。因此導致國內直接金融市場逐漸萎縮，至 2020 年 11 月約占 16.57%，這比例與美國占比超過 70%、英國、澳洲、新加坡、南韓與香港都超過 60%，日本則接近 50% 等相比較，顯然國內有很大的提升空間。因此金管會於 2020 年啟動「資本市場藍圖」中，對拉升國內直接金融的比例提出相關措施，期望能活絡資本市場的籌資功能。）

市場焦點

接軌國際工總籲直接金融比重50%以上

（圖文資料來源：節錄自工商時報 2020/09/22）

從疫情紓困中，工總發現，國內間接金融比重遠高於直接金融比重的「不正常、不健康」現象，因此呼籲政府正視，並建議應讓直接金融比重與世界接軌，且將直接金融比重提高至 50% 以上。工總指出，這次疫情紓困，美國聯準會（Fed）只要透過無限量的運用量化寬鬆（QE）政策，即藉由收購政府、民間債券，甚至到收購垃圾債評級的公司債，便可以提供企業足夠的流動性資金，就是因為美國的直接金融佔 87%，不像臺灣是間接金融比重占到約 82%，導致政府無法走 QE 購債模式，必須請銀行協助提供企業流動性資金，以防止受創企業資金斷鏈。

工總指出，直接金融與間接金融的比重與金融市場的發展有關，資本市場在金融體系中扮演的角色愈重要，直接金融的比重也愈高，除了美國直接金融佔 87% 外，鄰近的新加坡是 59%、香港是 70%，韓國也有 58%，反觀臺灣的直接金融從 2003 年的 26%，一路下滑到 2019 年的 17.71%。

工總指出，臺灣直接金融比重一直縮小的現象，不僅是反映了臺灣許多上市公司股票能量不足外，也顯示臺灣資本市場萎縮，企業透過股市增資、債市籌資的意願降低，而這也與證所稅紛擾、內外資稅負不公平、景氣低迷、企業無資金需求、無發債意願有關。

工總指出，以臺灣在全球貿易總額排名 18，目前直接金融比重卻只有 17.71%，是不正常、也不健康的現象，而金融發展對國家經濟成長、產業發展影響重大，工總因而呼籲，臺灣不只是經貿要與國際接軌，直接金融的比重也應與世界接軌。工總也因此建議政府，應從稅負公平著手，改善國內間接金融比重遠高於直接金融的不正常、不健康的現象，進一步將直接金融比重提高至 50% 以上。

二、依交易層次分類

　　企業在金融市場發行有價證券籌集資金，通常需在初級市場發行證券後，再透過次級市場的投資人買賣交易，使得證券在市場流通。其發行與流通示意圖，如圖 1-5 所示。

（一）初級市場

　　初級市場（Primary Market）是指有價證券的發行者（政府、公司）為了籌措資金，首次出售有價證券（股票、債券、票券等）給最初資金供給者（投資人）的交易市場，又稱為發行市場（Issue Market）。

　　在國內若有公司想上市上櫃，須先經證券商輔導規劃後，再經證券主管機關同意，才能申請上市上櫃，並於初級市場發行「初次公開發行」（Initial Public Offerings, IPO）股票，賣給投資人。

（二）次級市場

　　次級市場（Secondary Market）是指已通過發行程序的有價證券，在外經由投資人買賣所構成的交易市場，又稱為流通市場（Circulation Market）。

　　通常已上市上櫃的股票，投資人可透過證券經紀商，於次級市場進行買賣交易，使證券能夠順利流通，並讓證券產生真實的價值。

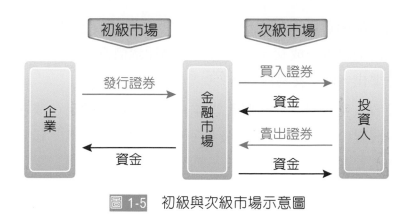

圖 1-5 初級與次級市場示意圖

三、依交易場所分類

通常我們一般的日常生活用品與大部分的金融商品的買賣，大都是投資人與交易商（仲介商）之間的店頭議價交易方式為主；若須至交易所進行競價撮合交易的商品，則是採集中市場交易方式。有關集中與店頭市場的交易示意圖，如圖 1-6 所示。

（一）集中市場

集中市場（Listed Market）是指金融商品的買賣集中於一個固定的交易場所，採取「競價」方式交易。「競價」（Competitive Offer）指買賣雙方會在一段時間內，對商品價格進行相互比價，成交價格以誰出的價格愈好愈先成交，買價以出價愈高者愈先成交，賣價則以出價愈低者愈先成交。由於集中市場採競價方式交易，所以交易商品必須被標準化，才有利於交易流通。

例如：投資人至證券商買賣證券交易所或證券櫃檯買賣中心的「上市」或「上櫃」股票，或者至期貨商買賣期貨交易所「上市」的期貨與選擇權商品，皆採集中交易方式。投資人在一段時間內，在不同的交易商下單進行買賣，都會被集中傳輸至交易所進行競價撮合，以產生商品價格。

（二）店頭市場

店頭市場（Over The Counter, OTC）是指金融商品的買賣，不經集中交易所，而是在不同的金融場所裡買賣雙方以「議價」方式進行交易。「議價」（Negotiated Offer）指買賣雙方會在一段時間內，對商品價格進行相互商

議，成交價格可能因買賣的單位不一樣而有所改變，可能以買或賣的單位數愈多者，其所出的價格優先成交。由於店頭市場採議價方式交易，所以交易商品不一定會被標準化，就可交易流通。

　　例如：投資人在不同票券商買賣票券、不同銀行承做定存或在不同證券商買賣證券櫃檯買賣中心的「興櫃[1]」股票，皆採店頭交易方式。投資人在一段時間內，在不同的交易商下單進行買賣，並不會被集中傳輸至交易所進行競價撮合，而僅是在交易商之間，相互聯繫的議價下產生商品價格。

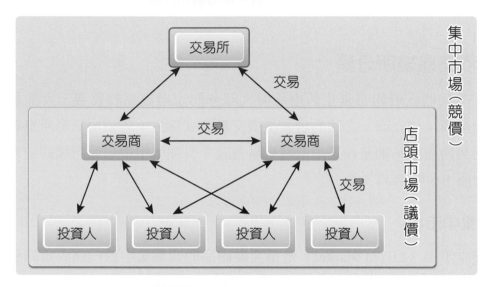

圖 1-6　集中與店頭市場示意圖

四、依區域性分類

　　通常金融市場，可依投資者與欲融通資金的借款者的所屬的區域，區分成國內與國際的金融市場。有關國內與國際金融市場的示意圖，如圖 1-7 所示。

（一）國內的金融市場

　　國內的金融市場（Domestic Financial Market）是指所有金融交易僅限國內者，投資者與欲融通資金的借款者，皆爲國內的自然人與法人。在國內金融市場交易的商品，大致上會以當地的幣別與市場利率爲主，且須受到當地法令與稅法的監理。

---

1. 國內要買賣「興櫃」的股票，投資人至證券商下單後，被委託的證券商將透過「興櫃股票議價系統」，與各該興櫃股票的「推薦證券商」進行議價撮合。所以投資人是跟擁有興櫃股票買賣需求的證券商相互議價交易，並沒有將所有投資人的委託單集中至櫃買中心，去進行競價撮合。

　　例如：臺灣的投資人購買國內公司所發行的股票，交易幣別會以新台幣為主。國內的企業至本國銀行進行借貸、或發行公司債，其借貸與發行利率均受到國內資金多寡的影響。

（二）國際的金融市場

　　國際的金融市場（International Financial Market）是指國際間資金借貸的活動場所。若依金融管制鬆緊程度又可分為「傳統國際金融市場」和「境外金融市場」（Offshore Financial Market）。

1. **傳統國際金融市場**：允許非本國居民參加的國內金融市場，但受貨幣發行國當地有關法令的管轄。例如：臺灣的公司至美國發行債券，此債券須受到美國當地稅法及交易制度的限制，且以發行美元為主，並僅提供美國境內的投資人購買。

2. **境外金融市場**：乃允許非本國居民參加的當地金融市場，但從事金融活動不受當地貨幣發行國法令的管轄。此乃是真正涵義上的國際金融市場，此市場型式又稱為「歐洲通貨市場」（Euro-currency Market）。例如：臺灣的公司至歐洲「盧森堡」發行債券，此債券不用受到該國法令、稅法的限制，亦可發行歐元、美元、英鎊等國際貨幣，更不受限該國境內的投資人才可購買，境外投資人亦可投資。

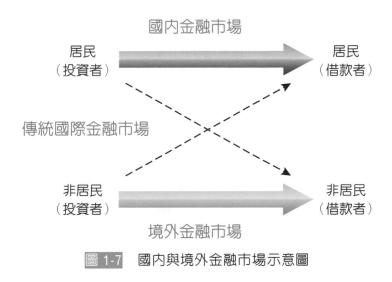

圖 1-7　國內與境外金融市場示意圖

五、依仰賴中介程度分類

(一)數位金融

數位金融（Digital Finance）是指「傳統金融機構」利用網路、行動裝置等科技設備，提供許多數位化的金融服務。此服務不管從事資金借貸、匯款、或者涉及證券籌資，仍須分別透過銀行或證（票）券商等金融機構當作中介，由它們所提供的網路平台來完成交易程序。

例如：銀行利用網路平台提供即時的存款貸款利息資訊，也提供兌換外幣的服務；證券商提供手機 APP 下單，讓買賣股票只要透過手機就可交易。

(二)金融科技

金融科技（Financial Technology, Fin Tech）：是指「電子商務科技公司」利用網際網路、行動裝置等科技設備，架設各種網路社群交易平台（如：支付、借貸、籌資平台等），藉由網戶相互連結，以完成網戶對網戶（Peer-To-Peer, P2P）之間的資金移轉、借貸與籌資等金融活動。因此金融科技的服務型態，以降低傳統金融中介的依賴，達到金融脫媒的營運模式。

例如：「電子支付平台」，可以提供網戶間在封閉式儲值帳戶內相互轉帳；「P2P 網路借貸平台」，可以提供網戶間的資金借貸；「群眾募資平台」提供創意發想者或公益者，可以向平台的網戶籌集資金。

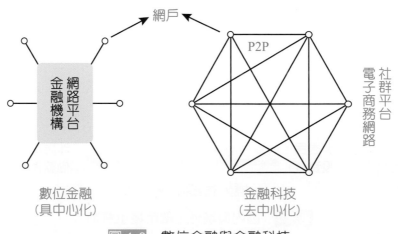

圖 1-8　數位金融與金融科技

六、依法令規範與否

通常我們討論的金融市場，都是以受政府法令規範爲主的正式金融市場爲主。但社會上仍有些人從事不受政府法令規範的金融行爲，這些金融活動雖不受保障，但對經濟社會仍有其貢獻與存在的需要，我們稱爲非正式金融市場。

（一）正式金融市場

正式金融市場是受到政府法令規範，投資人買賣較具保障。通常從事經營正式金融市場的單位都是較具有組織的，所以又稱爲有組織的市場（Organized Market）。

（二）非正式金融市場

非正式的金融市場較不受到政府法令規範，所以投資人在此市場融通資金時，交易雙方若有借貸的糾紛時，比較不受較政府金融法令的保障。且從事經營非正式金融市場的單位大都是非正規組織，所以又稱爲無組織的市場（Unorganized Market），俗稱「地下金融市場」。例如：民間互助會、地下錢莊、地下投資公司等。

⑤金融 小常識

去中心化金融[2]

近年來，自從比特幣（Bitcoin）橫空出世後，除了帶動相關虛擬貨幣的發行風潮外，其所伴隨而來的「區塊鏈」技術更是顛覆傳統。區塊鏈自從被廣泛的被運用於各種金融與商業場景後，應用性就逐漸轉演化成強調其「分散式帳本」與「智能合約」的功能。但該技術仍不忘其去中心化的初衷，仍就走出自己獨樹一格的世界，那就是「去中心化金融」。

「去中心化金融」（Decentralized Finance, DeFi）乃基於區塊鏈的去中心化本質，讓系統各節點透過虛擬貨幣（穩定幣）的流動、以及智能合約的產生，自行演化出具有借貸、投資與支付等金融活動。

---

2. 有關去中心化的進一步說明，可參閱李顯儀（2021），「數位金融與金融科技」，第三版，第九章。

　　例如：投資人可將某種虛擬貨幣存入 DeFi 內的借貸平台，平台亦可將虛擬貨幣貸出，雙方借貸利息由平台內的資金流量自行決定，且借貸合約也是自動由區塊鏈的智能合約所產生，所以整個系統猶如自動化金融。

　　基本上，「去中心化金融」與現今「傳統金融」是兩條平行線，也可想像是不同的世界。在傳統金融是以「法幣」當作交易媒介，在「去中心化金融」（DeFi）裡，是以虛擬貨幣當作交易流通的貨幣。當然兩者之間仍可藉由某種虛擬貨幣當作連結橋樑。現今 DeFi，仍在烈火烹油的發展中，各種服務機構與運作模式都還在探索摸索。

1-3 　金融市場的參與者

　　金融市場是資金與金融商品媒介的市場，因為牽扯到「交易人」一生都在追求的財富，所以負責金融市場運轉的「金融機構組織」，政府一定會設有「主管機關」去嚴格的監督管理它，這樣才能使得金融市場能夠安全順暢的運作。所以基本上，金融市場中的參與者，大致可分為主管機關、金融機構與交易人這三種對象。有關金融市場的參與者的組織架構圖，詳見圖 1-9。

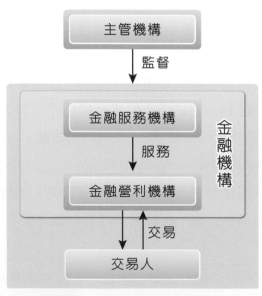

圖 1-9　國內金融市場參與者

此外，金融機構的種類，若以廣義的角度，又可分為「以服務導向」—金融服務機構與「以營利導向」—金融營利機構兩種。營利為導向的金融營利機構，依國內的金融法令可分為「正規金融機構」與「影子金融機構」兩種。以下我們將分別簡單的說明之。有關金融機構的討論，將於本書的第二章會詳細討論之。

一、主管機關

在國內金融機構的主管機關有兩個，分別為「中央銀行」與「行政院金融監督管理委員會」。中央銀行大致僅針對金融機構的外匯政策與支付項目的監督；其餘金融監理工作，皆由金融監督管理委員會負責。

二、金融機構

通常我們認為的金融機構都是以營利為目的所設立的，但市場有許多是以非營利為目的所設立的金融服務機構。以下將分別簡單介紹這兩大類金融機構或組織。

（一）金融服務機構

以服務為導向的金融機構，大都是由政府相關單位出面籌組、部分由民間出資所成立的交易所、財團法人機構、基金會與公（協）會等組織。這些金融週邊服務機構，並不全然以營利為目的，大都成立的目的都是希望讓金融市場，能夠更有效率與秩序的運轉。例如：證交所、期交所、集中保管公司等等。

（二）金融營利機構

以營利為導向的金融機構，是金融市場最重要的資金與金融商品媒介的機構。通常依我國金融法令規定，有些機構是法令所規範的「正規金融機構」；有些機構，雖不是法令明定的金融單位，但其所經營的業務，也是牽扯到資金的借貸或金融商品的買賣，我們稱之為「影子金融機構」。

1. 正規金融機構

基本上，依據國內的金融法令的規定，這些正規的金融機構，又可依是否能「創造貨幣」爲準則，將劃分爲「貨幣機構」與「非貨幣機構」。

(1) 貨幣機構：貨幣機構通常是可以同時經營存款與放款業務的金融單位。國內的貨幣機構主要包括「銀行」、「基層金融機構」以及「郵匯局」這三種機構爲主。

(2) 非貨幣機構：非貨幣機構是指不能同時吸收存款與放款，不會影響貨幣供給額的金融單位。例如：證券公司、證券金融公司、票券金融公司、期貨公司、投資信託公司、投資顧問公司、保險公司、信用卡公司、信保基金、電子票證公司、電子支付公司等。

2. 影子金融機構

通常影子金融機構，雖不是國內金融法令下規定的金融機構，但從事的業務仍與資金的移轉、或金融商品的買賣有關。通常影子金融機構，有些單位仍受政府法令的管制，所以其經營的業務，可公開的在正常市場中運作；但也有些單位因法令的限制，不得於檯面上公開運作，所以必須在檯面下，非公開的運作。所以這些影子金融機構又可分爲「公開的」與「非公開的」兩類型。

(1) 公開的：公開的影子金融單位，通常可以在正常的檯面上，合法從事類金融業務的公司。例如：創投公司、租賃公司、資產管理公司、當鋪業者、銀樓業者、P2P 網路平台、群眾募資平台與虛擬貨幣交易平台等。

(2) 非公開：非公開的影子金融業者，通常就是我們俗稱的「地下金融」。其包括：「地下投資公司」、「地下錢莊」、「地下的吸金公司」等。

三、交易人

通常在金融市場進行資金移轉或金融商品買賣的交易人，大致可分爲「法人團體」與「個人」兩種。

（一）法人團體

一般而言，法人團體包含營利爲主的工商企業、以及非營利爲主的財團與社團法人等。法人團體在在金融市場進行投資理財、以及避險的交易行爲；亦可藉由金融市場籌集資金。工商企業透過金融市場運作，可降低交易成本、提高生產力，並促進經濟發展。

（二）個人

一般的個人可在金融市場進行投資、投機、避險與套利的交易行為。個人藉由金融市場的運作可讓財富增加、或者獲取創業資金、或者可實現人生的理想；並可為社會增加福祉。

1-4 國內金融市場的發展近況

臺灣自從 1987 年解除戒嚴之後解，隨後政黨、媒體、教育等多種社會活動都陸續解禁與開放，當然金融市場也不落人後。1991 年起政府陸續開放新銀行、投信與票券公司的申請成立、以及開放外國專業專資機構（QFII）可以參與國內金融市場；且 1997 年起金融創新商品，在國內的市場如雨後春筍般的冒出；使得金融各行業漸走向多元競爭，市場亦逐步的走向國際化、自由化與創新性。

國內的金融市場經歷了這幾年開放，也受到幾次重大的全球金融風暴（如：1997 年亞洲金融風暴、2007 ～ 2008 年美國次級房貸金融危機）洗禮、以及因應電子網路與行動科技時代的潮流，使得國內金融市場的近況發展脈絡，有以下幾點趨勢：

一、業務藩籬，逐漸打破

金融市場內各種機構，以往大都只負責自己專責的業務，但自從金融開放後，許多金融業務，各金融機構互相跨業經營，使得各金融機構原本的業務藩籬，逐漸被打破，相互競爭也增加經營的業務收入；且也提供投資人更多元的投資管道。

例如：以往國內的票券公司，只負責短期貨幣市場的票券業務，現在亦可參與長期資本市場的債券買賣。以往國內的證券公司只負責資本市場的業務，現在可參與短期票券的發行，亦可參與外幣市場的拆借與外幣即期交易業務，且可經營私募基金之業務。以往國內的保險公司只販售保險相關商品，現在可透過投資型保單，間接代理共同基金的銷售。以往投資顧問公司，只能提供投資人諮詢服務，現在可成為境外基金代理人、以及成為境內外基金的銷售

業者。此外，綜合性的銀行業務，也隨著國內金融控股公司的成立，將各子金融機構的業務整合經營，讓子機構間能夠更緊密連結，突破以往金融分業的藩籬。

二、金融整併，前進國際

國內自從 2001 年通過金融控股公司法，鼓勵各子金融機構（如：銀行、證券、保險、投信、票券）整併成為大型的金融控股公司。在我國金融控股公司法令規定，允許金控公司須以「銀行控股公司」、「保險控股公司」與「證券控股公司」這三種主體為主。截至 2021 年 8 月，國內共有 16 家金融控股公司。大型金融控股公司，可對客戶提供的全方位且有效率的金融服務，進而降低管銷費用成本，提高競爭力。

近年來，國內金管會基於國際競爭力，放寬金融控股公司相互併購的條件（允許敵意併購），希望國內的金控公司可從旗下子公司先行整併，再相互整併出更大型的金控公司，以進軍國際金融市場，才能擴大臺灣金融業的國際影響力。

Follow! 市場焦點

國內首樁「金金併」完成！
富邦金收購日盛金問鼎銀行、
證券領導地位

（圖文資料來源：節錄自數位時代 2021/03/23）

「金金併」首例！
富邦金併購日盛金將壯大證券、銀行市場規模

國內首樁「金金併」正式誕生，富邦金在 2020 年底宣布，要以每股 13 元價格，收購日盛金在外流通股，震撼金融市場。富邦金正式宣布，收購日盛金的總股份已經達到 53.84%，達到公開收購最低條件。

對富邦金來說，能夠以公開方式成功收購日盛金，不只是富邦本身的里程碑，也將是金管會因為國內金控家數過多，為了鼓勵資源整合，在 2018 年推出「金金併」政策後，首個循政策實現的案例，對產業意義更是重大。

併購好處：提升銀行、證券市場地位

銀行、證券、保險是金控重要的三隻腳，富邦過去併購了台北銀行、保險併購了 ING 保險，都經營得還算不錯，唯獨證券這塊一直規模不大。富邦金控董事長認為，這次完成收購後，「將有助於富邦金強化銀行及證券業務，擴大整體規模經濟與效益，並可平衡銀行、保險及證券業務多元收入來源，深化全方位金融服務平台，」可以朝著「成為亞洲一流金融機構」的方向邁進。

短 評

近年來，金管會一直鼓勵金融業進行整併。近期，由「富邦金控」與「日盛金控」完成國內首樁「金金併」的案例。經過合併後的富邦金將在銀行、保險與證券都能佔有一席之地，並以成為亞洲的一流金融機構目標邁進。

三、商品制度，世界接軌

近年來國內的金融業欲走向國際舞台，金融法令與規範的種種限制都逐步解除；金融市場內也推出各種國際化的金融商品，且交易制度逐漸趨向國際化，企圖與全球接軌。

例如：在股票市場方面，國內近年來推出連結中國、日本、美國、韓國、印度等國股市的指數證券型商品（如：ETF、ETN），且股票交易制度上，已放寬股市漲跌幅的 7% 限制至 10%、實施股市盤前模擬撮合報價制度、實行公司可以暫定交易的停牌機制、以及即將上路的逐筆交易制度。在期貨市場方面，期交所已至歐洲期貨市場，掛牌一天的歐臺指期貨與歐臺指選擇權；並於國內推出人民幣、歐元、日圓、英鎊與澳幣等國際匯率的期貨或選擇權商品。在債券市場方面，國內也積極的推動國際板債券的掛牌。在票券市場方面，開放銀行可以發行外幣的銀行可轉讓定存單（NCD）等種種措施。所以國內金融市場，近年來在商品推新與制度變革，都逐漸往國際化邁進。

四、電子支付，積極布局

由於行動裝置與網路科技設備的普及發達，讓以往購物選擇利用現金、信用卡、儲值卡（帳戶）等付款模式，現亦可利用智慧型手機來完成。現今國內積極推展這種利用智慧型手機，將原本支付工具（如：信用卡）整合於系統內，讓人們可以很便利的使用它來進行「行動支付」。此外，國內也積極推廣由電子商務科技公司所主導的「電子支付」模式，它可讓網戶儲值帳戶內的資金，不須再透過銀行居間，就可進行 P2P 資金移轉，且亦可透過智慧型手機進行「行動支付」。

例如：國內現今經營行動支付的單位，包含：專營廠商、銀行、通訊軟體、商店、醫療機構等共超過 100 家業者，且開放國際智慧型手機製造商或服務商所設置的支付系統，如：Apple Pay、Google Pay、支付寶、微信支付等。

在電子支付方面，國內原已有 5 家專營及 25 家兼營的電子支付公司。近期政府欲鬆綁電子支付的業務，讓它除了轉帳支付外，亦可從事小額匯兌與買賣外幣業務，且又讓狹有眾多會員的電商或超商，如：蝦皮、全聯與全家等都欲加入電子支付行列，並已修法通過「電子支付」與「電子票證」整併，所以可預見將來國內的支付市場應會更為戰火紛飛。

五、數位金融，順應趨勢

全球近年來，由電子商務科技公司所主導的金融科技營運模式，大舉入侵傳統金融的業務範疇（如：支付、借貸、匯兌等）。當然，國內金融業，也感受到這股科技浪潮的襲擊，紛紛尋求轉型與升級，逐漸將業務往數位化與行動化的方向發展。

例如：國內傳統銀行將積極導入「網路銀行」，並有些銀行另外成立子品牌的「數位銀行」，且有「純網路銀行」的加入，以順應科技潮流的趨勢。銀行內會導入多種數位化設備（如：臉部辨識系統、理財機器人、識別感測設備、虛擬櫃員機（VTM）），提供智慧化金融服務。各金融機構（如：證券商、保險公司）都會設置各種數位化服務平台，並結合智慧型手機，隨時提供行動化與數位化的金融服務（如：手機下單證券交易、行動保單交易），以順應時代的潮流。

　　此外，金管會積極推動各金融機構實行「開放金融」（Open Finance）服務，讓許多非傳統金融業的第三方服務提供者（Third-Party Service Providers, TSP）（如：記帳平台、網購電商平台等），藉由「API³」的串接與原有的金融機構的內部客戶資料相結合，透過異業結盟，讓雙方共享數據資料，相輔相成，以擴大原有的效益。

⑤金融 小常識

開放銀行（Open Banking）

　　開放銀行的目的主要是銀行將金融數據的主導權還給客戶，使客戶藉由 TSP 業者進行帳戶整合與分析等服務，讓客戶可獲得更多元與便利的金融服務。2019 年起，金管會已開始推動三階段「開放銀行」政策，此三階段如下：

◎第一階段開放「公開資訊查詢」，銀行將公開的資訊，如：房貸利率、信用卡商品等，讓 TSP 業者透過 API 連接各銀行商品資訊，提供客戶透過 App 就可輕鬆比較各銀行房貸利率等。

◎第二階段則是開放「消費者資訊查詢」，銀行須在客戶同意下，讓 TSP 業者串連各銀行提供帳戶整合服務，如：將客戶在各家銀行存款、信用卡等資訊做整合，提供客戶參考。

◎第三階段則開放「交易面資訊」，TSP 業者將帳戶整合後，讓客戶透過自行開發的 App 直接連結帳戶進行金融服務，如：在電商消費後直接在帳戶扣款或轉移帳戶資金。

六、永續金融，共創三贏

　　近年來，政府為了因應 2015 年聯合國所發布的「永續發展目標」（SDGs），積極推動「永續金融」的發展，協助企業將資金投入環境（Environment）、社會（Social）、公司治理（Governance）（簡稱 ESG）等層面，並鼓勵金融業從事協助永續發展與 ESG 相關計畫的發展，共創金融、企業與社會環境三贏的局面。

---

3. 應用程式介面（Application Programming Interface, API）是指兩種不同軟體系統之間的連結介面，其主要的用途為聯繫兩種不同系統（或程式）之介面，使之能夠相互溝通。

近期，國內金管會陸續發布「綠色金融方案」及「公司治理－永續發展藍圖」，以引導金融業與企業重視永續發展及 ESG。其目標是希望利用金融市場的力量，透過授信、投資等方式，將資金導引到符合永續概念或重視 ESG 的產業、公司或方案，讓永續金融得以在國內生根發芽。

Follow! 市場焦點

電信、新創、金融業都搶著加入，「開放銀行」是在夯什麼？

嗶！全台逾千萬戶行動支付躍主流

（圖文資料來源：節錄自遠見雜誌 2020/12/29）

臺灣推動開放銀行（Open Banking）邁入第二階段「消費者資訊查詢」的創舉。消費者只要同意後，透過應用程式介面（API）與其他銀行或是第三方服務供應商（TSP）的合作，即能在零售、電商等場域，與金融服務串連線上線下的使用體驗，各場域使用上毫無斷點，亦能感受更客製化的服務。

據財金公司表示，目前至少有六家 TSP（第三方服務）業者，與 20 家銀行正式加入、或測試、或洽詢準備開放銀行第二階段。這六家，不只有科技新創 Moneybook 麻布記帳、CW Money、錢管家、好好投資等，還有隱身證券市場後台的臺灣集中保管結算所，甚至連電信三雄之一的遠傳電信也搶進。

一鍵搞定！一個 App 就能統合各家帳戶、信用卡資料

「麻布記帳」為了解決客戶痛點，麻布記帳從善如流，不僅升級無痛、自動化的金融服務，還提供個人化客製化應用。麻布記帳已與 31 家銀行存款、信用卡、貸款帳戶、17 家證券帳戶、3 家電子票證及電子發票連結。

消費者持有的多張信用卡、多家帳戶，可於麻布記帳 App 上一站式整合管理，還有繳費提醒與收支表。

遠傳投入開放銀行增加客戶黏著度、獲取新客、提升用戶體驗

　　遠傳也看準理財 App 商機，推出連結銀行數位帳戶的存錢理財 APP「遠傳 Friday 理財 ＋」，也能一站式管理存款帳戶與信用卡消費紀錄、及利率查詢、生活繳費等，還能媒介線上開戶、投保、辦卡等功能。遠傳電信說，提出跨入金融六大優點，能增加客戶黏著度，增加數位服務應用以提升用戶使用率；獲取客群，接觸與發掘新用戶；提升消費者用戶體驗，創造使用情境；投起所好，透過數據分析更貼近消費者需求；擴大場域，延伸電信／銀行服務生活圈；最後，做出綜效後，還能增加營收。

集保 E 存摺整合各本證券存摺除權息不漏資訊

　　臺灣集中保管結算所，2017 年推出的「集保 E 存摺」，根據統計，每位投資人平均持有 2.3 個證券戶，如今透過集保 E 存摺，整合各本證券存摺內的資產，交易明細都一清二楚，股東權益通知、配股配息都會推播，股權分布、基金淨值變化、市場重大訊息、股東會都以數據圖像化，提供給用戶即時掌握資訊、判斷趨勢。

短 評

　　國內積極鼓勵金融業走向「開放金融」，利用本身所擁有的資源，藉由「API」與第三方業者串聯，雙方共享數據資料，相輔相成，以擴大原有的效益。現在國內已有科技新創公司、遠傳電信、還有臺灣集中保管結算所，也都積極搶進「開放金融」的行列。

Follow! 市場焦點

永續金融，成為推升全球永續發展不可或缺的力量！

永續投資掀熱潮！

（圖文資料來源：節錄自天下雜誌 2021/02/05）

隨著全球極端氣候影響加劇，企業對於氣候風險意識提升，也願意投入更多資源進行永續轉型。永續金融協助企業在推動永續轉型，是促使企業願意持續投入永續發展的關鍵力量。

遠東新世紀在低碳轉型、循環經濟研發不遺餘力。為減緩氣候變遷風險並掌握永續商機，遠東新世紀自 2017 年至今，已發行三檔永續金融商品，推升遠東新世紀接軌國際趨勢，邁向永續創新！

永續金融商品創造三贏局面

遠東新世紀從 2017 年底發行臺灣首檔經第三方查證 30 億元的 Green Bond 之後，直至 2020 年底，已陸續發行了三檔永續金融商品，除了提供投資者參與的機會外，形成風潮之後能帶動追隨者而來，「未來的路還很長，不只 Green Bond（綠色債券），甚至 Blue Bond（藍色債券）都已經應運而生！」相信對臺灣的永續發展路程也會帶來良性的影響及改變，同時遠東新世紀也會將這些金融商品所募到的資金，繼續投資在永續發展上。

2020 年 9 月遠東新世紀發行了 30 億元的 Sustainability-Linked Loan & CP，是全亞洲第一個連結永續指數進行保證與發行商業本票取得融資的方式。該融資也獲得了業界和媒體的高度認同，榮獲《財資》雜誌 2020 年度「臺灣最佳永續融資」。

遠東新世紀在 2020 年 12 月陸續發行的 Sustainability Bond（可持續發展公司債），債券的投資計畫書則是由安永聯合會計師事務所提供外部機構驗證報告，確保債券資金確實使用在計畫書上的標的物。並適當連結聯合國永續發展目標。

> ### 短 評
>
> 　　國內因應聯合國所追求的永續發展目標，積極推行永續金融之發展。近期，國內遠紡集團積極響應，發行三種永續金融相關商品，將資金投入與永續發展與 ESG 相關計畫的發展，以共創金融、企業與社會環境三贏的局面。

1-5　國際金融市場的發展近況

　　現代的全球國際金融市場，以歐美地區發展的較早、亦較為發達先進。現在仍以美國的金融市場對全球的影響性最大，但自從 2007 年～ 2008 年美國發生次級房貸金融危機；以及近年來，全球興起的一股金融科技熱潮後，全球的金融市場產生了一些變化，以下我們將利用以下幾項重點說明之：

一、監理趨嚴、科技把關

　　自從 2007 年～ 2008 年金融風暴襲擊後，世界各國認為須建立一道有效的金融危機預防機制，必須規劃好一套完善的金融監理制度，且必須確實的執行，才能適時的對金融弊端提出警訊，這樣才能對全球金融市場的發展具有保護作用。

　　因此國際清算銀行（BIS）經過這次金融危機後，對於銀行的風險控管更加嚴格，BIS 於 2007 年底重新發布的更新版巴塞爾協定（簡稱為 Basel III），對銀行資本適足率的要求更高，要求銀行須增提「緩衝資本」、並嚴格監管資本抵扣項目、以及提高資本規模和質量等規定，希望增強銀行非預期損失的抵禦能力與防範系統風險的能力。

　　此外，除了上述金融監理機制更趨嚴格外，在監理運作的控管上，也因現代科技的進步，將人工智慧（Artificial Intelligence, AI）、區塊鏈（Blockchain）、生物辨識（Biometric）等技術導入金融監理，讓非法的洗錢活動與金融交易無所遁形，以降低金融運作的風險，並提升金融監理的效率。

二、商品設計，轉趨保守

由於此次的全球金融風暴的元兇，就是與次級房貸相關的證券化商品。由於商品設計包裝過於複雜，讓投資人誤認為該商品是安全的固定收益商品，其實該商品是具有高風險、高槓桿的衍生性商品。所以自從金融風暴後，金融商品的設計將傾向簡單化與透明化。

此外，全球投資人的理財行為也將更趨於保守，所以全球金融市場主打安全簡單、且去槓桿化的商品將是未來金融市場的主流。在這種情況下，金融商品的報酬都普遍下降；且投資人會要求管理他們財產的銀行、以及銀行所行銷的產品，都須具有足夠的透明度。

三、貨幣政策，主導市場

全球經過 2008 年金融風暴的襲擊後，世界各國為了拯救頹危的經濟，都紛紛利用量化寬鬆的貨幣（QE）政策來因應，此舉將大量資金釋出至金融市場，市場利率亦降至低水位、甚至出現為負的情形，也造就股市資金行情的榮景現象。2020 年全球逢武漢肺炎疫情的影響，使金融市場受到衝擊，各國央行再次利用 QE 政策來救市，又再度使全球資金氾濫，債市利率持續下探，股市則受資金追逐，居高不下。

此種量化寬鬆政策，在 2008 年金融風暴期間與之後，由美國的聯準會（FED）、歐洲的中央銀行（ECB）、以及日本的安倍首相所倡導的三支箭方案，皆陸陸續續的實施一段期間，其都希望該國能快速的振興經濟。在 2020 年武漢肺炎疫情後，除了美、歐與日央行持續實施 QE 政策外，中國等多國也加入降息釋金的行列，其都希望讓市場的資產保持流動性，並希望能減輕對經濟的衝擊。

四、新興國家，逐露頭角

全球經過金融風暴後，全世界各國經濟均受到重大的衝擊，尤其歐美各國的經濟損傷最為嚴重。新興國家雖受影響，但影響較輕微。所以近年來，全球經濟規模較龐大的五個新興國家體－巴西（Brazil）、俄羅斯（Russia）、印度（India）、中國（China）和南非（South Africa）；號稱金磚（BRICs）五國，其經濟成長與資本流動等方面，已逐漸在世界經濟發展中，發揮著愈來愈重要的作用。

　　尤其，中國的經濟崛起，根據 2019 年國際貨幣基金（IMF），中國的 GDP 經濟規模已超越歐元區 19 個國家的經濟規模加總，已成為世界第二大經濟體[4]，其挾著大量的人口優勢，逐漸在全球金融市場佔有重要的國際地位。尤其，人民幣隨著中國的經濟情勢，現在已成為全世界重要貨幣之一，且 2016 年也成功入列 SDR 的計價籃[5]。所以 2015 年人民幣曾發生巨幅波動，導致亞洲幣值競相貶值，也對全球股市造成股災。

　　此外，中國近期實施的「一帶一路」經濟計畫，輸出大量的資金，並積極「金磚銀行[6]」（NDB）與「亞投行[7]」（AIIB）的設置，對原為全球金融市場具有主導權的國際貨幣基金組織（IMF）、世界銀行（WBG）的地位產生威脅。所以新興國家的經濟勢力逐漸抬頭，對全球金融市場將產生變化。

五、歐盟紛擾，市場動盪

　　自從全球歷經金融風暴後，歐盟各國普遍受到衝擊，致使整個歐洲陷入經濟衰退、工業生產減少，失業率攀高，政府稅收減少，導致歐盟各國政府的財政赤字日以劇增。自 2009 年起，希臘揭開歐債危機的開端之後，愛爾蘭、葡萄牙、西班牙、義大利、賽普勒斯等這幾國的財政亦相繼出現危機，加重了歐元區的整體債務問題。近期，英國為了取回移民政策控制權，雖已正式脫歐，也對歐盟造成紛擾，亦讓歐盟對國際影響力受到衝擊。

　　現今歐盟是全球第三大經濟體，因此這幾年來，從歐債危機起乃至英國脫歐、以及受武漢肺炎疫情嚴重衝擊等多件紛擾危機，除了讓歐盟經濟衰退，也讓歐元、瑞士法朗、英鎊等歐幣都呈現走貶趨勢，並引起投資者對歐盟的憂心，更讓歐元即將瓦解的傳言甚囂塵上，前景堪憂。

---

4. 根據國際貨幣基金（IMF）2019年底的統計，全球GDP占比前三名，分別美國為24.8%、中國為16.3%、歐元區為15.4%。
5. 特別提款權（SDR）乃國際貨幣基金組織（IMF）用來記錄會員國與會員國、或會員國與IMF 之間資金往來的記帳單位。現今SDR的價值以「標準籃」的方式計算，現在標準籃子內的各國貨幣分別為美元、歐元，人民幣，日圓，英鎊。
6. 2014年由金磚五國家（包括：巴西(B)、俄羅斯(R)、印度(I)、中國(C)、南非(S)）共5個會員國，共同倡議建立的國際性金融機構，總部設於中國上海。
7. 2014年由中國主導成立的國際性金融機構，總部設於中國北京。

六、金融科技，顛覆市場

近年來，由於網路、行動通訊等科技的普及發達，讓科技滲入金融，產生了金融科技產業。金融科技產業中，「金融科技公司」（FinTechs）及「大型科技公司[8]」（BigTechs）均在金融服務市場快速發展，所提供的各種金融服務與創新商品，已逐漸顛覆傳統金融市場的運作，並對傳統金融業產生威脅。

「金融科技公司」大都是中小型的新創科技公司，其所提供的金融服務相對傳統金融業的威脅較小，基本上與傳統金融尚具互補關係。在現今金融科技產業中，大致以「P2P借貸與匯兌平台」，讓群眾利用社群的力量，彼此完成資金的借貸或匯兌；或者成立「群眾募資平台」，讓需要資金的微型企業，可向平台上的小額投資人籌集創業資金。以上這些資金的借貸、匯兌與籌集，已不需要再經過傳統金融機構居間。

但現今的全球「大型科技公司」，因都具高知名度與信賴度，且挾帶著數據分析、科技力與多元化商業活動的競爭優勢，其所提供的金融服務對傳統金融業的威脅較大，甚至可能重組市場競爭版圖。如：臉書（Facebook）預計發行虛擬貨幣－Diem，以當作社群之間的支付工具，若成功發行勢必影響全球的支付市場、甚至影響各國央行的貨幣政策，但也因此催生各國中央銀行發行「中央銀行數位貨幣」（Central Bank Digital Currency, CBDC）的動機。

⑤金融 小常識

Diem、穩定幣、中央數位貨幣

◎ Diem

Diem 是由全球最大的通訊軟體公司－臉書（FB）預計發行的一種加密數位貨幣，以當作社群之間的支付工具。由於 Diem 將在世界各國，以多種法幣做為儲備貨幣（如：美元、歐元、英鎊、日圓等）擔保發行貨幣，因此具有「穩定幣」的特性，所以可確保 Diem 的價值經過長期間也不致發生劇烈波動。由於 FB 在全球擁有近 30 億的使用者，若成功發行勢必對各國央行造成威脅，所以發行計畫仍屬模擬測試階段。

---

8. 全球大型科技公司，如：谷歌（Google）、臉書（FB）、蘋果（Apple）、亞馬遜（Amazon）、阿里巴巴、騰訊等。

◎穩定幣

穩定幣（Stable Coins）乃由發行機構利用區塊鏈技術，並提供某些資產（如：法定貨幣）當儲備、或提供穩定機制所發行的加密虛擬貨幣，且以支付為主要功能。現今全球已有眾多公司發行法幣穩定幣，例如：全球市值最大穩定幣－「泰達幣」（Tether USD：USDT），乃由發行公司Tether，以1枚泰達幣（USDT）兌換1美元等值發行。

◎中央銀行數位貨幣

中央銀行數位貨幣（CBDC）是一種由各國中央銀行所發行，具有法償地位的數位貨幣，可替代部分現金的發行。現在世界約八成的央行（包括：臺灣、美國、中國、日本與歐盟各國等）都在積極的研擬發行中。

 市場焦點

數位貨幣爭霸戰　臺灣準備好了嗎？

（圖文資料來源：節錄自經濟日報 2021/04/09）

多國央行今年將繼續推進落地數字貨幣應用

　　中國在 2020 年推出「數位人民幣」試點，隱含挑戰美元霸權的企圖心；與此同時，全球社群網路龍頭臉書宣布要發行臉書幣，更被各國視為貨幣主權的一大威脅。各國央行開始研究推出自家的數位貨幣（CBDC），掀起一場保護國家主權的數位貨幣大戰。

貨幣數位化大陸搶先機

　　2020 年 10 月，中國已在深圳展開共三輪的數位人民幣紅包試點。迄今中國已進行過六輪數位人民幣紅包試點，累計發放數位人民幣 1.1 億元（約新台幣 4.7 億元），超過 50 萬名民眾實際領取並使用數位人民幣。

基於擔心比特幣、臉書 Diem 幣的監管風險，以及新冠肺炎疫情期間對非接觸性支付日益殷切的需求，2020 年以來，各國央行紛紛開始認真研議推出自家的數位貨幣；加上中國的數位貨幣發展一馬當先，一場為保護國家主權的全球央行數位貨幣戰儼然開打。

任何一個主權國家的央行都經受不起喪失對本幣的控制權，或是將支付系統的控制權拱手讓予外國支付處理商、另一個主權國家或私人。若中國在官方數位貨幣取得優勢地位，勢必會讓各國央行感受到國家主權遭到威脅。

數位貨幣革命改變金融樣貌

數位人民幣和央行發行的紙鈔一樣，同為「法定貨幣」，任何人都不能拒絕接受。另外，還有兩大特點：無需綁定任何銀行帳戶、可離線交易。數位人民幣最重大的一個變化就是：必須下載中國人民銀行統一的 App，如此一來，央行將成為數位人民幣的運行核心入口和清算中心。此外，中國人民銀行也可進行必要的監測分系與調控，大幅提升貨幣政策的準確性和有效性，但這對現行的金融運行機制恐怕也將帶來結構性改變。

數位貨幣浪潮來襲臺灣進展如何？

全球掀起貨幣數位化風潮，那「數位新台幣」何時出現？目前中央銀行進度是「還在研究」。不過，多位學者專家都建議，央行應加緊腳步，可先採取沙盒實驗、先試點。

一場聽不到砲火聲的全球貨幣戰爭已經展開，暫由中國搶占了高地。各國央行感受到中國的威脅後，不少領導人針對數位主權貨幣發表更積極的談話與行動，而臺灣呢？中央銀行目前還在紙上談兵。臺灣或許不用搶在歐美之前推出數位新台幣，但絕對有必要先準備做好基礎建設。臺灣身為科技領先國，央行應盡快加速推動數位新台幣，選擇合適標的開始。

短 評

全球基於擔心比特幣與臉書 Diem 幣的監管風險，積極著手發展中央銀行數位貨幣（CBDC）。現在由中國人民銀行所發展的數位人民幣腳步最快，其餘國家也都研擬發展中，臺灣也參與其中。

一、選擇題

❖ 基礎題

( )1. 下列對金融市場敘述何者有誤？ (A) 須為有實質交易場所 (B) 資金流通的場所 (C) 金融商品交易場所 (D) 資金供需協調的場所。

( )2. 請問一年以下的有價證券買賣的市場稱為何者？ (A) 貨幣市場 (B) 期貨市場 (C) 資本市場 (D) 選擇權市場。

( )3. 請問貨幣市場的工具包括何者？ (A) 國庫券 (B) 銀行承兌匯票 (C) 商業本票 (D) 以上皆是。

( )4. 請問資本市場的工具到期日應為何者？ (A) 超過一個月 (B) 超過半年 (C) 超過一年 (D) 一年以下。

( )5. 請問連接國內與國外金融市場的橋梁為何？ (A) 資本市場 (B) 外匯市場 (C) 貨幣市場 (D) 衍生性商品市場。

( )6. 下列何者屬於衍生性金融商品？ (A) 期貨合約 (B) 普通股 (C) 國庫券 (D) 公司債。

( )7. 下列何者非金融市場的功能？ (A) 促進資本形成 (B) 促進經濟發展 (C) 降低交易成本 (D) 降低政府稅收。

( )8. 下列何者敘述屬於間接金融？ (A) 企業向銀行借錢 (B) 企業發行股票 (C) 企業發行債券 (D) 企業發行短期票券。

( )9. 下列何者敘述不屬於直接金融的特性？ (A) 資金需求者知道資金是由哪些供給者提供 (B) 企業至資本市場發行有價證券 (C) 不須經過銀行仲介的管道 (D) 須經過銀行仲介的管道。

( )10. 請問指有價證券的發行者為了籌措資金，首次出售有價證券給最初資金之供給者的交易市場稱為何？ (A) 集中市場 (B) 初級市場 (C) 次級市場 (D) 流通市場。

( )11. 下列何者非集中市場的特性？ (A) 可議價 (B) 競價交易 (C) 交易具效率 (D) 標準化商品。

( )12. 下列對於金融科技的敘述，何者有誤？ (A) 由電商公司主導 (B) 又稱數位金融 (C) 顧客享有參與權 (D) 可進行 P2P 的資金支付活動。

( )13. 請問對國際金融敘述何者有誤？ (A) 美國屬傳統國際金融 (B) 境外國際金融又稱歐洲通貨金融 (C) 傳統國際金融受當地法令影響 (D) 境外國際金融受限於當地幣別。

( )14. 下列何者非貨幣機構？ (A) 投資信託公司 (B) 商業銀行 (C) 漁會信用部 (D) 信用合作社。

( )15. 下列何者屬於貨幣機構？ (A) 期貨公司 (B) 票券公司 (C) 證券公司 (D) 信用合作社。

( )16. 下列何者不屬於我國金融法令的金融機構？ (A) 郵匯局 (B) 投資信託公司 (C) 證券公司 (D) 租賃公司。

( )17. 下列何者為我國金融控股公司的主體？ (A) 票券控股公司 (B) 期貨控股公司 (C) 證券控股公司 (D) 投信控股公司。

( )18. 下列何者非所謂的金磚四國？ (A) 中國 (B) 印度 (C) 印尼 (D) 巴西。

❖ 進階題

( )19. 請問下列敘述何者為非？ (A) 金融市場為金融工具交易場所 (B) 企業利用股票籌資屬於資本市場 (C) 國庫券可屬於貨幣市場工具 (D) 國內上櫃股票屬於店頭市場交易。

( )20. 請問下列敘述何者為非？ (A) 債券是屬於資本市場工具 (B) 企業去銀行籌資屬於直接金融 (C) 期貨屬於衍生性商品 (D) 外匯買賣通常透過店頭市場。

( )21. 請問下列敘述何者為非？ (A) 拆款市場屬於資本市場的一環 (B) 遠期交易屬於衍生性商品交易 (C) 集中市場通常競價交易 (D) 信託投資公司屬於貨幣機構。

( )22. 請問下列敘述何者正確？ (A) 美國金融市場屬於傳統國際金融 (B) 地下金融交易境外國際金融 (C) 境外國際金融受當地法令限制 (D) 歐洲通貨金融市場只能發行歐元商品。

( )23. 請問下列敘述何者正確？ (A) 經濟部屬於國內的金融主管機關 (B) 電子支付公司必須為銀行經營 (C) 信託投資公司屬於貨幣機構 (D) 信用合作社都屬於非貨幣機構。

( )24. 請問下列敘述何者正確？ (A) 租賃公司屬於國內金融機構 (B) 公司發行票券屬於直接金融 (C) 企業向銀行借錢屬於直接金融 (D) 郵匯局屬於貨幣機構。

( ) 25. 下列敘述何者正確？ (A) 國內現行證券公司仍無法經營短期票券業務 (B) 第三方支付仍須透過銀行居間交易 (C) 國內現行期貨市場有發行人民幣匯率期貨 (D) 自從 1997 年亞洲金融風暴後，各國紛紛實施量化寬鬆貨幣 (QE) 政策拯救經濟。

❖ 證照題

( ) 26. 下列何者為金融市場？ (A) 資金供應者和資金需求者雙方通過信用工具進行交易而融通資金的市場 (B) 是實現貨幣借貸和資金融通、辦理各種票據和有價證券交易活動的市場 (C) 是資金融通市場 (D) 以上皆是。
（金融市場常識）

( ) 27. 有關資金融通之描述，下列何者正確？ (A) 是指在經濟運行過程中，資金供求雙方運用各種金融工具調節資金盈餘的活動 (B) 是所有金融交易活動的總稱 (C) 分為直接融資和間接融資兩種 (D) 以上皆是。
（金融市場常識）

( ) 28. 有關金融市場的構成，下列何者正確？ (A) 一般根據金融市場上交易工具的期限，把金融市場分為貨幣市場和資本市場兩大類 (B) 貨幣市場是融通長期資金的市場 (C) 資本市場是融通短期資金的市場 (D) 以上皆是。
（金融市場常識）

( ) 29. 下列何者不是金融市場的主要功能？ (A) 提供金融工具交易的場所 (B) 擔任資金需求者與供給者的橋樑 (C) 促進投資活動的效率，提升經濟發展 (D) 提供交易者投機的場所。 （金融市場常識）

( ) 30. 區分資本市場和貨幣市場的差異主要在於？ (A) 金管會核准發行的數量 (B) 證券發行期限的長短 (C) 證券收益率 (D) 以上皆是。
（金融市場常識）

( ) 31. 公司債在以下何種金融市場交易？ (A) 貨幣市場 (B) 同業拆款市場 (C) 資本市場 (D) 歐洲美元市場。 （金融市場常識）

( ) 32. 下列何種金融市場可以提供企業短期的資金融通？ (A) 貨幣市場 (B) 資本市場 (C) 初級市場 (D) 次級市場。 （金融市場常識）

( ) 33. 有關金融市場的種類，下列何者正確？ (A) 長期資金市場（資本市場），主要供應一年以上的中長期資金 (B) 次級市場，是新證券發行的市場；它可以增加公司資本 (C) 初級市場，是已經發行、處在流通中的證券的買賣市場 (D) 貨幣市場是長期資金市場。 （金融市場常識）

( ) 34. 臺灣證券交易所按組織類型乃為下列何種市場？　(A) 集中市場　(B) 自
營商交易市場　(C) 店頭市場　(D) 發行市場。　　　　（金融市場常識）

( ) 35. 目前臺灣股市的交易方式以何者為主？　(A) 電腦輔助交易　(B) 電腦自
動交易　(C) 人工喊價交易　(D) 場外交易。　　　　（金融市場常識）

( ) 36. 有關金融市場的種類，下列何者正確？　(A) 國際金融市場，由經營國際
間貨幣業務的金融機構組成，其經營內容包括資金借貸、外匯買賣、證券
買賣、資金交易等　(B) 國內金融市場，由國內金融機構組成，辦理各種
貨幣、證券及作用業務活動　(C) 有形金融市場，指有固定場所和操作設
施的金融市場　(D) 以上皆是。　　　　（金融市場常識）

( ) 37. 當企業需要資金來進行投資，最好不要用下列何種方式尋求融通？　(A) 向
銀行借錢　(B) 發行股票　(C) 發行債券　(D) 向地下錢莊借錢。
　　　　（金融市場常識）

( ) 38. 下列何者為金融市場之參與者？　(A) 個人、企業、銀行　(B) 證券公
司、票券公司、保險公司　(C) 投資機構以及政府機構　(D) 以上皆是。
　　　　（金融市場常識）

( ) 39. 下列何者不是近年來國內主管機關管理金融市場的發展方向？　(A) 減少
法規的限制　(B) 鼓勵金融創新　(C) 對國外資金進行更嚴格的限制與管
理　(D) 加強國際金融的流通。　　　　（金融市場常識）

( ) 40. 在金融市場中主管機關訂定法律規範的目的在於：　(A) 增加政府的收
入　(B) 促進金融市場健全發展與有效經營　(C) 增加金融機構的進入障
礙　(D) 提高金融機構的經營成本。　　　　（金融市場常識）

二、簡答題

❖ 基礎題

1. 請問金融市場依據商品種類，可分為哪四個市場？

2. 請問貨幣市場有哪些交易商品？

3. 請問資本市場有哪些交易商品？

4. 請問衍生性金融市場有哪些交易商品？

5. 下列哪些機構不屬於貨幣機構？

　　A. 銀行　B. 票券公司　C. 信合社　D. 農漁會　E. 投資信託公司　F. 郵匯局

　　G. 證券公司　H. 租賃公司　I. 群眾募資平台

6. 請問國內的金融控股公司，可以哪三種機構當主體？

❖ 進階題

7. 請說明初級市場與次及市場的差異。

8. 請說明集中市場與店頭市場的差異。

9. 請說明直接金融與間接金融的差異。

10. 請說明傳統國際金融市場和境外金融市場的差異。

金融機構

┌─ 本章架構 ─┐

本章內容為金融機構，主要介紹金融主管機構、金融服務機構、正規金融機構與影子金融機構等內容，其內容詳見下表。

節次	節名	主要內容
2-1	金融主管機構	介紹國內兩個主要的金融主管機構。
2-2	金融服務機構	介紹國內主要的金融週邊服務機構。
2-3	金融機構—貨幣機構	介紹國內主要的貨幣機構。
2-4	金融機構—非貨幣機構	介紹國內主要的非貨幣機構。
2-5	影子金融機構	介紹國內公開的與非公開的影子金融機構。

┌─ 章前導讀 ─┐

通常企業或個人於金融市場進行財務規劃、資產管理與資金融通時，都需透過專業的仲介機構，擔任中介的服務，這些中介者稱為金融中介者（Financial Intermediary），因這些專業的金融中介者皆為法人團體，所以亦稱為金融機構（Financial Institutions）。

金融市場要能順暢的運轉，需要眾多相關的金融機構配合，才能使得資金順暢的流通、與發揮其經濟效益。首先，當然要有制定法令與監督市場機能的「金融主管機構」，其次，是協助金融市場能更有秩序、安全的運轉營運，由政府相關單位出面籌組、部分由民間出資所成立的，以服務為導向的「金融服務機構」。最後當然就是負責金融市場交易的重要要角，大部分由民間為主所成立，以營利為導向的「金融營利機構」。

通常這些「金融營利機構」，依據臺灣金融法令的規定，有些機構是法令所規範的「正規金融機構」；有些機構雖不是法令明定的金融單位，但其所經營的業務也是牽扯到資金的借貸或商品的買賣，我們稱之為「影子金融機構」。因這些正規金融機構，是整個金融市場最重要的交易要角，所以在臺灣依據現行金融法令的規定中，又可將這些「正規金融機構」，依是否能影響「貨幣供給」為準則，將劃分為「貨幣機構」與「非貨幣機構」這兩大類。

本章將依序介紹「金融主管機構」、「金融服務機構」、「金融機構—貨幣機構」、「金融機構—非貨幣機構」以及「影子金融機構」等內容。圖 2-1 為國內金融機構的組織架構圖。

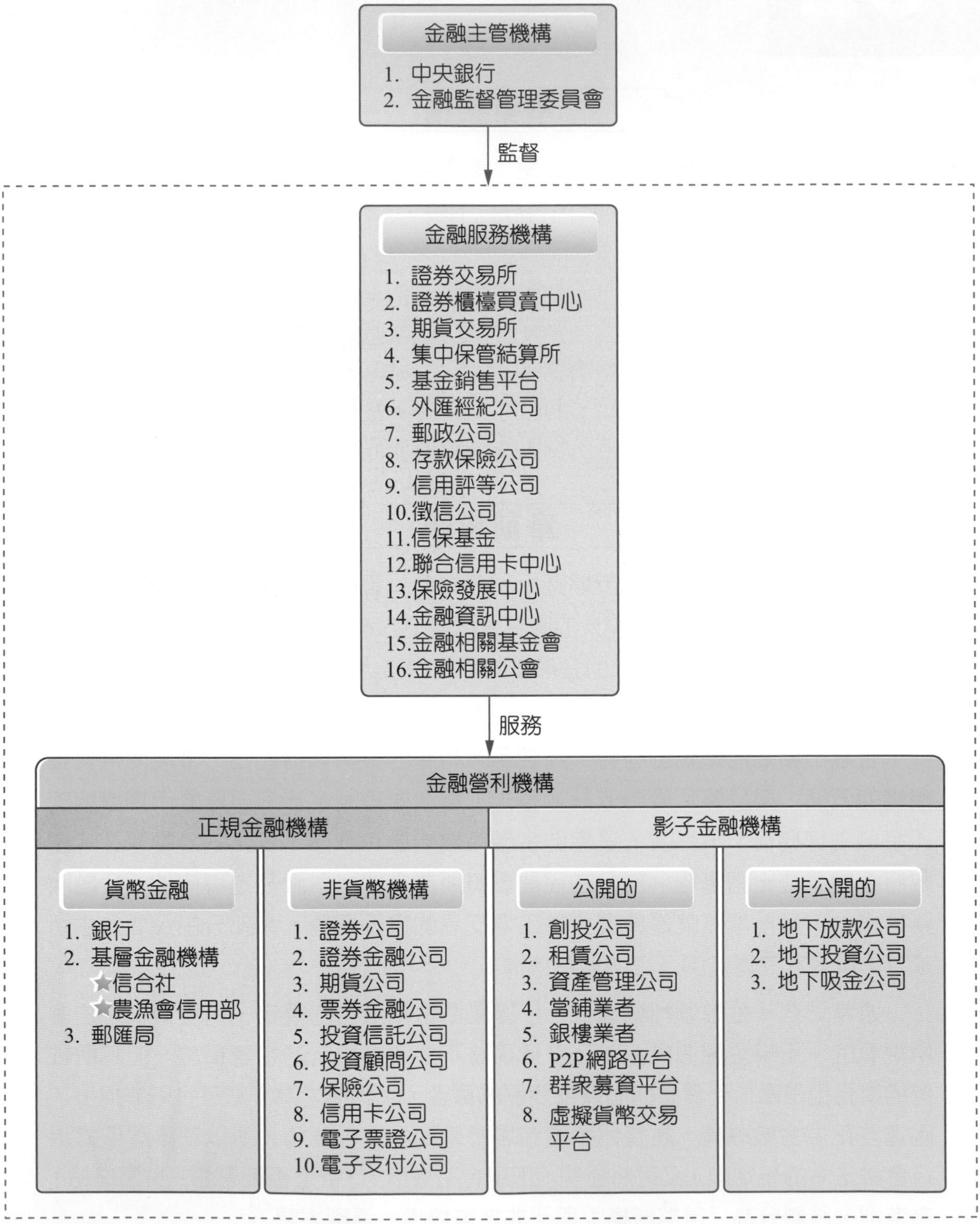

圖 2-1 國內金融機構的組織架構圖

金融主管機構
1. 中央銀行
2. 金融監督管理委員會

↓ 監督

金融服務機構
1. 證券交易所
2. 證券櫃檯買賣中心
3. 期貨交易所
4. 集中保管結算所
5. 基金銷售平台
6. 外匯經紀公司
7. 郵政公司
8. 存款保險公司
9. 信用評等公司
10. 徵信公司
11. 信保基金
12. 聯合信用卡中心
13. 保險發展中心
14. 金融資訊中心
15. 金融相關基金會
16. 金融相關公會

↓ 服務

金融營利機構

正規金融機構		影子金融機構	
貨幣金融	非貨幣機構	公開的	非公開的
1. 銀行 2. 基層金融機構 ★信合社 ★農漁會信用部 3. 郵匯局	1. 證券公司 2. 證券金融公司 3. 期貨公司 4. 票券金融公司 5. 投資信託公司 6. 投資顧問公司 7. 保險公司 8. 信用卡公司 9. 電子票證公司 10. 電子支付公司	1. 創投公司 2. 租賃公司 3. 資產管理公司 4. 當鋪業者 5. 銀樓業者 6. P2P網路平台 7. 群眾募資平台 8. 虛擬貨幣交易平台	1. 地下放款公司 2. 地下投資公司 3. 地下吸金公司

2-1 金融主管機構

　　目前國內與金融業務息息相關的兩個政府主管機關，分別為「中央銀行」與「行政院金融監督管理委員會」。現行中央銀行僅對金融機構，涉及貨幣、信用、外匯政策與支付系統之業務進行查核或專案檢查。其餘金融監理工作皆由金融監督管理委員會負責。以下分別介紹這兩個國內金融業的最高指導機構。

一、中央銀行

　　中央銀行（Central Bank）為一個國家中，掌控貨幣、信用與外匯政策的最高決策組織。通常每個國家的中央銀行僅有一個，所以中央銀行也扮演著國家（或政府）銀行的角色，必須擔負起整個國家的貨幣政策與經濟發展的重責大任。國內中央銀行其業務包含調節資金、外匯管理、金融穩定、支付清算、經理國庫、發行貨幣等六項。

（一）調節資金

　　中央銀行是金融市場最後的資金融通與調節者，當金融市場資金過於寬鬆或不足，中央銀行可運用調整存款準備率、重貼現率、公開市場操作、選擇性信用管制等策略，調節市場資金，以維持市場利率穩定。

（二）外匯管理

　　中央銀行是維持一國匯率穩定的重要機構。當外匯市場受某些因素干擾，以致無法正常運作時，中央銀行將維持外匯市場之秩序。中央銀行對於外匯存底的管理，係以流動性、安全性及收益性為基本原則，並兼顧促進經濟發展與產業升級的經濟效益。

（三）金融穩定

維護金融穩定係各國央行之共同目標。只有在金融穩定下，貨幣政策工具之操作才能發揮預期效果。為避免金融不穩定對國家經濟造成重大損害，各國央行均積極發展維護金融穩定之架構，期透過系統性之分析及監控，適時採行適當政策或措施，以達到金融穩定之目標。

（四）支付清算

中央銀行建置之金融同業資金調撥清算作業系統，連結票據交換結算系統、金資跨行支付結算系統、票券保管結算交割系統、中央銀行中央登錄債券等國內主要系統，構成一完整之支付清算體系，處理金融市場交易及零售支付交易所涉及之銀行間資金移轉。

（五）經理國庫

中央銀行係法定之國庫代理機關，並受財政部委託以政府公款保管人之立場經理國庫，經管中央政府庫款之收付及保管事務。央行亦經理中央政府公債與國庫券之發售、登錄轉帳及還本付息。

（六）發行貨幣

中央銀行是國內唯一可以發行貨幣的機構。央行根據經濟發展需求，並衡量庫存券幣數量，以發行貨幣。其主要目的在提供社會大眾一種安全可靠、價值穩定及廣被接受的支付工具。

二、行政院金融監督管理委員會

金融監督管理委員會（Financial Supervisory Commission）是國內負責金融市場監督與管理的最高指導機構。成立宗旨在建立公平、健康、能獲利的金融環境，全面提升金融業競爭力，並包含四項目標：維持金融穩定、落實金融改革、協助產業發展、加強消費者與投資人保護以及金融教育。目前金管會下設四個業務局，為「銀行局」、「證券期貨局」、「保險局」及「檢查局」、並設置「金融科技發展與創新中心」，分別負責所屬的金融產業發展。詳述如下：

（一）銀行局

銀行局其主要掌管銀行業與票券業等相關事宜。銀行局主要工作爲健全金融制度，維持金融穩定與創造完善的金融環境，提升銀行績效與國際競爭力。且加強消費者與投資人保護及教育工作，並在維護國內金融穩定的前提下，循序開放兩岸金融機構從事金融業務往來。

（二）證券期貨局

證券期貨局其主要掌管證券業、期貨業與投信投顧業等相關事宜。證券期貨局主要工作爲維持證券與期貨市場交易秩序，健全相關的法令與制度，推動證券與期貨業的國際化。並加強公開資訊的揭露與對投資人保護及教育工作。

（三）保險局

保險局其主要掌管保險業等相關事宜。保險局主要工作爲強化保險業之社會資本功能，且對全球金融安全網之建構，進一步提升保險監理國際化之進程。

（四）檢查局

檢查局其主要掌管對金融業的監督事宜。檢查局主要工作爲金融檢查制度之建立，並對金融機構申報報表之稽核，且處理金融機構內部稽核報告及內部稽核相關事項，並進行金融檢查資料之蒐集及分析。

（五）金融科技發展與創新中心

金融科技發展與創新中心其主要掌管金融科技產業等相關事宜。該中心提供國內金融科技產業規劃發展政策，並執行金融科技創新實驗園區之監督及管理，以提升金融業務的服務效率及競爭力。

2-2 金融服務機構

金融機構除了上述兩個主關機關外，尚有許多是由政府相關單位出面籌組、部分由民間出資所成立的交易所、財團法人機構、基金會與公（協）會等組織。這些金融週邊服務機構，並不全然以營利為目的，大多成立的目的是希望讓金融市場，能夠更有效率與秩序的運轉。以下本文將介紹這些金融週邊服務機構。

一、證券交易所

臺灣證券交易所為國內最主要的證券交易所，主要是以「集中競價」的交易方式，促使有價證券流通，讓企業籌資更便捷、也讓投資大眾投資更穩當，並使經濟更為活絡。目前在臺灣證券交易所，進行交易之有價證券，包括股票、債券換股權利證書、可轉換公司債、公債、受益憑證、認購（售）權證、ETF、ETN、臺灣存託憑證及受益證券等。此外，臺灣證券交易所仍需擔任證券集中交易市場之結算所角色，並提供特定機構法人進行有價證券借貸交易之服務。

二、證券櫃檯買賣中心

臺灣證券櫃檯買賣中心為國內第二個成立的證券交易所，其與臺灣證交所都是有其相同目標，都是「流通證券、活絡經濟」。櫃檯買賣中心最主要擔負起國內新興高科技產業、創意產業、中小企業及微型企業的掛牌及籌資。櫃檯買賣中心，除了部分證券，採「集中競價」的交易方式（稱為上櫃股票）外；尚提供中小型或微型公司的股票、以及公民營公司債券等商品，以「店頭議價」的交易方式進行流通。所以臺灣的證券櫃檯買賣中心，其交易制度是採用「集中」與「店頭」兩種市場模式，此為國際股票市場間極具特色之交易所。

三、期貨交易所

臺灣期貨交易為國內交易期貨與選擇權合約的集中市場。期貨交易所其主要是提供交易場所及設備、訂定期貨交易規則、及擬訂期貨商品合約等事項，使期貨契約能夠公開地交易，並監督期貨交易過程與執行法規。期交所為國內金

融市場，提供避險與投機的管道。且臺灣期交所須擔負起期貨結算所的角色，須辦理結算與到期交割作業、管理結算保證金與交割結算基金、以及結算會員風險管理、以確保期貨交易契約之履行。

四、集中保管結算所

臺灣集中保管結算所，是將原先的「臺灣證券集中保管公司」與「臺灣票券集中保管結算公司」兩相合併而得。「證券集中保管部分」，主要負責處理「有價證券集中保管帳簿劃撥制度」之相關業務，服務項目包括有價證券集中保管帳簿劃撥、集中交易及櫃檯買賣市場有價證券交割、興櫃股票款券結算交割、無實體有價證券登錄等。「票券集中保管結算部分」，主要負責統籌辦理短期票券之集中保管外，並與央行金資系統連線，提供款券兩訖之結算交割機制。因此集中保管結算所整合「證券」與「票券」結算交割保管平台，可提高經營效率，擴大服務範圍，促進市場發展。

五、基金銷售平台

國內金管會為了基金銷售通路，不用再侷限投信與代銷機構，以及也因應金融科技創新政策的推動；由證券櫃買中心與集中保管結算所，結合國內眾多投信共同籌設一個「基金銷售平台」－基富通證券[1]。此基金銷售平台可代銷境內外各類基金，將來境內基金發行機構、以及境外基金的代理機構，只要跟國內的「集中保管結算所」簽約後，就可以將基金拿到基金銷售平台上架銷售。

國內現今的「基金銷售平台」，除了由政府主導成立的「基富通證券」，尚有兩家民間利用「證券投資顧問公司」名義，並以營利為目的所成立的平台，分別為「聚亨基金平台」與「中租全民基金平台」。

六、外匯經紀公司

臺灣於 1994 年將原為財團法人型態的「台北外匯市場發展基金會」，重組為「台北外匯經紀公司」，成為我國第一家專業的外匯經紀商。外匯經紀公司是外匯指定銀行與中央銀行的仲介機構，主要任務為提供快速正確的交易情

---

1. 此基金銷售平台為「基富通證券」，雖名稱為類似證券公司，但卻不是我們一般認知的證券公司，而是一家科技公司，所以基富通證券應屬於國內的金融科技產業的範疇。

報，以使得交易順利完成，本身不持有部位，僅收取仲介手續費。且中央銀行為了調整外匯或干預匯率時，須透過外匯經紀公司與外匯指定銀行進行交易。此外，國內在 1998 年國內成立第二家外匯經紀商為「元太外匯經紀商」，此經紀商的股東多屬於民間。

七、郵政公司

中華郵政公司（Post Company）（簡稱：郵局）由於廣布全國各地都有分支，它除了從事郵件遞送的服務外，郵局的儲匯處亦被政府賦予須協助一般公眾進行基礎金融事務。它可像一般的銀行一樣，吸收各期間的存款，但這些存款大致用於轉存中央銀行或其他金融機構，或供其他金融業借款、購買公債與短期票券等用途，且也對民眾提供多種金融服務與簡易的放款業務，故已是國內貨幣機構的一份子。

八、存款保險公司

金管會旗下組織－「中央存款保險公司」乃提供存款貨幣機構（如：本國與外國銀行、信合社、農漁會信用部、郵匯局），加入存款保險（Deposit Insurance）制度的機構，其希望能讓存款人的存款受到保障。由於存款保險制度的運轉，除了保護存款人的權益，並可維護銀行信用以及穩定金融秩序。

根據中央存款保險公司於 2011 年起規定，每一存款人在同一要保金融機構最高保額為新臺幣 300 萬元之保障，包括：新臺幣、外幣、本金及利息。（但不含結構型商品本金、股票、基金、債券、保單等非存款之金融商品）。現今幾乎所有國內外的存款貨幣機構都加入存款保險行列，所以國內 100% 的存款戶，均受到存款保險之保障[2]。

九、信用評等公司

中華信用評等公司為國內唯一負責信用評鑑的機構，其為國際知名信用評等機構標準普爾（Standard & Poor's）的子公司。中華信評公司其主要業務乃為國內的企業、基金、金融機構、以及資產證券化的債券，提供客觀獨立的信

---

2. 現行加入臺灣金融機構參加存款保險制度，除了德商－德意志銀行台北分行，已受德國存款保險制度之保障，依法得免參加我國之存款保險外，其餘金融機構已參加存款保險。

用評等。並將評等資料、以及相關的投資研究報告、風險評估資料，提供給國內外的投資機構參考，以協助業者做出重要的決策判斷。

十、徵信公司

國內的徵信公司主要有兩家分別為「中華徵信所」與「金融聯合徵信中心」。中華徵信所主要提供國內外工商企業的信用調查、以及專案徵信服務；並為企業提供市場產業研究、市場調查、財務諮詢服務以及不動產估價服務。因此中華徵信所提供各種公正、客觀與專業的研究資料，讓企業經理人在運籌帷幄時作出正確的決策，並協助客戶擴展市場與降低交易成本。

金融聯合徵信中心乃在負責銀行公會體系下，協助公會會員機構間，授信資料蒐集、處理及交換之資料處理中心。並建置全國性銀行信用資料庫，增進金融業徵信功能，以確保信用交易安全，且提供主管機關金融監理所需資訊。

十一、信用保證基金

信用保證基金（Credit Guarantee Fund）乃是政府及金融機構，捐助成立之非營利性財團法人組織，而非一般我們所認知的共同基金。信用保證基金的成立是基於，政府對於欠缺擔保品，但具發展潛力的中小企業、僑營事業、台商事業或農漁業者，提供信用保證，協助其獲得金融機構的資金融通。目前在國內共有三個信用保證基金分別為「中小企業信用保證基金」、「海外信用保證基金」、以及「農業信用保證基金」。

十二、聯合信用卡中心

由國內銀行合資成立「聯合信用卡處理中心」主要在處理信用卡業務。其主要提供信用卡共用的資源，規劃共用之業務平台，執行信用卡等支付卡片交易處理及帳務撥轉的相關事宜。其成立宗旨乃配合政府政策，發展非現金支付工具，促進國民支付習慣現代化、促進國民生活品質提昇、促進社會安全，並防杜竊盜犯罪、以及推動無現金社會。

十三、保險發展中心

「保險發展中心」是介於政府和企業間之非營利組織。其成立的目的推動對民眾的保險教育宣導，使保險知識普及社會，同時要培訓保險業的國際專業人才；並積極建立保險業有利之經營環境，持續強化保險精算、統計的功能；以及配合主管機關政策，協助保險業進軍海外市場、並協助建立與國際標準接軌的保險監理制度。

十四、金融資訊中心

由財政部及公、民營金融機構共同出資籌設「財金資訊股份有限公司」，又稱「金資中心」。其成立目的乃為促進金融業之資源共享、資訊互通，並提昇金融體系全面自動化。其主要業務乃負責承作跨行金融資訊系統的規劃、建置與營運，提供跨行交易轉接、結（清）算服務；並與金融機構及國際組織連接，共同建構我國的電子金融支付網絡，同時也為社會大眾提供安全便捷的金流服務。

十五、金融相關基金會

金融相關基金會乃在負責金融業的人員培訓、證照測驗、資訊蒐集、研究分析數據的提供、以及業務的推廣等事宜。國內較知名的金融相關基金會，如：證券暨期貨發展基金會、臺灣金融研訓院、台北金融發展基金會、台北外匯發展基金會、會計發展基金會等等。

十六、金融相關公（協）會

金融相關公（協）會乃在協助政府推行金融政策、促進經濟發展、協調同業關係、增進同業的共同利益。國內較知名的金融相關公（協）會，如：證券商同業公會、期貨商同業公會、投信投顧同業公會、票券金融商業同業公會、銀行商業同業公會全國聯合會、信託業商業同業公會、信用合作社聯合社、人壽保險商業同業公會、產物保險商業同業公會等等。

2-3 金融機構─貨幣機構

　　正規的金融營利機構中，若以是否影響「貨幣供給」為準則，又可將金融機構劃分為「貨幣機構」與「非貨幣機構」。國內的貨幣機構[3]主要包括「銀行」、「基層金融機構」以及「郵匯局」這三種機構為主。

　　至於現行的「金融控股公司[4]」（Financial Holding Company）是指以一家金融機構為母公司（控股公司），母公司擁有銀行、證券、票券、期貨、保險、租賃等其他金融機構的股權。所以金控公司乃是一家金融業務綜合化的公司，內包含貨幣機構的銀行，也包含非貨幣機構的證券、票券、期貨、保險等公司，所以金控公司是全方位經營的金融機構。以下將逐一介紹國內的三種主要的貨幣機構。

一、銀行

　　根據我國銀行法條規定，銀行分為下列三種：「商業銀行」、「專業銀行」與「信託投資公司」。由於國內現行的金融業中，「信託投資機構」大都已改制為商業銀行或已融入商業銀行的一個部門，稱為信託部，且法令也通過投信、投顧、證券商得兼營之，所以國內現今已無單獨的信託投資公司在市面上經營，因此以銀行型態經營的只剩下商業與專業銀行兩種。此外，國內還有許多外國銀行在臺設分支機構，稱為外國銀行，這些外國銀行大都是從事商業銀行的業務。以下將介紹商業銀行與專業銀行的營業特點。

（一）商業銀行

　　根據我國銀行法條規定，商業銀行（Commercial Bank）是以收受支票存款、活期存款、定期存款等，以供給「中短期」信用為主要任務之銀行。通常商業銀行除了收受一般民眾與企業的支票、活期、活期儲蓄與定期存款外，並

---

3. 中央銀行對國內「貨幣機構」之分類，除了包括「銀行」、「基層金融機構」以及「郵匯局」外，且央行根據參考國際貨幣組織（IMF）對金融機構的分類，亦將「貨幣市場共同基金」（Money Market Mutual Fund, MMMF）納入貨幣機構內。雖MMMF被列為國內貨幣供給額M2之準貨幣中，但因僅是投信所發行的貨幣型基金，故本書未將其納入貨幣機構討論之。
4. 國內於2001年6月通過的「金融控股公司法」，將金融控股公司分成三種主體，分別為銀行控股公司、保險控股公司與證券控股公司。

辦理中短期的放款業務,且亦辦理票據貼現、國內外匯兌、債券買賣與保證等相關事宜。商業銀行是一般工商企業與民眾在進行營業或投資理財活動中,往來最為頻繁的金融機構。

近年來,由於網路、行動通訊與感測設備等科技的普及發達,迫使傳統金融業必須積極的尋求轉型與升級,因此國內每一家商業銀行都積極利用網路經營業務,以發展自己的「網路銀行」(Electronic Bank)通路,並有些國內商業銀行,另外成立以網路服務為主的子品牌之「數位銀行」(Digital Bank),以順應科技潮流的趨勢。

近期,政府更開放「純網路銀行[5]」的執照,這些新籌設的純網路銀行亦從事商業銀行業務。純網路銀行的運作,除了總行和客服中心之外,不得建立實體分行,讓所有的金融業務都藉由網路、電腦與智慧型手機等行動裝置完成,不再需要用戶至臨櫃處理業務。因此純網路銀行,將著眼於更方便的存款、匯兌、保險、財富管理等金融服務,並將結合人工智慧(Artificial Intelligence, AI)及大數據(Big Data)分析,提供更便利與精準的機器人理財(Robo Advisers)服務,以滿足強調數位化客戶的需求,且讓小型企業、年輕人以及偏鄉客群,更容易取得金融服務,以達到「普惠金融」的目標。

(二)專業銀行

根據我國銀行法規定,專業銀行(Specialized Bank)乃為便利專業信用之供給所新設立的銀行;或由中央銀行指定現有銀行中,需擔任該項信用供給的銀行。通常專業銀行著重在「中長期」存放款業務,並為這些專業信用行業,提供量身訂做的資金需求。其這些專業信用包含「工業」、「農業」、「輸出入」、「中小企業」、「不動產」與「地方性信用」等六項。以下為這六項專業信用的銀行所提供的服務:

1. **工業銀行**:以供給工、礦、交通及其他公用事業,所需的中長期信用為主要業務。

2. **農業銀行**:以調節農村金融,及供應農、林、漁、牧之生產及有關事業所需信用為主要任務。

---

5. 純網路銀行亦稱為直銷銀行(Direct Bank)。

3. **輸出入銀行**：以供給中長期信用，協助拓展外銷及輸入國內工業所必需之設備與原料為主要任務。

4. **中小企業銀行**：以供給中小企業中長期信用，協助其改善生產設備及財務結構，暨健全經營管理為主要任務。

5. **不動產信用銀行**：以供給土地開發、都市改良、社區發展、道路建設、觀光設施及房屋建築等，所需中長期信用為主要任務。

6. **地方性信用銀行**：以供給地區發展及當地國民，所需短中期信用為主要任務。

⑤金融 小常識

國內現存的專業銀行

國內以往擔負專業信用的銀行，分別為以下六種：

1. 工業銀行：交通銀行（已改為兆豐商銀）、中華開發工業銀行（已改為中華開發資本）、臺灣工業銀行（已改為王道商銀）。

2. 農業銀行：中國農民銀行（已併入合作金庫商銀）。

3. 輸出入銀行：中國輸出入銀行。

4. 中小企業銀行：臺灣中小企業銀行。

5. 不動產銀行：臺灣土地銀行。

6. 地方性信用銀行：合作金庫（已改為合作金庫商銀）。

這幾年，國內進行金融整併與改革，有些專業銀行已改制成商業銀行、私募基金、或成為金融控股公司，所以現在的專業銀行，僅存以下兩種：

1. 農業銀行：全國農業金庫。

2. 輸出入銀行：中國輸出入銀行。

二、基層金融機構

國內除了上述的商業與專業銀行外，尚有一些小部份的銀行業務由地方性的基層金融機構承擔，其中包含信用合作社與農漁會信用部這兩類。以下將進一步闡述之。

（一）信用合作社

信用合作社（Credit Union）是屬於地方性的金融機構，通常是集結在地社員所組織而成的互助團體，其主要功能是將社員的儲蓄貸放給其他有資金需求的社員[6]。所以社員是信用合作社的客戶，也是老闆，社員可以主導信用合作社經營方向，以及金融服務的內容，因此信用合作社的服務可以更貼近在地的需求。

（二）農漁會信用部

農漁會信用部是隸屬於各地區的農漁會，當地的農漁民為信用部的會員，其主要功能是將會員的儲蓄貸放給其他有資金需求的會員。其服務性質與信用合作社相似，乃為最基層的金融機構之一。

三、郵匯局

前述的中華郵政公司乃政府主導，非以營利為目的的金融服務機構之一。但由於它深入全國各地都有分支，所以中華郵政公司儲匯處（簡稱郵匯局）亦被政府賦予須協助一般公眾進行基礎金融事務，因此是國內基層金融的一份子。它提供民眾活期儲蓄存款及 1 個月至 3 年期的定期存款，並對民眾提供匯款、簡易保險、保單借款、基金代銷、房屋貸款與外匯等金融服務。

---

6. 政府已於2013年底開放信用合作社，可以針對非社員進行放款，中小企業或微型企業可以用個人名義向信合社借貸營運資金。

2-4 金融機構—非貨幣機構

　　根據國內的法令規範，金融機構中的非貨幣機構，是指不能同時吸收存款與放款，且不能發行貨幣性間接證券，不可影響貨幣供給額者。這些非貨幣機構主要負責仲介資金的移轉與融通、或涉及金融商品買賣為主。以下本節將介紹這些非貨幣金融機構。

一、證券公司

　　證券公司（Securities Corporation）是證券市場裡最重要的要角，其主要服務內容乃提供投資人證券交易與服務的法人組織。通常「綜合證券公司」內部包括經紀商（Brokers）、自營商（Dealers）與承銷商（Underwriter）。「經紀商」主要負責接受客戶委託，經營有價證券買賣業務。「自營商」是指證券商利用自己的名義從事有價證券的買賣。「承銷商」主要負責接受企業委託，協助公司有價證券發行之業務。

　　目前國內的證券公司，除了經營上述的經紀、自營與承銷業務外，近年來，金管會亦放行許多金融業務，讓券商的經營範疇，不再侷限於資本市場的業務。例如：可承做國內期貨市場的經紀業務、可以參與短期票券的發行、可參與外幣市場的拆借與外匯即期交易、可擔任境外基金總代理人，並銷售基金…等業務。這些業務讓券商的經營觸角更為多元廣泛，以增加其業務的便利性與收入來源。

二、證券金融公司

　　證券金融公司（Securities Finance Corporation）在證券市場主要是負責「信用交易」的業務，也就是融資融券。由於現行綜合證券公司亦可辦理融資融券業務，所以壓縮了證券金融公司的業務量。近期，國內原本僅存兩家證金公司分別於元大證券金融公司（前身為復華證券金融公司）、環華證券金融公司，也已合併成為一家為元大證券金融公司。

三、期貨公司

　　期貨公司（Future Corporation）主要擔任期貨或選擇權等衍生性商品的交易業務。期貨商包括「期貨經紀商」與「期貨自營商」。期貨經紀商主要

從事期貨交易之招攬或接受期貨契約之委託並收受保證金，負責期貨交易人與經紀商或期貨交易所之仲介商。期貨自營商則爲自行在期貨市場內買賣期貨契約，以賺取差價的機構。

四、票券金融公司

票券金融公司（Bills Finance Corporation）主要擔任短期票券的簽證、保證與承銷業務，爲短期票券的主要仲介機構。且提供企業財務與短期投資諮詢服務，並提供貨幣市場交易行情報導。此外，票券商亦可承作中長期的債券業務。

五、投資信託公司

投資信託公司（Investment Trust Corporation）；簡稱投信公司，又稱爲基金公司，其依發行基金的種類又可分爲「證券投資信託公司」與「期貨投資信託公司」。基金公司是以發行受益憑證的方式成立共同基金（Mutual Funds），向大眾募集資金，再將資金投資於各種金融商品。此外，投資信託公司可以承做證券代客操作以及境外基金處理業務。

六、投資顧問公司

投資顧問公司（Investment Consulting Corporation）；簡稱投顧公司，其又可分爲「證券投資顧問公司」與「期貨投資顧問公司」。其主要的業務乃提供投資人在進行證券與期貨投資時，相關的投資建議與諮詢服務，並向投資人收取佣金。此外，投資顧問公司可承接證券與期貨代客操作業務、亦可成爲境外基金代理人與境內外基金的銷售業者。

七、保險公司

保險公司（Insurance Company）其主要的業務是以收取保費的方式，在保險合約期限內，提供被保人一份人身或財產的保障。通常保險公司又分「人壽保險公司」、「產物保險公司」、「再保險公司[7]」。人壽保險公司（Life Insurance）主要提供人身保險，包括人壽保險、健康保險、傷害保險及年金

---

7. 我國現今的「再保險公司」共有4家，其中，三家爲國外的公司，另一家爲「中央再保險公司」乃由由財政部於1968年設立，該公司爲因應金融自由化及國際化的潮流，並提升競爭力，所以該公司已於2002年完成民營化，其現今最大股東乃爲民間股東－長榮。

保險等。產物保險公司（Fire and casualty Insurance）主要提供財產保險，包括火災保險、海上保險、陸空保險、責任保險、工程保險等。再保險公司（Reinsurance）主要提供保險公司的再保險業務，也就是保險公司的保險公司。

　　此外，一般市面上常見的「保險代理公司」與「保險經紀公司」，也是從事保險業務的相關單位，因此亦是保險業的一環。保險代理公司（Insurance Agency）乃是根據保險人的委託，協助保險人代為辦理保險業務的機構。保險經紀公司（Insurance Broker）是指在保險市場經營仲介，保人選擇保險合約的業務機構。

 市場焦點

臺灣保險滲透度繼續蟬聯世界第一

（資料來源：節錄自現代保險 2020/08/01）

　　根據瑞士再保最新的 Sigma 報告，臺灣 2019 年壽險滲透度達 16.51%，連續第 13 年蟬聯全球第一，若與產險合計的保險滲透度亦達 19.97%，則是連續第三年位居全球之冠，代表保險保費對國內 GDP 貢獻度，是全球最高。

保險滲透度Insurance Penetration %				
排名 Ranking	國家 Country	總計 Total	壽險業 Life	產險業 Non-Life
1	臺灣Taiwan	19.97	16.51	3.46
2	香港Hong Kong	19.74	18.26	1.48
3	開曼群島 Cayman Islands	19.19	0.71	18.48
4	南非South Africa	13.40	10.73	2.67
5	美國U.S.	11.43	2.92	8.51
6	南韓South Korea	10.79	5.84	4.95
7	丹麥Denmark	10.68	7.96	2.72
8	那米比亞Namibia	10.45	8.31	2.14
9	英國U.K.	10.30	7.99	2.31
10	芬蘭Finland	10.17	8.30	1.87

保險滲透度Insurance Penetration %				
排名 Ranking	國家 Country	總計 Total	壽險業 Life	產險業 Non-Life
11	荷蘭Netherlands	9.22	1.59	7.63
12	法國France	9.22	5.98	3.24
13	日本Japan	9.00	6.69	2.31
14	瑞士Switzerland	8.39	4.30	4.09
15	義大利Italy	8.33	6.15	2.18
16	加拿大Canada	7.67	3.07	4.60
17	新加坡Singapore	7.55	5.96	1.59
18	愛爾蘭Ireland	7.51	5.70	1.81
19	瑞典Sweden	7.22	5.39	1.83
20	德國Germany	6.33	2.64	3.69
	世界World	7.23	3.35	3.88

資料來源：摘譯自「Swiss Re, Sigma No. 4/2020」

短 評

近年來，國人投保風氣日盛，且又拜低利率緣故，讓國人承作「儲蓄險」的金額，逐年攀高。近期，臺灣已連續13年，「保險滲透度」高居全球之冠，可見國內保險業者應該業績斐然。

◎ 保險滲透度 $\dfrac{\text{保費收入}}{\text{國民生產毛額}}$。臺灣 2019 年保險滲透度 19.97%，也就說國人每賺 100 元，就將 19.97 元花在保險上。

八、信用卡公司

在國內可發行信用卡的機構主要是「銀行」與「信用卡公司」。信用卡公司（Credit Card Company）是指專門發行信用卡的公司。在國內信用卡公司很多都是銀行的分支機構，但亦有大型企業成立的發卡公司。如：永旺、樂天信用卡公司。全世界知名的信用卡結算機構，如：美國的 VISA、Master、日本的 JCB、中國的銀聯卡。

九、電子票證公司

電子票證（Electronic Stored Value Cards）公司的成立，乃因電子科技的發達，為了便利民眾利用電子票證（如：儲值卡或預付卡）自動扣款，以作為多用途支付。通常人們先將現金儲存於電子票證機構所發行的塑膠卡裡的電腦晶片，待民眾購物或消費時，店家會自動從卡片所儲存的現金扣除，所以僅能進行商家與消費者之間的資金移轉，稱為 B2C（Business to Consumer）。

現在國內的共有 4 家電子票證公司較知名者，如：悠遊卡、一卡通，且這幾家也同時擁有電子支付執照。近期，政府欲整併國內的電子票證與電子支付兩大系統，所以將來電子票證公司將走入歷史，僅以電子支付公司運行。

十、電子支付公司

電子支付系統（Electronic Payment System）是由電子支付公司居間，協助網路買賣雙方，資金移轉支付的交易方式，此又稱為「第三方支付[8]」（Third-Party Payment）。通常電子支付機構成立電子支平台，接受使用者註冊、以及開立資金移轉與儲值帳戶，並利用電子設備，以連線方式傳遞收付訊息之業務。一般網戶只要在電子支付公司所設立的帳戶內有儲值金，雙方可以在封閉式的帳戶內進行資金移轉，不用再透過銀行居間轉帳。因此網戶（消費者），彼此利用雙方的電子支付帳戶進行資金移轉，稱為 P2P（Peer to Peer）或稱 C2C（Consumer to Consumer）。

國內現行共有 5 家專營與 25 家兼營的電子支付公司[9]，其中「歐付寶」為最早成立。全球最早的第三方支付體系，是美國的 Pay Pal；現今全球最大的支付系統為中國「阿里巴巴」集團，所推出的「支付寶」為代表。

---

8. 嚴格來說：第「三方支付」的名稱來自中國，其業務性質與臺灣的「電子支付」相同，因習慣與先入為主的觀念，所以在國內將兩者混為一談。但其實臺灣的支付制度中，「電子支付」與「第三方支付」是不同的兩種機構。臺灣的第三方支付的主管機關是「經濟部」，其業務範圍是與信用卡收單機構簽訂，提供網路交易代收代付服務平台業者。但臺灣的電子支付的主管機關是「金管會」，其業務經營為網路或電子支付平台為中介，接受平台會員進行資金儲值與會員之間相互移轉。

9. 截至2021年8月，共有25家兼營電子支付公司，其中21家為金融機構，4家為電子票證公司。

市場焦點

電支條例修正，不同平台將能互轉、共用刷卡機、也能買外幣

（圖文資料來源：節錄自中央社 2020/12/28）

解禁！
電支條例修法可
跨平台轉帳、買
賣外幣

　　立法院會已三讀通過修正電子支付機構管理條例，將電子支付、電子票證整合管理，未來不同電支平台，也能相互轉帳，並可進行外幣買賣、紅利整合折抵等多項新業務，以打造完整支付生態圈。

　　為有效落實金融監理、消費者保護及促進電子支付產業發展，並納入電子票券發行機構的管理規範，金管會擬具電子支付機構管理條例修正草案，將原本「電子支付」、「電子票證」二元化管理的法制統合為一，透過擴大電子支付機構的業務範圍，開放跨機構間互通金流服務，增加民眾支付便利性，加速普惠金融推動。

短 評

　　近年來，國內積極發展行動支付，參與業者眾，使得系統零亂。有鑑於此，政府修法將電子支付與電子票證整合，未來不同支付平台可共用刷卡機，相互轉帳，並可進行外幣買賣，增加民眾的便利性。

2-5 影子金融機構

　　以營利為導向的金融機構，是金融市場最重要的資金與金融商品媒介的機構。通常依我國法令規定，有些機構是法令所規範的「正規金融機構」；有些機構，雖不是法令明定的金融單位，但其所經營的業務也是牽扯到資金的借貸、或金融商品的買賣，所以稱之為「影子金融機構」。

　　雖然影子金融機構，並不是國內金融法令下規定的金融機構，但從事的業務仍與資金的移轉、或金融商品的買賣有關，比較屬於廣義的金融市場範圍。此外，通常影子金融機構，有些仍受政府法令的管制，所以其經營的業務可公開的在正常市場中運作；但也有些單位因法令的限制，不得於檯面上公開運作，所以必須在檯面下，非公開的運作。所以這些影子金融機構又可分為「公開的」與「非公開的」兩類型。

一、公開的

　　公開的影子金融單位，通常可以在正常的檯面上，合法從事「類金融」業務的公司。公開的影子金融機構，在國內較常見的公司組織，有以下幾種形式：

（一）創業投資公司

　　創業投資公司（Venture Capital Company, VC）為一專業的投資公司，由一群專業人士所組合而成的，以直接投資被投資公司股權的方式，提供資金給需要資金者（被投資公司）。通常創投公司並不以直接經營被投資公司為目的，僅提供資金以及專業知識與經驗，以協助被投資公司獲取更大的利潤為目的。國內的現在的創投公司大受以「私募股權基金」（Private Equity Fund, PE）的形態在經營。

（二）租賃公司

　　租賃公司（Leases Company）主要承做設備或工具出租之業務。通常租賃公司承諾在約定的期間內，將固定資產使用權出租給承租人，並收取租金；租賃公司等同間接的提供資金給廠商買進固定資產後，再承租給它們使用。較常見的租賃資產包括土地、廠房、機器設備與運輸交通工具等。

（三）資產管理公司

　　資產管理公司的主要業務範圍乃在協助金融機構因有許多逾期放款，無法正常收回，所以代金融機構為向客戶催收，以協助不良資產的收回，並有效活化不良資產，以改善金融機構體質為目的。

（四）當鋪業者

　　通常當鋪業者接受典當者的物品，然後融資資金給典當者，待將來典當者有足夠資金，亦可贖回典當物品，但亦可不贖回典當物品。所以當鋪對客戶的融資行為，有點像銀行接受用擔保品抵押融資的金融活動。

（五）銀樓業者

　　通常銀樓業者會從事金融市場中的黃金現貨的買賣，亦可從事外幣的兌換業務俗稱「黑市」交易。通常銀樓的換匯買賣價差較一般銀行窄，且也較的簡單方便，所以吸引許多小額的換匯需要。此外，有些非法的金錢換匯，也常常是透過此種管道換成合法的外幣，此行為又稱為洗錢（Money Laundering）。

（六）P2P 借貸平台

　　傳統上，資金的借貸、轉帳與匯兌，大都是透過「銀行」運作。但現在由電商公司所提供的 P2P 網路平台，就可以媒合網戶之間，資金的借貸與匯兌與匯款需求，不須再透過銀行。

1. P2P 借貸平台

　　由電商公司提供的網路借貸平台，並藉由平台媒合有資金需求與供給的個體戶，讓供需雙方在網路上完成 P2P 的借貸交易，不用再經過傳統銀行的仲介。此舉可以幫助中小企業、以及個人，解決小額信用貸款問題，且可替貸款者降低利息支出、以及增加放款人的利息收入。國內現較知名的 P2P 借貸平台，如：「LnB 信用市集」與「鄉民貸」等。

2. P2P 匯兌與匯款平台

　　由電商公司提供的網路匯兌與匯款平台，可以媒合資金匯兌的需求、以及提高資金匯款轉帳的便利性。P2P 匯兌與匯款平台，可提供跨國換匯與匯款的服務，讓網戶在平台找到相對應的貨幣兌換者，亦可協助網戶間的資金移轉，因此可降低換匯成本與匯款手續費。

（七）群眾募資平台

所謂的群眾募資（Crowdfunding）是指由電商公司成立網路平台，提供給「微小型企業」或「具創意或公益等專案」，向不特定大眾宣傳其公司未來前景、或者創意或公益等專案的概念、設計或作品，藉以達到募資的目的。通常群眾募資平台，依照募資的目的可分為：捐贈、回饋、股權與債權等四種型式。現今共有 13 個屬於非股權與債權式的群眾募資平台，此類型的平台數目，讓臺灣成為全球密度最高的國家。這幾個募資平台，較知名，如：「flying V」、「貝果放大」、「Hero O」、「噴噴」、「度度客」等。

（八）虛擬貨幣交易平台

自從知名虛擬貨幣－「比特幣」（Bitcoin）暴紅後，各式各樣的虛擬貨幣，猶如雨後春筍大量冒出，也衍生這些虛擬貨幣的交易需求，所以市場上，出現許多虛擬貨幣的交易平台。這些交易平台有些提供虛擬貨幣買賣的撮合交易，如：全球最大的虛擬貨幣交易所「幣安（Binance）」，但有些僅提供虛擬貨幣的代買代賣服務，如臺灣的「幣託」（BitoEX）、「Maicoin（MAX）」、ACE、BitAsset 與數寶等。

二、非公開的

非公開的影子金融業者，通常就是我們俗稱的「地下金融」（Undergound Financial）。一般而言，國內常見的地下金融的營運模式，大致可分為以下三種。

（一）地下的放款公司

我們日常生活中最常遇到的地下金融交易，就是地下的放款公司，也就是俗稱「地下錢莊」。其主要的經營業務乃提供短期免擔保的資金，給企業或個人週轉使用；或者經營已向銀行擔保融通過的不動產，再第二或第三次放款（俗稱二胎或三胎），並以收取高額利息為目的。

（二）地下的投資公司

通常地下的投資公司是以販售未經國內主管機管核准的金融商品、或者經營未經核准的金融投資交易之事務。例如：地下的投資公司常經營販售未經主管機關核准的基金、或者經營未經核可的外匯保證金或期貨投資等。

（三）地下的吸金公司

　　通常地下的吸金公司，大都是以販售某些低價高賣的商品（如：健康食品）為餌，並提供高額利潤為報酬，誘使許多會員加入，以吸收會員資金；這也就是一般俗稱的老鼠會。此外，我們一般民間的「標會」活動，也是比較類似於此類的地下金融活動。

 市場焦點

創業者必懂，9年成長200倍的
「群眾募資」在夯什麼？

（圖文資料來源：節錄自遠見雜誌 2020/07/23）

去年臺灣群眾募資破 25 億！
糾紛漸增各界籲立法納管

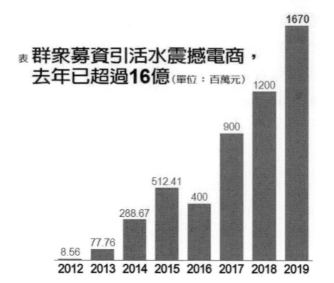

表　群眾募資引活水震撼電商，去年已超過16億（單位：百萬元）

註：2016～2019年為粗估金額
資料來源：貝殼放大、群眾觀點CrowdWatch
整理：毛凱恩

　　知名 Youtuber 阿滴在《紐約時報》刊登廣告向世界衛生組織（WHO）抗議。沒有政黨、企業奧援，靠的是群眾募資：一天內動員 2 萬 7494 名贊助者，集資近 2,000 萬台幣，成為臺灣群募史上參與人數最多的專案。

　　群募讓人流、金流在網路上「萬佛朝宗」，基本模式卻很簡單：提案者設計專案、顯示金額目標與即時進度，並提供不同回饋。簡單觀念配上強大

威力，大至政治人物、小至學生的畢業製作，都想搭上這班特快車。根據群募顧問公司「貝殼放大」統計，2019 全年臺灣群募金額約 16.7 億元，對比9 年前增長近 200 倍，還點燃三大變革火苗。

變革一：成功操作議題，藝文、公共利益都能變現

群募平台會崛起，最初是贊助文化、藝術。隨後擴張到公共領域，近年便有不少候選人以此招募經費。具觀察，群募興盛可能跟現代人生活忙碌有關。大家撥不出時間，才花錢買「贖罪券」，無法出力，也要出錢響應。

變革二：化身新創孵化器，圓夢前能預告風險

議題性強的群募專案，加上提案者的商業頭腦，更讓群募平台成為新創孵化器。

變革三：進度條展示火力，翻轉傳統電商銷售

電商界一度認為群募是「小孩子玩的東西」，過往進口商引進產品來台，常與電商平台洽談合作。不過比起電商高達兩成的通路行銷費用，群募平台只收 8％手續費，吸引進口商轉向。如小：米家電、石頭科技旗下的小瓦掃地機器人，現在都改由群募平台，進軍臺灣市場。若再以破壞性的市場價格助攻，後續行銷將事半功倍。

短 評

近年來，國內興起一股群眾募資熱潮，讓許多公益性與創意性的活動與專案，可藉由群眾的力量來完成。當然，欲尋求小額資金創業的微小企業，亦可尋求募資平台來協助。國內近 10 年來，募資金額增長近 200 倍，可見群眾募資平台亦是創業者的好夥伴。

一、選擇題

❖ 基礎題

( ) 1. 請問依據現行臺灣金融統計以何種準則,將金融機構劃分為貨幣機構與非貨幣機構? (A) 是否創造創造貨幣 (B) 是否承做中長期存放款 (C) 是否可以自由買賣貨幣 (D) 是否可以買賣貨幣型基金。

( ) 2. 下列何者非中央銀行的業務? (A) 發行貨幣 (B) 經理國庫 (C) 清算支付 (D) 提振股市。

( ) 3. 下列何者非金管會職掌業務所分設的局處? (A) 銀行局 (B) 證券期貨局 (C) 保險局 (D) 郵匯局。

( ) 4. 下列何者不屬於國內的交易所之型式? (A) 證券櫃買中心 (B) 證券交易所 (C) 集中保管結算所 (D) 期貨交易所。

( ) 5. 請問臺灣櫃檯買賣中心的交易制度為何? (A) 店頭交易 (B) 集中交易 (C) 店頭與集中交易並用 (D) 以上皆非。

( ) 6. 請問臺灣現行對存款人的存款保障額度為何? (A) 新臺幣 100 萬 (B) 新臺幣 300 萬 (C) 新臺幣 500 萬 (D) 新臺幣 1,000 萬。

( ) 7. 請問國內的主要信用評等公司－中華信用評等公司,為國際何家信評機構的子公司? (A) 標準普爾 (B) 穆迪 (C) 惠譽 (D) 摩根史坦利。

( ) 8. 下列何項機構主要負責國內企業的徵信工作? (A) 中央銀行 (B) 金管會 (C) 中華徵信所 (D) 金融聯合徵信中心。

( ) 9. 通常金融交易涉及跨行轉帳,都須透過何種機構的協助處理? (A) 聯合信用卡處理中心 (B) 金資中心 (C) 保險發展中心 (D) 金融聯合徵信中心。

( ) 10. 下列何種機構非國內的貨幣機構? (A) 銀行 (B) 基層金融機構 (C) 信託投資公司 (D) 投資信託公司。

( ) 11. 下列何者非國內的貨幣機構? (A) 投資信託公司 (B) 商業銀行 (C) 漁會信用部 (D) 信用合作社。

( ) 12. 下列何者非商業銀行的主要任務? (A) 長期放款 (B) 短期存款 (C) 國內外匯兌 (D) 支票存款。

( ) 13. 下列何者非專業銀行所服務的對象? (A) 工業 (B) 農業 (C) 教育業 (D) 不動產業。

( ) 14. 下列何者以短期存放款業務為主的銀行？ (A) 商業銀行 (B) 儲蓄銀行 (C) 專業銀行 (D) 投資銀行。

( ) 15. 下列何者以中長期放款業務為主的銀行？ (A) 商業銀行 (B) 中央銀行 (C) 專業銀行 (D) 投資銀行。

( ) 16. 下列何者屬於基層金融？ (A) 信合社 (B) 農會信用部 (C) 漁會信用部 (D) 以上皆是。

( ) 17. 下列何者非綜合證券商的一部分？ (A) 經紀商 (B) 承銷商 (C) 票券商 (D) 自營商。

( ) 18. 請問下列哪一金融機構主要的業務為負責信用交易？ (A) 投資信託公司 (B) 投資顧問公司 (C) 信託投資公司 (D) 證券金融公司。

( ) 19. 請問下列哪一金融機構負責共同基金的發行？ (A) 投資信託公司 (B) 投資顧問公司 (C) 信託投資公司 (D) 證券金融公司。

( ) 20. 請問下列哪一金融機構負責投資建議與諮詢的服務？ (A) 投資信託公司 (B) 投資顧問公司 (C) 信託投資公司 (D) 證券金融公司。

( ) 21. 請問郵匯局的資金用途不包含何者？ (A) 放款給企業 (B) 轉存央行 (C) 購買公債 (D) 轉存其他金融機構。

( ) 22. 通常保險公司中，負責車輛事故事件的保險為何種機構？ (A) 人壽保險公司 (B) 產物保險公司 (C) 再保險公司 (D) 保險代理公司。

( ) 23. 下列何者非世界知名的信用卡發卡公司？ (A)VISA Card (B)Master Card (C)JCB Card (D)HSBC Card。

( ) 24. 下列何項不屬於國內的信保基金之範疇？ (A) 中小企業信用保證基金 (B) 海外信用保證基金 (C) 農業信用保證基金 (D) 土地信用保證基金。

( ) 25. 下列何者是屬於國內銀行法的金融機構？ (A) 信用卡公司 (B) 創業投資公司 (C) 租賃公司 (D) 資產管理公司。

❖ 進階題

( ) 26. 請問下列敘述何者有誤？ (A) 中央銀行是唯一可發行貨幣的機構 (B) 金管會是國內層級最高的金融監理機構 (C) 臺灣證券櫃檯買賣中心只提供店頭交易系統 (D) 臺灣期貨交易所僅提供集中交易系統。

( ) 27. 請問下列敘述何者正確？ (A) 存款保險公司是屬於貨幣機構 (B) 信託投資公司屬於貨幣機構 (C) 信用保證基金是一種共同基金 (D) 中華信用評等公司是國際知名評等公司慕迪的子公司。

(　) 28. 請問下列敘述何者正確？　(A) 臺灣現行中央存款保險公司對存款戶的存款保障最高額度為 500 萬元　(B) 投資信託公司屬於貨幣機構　(C) 第三方支付公司並不屬於國內銀行法的金融機構　(D) 保險公司是屬於貨幣機構。

(　) 29. 請問下列敘述何者有誤？　(A) 綜合證券公司可以自辦融資融券　(B) 租賃公司不屬於國內銀行法的貨幣機構　(C) 專業銀行負責國內的中長期信用業務　(D) 現行臺灣的票券公司可以成立金融控股公司的主體。

(　) 30. 請問下列敘述何者正確？　(A) 國內的電子票券公司就可進行 P2P 交易　(B) 國內電子支付公司也可進行 B2C 交易　(C) 國內的租賃公司可從事資金放款業務　(D) 國內的 P2P 借貸平台是貨幣機構。

❖ 證照題

(　) 31. 有關我國中央銀行之功能，下列何者錯誤？　(A) 執行貨幣政策　(B) 穩定匯率　(C) 維持安全有效率之支付制度　(D) 核定各商業銀行之牌告利率。
　　　　　　　　　　　　　　　　　　　　　　　　　　（金融市場常識）

(　) 32. 目前國內監理金融控股公司、銀行、證券及保險等金融機構的主管機關為：　(A) 財政部　(B) 中央銀行　(C) 金融監督管理委員會　(D) 經濟部。
　　　　　　　　　　　　　　　　　　　　　　　　　　（金融市場常識）

(　) 33. 下列何者不屬證期局監理的機構？　(A) 投信公司　(B) 期貨公司　(C) 證券商　(D) 保險公司。　　　　　　　　　　　　（金融市場常識）

(　) 34. 下列何者非屬金融監督管理委員會之職掌？　(A) 票券市場之監督　(B) 保險市場之監督　(C) 稅改　(D) 金融檢查。　　（金融市場常識）

(　) 35. 下列何者非屬金融監督管理委員會之主管業務？　(A) 金融控股公司　(B) 證券業　(C) 金融支付系統　(D) 期貨業。　　（金融市場常識）

(　) 36. 目前集中市場、櫃買市場之結算交割作業，以及有價證券的保管，乃委託下列何者機構辦理？　(A) 臺灣集中保管結算所　(B) 櫃檯買賣中心　(C) 臺灣證券交易所　(D) 證券商。　　　　　　（金融市場常識）

(　) 37. 臺灣證券交易所按組織類型乃為下列何種市場？　(A) 集中市場　(B) 自營商交易市場　(C) 店頭市場　(D) 發行市場。　　（金融市場常識）

(　) 38. 依據我國銀行法之規定，下列何者屬於銀行？甲.證券投資信託公司；乙.信託投資公司；丙.專業銀行；丁.商業銀行　(A) 甲、乙、丙、丁均是　(B) 僅乙、丙、丁是　(C) 僅甲、乙、丙是　(D) 僅丙、丁是。
　　　　　　　　　　　　　　　　　　　　　（2010-1 證券商高級業務員）

( ) 39. 在我國，下列那個金融機構不屬於存款貨幣機構？ (A) 匯豐（臺灣）商
業銀行 (B) 華南商業銀行 (C) 郵匯局 (D) 合作金庫。

（2011-3 證券投資分析人員）

( ) 40. 下列何者不是金檢局業務檢查的機構？ (A) 保險公司 (B) 銀行 (C) 證
券公司 (D) 金融資訊服務公司。 （金融市場常識）

( ) 41. 下列何者非屬專業銀行： (A) 工業信用銀行 (B) 中小企業信用銀行
(C) 商業銀行 (D) 輸出入信用銀行。 （金融市場常識）

( ) 42. 下列對於金融控股公司的描述何者為非？ (A) 結合銀行、證券、保險等
相關行業 (B) 提供客戶一次購足的多元化服務 (C) 控股公司旗下金融
機構的關係平等，與綜合銀行之組織型態不同 (D) 母公司可以非金融產
業公司主導。 （金融市場常識）

( ) 43. 請比較臺灣證券交易所與中華民國證券櫃檯買賣中心之組織結構： (A) 前
者為股份有限公司，而後者為財團法人 (B) 前者為財團法人，而後者為
社團法人 (C) 兩者皆為社團法人 (D) 兩者皆為財團法人。

（2015-1 證券商業務員）

( ) 44. 證券自營商主要從事何種業務？ (A) 自行買賣有價證券 (B) 受他人委
託買賣證券 (C) 包銷公司所發行之證券 (D) 代理證券結算交割。

（金融市場常識）

( ) 45. 下列何者為投顧公司之業務： (A) 發行共同基金 (B) 代客操作 (C) 融
資融券 (D) 以上皆是。 （金融市場常識）

( ) 46. 證券經紀商所扮演的角色為： (A) 對新發行的證券提供評估的價格
(B) 根據其本身持有特定證券的部位進行買賣造市 (C) 受理委託執行買
賣雙方之間的交易 (D) 以本身的帳戶來買賣證券。 （金融市場常識）

( ) 47. 證券金融公司的業務下列何者為非？ (A) 對客戶的授信 (B) 對證券商
的轉融通 (C) 結算交割 (D) 融資融券。 （金融市場常識）

( ) 48. 下列何者非為投信公司之業務？ (A) 發行共同基金 (B) 代客操作
(C) 全權委託投資 (D) 收購委託書。 （金融市場常識）

( ) 49. 我國保險法將保險分為： (A) 財產保險與人壽保險 (B) 產物保險與人壽
保險 (C) 財產保險與人身保險 (D) 產物保險與人身保險。

（金融市場常識）

( ) 50. 下列何者屬於金融機構防制洗錢措施所稱之金融機構： (A) 辦理儲金匯
兌之郵政機構 (B) 信用合作社 (C) 證券集中保管事業 (D) 以上皆是。

（金融市場常識）

二、簡答題

❖ 基礎題

1. 請問國內的金融主管機關有哪些？

2. 請問中央銀行的主要業務為何？

3. 請問行政院金融監督管理委員會的業務，分成哪四個局負責？

4. 國內上市與上櫃的股票各在哪些場所交易？

5. 請問國內唯一家的信用評等機構為何？

6. 請問國內現行中央存款保險公司，對存款戶的存款保障最高額度為何？

7. 請問國內的徵信公司主要有哪兩家？

8. 請問國內的基層金融屬於哪些機構？

9. 請問國內綜合證券商有哪些部門所組成？

10. 國內金融市場中，哪一金融機構負責共同基金的發行？

11. 國內金融市場中，哪一金融機構負責證券的保管？

12. 國內金融市場中，哪一金融機構負責投資建議與諮詢的服務？

13. 國內金融市場中，哪一金融機構其主要的業務為負責信用交易？

14. 請問國內保險公司依業務可分為哪三類？

15. 請問現行全世界知名的發行信用卡的結算機構有哪些？

16. 請問國內有哪三個信用保證基金？

17. 請問國內現今由政府主導的基金銷售平台為何？

18. 請問群眾募資，依照募資的目的可分為哪幾種型式？

❖ 進階題

19. 請問國內的商業與專業銀行的差異為何？專業銀行又提供哪些行業專業信用的資金？

20. 請問國內的貨幣機構與非貨幣機構是如何區分？下列那些屬於國內的貨幣機構？

　　A. 投資銀行　B. 商業銀行　C. 專業銀行　D. 郵匯局　E. 信用合作社　F. 證券金融公司　G. 投資信託公司　H. 農漁會信用部　I. 租賃公司　J. 信用卡公司　K. 第三方支付公司

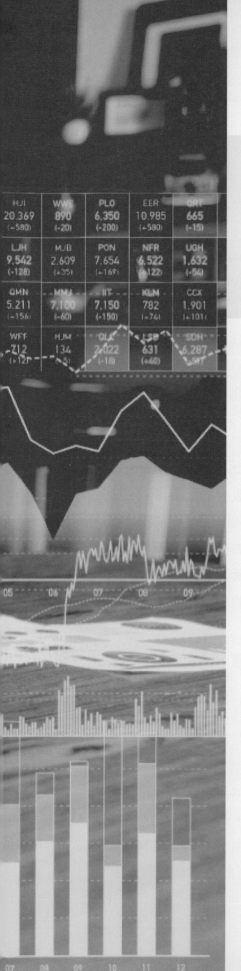

Financial Market

第二篇
金融現貨市場

　　金融商品最早就是由現貨市場開始演進的，市場的商品都是個人進行投資理財、或企業進行公司理財，最常使用到的金融工具。本篇包含六大章，主要介紹金融各種現貨商品的特性與市場狀況。此內容為學習金融市場該學科時，所必須先瞭解的基本重要知識。

Chapter 03　存放款市場

Chapter 04　票券市場

Chapter 05　股票市場

Chapter 06　債券市場

Chapter 07　共同基金市場

Chapter 08　外匯市場

CHAPTER 03 存放款市場

本章架構

本章內容為存放款市場,主要介紹銀行的存放款市場、金融同業間拆款市場等內容,其內容詳見下表。

節次	節名	主要內容
3-1	銀行的存放款市場	介紹銀行的存款與放款業務。
3-2	金融同業間拆款市場	介紹新臺幣與外幣的拆款市場的架構與功能。

章前導讀

我們一般生活中,最常接觸的金融機構應該是銀行。因為不管是個人投資理財或企業商業營業活動中,都必須跟銀行打交道。銀行藉由存放款的業務,串起間接金融市場資金供需的橋梁。此外,銀行除了本身接受民眾的存放款業務外,因受到央行存款準備金提存制度的風險管控,所以銀行必須對內部的現金部位,保持適度得流動性,因此可藉由金融同業間的拆款市場,適時進行資金調度,才能使資金被靈活運用。

所以本章將介紹跟銀行資金來源有關的兩種管道,分別為銀行的存放款業務、以及金融同業間拆款市場。

3-1 銀行的存放款市場

銀行的存放款業務,是一般工商企業與自然人,最常接觸的金融市場交易工具。它使用的交易商品就是實體的貨幣,銀行藉由實體的貨幣與普羅大眾的借貸,形成銀行的存放款業務。以下將分別介紹銀行的存款與放款業務。

一、存款

存款（Deposit）是銀行最主要的資金來源，屬於銀行資產負債表中「負債」項目之一。其接受存款的對象包括個人、企業與政府機構。存款依「期限」、「存款人」與「幣別」的不同，大致可以分成「支票存款」、「活期存款」、「活期儲蓄存款」、「定期存款」、「定期儲蓄存款」與「外幣存款」等六種。

（一）支票存款

支票存款（Check Deposits）是指存款戶簽發支票給客戶，存款戶須先將資金放到支票存款戶內，以為讓客戶憑支票可以隨時提領到資金。通常支票存款戶有可能將資金存入帳戶後，就會被立即領走，因此資金的流動很快，所以通常銀行不支付利息。此外，一般民間將支票存款稱為「甲存」（甲種活期存款）。

（二）活期存款

活期存款（Demand Deposits）是指存款人將錢存入帳戶，隨時都可以提領該帳戶的資金。此外，一般民間將活期存款稱為「乙存」（乙種活期存款）。通常開戶對象可為自然人，非營利與營利機構的法人團體等。

（三）活期儲蓄存款

活期儲蓄存款（Savings Deposits）與活期存款相同，將錢存入帳戶，隨時都可以提領該帳戶的資金。但活期儲蓄存款的開戶對象只限定自然人或非營利事業法人，且利息通常較活期存款高一些。

（四）定期存款

定期存款（Time Deposits）是指存款戶存入資金後，有一定的期限限制（如：1個月、3個月、6個月、1年與3年等），存款戶須到期才可領出資金。通常承做定期存款不得中途轉讓給其他人，若要提早解約，利息會被打折。開戶資格和活期存款相同。

（五）定期儲蓄存款

　　定期儲蓄存款（Time Savings Deposits）的特性與定期存款相同，但定期儲蓄存款的開戶對象只限定自然人或非營利事業法人，且承作天期通常須在 1 年以上（如：1 年、15 個月、2 年與 3 年等）。

（六）外幣存款

　　外幣存款（Foreign Currency Deposits）是指以外幣表示的活期或定期存款。其存款方式包括外幣現鈔、旅行支票、外幣匯款與外國票據等方式。

市場焦點

錢存在「靜止戶」不會生利息！

（圖文資料來源：節錄自商業週刊 2020/04/22）

　　個人理財可以從小處開源節流。銀行業者通常建議民眾維持適當帳戶數目，不常用的戶頭就「關戶」，以避免造成不計息的靜止戶。如果已經是靜止戶，要再一次使用，可以辦理「重新啓用」手續後，就可以讓戶頭再使用。

　　每個人可能都有許多個帳戶，擁有合適的帳戶數目可以達到靈活調度資金的功能，但帳戶數目過多又容易遺忘。如果戶頭的錢少到用金融卡都領不出來，又懶得去銀行「關戶」，則只要 1 年沒有往來就會變成不計息的「靜止戶」。

　　目前各家新銀行皆規定，1 年以上沒有往來，並且存款金額低於起息點的戶頭為靜止戶。也就是如果活存金額少於 500 元、活儲金額少於 100 元且 1 年以上沒有任何往來，就列入靜止戶。民眾最好養成管理帳戶的習慣，也就是不用的帳戶應及早結清，如此不僅可以充分掌握自己的資金狀況，且在

單一戶頭擁有較高金額的存款，也可以增加自己的信用條件，在與銀行洽談貸款利率、成數，或是要求一些相關優惠時就有較多的談判籌碼。

一旦戶頭變成靜止戶，則銀行只是不計息，但電腦檔案資料、印鑑卡和存款都不會消失，並由銀行代為保管。戶頭在被列入靜止戶後，只要出示原留印鑑或身分證就可以重新啟用。即使是銀行遷址、合併或改制，都會有控管的新分行代辦相關業務，但以 15 年為限。

短評

目前國內各家新銀行皆規定，帳戶 1 年以上沒有往來，活存金額少於 500 元、活儲金額少於 100 元，就列入靜止戶。一旦戶頭變成靜止戶，則銀行只是不計息，但電腦檔案資料、印鑑卡和存款都不會消失，並由銀行代為保管。

Follow! 市場焦點

錢存銀行會變少是真的！部分外銀要收外幣帳戶管理費

（圖文資料來源：節錄自經濟日報 2020/11/13）

錢存在銀行沒有利息也就算了，還要付錢給銀行！部分外銀針對特定客戶，在歐元、日圓等負利率或者 0 利率幣別帳戶，收取帳戶管理費，等於錢存在銀行越存越少，出現變相的負利率。

匯豐（臺灣）銀行宣布將自 2020 年 12 月 1 日起，針對工商金融服務處以及環球企業處客戶所開立的歐元帳戶存款，當月帳上平均餘額超過 10 萬歐元時，次月初將計收帳戶管理費用，帳管費率為 0.55%。事實上，匯豐不是第一例，外銀老大哥花

旗銀行早就已經針對歐元等負利率幣別，收取帳戶管理費，甚至在 2019 年 9 月 18 日歐洲央行宣布再度調降歐元存款利率之後，花旗又在今年 1 月 1 日起，針對證券服務處客戶所開立的歐元帳戶存款，提高存款帳戶管理費用。

收取帳戶管理費在國外比較常見，以匯豐來說，英、法、德等歐洲國家，以及鄰近的香港、新加坡，早已收取帳戶管理費，臺灣算是比較慢的，據了解，就是因為考慮國內客戶可能無法接受。另外，國內以前部分銀行會針對靜止戶收取帳戶管理費，但也在金管會溝通下，停止對靜止戶收費。

至於這算不算是負利率？由於這些外幣存款利率極低（0.001%），還又收取一定趴數的管理費，一家本國銀行外匯銀行主管表示，錢放在銀行沒有變多，反而變少，會讓人有負利率的感覺，但是客戶的錢放在銀行，銀行就有善盡保管義務，還要幫你跑報表，這些都要成本，提供服務收取費用，也算「天經地義」吧！只是本國銀行通常不會這麼做。

短 評

現在世界各國的利率低得可憐，有些外銀的帳戶不僅不支息（或支付極低的利息），但須支付帳戶管理費，這無形中，讓人有負利率的感覺。但外銀解釋：客戶的錢放在銀行，銀行有善盡保管義務，但須都要成本，所以提供服務收取費用，也算「天經地義」吧！

二、放款

放款是銀行資產負債表中最主要的「資產」項目、以及是資金被運用的流向。通常放款的利息收入，亦是銀行最主要的收入來源。一般而言，銀行的放款業務大致可分為「放款」、「貼現」與「透支」這三種形式。

（一）放款

放款（Loan）乃銀行將資金貸款給顧客，並分期或到期收取本息的融資方式，此種融資是一般客戶最常使用的貸款方式。通常放款的種類又可依據「放款期限」、「擔保與否」以及「放款性質」分成三種類型，以下將分別說明之：

1. **依放款期限**：通常可分成「活期放款」與「定期放款」兩種形式。

    (1) 活期放款（Demand Loans）：並不預先約定到期日，通常由銀行欲收回資金前提早通知客戶、或由客戶自由選擇還款的日期。

    (2) 定期放款（Time Loans）：定期放款則須事先約定還款期限，又可分為短期放款（期限在 1 年之內）、中期放款（期限在 1 年之內，不超過 7 年）、長期放款（期限超過 7 年）等三種。

2. **依擔保與否**：依據借款人是否提供擔保品為「擔保放款」與「無擔保放款」兩種形式。

    (1) 擔保放款（Secured Loans）：乃借款人提供擔保品給予銀行當作放款的抵押品，當借款人不能履行債務時，銀行為了確保債權，可變賣擔保品或向保證人、背書人進行追索。一般放款擔保品，包括不動產或動產抵押權、動產或權利質權、合法交易的票據、以及信用保證機關的保證與書面承諾等。

    (2) 無擔保放款（Unsecured Loans）：乃以借款人或保證人的信用作為擔保，不另外提供擔保品當作放款的抵押，一般又稱為「信用貸款」。通常銀行為了防止借款人無力清償債務，且又無任何債權保障，銀行會向借款人要求較高的放款利率，或是透過加收保險金的方式投保信用保險，將信用風險轉嫁給信用保證基金。

3. **依放款性質**：依用途分為「商業性放款」、「資本性放款」、「房地產放款」、「證券放款」、「消費性放款」與「政策性放款」等這六種。

    (1) 商業性放款（Commercial Loans）：此類放款是提供廠商短期的週轉金貸款，通常都在 1 年以內，通常需要擔保品與保證人。這是傳統上商業銀行的主要業務。

(2) 資本性放款（Capital Loans）：此類放款是提供公司購置、興建、更新、擴充、改良其營運所需之固定資產、以及從事重大之投資開發計畫所需資金。通常公司購入機器設備後，必須作為貸款的擔保品。

(3) 房地產放款（Real Estate Loans）：此類放款是提供公司取得建築土地或建造廠房、辦公大樓所提供的資金。通常銀行會提供購買土地、或建築物成本約 70% ～ 80% 的資金給公司。

(4) 證券放款（Loans for security）：此類放款是提供借款人投資有價證券所提供的資金。通常公司購入有價證券後，必須作為貸款的擔保品。

(5) 消費性放款（Consumer's Loans）：此類放款乃銀行針對消費者個人用於購買耐用消費品、或支付其他費用的放款。其放款內容包含個人用於購買汽車、家用電器、房屋以及學生的助學貸款等。

(6) 政策性放款（Policy-related Loans）：此類放款乃銀行為配合政府提升國家競爭力，推動經濟發展，扶植傳統產業與中小企業改善產業結構，並協助其提昇產品品質，以達產業升級為目的，所提供的政策性資金。

（二）貼現

貼現（Discount）是銀行提供客戶將未到期的票據，提前轉換成現金的一種貸款服務。通常客戶在需要資金時，將未到期的票據（匯票、本票、支票）先存入銀行，銀行經過一定的轉換程序後，依票據面額扣除貼現利息後轉成現金給持票人。通常銀行會評估個人或公司的信用及財務狀況提供票貼業務，因此不同的申請者也會有不同的貸款條件。

（三）透支

透支（Overdraft）乃是銀行允許存款戶在約定的額度內，可以提取超過存款帳戶餘額的一種短期放款業務。透支乃銀行提供一項循環備用的信用貸款額度，在一定的額度範圍內，客戶隨時可透過其支票帳戶，直接開立支票取用，儘管客戶戶頭內可能並無存款或是存款不足，銀行都能以透支交付，客戶不必事先辦理撥款手續或知會銀行。此服務讓客戶保有充裕資金，應付各種突發的財務需要。通常銀行僅對信用良好的存款戶，才會提供透支額度。

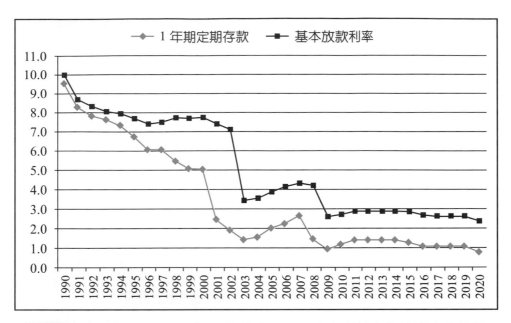

圖 3-1 國內 1990 年～ 2020 年國內銀行 1 年定存與基本放款利率走勢圖

（圖 3-1 短評：國內 30 年來，銀行存放款利率逐年下降。存款利率在 2000 年後，有一段較大降幅，主因是全球景氣陷入低迷，各國央行紛紛調降利率，以刺激景氣。全球歷經 2008 年金融風暴後，各國央行大肆進行寬鬆貨幣政策，自此國內的 1 年定存利率都一直維持於低檔，大都在 1% 上下。2020 年又逢武漢肺炎疫情肆虐，全球金融市場再度降息，導致國內 2020 年的 1 年期定期存款利率已低至 0.755%，基本放款利率為 2.366%，再創新低紀錄。）

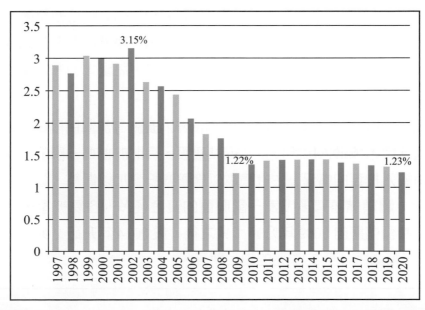

圖 3-2 國內 1997 年～ 2020 年本國銀行加權存款與放款利率差走勢圖

（圖 3-2 短評：這 20 幾年來，本國銀行的加權「存款與放款利差」，在 2000 年前約在 3% 左右，2002 年曾高達 3.15%。自 2008 年發生全球金融風暴後，各國央行紛紛降息，也讓銀行存放利差再度被壓縮，曾於 2009 年低至 1.22%。2020 年又受武漢肺炎危機的影響，讓稍微回升的存放差再度又來到 1.23% 的低水準，這也讓靠存放利差收入為主的銀行，其經營更為艱困。）

市場焦點

超額儲蓄飆新高國發會示警

（圖文資料來源：節錄自工商時報 2021/03/01）

臺灣超額儲蓄飆高國發會示警傷經濟！

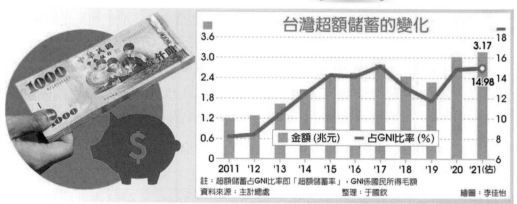

台灣超額儲蓄的變化

註：超額儲蓄占GNI比率即「超額儲蓄率」，GNI係國民所得毛額
資料來源：主計總處　　　　　整理：于國欽　　　　　繪圖：李佳怡

　　主計總處指出，2021 年我國超額儲蓄將升至 3.17 兆元的新高，對於龐大閒置資金連年升高，國發會表示，這是個警訊，為避免過多的超額儲蓄成為下一波泡沫的起燃點，國發會正研擬相關辦法，將龐大的保險業資金導入實體投資來降低經濟風險。

　　依國民所得統計定義，GDP 經微調後減消費就等於國民儲蓄，國民儲蓄這筆閒置資金若能導入民間投資或公共建設，有助於提高一國的生產力。為衡量儲蓄導入投資的情況，主計總處以儲蓄減投資加以觀察，這也就是「超額儲蓄」，超額儲蓄過多代表一國閒置的資金過多，容易被拿去炒房、炒股，我國超額儲蓄自 2009 年升破 1 兆之後，於 2014 年升破 2 兆，去年達到 3 兆，今年預測將升至 3.17 兆的史上新高。

另根據經濟日報 2018/10/01 報導：IMF 於 2017 年資料顯示，臺灣去年超額儲蓄率高達 12.304%（計算基礎為包括本國人與外國人的 GDP 國內生產毛額，與我國計算的 GNI 比率不同，與臺灣的數據略有差異），高於日本的 4.011%、德國 8.049%、南韓 5.102%、中國大陸 1.43%、泰國 10.821%，美國與印度甚至為負值，此數據代表臺灣超額儲蓄問題，比亞洲甚至歐洲國家更為嚴重。

短 評

　　近年來，臺灣民眾存在銀行的閒置資金過多，導致超額儲蓄率高達 14.98%，此表示每 100 元的產出中，就將近有 15 元用於儲蓄。而且國內超額儲蓄問題，比亞洲甚至歐洲國家更為嚴重。

3-2 金融同業間拆款市場

　　金融業拆款市場（Interbank Call Loan Markets）是指金融機構之間相互借貸資金所形成的市場；而互相拆款資金所形成的利率就稱為「金融業拆款利率」（Interbank Call Loan Rates）。在國內金融業的拆款市場，以拆借的幣別又可分為臺幣或美元這兩種，所以以下將分別介紹「新臺幣拆款市場」與「外幣拆款市場」。

一、新臺幣拆款市場

國內的金融業拆款市場，最早是由央行於 1970 年 4 月督促銀行公會，由國內 9 家本國銀行所成立的「同業拆款中心」，不過當時央行仍具主導地位，所以拆款市場之效率仍不完全。爾後，1991 年 10 月央行爲增加同業拆款市場之深度與廣度、以健全貨幣市場之發展、並利於央行貨幣政策之運作，核定同業拆款中心與短期融通市場合併，並修改名稱爲「金融業拆款中心」，且增加拆款會員擴及銀行、信託投資公司、票券金融公司及證券金融公司[1]。

國內於 2005 年 10 月，金融業拆款中心爲了提供我國金融市場較正式、且具代表性的短期指標利率，以作爲各相關金融商品的訂價參考。將臺灣的金融業拆款利率採「定盤」型式，稱爲台北金融業拆款定盤利率。以下將介紹國內金融業拆款市場的參與者、定盤拆款利率以及拆款市場的功能。

(一) 拆款市場的參與者

國內金融同業拆款市場的參與者，此處分成兩部分介紹，分別爲可參與拆款的金融機構、以及其中又可擔任利率報價的銀行。

1. 可參與拆款的金融機構

依據國內的現行法令規定，可以參與國內金融同業拆款市場的機構，並不是所有的金融機構都可參加；其主要以「貨幣機構」爲主，但仍有非貨幣機構亦可參與拆借資金，其主要的參與機構如下：

(1) 銀行（包含本土與外商銀行）

(2) 票券金融公司

(3) 中華郵政公司

(4) 信託投資公司

(5) 央行核准之信用合作社

---

1. 但證券金融公司，後來於1994年11月就退出臺幣的金融業拆款市場。

2. 報價銀行

依據國內現行的金融業拆款市場的規範，國內可提供拆款市場報價的銀行，包括下列兩類型：其一爲中央銀行的公開市場操作「指定交易商」，共14家[2]，另一爲中央銀行同意之金融機構僅1家（渣打國際商業銀行），所以總共15家報價銀行。

（二）定盤拆款利率

現行的國內拆款市場的利率報價，爲2005年10月推出的台北金融業拆款定盤利率（Taipei Interbank Offered Rate, TAIBOR），其報價利率的計算、拆借期間與金額說明如下：

1. 報價利率計算

國內每日的台北金融業拆款定盤利率（TAIBOR），是依據上午11點各指定報價銀行對各期別利率的報價中，經刪除各期別最高及最低各佔總報價銀行家數1/4之報價利率後，取中間佔總報價銀行家數的2/4報價利率之簡單平均值，計算得出各期別之定盤利率（Fixing Rate）。該拆款利率會透過湯森路透公司（路透社）、彭博資訊等主要媒體對外公布。

2. 拆借期間與金額

國內拆款市場的拆借期間，以隔夜（Over Night, O/N）成交量佔大宗（見表3-1說明）。拆款中心爲活絡拆款市場長天期交易，又提供TAIBOR的1週、2週、1個月、2個月、3個月、6個月以及1年等8種天期的報價，以供各界參考。通常會員每單位拆款金額，以新臺幣100萬元爲單位。拆款市場的交割清算，大多由中央銀行同業資金調撥清算作業系統（央行同資系統）所負責。

表 3-1　國內2013年～2020年拆款市場，各拆借期間平均交易量與交易比重

總量	隔夜	1週	2週	3週	1個月	2～6個月	7個月～1年
42,270,408	24,950,299	13,146,030	3,161,469	757,001	146,363	108,508	2,950
比重	59.025%	31.100%	7.479%	1.791%	0.346%	0.257%	0.007%

資料來源：中央銀行（金額單位爲新臺幣百萬元）

2. 14家中央銀行公開市場操作的指定交易商：分別爲臺灣銀行、臺灣土地銀行、合作金庫商業銀行、第一商業銀行、華南商業銀行、彰化商業銀行、臺灣中小企業銀行、台北富邦商業銀行、兆豐國際商業銀行、國泰世華商業銀行、永豐商業銀行、中國信託商業銀行、玉山商業銀行與中華郵政公司。

圖 3-3　國內 1990 年～ 2020 年拆款利率走勢圖

　　（圖 3-3 短評：國內在 90 年代，拆款利率曾高達 10% 以上，之後逐年往下滑。自從 2008 年全球金融風暴後，全球央行大肆進行寬鬆貨幣政策，導致利率幾乎貼近零利率，甚至負利率，國內曾於 2009 年創下 0.109% 新低，所以自那時起，拆款利率也幾乎躺平，都維持在 0.1 ～ 0.5% 之間。2020 年又受武漢肺炎的衝擊，讓拆款利率再創歷史新低至 0.102%，顯示國內銀行業的爛頭寸相當嚴重。）

（三）拆款市場的功能

　　國內新臺幣的金融同業拆款市場，為銀行業重要的資金融通管道，其具備以下幾點功能：

1. 調節銀行的準備部位

　　銀行本身接受民眾的存放款業務、以及受到央行存款準備金的提存制度的控制，銀行須隨時的調度資金，使本身的超額準備資金，能夠維持適度的流動性與收益性。所以銀行可在拆款市場調節資金，使資金被靈活的運用。

2. 提供低利的套利機會

拆款市場以短期拆借為主，銀行可在市場可以拆借短期資金、去購買長期穩定的固定收益商品，「以短支長」的方式套取利差；此外，亦可尋找不同市場的資金套利方式，例如：銀行在拆款市場拆借較低利的資金後，然後去購買利息較高的票券。

3. 貨幣政策的重要環節

央行在執行貨幣政策時，可透過拆款市場進行資金調節，藉以影響市場的資金供需，以達到央行的貨幣政策目標。例如：央行可以至市場買入（賣出）票券，對市場釋出（回收）資金，使拆款利率下降（上升），以營造寬鬆（緊縮）的貨幣政策。

4. 市場短期利率的指標

拆款市場主要以銀行短期資金的拆借為主，其所形成的拆款利率，為金融市場短期利率的重要指標。央行亦會觀察拆款利率的變動，藉以調整其貨幣政策的方向。

二、外幣拆款市場

國內金融當局為配合外匯市場與境外金融中心的業務，於 1989 年 8 月成立台北外幣拆款市場，開始辦理國內銀行間美元拆款業務，以推動金融自由化與國際化，促使台北成為區域金融中心。隨後台北外幣拆款市場於 1991 年與新加坡、香港外匯經紀商連線，形成台北、新加坡、香港三地的金融網路雛型。

早期，外幣拆款市場的拆借幣別以美元、日圓、馬克（或歐元）為主。近年來，臺灣與中國經貿往來密切，政府也積極打造希望臺灣能成為人民幣離岸業務的主要市場；所以於 2014 年 9 月開辦臺灣人民幣拆款定盤利率[3]交易，希望可作為人民幣貸款、利率合約以及衍生性金融商品評價的參考指標。以下將介紹臺灣外幣拆款市場的的參與者、交易實務與功能。

（一）外幣拆款市場的參與者

國內外幣拆款市場的運作方式係由「台北外匯經紀公司」仲介，其可以參與臺灣外幣拆款的參與者如下：

---

3. 人民幣的拆款利率定盤交易的情形與新臺幣皆相同。

1. **外匯指定銀行**

2. **國際貨幣經紀商**

3. **國外銀行**

4. **綜合證券商**

5. **中央銀行**

（二）交易實務

國內外幣拆款市場的交易幣別，為國內外匯指定銀行所掛牌之各種貨幣。交易單位，美元、歐元與人民幣均以 100 萬為單位；日圓以 1 億日圓為單位。拆放期限最長以一年為限。利率升降幅度以 1/32％一檔為原則。

（三）外幣拆款市場的功能

1. 調節銀行的外匯部位

外幣拆款市場可調節外匯銀行間的外匯部位，減少時差及地理阻隔，降低銀行廠商的利息成本。當銀行有多餘外匯部位時，或許可以用高的利率拆出，以獲得較高之利息收入；當銀行外匯部位不足時，或許可以拆借到較低利率的外匯，進而降低利息成本。

2. 央行調整外匯存底

央行可藉由外幣拆款市場，拆借外匯給外匯銀行，除了能獲得利息收入，以及減少外匯準備累積釀成新臺幣升值的壓力；並可削減國外資金過度流入國內，避免造成貨幣數量鉅幅增加。

市場焦點

券商外幣拆借業務 准辦

（圖文資料來源：節錄自工商時報 2013/07/11）

券商也將成為外幣拆款市場一員。金管會發函，准許證券商辦理外幣資金拆出，這也是繼中央銀行准許券商辦理外幣資金拆入後，金管會再以解釋令方式，准許券商將手中多餘的外幣拆出給銀行。

這是金管會積極推動的離境證券業務的一部分，准許券商可以因自己業務所需，辦理外幣資金拆借。證期局表示，這可讓券商多一個資金來源，但目前並沒有允許券商拆款給一般客戶，僅能是券商自己要投資外幣有價證券等需求時，向外匯指定銀行或境外銀行拆入外幣。當外幣有剩餘時，也可反向拆回給銀行。

金管會表示，如此一來，券商等於是外幣拆款市場的參與者，有外幣需求時，不一定要用新臺幣結匯。同時依據金管會的規定，拆款可不必擔保品，也可排除關係人交易需重度決議、借款必須擔保品等規定，對券商而言可增加資金的靈活度。先前券商極力要求開放外匯業務，但最後在各部會協商下，最後僅同意券商以客戶身分，即僅能由券商與銀行間進行外匯交易，券商自有資金需求時，可以到外幣拆款市場拆借外幣資金，但並未開放券商接受客戶委託進行外匯業務。

金管會表示，新臺幣拆款市場管理較嚴格，目前只准許銀行、票券商及信合社辦理新臺幣拆款。至於外幣拆款市場大多是由外匯經紀商報價，在臺灣或國外市場都能辦理拆款。

短 評

新臺幣的拆款市場的可參與機構，以銀行、郵局、票券商與信合社為主。近年來，政府已經開放綜合券商亦可參與外幣的拆款市場，辦理外幣資金拆借。此舉可讓券商多一個資金來源，也表示政府正積極推動離境證券業務[4]。

---

4. 所謂的離境證券業務（Offshore Securities Unit, OSU）是指券商可比照銀行的國際金融業務分行（OBU），發展海外有價證券業務。如承銷，並享有租稅優惠，有助國內券商爭取境外法人的業務。

本 章 習 題

一、選擇題

❖ 基礎題

(   ) 1. 請問銀行支存、活存與活儲的利息高低為何？　(A) 支存最高　(B) 活存最低　(C) 活存最高　(D) 活儲最高。

(   ) 2. 請問一般實務界稱為「乙存」，是屬於何種存款？　(A) 支票存款　(B) 活期存款　(C) 定期存款　(D) 活期儲蓄存款。

(   ) 3. 下列何種存款只限定個人或非營利事業法人？　(A) 支票存款　(B) 活期存款　(C) 定期存款　(D) 活期儲蓄存款。

(   ) 4. 下列何者不屬於銀行的放款形式？　(A) 商業放款　(B) 票據貼現　(C) 透支業務　(D) 汽車租賃。

(   ) 5. 請問一般稱信用貸款是指？　(A) 定期放款　(B) 擔保放款　(C) 無擔保放款　(D) 不動產放款。

(   ) 6. 請問若公司須擴充電腦設備，向銀行申請貸款，比較屬於何種放款？　(A) 證券放款　(B) 資本性放款　(C) 房地產放款　(D) 消費性放款。

(   ) 7. 請問若公司欲新建一棟新的辦公大樓，向銀行申請貸款，比較屬於何種放款？　(A) 證券放款　(B) 資本性放款　(C) 房地產放款　(D) 消費性放款。

(   ) 8. 請問一般學生所申請的助學貸款，比較屬於何種放款？　(A) 證券放款　(B) 資本性放款　(C) 房地產放款　(D) 消費性放款。

(   ) 9. 請問銀行允許客戶在一定的額度範圍內，隨時可透過其支票帳戶，直接開立支票取用資金的貸款方式為何？　(A) 放款　(B) 貼現　(C) 透支　(D) 承兌。

(   ) 10. 下列何者不是國內新臺幣拆款市場的參與機構？　(A) 銀行　(B) 票券商　(C) 證券商　(D) 郵局。

(   ) 11. 請問國內的拆款利率以哪一期限的成交量最大？　(A) 隔夜　(B)1 星期　(C)1 個月　(D)1 年。

(   ) 12. 下列何者非拆款市場的功能？　(A) 調節銀行的準備部位　(B) 提供低利的套利機會　(C) 貨幣政策的重要環節　(D) 市場長期利率的指標。

❖ 進階題

( ) 13. 下列敘述何者有誤？ (A) 支票存款又稱為甲存 (B) 活期儲蓄存款又稱乙存 (C) 銀行的存款屬於銀行的負債 (D) 通常活儲利息高於活存。

( ) 14. 下列敘述何者有誤？ (A) 放款是銀行最主要的資產項目 (B) 銀行放款給企業買機器設備屬於消費性放款 (C) 欲新建一棟新的辦公大樓，向銀行申請貸款比較屬於房地產放款 (D) 銀行透支業務屬於短期的放款業務。

( ) 15. 下列敘述何者有誤？ (A) 國內現行拆款利率採定盤利率 (B) 通常國內公開市場操作交易商都是拆款市場的報價銀行 (C) 國內的證券商亦可加入國內新臺幣的拆款市場運作 (D) 國內的人民幣拆款利率也是採用定盤方式交易。

❖ 證照題

( ) 16. 中央銀行所規定的支票存款、活期存款，與定期存款的應提準備率（或法定準備率）大小如何？ (A) 均相同 (B) 支票存款者最低 (C) 活期存款者最低 (D) 定期存款者最低。 （2010 初等考）

( ) 17. 銀行依約定，憑存款人簽發支票或利用自動化設備委託支付，不計利息之存款，稱為下列何者？ (A) 活期存款 (B) 支票存款 (C) 定期存款 (D) 活期儲蓄存款。 （金融市場常識）

( ) 18. 存款有一定時期之限制，存款人憑存單或依約定方式提取，並得以之質借之存款，稱為下列何者？ (A) 支票存款 (B) 活期存款 (C) 活期儲蓄存款 (D) 定期存款。 （金融市場常識）

( ) 19. 銀行以折扣方式預收利息而購入未到期票據的資金融通行為稱為： (A) 透支 (B) 票據託收 (C) 貼現 (D) 擔保放款。 （2010 初等考）

( ) 20. 提供下列何者予銀行辦理貸款者，不屬於擔保授信？ (A) 不動產抵押權 (B) 動產或權利質權 (C) 政府核准設立之信用保證機構保證 (D) 借款人開立之票據。 （金融市場常識）

( ) 21. 正常情況下，下列何種消費者貸款利率最低？ (A) 小額信用貸款 (B) 首次購屋貸款 (C) 汽車貸款 (D) 現金卡循環信用。 （金融市場常識）

( ) 22. 借款人提供房地產為擔保設定抵押權予銀行，其房屋應投保適當之保險，並以下列何者為受益人？ (A) 借款人 (B) 房地產所有權人 (C) 保證人 (D) 銀行。 （金融市場常識）

（　　）23. 有關銀行評估授信申請案件之主要考慮因素，下列何者有誤？　(A) 借款人之資信　(B) 借款資金用途　(C) 還款財源　(D) 介紹人之政治背景。

（金融市場常識）

（　　）24. 金融機構間之新臺幣拆款市場，係屬下列何者？　(A) 債券市場　(B) 貨幣市場　(C) 股票市場　(D) 外匯市場。　　　　　（金融市場常識）

（　　）25. 目前拆款市場的交割清算，大多採用下列何種方式辦理？　(A) 央行支票　(B) 央行同資系統　(C) 財金網路系統　(D)ATM 轉帳。（金融市場常識）

二、簡答題

❖ 基礎題

1. 請問活期存款與活期儲蓄存款有何差別？

2. 請問銀行的放款業務可分為哪三種？

3. 請問臺幣金融同業拆款市場有那些參與機構？

4. 請問國內拆款市場中，以那一拆借期間的成交量最大？

5. 請問拆款市場的功能為何？

❖ 進階題

6. 下列哪些機構可參與國內的新臺幣拆款市場？哪些可成為拆款市場的報價銀行？哪些可以參與外幣的拆款市場？

A. 臺灣銀行　B. 臺灣土地銀行　C. 中華郵政公司　D. 中華票券金融公司

E. 元富證券公司

本章架構

本章內容為票券市場，主要介紹票券市場的交易工具、參與者、交易實務、以及臺灣的票券市場等內容，其內容詳見下表。

節次	節名	主要內容
4-1	票券市場的交易工具	介紹票券市場常見的交易工具。
4-2	票券市場的參與者	介紹票券市場的主要參與者。
4-3	票券交易實務	介紹票券的初級與次級市場的利率報價、以及交易情形。
4-4	臺灣的票券市場	介紹國內40幾年來的票券市場的重要發展情形。

章前導讀

在我日常生活中，最少聽見與最不常投資的金融商品，大概就是「票券」了。許多人都會搞不清出它跟債券的差異，其實它就是短期的債券。因為票券市場大部分參與的投資人都是法人或資金大戶，所以我們一般的市井小民是比較不容易直接接觸到的。但若投資人購買「貨幣型基金」，那就間接藉由基金投資票券了。

此外，一般中小企業，當缺乏短期營運資金時，除向銀行融通資金，另一個合法的融資管道，就是去票券商發行短期票券，也可取得成本低廉的短期資金。且一般中小企業要發行票券比發行債券親民多了，因為要發行債券必須公司規模達到「公開發行公司[1]」的標準，但只要是依法登記的中小企業就可發行票券，既使公司規模不大亦可發行。

所以票券其實是企業融通短期資金的好幫手、以及投資人若有短期閒置資金，沒有更好的投資機會時，票券或貨幣型基金就是資金最安全的中繼停靠站。因此票券市場的種種，對投資人與企業而言，都是一項重要的金融工具。以下本章將介紹票券市場的交易工具、參與者、交易實務以及國內票券市場的發展等內容。

---

1. 在國內要成為公開發行公司，其公司資本額最低的標準為5,000萬新臺幣。

4-1 票券市場的交易工具

通常票券市場的主要交易工具，包括政府發行的「國庫券」、企業發行的「商業本票」、「承兌匯票」、以及銀行發行的「銀行可轉讓定期存單」這四種；另外在加上發行期限「一年以內的債券」，共為五種交易工具。其中，那主要的四種交易工具是國內政府、企業與銀行，一項重要的短期資金來源。

國內票券市場的發行與交易情形，皆以「商業本票」為主，其發行與交易比重都幾乎佔全市場的 90%，其次依序為銀行可轉讓定期存單、國庫券、承兌匯票。有關國內票券各種發行與交易的比重情形，請參閱表 4-1。以下我們將分別介紹這幾種主要交易工具的特性：

表 4-1 國內票券市場，2007 年～2020 年各種交易工具之平均發行量與交易量比重

	商業本票	銀行可轉讓存單	國庫券	承兌匯票	未滿一年債券
發行量比重	88.764%	8.465%	2.540%	0.224%	0.094%
交易量比重	90.296%	7.347%	2.259%	0.091%	0.008%

資料來源：整理於中央銀行

一、國庫券

國庫券（Treasury Bills, TB）是指由中央政府要調節國庫收支，所發行的短期政府票券，並藉以穩定金融。通常國庫券可分為甲種[2]、乙種兩種類型。現行國內僅有乙種國庫券仍在市場流通，以採「貼現」方式發行，票面不附載利息，到期按面額償還。一般而言，國庫券的發行天期大致分為 91 天（13週）、182 天期（26 週）、273 天（39 週）及 364 天期（52 週）等四種天期[3]。現行國內國庫券的發行者為財政部，但發行事務皆由中央銀行代理之。國內的國庫券自 2001 年後，都已改為無實體發行。

---

2. 甲種國庫券為按面額發行，票載利息，到期時，連同本金及利息一次清償。因國內甲種國庫券須於票面登載發行利率，而印製國庫券須有一段的前置作業時間，為避免發行利率的決定日，與發行日之間有太大的時間落差，使得發行利率出現偏離市場行情，造成誤導市場利率之嫌。因此近幾年來財政部均以發行乙種國庫券為主，故甲種國庫券曾於1985年11月發行過一次，之後即不曾再發行。

3. 但實務上國庫券的發行，政府為了靈活調度國庫資金，並減輕國庫利息支出的負擔，發行天期均以7天的單位倍數發行，以避免到期日是星期日，機動的發行國庫券。

二、商業本票

商業本票（Commercial Paper, CP）為公司組織所發行的票據。其種類又分為第一類及第二類商業本票兩種。

（一）第一類（交易性）商業本票

第一類商業本票（簡稱 CP1）是指工商企業基於「合法交易行為」所產生之本票，具有「自償性」。由買方開具支付賣方價款之商業本票，賣方可持該商業本票，經金融機構查核後，所發行的商業本票；又稱「交易性」商業本票。通常公司發行 CP1 時，票券商僅收取貼現息之費用，無其他手續費。

（二）第二類（融資性）商業本票

第二類商業本票（簡稱 CP2）是指工商企業為籌措短期資金，由公司自行簽發的本票，經金融機構保證或取得信用評等免保證[4]所發行的商業本票，又稱為「融資性」商業本票。通常公司發行 CP2 時，票券商除了收取貼現息費用外，還必須幫其辦理保證、簽證與承銷業務，並收取相關費用。

此外，因為公司發行第二類商業本票，就像發行債券一般，公司缺資金時，就可自行簽發本票後發行，不像第一類商業本票須經合法交易行為產生的票據，比較受到限制。所以市場上以第二類商業本票居多，且發行天期以 6 個月以下為主。

三、承兌匯票

匯票是工商企業基於「合法交易行為」產生的票據。其種類又分為「銀行承兌匯票」及「商業承兌匯票」兩種。通常市場上因銀行所開立銀行承兌匯票較一般公司所開立商業承兌匯票具公信力，所以市面上以銀行承兌匯票居多，且匯票到期日以 180 天以內為主。

---

4. 若欲發行免保證的商業本票，須先接受信用評等公司的評鑑，且評級須為twBBB-以上，才具發行資格。

（一）銀行承兌匯票

銀行承兌匯票（Banker Acceptance, BA）是指工商企業經合法的交易行為而簽發產生的票據，經銀行承兌，並由銀行承諾指定到期日兌付的匯票；此匯票屬於「自償性」票據。通常稱提供勞務或出售商品之一方為賣方，其相對人為買方。

（二）商業承兌匯票

商業承兌匯票（Trade Acceptance, TA）是指工商企業經合法的交易行為而簽發產生的票據，經另一公司承兌，並由另一公司承諾指定到期日兌付的匯票，此匯票屬於自償性票據。通常由賣方簽發，經買方承兌，以買方為匯票付款人。

四、銀行可轉讓定期存單

銀行可轉讓定期存單（Bank Negotiable Certificates of Deposit, NCD）為銀行為充裕資金來源，經核准簽發在特定期間，按約定利率支付利息的存款憑證，它不得中途解約，但可在市場上自由轉讓流通。且發行天期以 1 個月為單位，最長不得超過 1 年[5]，且發行單位以 10 萬新臺幣的倍數發行。

五、未滿一年債券

未滿一年的債券，例如：資產基礎商業本票（Asset Backed Commercial Paper, ABCP）、及市庫券等。其中，「資產基礎商業本票」（ABCP）是一種資產證券化商品；企業以一些信用品質良好的資產作擔保品，出售給信託機構，信託機構承諾企業可以在某段期間內，環循的發行商業本票，使企業可以獲得短期穩定的資金。「市庫券」是地方政府（如：直轄市）所發行的短期債券。

---

5. 但實務上，一般銀行NCD的發行天期以1個為倍數；但中央銀行為了調節金融市場，可以彈性發行以7天為倍數的NCD。銀行基於資金調度需要，最長期限可以發行2年期的NCD。

市場焦點

新北市發庫券　成功舉債100億元

國庫券模式
新北首創發行市庫券

（圖文資料來源：節錄自蘋果日報 2014/08/19）

新北市財政局表示今天標售「新北 103-1 期 91 天期市庫券」，獲票券商及外商銀行參與投標，籌得資金 100 億元，除為市庫節省利息支出外，更為市府短期資金調度增加不同型態的融資管道。

新北市庫券創下地方政府發行短期票券之首例，因新北市政府債信良好，首檔市庫券受市場熱捧，票券商投標情形踴躍，外商銀行亦積極參與投標，超額認購倍數高達 6.55 倍，在標售對象受限票券金融管理法僅有票券商能投標情形下。市府認為，此情況反應市場對市庫券需求之殷切。

新北市府指出，此次決標貼現率僅為 0.548%，貼現率加計各項成本後與目前本府之短期借款利率相較，91 天仍可為新北市市庫節省利息支出計 432 萬元，不僅落實節流措施，為全體市民看緊荷包，同時開創了市場新金融商品，也為民眾提供了短期資金多一選擇之投資方式。

新北市市庫券成功發行，市府認為奠定爾後將市庫券納為常態短期資金調度工具的基礎，也是國內票券金融市場開創新商品及優質投資環境。未來將視資金需求及市場資金行情適時再發行。

短 評

近年來，臺灣不管地方或中央政府都出現財政窘境，尤其苗栗縣政府居然還發不出薪水！！新北市前些日子升格為直轄市，所以可以自主發行地方政府債券籌集資金。但近期所發行的市庫券，為地方政府發行短期票券之首例。此市庫券可以靈活調度資金運用，並且可以短支長，節省利息費用。

4-2 票券市場的參與者

在票券市場中，票券金融公司為市場裡最重要的仲介機構；它提供工商企業與投資人，短期資金融通的重要媒介，亦是中央銀行調節短期資金供需的重要機構。以下將介紹票券市場資金供需雙方的主要參與者。票券市場主要參與者的架構圖，如圖 4-1。

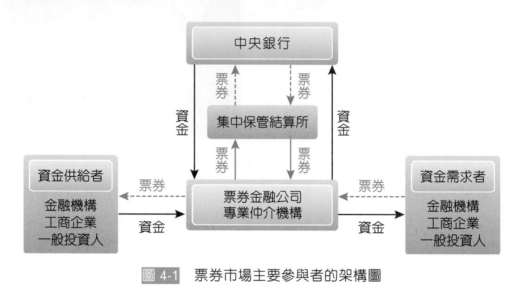

圖 4-1 票券市場主要參與者的架構圖

一、工商企業

一般的工商企業公司為融通季節性購貨、或短期資金週轉需求，可發行商業本票或承兌匯票，以獲取所需的資金，成為資金的需求者；但當其公司內部握有短期閒置資金時，亦可去市場購買短期票券，成為資金的供給者。

二、金融機構

一般金融機構，因持有相當數額的法定準備金（Required Reserves）、以及超額準備金（Excess Reserve）部位[6]，因這些部位需保持高度的流動性，所

---

6. 準備金制度乃讓銀行從存款中先預留一部分的資金，當作流動準備使用，以應付各種資金的需要。其中，「法定準備金」為央行所規定的最低準備金，須保留在央行的準備金帳戶內，帳戶內有部分資金央行會支息，有部分資金不支息，所以不支息的資金，可以在央行每旬底（每月的第三日）檢查前，去投資票券生息。至於「超額準備金」為銀行實際提領的現金超過法定準備的部分，所以銀行此部分多存多的資金，很合理的可以去投資票券生息，以免放在銀行當爛頭寸。

以大部分都由短期票券所組成；此外，銀行也有多餘的營利資金，亦可購入短期票券以獲取短期穩定的報酬。所以金融機構為票券市場中最主要的資金供給者之一。

另一方面，當銀行缺乏短期資金時，可以發行可轉讓定期存單，或將所持有的短期票券，在貨幣市場出售時，即成為資金的需求者。此外，銀行亦可辦理商業本票的保證、簽證及承銷的業務，協助工商企業發行商業本票取得資金。

三、票券金融公司或專業仲介機構

票券金融公司或專業仲介機構，主要擔任票券市場的的經紀業務，亦可擔任簽證、保證與承銷的業務，為短期票券的主要仲介機構，亦是票券市場中最主要的造市者（Market Marker）。此外，該機構可根據自己本身的資金供需情形，亦可在票券市場自行買賣票券，成為市場資金的供給者或需求者。

四、集中保管結算所

臺灣集中保管結算所，有關「票券集中保管結算部分」，主要負責統籌辦理短期票券之集中保管外，並與中央銀行同業資金調撥清算作業系統（簡稱：「央行同資系統」）連線，提供款券同步結算交割機制。由於國內的短期票券次級市場，已經採用「無實體交割方式」，買賣雙方都非常便利與安全。

五、政府機構

政府機構為了調節國庫收支，政府可發行國庫券或其他短期債券，成為資金的需求者。通常政府要發行國庫券，須透過中央銀行來代理發行。

六、中央銀行

中央銀行是貨幣市場最後的資金融通與調節者，可運用公開市場操作模式，當市場資金短缺時，央行可以買入短期票券，釋出資金，成為資金的供給者；當市場資金浮濫時，央行可以發行央行可轉讓定期存單，收回資金，成為資金的需求者。

七、個人

　　一般的個人若擁有多餘的短期閒置資金時，亦可買入短期票券，成為資金供給者；如欲急需資金時，可將持有的短期票券在貨幣市場賣出，即為資金的需求者。

 市場焦點

金管會監理科技升級票券數位監理正式啟動

（圖文資料來源：節錄自工商時報 2020/08/19）

　　集保結算所為我國唯一之短期票券集中保管結算機構，為市場提供短期票券發行、交易、結算及交割等服務已有十餘年之經驗，將建置「票券監理科技平台」，作為票券公司與主管機關間資訊傳遞之快捷通道，提供票券公司 API 自動申報機制及配套措施。

　　集保結算所指出，疫情衝擊全球產業，也加速金融產業數位轉型，然而金融業轉型的同時，主管機關更發展「監理數位轉型」，透過數位工具，推升臺灣金融業的創新發展，也因此「監理科技」的運用，成為我國金融主管機關日益重視的課題。

　　此外，集保結算所將整合金融周邊單位，包括票券公司申報資料、集保票券市場結算交割、櫃買中心債券及聯徵中心授信等微粒化（Granular）資料，並串接金管會銀行局共享平台及檢查局單一申報窗口資料，讓主管機關可藉由互動視覺化之監理分析工具，以大數據即時管理市場狀況，達「精準監理」之效，該案訂於 2021 年第二季上線。

短評

　　臺灣集保結算所將建置「票券監理科技平台」，以作為票券公司與主管機關之間資訊傳遞快捷通道。此舉讓集保結算所可藉由互動視覺化的監理分析工具，利用大數據即時管理市場狀況，以達「精準監理」之效。

4-3 票券交易實務

　　一般公司若要發行短期票券，籌集短期資金、或者投資人欲進行短期的票券買賣，都需透過票券公司的仲介。所以票券公司必須負責初級市場的票券發行、以及次級市場的票券流通等種種事務。以下將介紹票券公司所負責的，初級與次級市場的利率報價情形、以及發行與交易實務等內容。

一、利率的報價

　　票券公司是市場的要角，除了負責票券的經紀、承銷、保證與簽證業務外，很重要的就是要針對，初級市場各種票券的「貼現息」報價、以及次級市場買入與賣出票券的利率報價。

　　通常影響短期票券市場的利率的因素很多，其中，最大的因素是來自當時貨幣市場資金鬆緊程度；其次為對票券發行者的信用程度、票券的發行期限、以及對未來利率的預期等諸因素。以下將說明初級、次級市場的利率報價方式。

（一）初級市場的利率報價

　　在國內的票券市場中，以商業本票的交易最為活絡，其中，又以「融資性商業本票」（CP2）為市場成交量最大；所以市場上，通常是以其貼現息的報價，為發行市場的參考利率。

　　一般若以融資性商業本票（CP2）、交易性商業本票（CP1）與銀行承兌匯票（BA）的貼現息比較，由於發行 CP2 有簽證費、承銷費、保證費、集保交割費及貼現息之負擔；CP1 除貼現息與集保交割費外，無任何成本負擔；BA 有承兌費、集保交割費與貼現息之負擔。所以通常同天期 CP2 發行利率較 CP1 低；BA 發行利率與 CP2 差不多。

　　目前 CP2、CP1 與 BA 之發行參考利率，各家票券商報價皆不相同，但上下差距不大，而發行期間級距，以 10、30、60、90、120、180 及 360 天等七個級距為主。有關票券市場初級利率報價，請參閱表 4-2。

（二）次級市場的利率報價

票券公司為市場最主要的造市者，所以對於已經發行流通在外的票券，必須提供買進及賣出的利率報價。至於買進與賣出的利率，是以「票券公司」的角度為依據。通常買賣利率的報價，各票券公司會依本身的資金狀況不同，而有所差異，但基本上不會相距太大。有關票券市場次級利率報價，請參閱表 4-2。

表 4-2 國內票券市場初級、次級利率報價

期別		10天	30天	60天	90天	120天	180天	360天
初級市場	融資性商業本票（CP2）	0.9%	0.9%	0.95%	1.0%	1.05%	1.30%	1.40%
	交易性商業本票（CP1）	1.95%	1.95%	1.95%	2.0%	2.05%	2.15%	2.25%
	銀行承兌匯票（BA）	0.95%	0.95%	1.25%	1.30%	1.35%	1.45%	1.60%
次級市場	買進	0.87%	0.92%	0.92%	0.92%	0.95%	1.02%	1.12%
	賣出	0.33%	0.41%	0.43%	0.46%	0.48%	0.48%	0.58%

資料來源：中華票券（2021/3/26）

二、初級市場的發行

通常政府、公司或銀行欲籌措短期資金，需在初級市場發行國庫券、商業本票、銀行承兌匯票與銀行可轉讓定期存單等交易工具。這些短期票券的發行情形，各有不同的方式與價格計算，以下將分別介紹之：

（一）國庫券

國庫券發行時，其發行的數額、面額與期限，均由財政部洽中央銀行發行時就訂定之，唯獨發行價格乃由市場決定。通常國庫券發行採公開標售，由銀行、票券金融公司、保險公司、信託投資公司及郵政儲金匯業局，直接參加投標。標售採「單一利率標[7]」，價格價計算採「實際貼現法」。

---

7. 單一利率標是指標售者按照投標利率，由低而高依次得標，但所有得標者應繳價款金，僅依最高得標利率計算。

　　通常政府發行國庫券不必支付任何的保證費、簽證費與承銷費用。所以國庫券發行時的發行價格就是政府可以拿到的資金，但到期時政府須按面額償還。因此國庫券面額與發行價格的差額，就是發行成本（或說利息費用）。以下兩式為其「發行價格」與「發行成本」計算公式分別如下：

$$國庫券發行價格 = \dfrac{面額}{1 + 得標利率 \times \dfrac{距到期日天數}{365}}$$

國庫券的發行成本（利息費用）＝國庫券面額－發行價格

例4-1　國庫券發行成本

　　若某票券公司向央行標售 91 天期面額 1,000 萬元的國庫券，若得標利率為 3.0%，請問

(1) 票券公司應付金額為何？

(2) 國庫券的發行成本（利息費用）為何？

解

(1) 票券公司應付金額＝國庫券的發行價格 $= \dfrac{10,000,000}{1 + 3\% \times \dfrac{91}{365}} = 9,925,761$

(2) 國庫券的發行成本（利息費用）＝國庫券面額－發行價格

　　發行成本（利息費用）＝ 10,000,000 － 9,925,761 ＝ 74,239

（二）商業本票

　　商業本票為票券市場的最主要交易工具，尤其又以融資性商業本票（CP2）的市場成交量為最大。所以此處我們以 CP2 的發行情形來說明。通常企業欲發行 CP2 時，須支付一些發行費用，包括要支付與當時市場資金鬆緊程度有關的「貼現息」外，尚須承擔「保證費」、「承銷費」、「簽證費」與「集保交割服務費」。

通常商業本票的發行方式，是採「銀行貼現」發行。也就是說公司發行票券一開始所籌措到的資金，為票券的發行面額扣除所有的發行費用，但票券到期時，必須依面額償還資金。有關發行融資性商業本票（CP2）的各項費用、發行的總成本、以及發行公司實得金額的計算說明如下幾式：

➡ 貼現息＝發行金額×貼現率×$\dfrac{發行天數}{365}$

➡ 保證費[8]＝發行金額×保證費率×$\dfrac{發行天數}{365}$

➡ 簽證費[9]＝發行金額×簽證費率×$\dfrac{發行天數}{365}$

➡ 承銷費[10]＝發行金額×承銷費率×$\dfrac{發行天數}{365}$

➡ 集保交割服務費[11]＝發行金額×集保交割服務率×$\dfrac{發行天數}{365}$

➡ 發行總成本＝貼現息＋保證費＋簽證費＋承銷費＋集保交割服務費

➡ 發行公司實得金額＝發行金額－發行總成本

---

8. 通常保證費率介於0.1%～1%之間，無最低收費標準，依發行公司的債信而異。此外，根據金管會要求企業欲發行的CP2，須取得一定等級信用評等的金融機構，如：銀行和票券金融公司等提供保證。若要發行免保證融資性商業本票，只要企業取得信評機構一定等級的信用評等即可。
9. 通常簽證費收取0.03%，但每次不得低於200元。
10. 通常承銷費率為0.25%～0.45%之間，但每次不得低於2,000元。目前市場上，大多以最低的0.25%計。
11. 集保交割服務費率通常為0.038%。

例4-2　商業本票發行成本

　　假設 A 公司急需短期資金，欲發行 90 天期，經金融機構保證的 CP2，面額為 1,000 萬元，若當時市場貼現息費率為 2.5%，保證費為 0.3%，簽證費為 0.03%，承銷費率為 0.25%，集保交割服務費為 0.038%，則

(1) 發行此票券的總成本為何？

(2) A 公司發行此票券實得金額為何？

解

(1) 發行票券的總成本

$$貼現息 = 10,000,000 \times 2.5\% \times \frac{90}{365} = 61,643$$

$$保證費 = 10,000,000 \times 0.3\% \times \frac{90}{365} = 7,397$$

$$簽證費 = 10,000,000 \times 0.03\% \times \frac{90}{365} = 740$$

$$承銷費 = 10,000,000 \times 0.25\% \times \frac{90}{365} = 6,164$$

$$集保交割服務費 = 10,000,000 \times 0.038\% \times \frac{90}{365} = 936$$

$$發行總成本 = 61,643 + 7,397 + 740 + 6,164 + 936 = 76,880$$

(2) 發行公司實得金額 $= 10,000,000 - 76,880 = 9,923,120$

Follow! **市場焦點**

中小企業的另一條路　中華信評　提商業本票籌資新法

（圖文資料來源：節錄自工商時報 2018/06/19）

　　受到離岸風電投資大增，發債、聯貸市場今年來「很擠」，中小企業信評等級沒有到 twA 也發不了債，中華信評提出最新作法，建議可以改走直接金融管理籌資，由持有信評等級的企業，發行「固定利率商業本票（FRCP）」，透過與票券商簽訂一年以上、最長五年的契約，在期限內循環發行商業本票，作為企業籌措短期資金的新工具。

商業本票是臺灣企業十分熟悉的資金管理工具，過去以來多是採取擔保品、金融機構保證的方式在發行，中華信評表示，現在新增通過取得信用評等的方式，等於是讓經過評等機構審核過的企業財務及信用能力，擴大為信用擔保的價值，發行時可以免除銀行的保證。

中華信評指出，票券商在辦理免保商業本票的簽證、承銷、經紀或買賣業務時，只要發行人的長期信用評等等級，經國內信評公司評定達國內等級 twBBB- 以上者即可辦理，相信國內許多企業應可達到該門檻。

中華信評認為，具有信評認證、免擔保的商業本票設計，可以兼具鎖住利率風險、又能降低籌資成本，中小企業需要彈性管理資金，像 FRCP 可以自行選擇一至五年作為發行期間。反觀發行公司債則要看買家的意願決定發行期，且發行利率主要由市場決定，尤其現在正處於升息趨勢，站在企業的立場需要的是彈性、即時反映，相對來看，商業本票發行取得所需資金可能更受中小企業歡迎。

短 評

國內企業要發無擔保公司債，須經過中華信用評等為 twA 以上，才有資格。但利用商業本票籌資，只要信用評等為 twBBB- 以上，就可發行免保證的 CP2，若要將短期票券的融資信用延伸至中長期使用，那就利用「固定利率貨幣市場工具」（FRCP），就具有中長期融資效果，且發行門檻較發行債券低，頗受中小企業歡迎。

（三）銀行承兌匯票

通常公司發行銀行承兌匯票（BA）時，須支付一些發行費用，包括要支付與當時市場資金鬆緊程度有關的「貼現息」外，尚須承擔「承兌費」與「集保交割服務費」。此外，銀行承兌匯票（BA）與融資性商業本票（CP2），發

行方式都是探「銀行貼現」發行。也就是說公司發行票券一開始所籌措到的資金，為票券的發行面額扣除所有的發行費用，但票券到期時，必須依面額償還資金。有關發行銀行承兌匯票（BA）的各項費用、發行的總成本、以及發行公司實得的金額的計算說明如下幾式：

➡ 貼現息=發行金額×貼現率×$\dfrac{發行天數}{365}$

➡ 承兌費=發行金額×保證費率×$\dfrac{發行天數}{365}$

➡ 集保交割服務費[12]=發行金額×集保交割服務率×$\dfrac{發行天數}{365}$

➡ 發行總成本=貼現息＋承兌費＋集保交割服務費

➡ 發行公司實得金額=發行金額－發行總成本

例4-3 銀行承兌匯票發行成本

假設 B 公司收到一張由客戶開出 1 個月期（30 天）到期，金額為 500 萬元的銀行承兌匯票，該公司將此銀行承兌匯票藉由票券公司發行票券，預先取得資金，請問假設當時市場貼現息費率為 3.2%，承兌費為 0.6%，集保交割服務費為 0.038%，則

(1) B 公司發行此票券的總成本為何？

(2) B 公司發行此票券實得金額為何？

解

(1) B 公司發行票券的總成本

$$貼現息 = 5,000,000 × 3.2\% × \dfrac{30}{365} = 13.151$$

$$承兌費 = 5,000,000 × 0.6\% × \dfrac{30}{365} = 2,466$$

$$集保交割服務費 = 5,000,000 × 0.038\% × \dfrac{30}{365} = 157$$

$$發行總成本 = 13,151 + 2,466 + 157 = 15,774$$

(2) B 公司發行此票券實得金額 = 5,000,000 － 15,774 = 4,984,226

---

12. 集保交割服務費率通常為0.038%。

（四）銀行可轉讓定期存單

當銀行缺乏短期資金時，可以自行發行銀行可轉讓定期存單（NCD）籌集資金。NCD 的發行價格由市場當時的資金鬆緊狀況、以及該銀行的信用情形共同決定之。發行 NCD 時，按面額附載利息發行。所以發行 NCD 時，銀行所得金額即為 NCD 的面額，到期時按面額與加計利息一次償還。通常 NCD 乃由銀行本身自行發行，所以沒有其它如商業本票的發行成本與支出。

例4-4　銀行可轉讓定期存單發行成本

假設 C 銀行發行面額 1,000 萬的可轉讓定期存單，其票面利率為 5.0%，天期為 3 個月，請問

(1) 某銀行實得金額為何？

(2) 到期應付金額為何？

(3) 發行成本為何？

解

(1) 實得金額＝面額＝ 10,000,000

(2) 到期應付金額＝ $10,000,000 \times (1 + 5.0\% \times \frac{3}{12}) = 10,125,000$

(3) 發行成本＝ $10,125,000 - 10,000,000 = 125,000$

三、次級市場

通常票券經初級發行後，投資人透過票券公司，對各種票券進行買進與賣出，而形成票券的流通市場。依據現行的稅法規定，買賣票券的利息收益，不管法人或自然人，均採 10% 的分離課稅[13]。通常投資票券大致可分成兩種交易方式，其一為「買賣斷交易」，另一為「附條件交易」。以下將分別介紹之：

---

13. 但依據所得稅法規定的教育、文化、公益、慈善機構或團體，及符合行政院規定標準者，其本身的所得及其附屬作業組織之所得，可免扣10%分離課稅的免稅機構，投資票券的利息收入是完全免稅的。常見的免稅機構，如：學校、農漁會、健保局及郵政公司等。

（一）買賣斷交易

買（賣）斷交易分別指票券商將票券賣給投資人至票券到期日止，稱為「賣斷」（Outright Sell, OS）；若投資人買進票券後，缺資金將票券出售，票券商將投資人的票券買回至票券到期日止，稱為「買斷」（Outright Purchase, OP）。且票券的買賣斷交易，都是以票券商的角度來考量。

通常在進行買賣斷的成交價格，須先計算投資人持有票券到期時的稅後實得金額；再依投資人所成交的利率與距到期天數，去折算成交價格。此外，買賣斷的成交價格計算，會因票券本身「有無附載利息」，其所計算出的交易價格，會有所不同。以下分別介紹之。

1. 無附載利息之票券

通常無附載利息之票券，如：國庫券、商業本票與銀行承兌匯票。因這些票券採貼現發行，所以到期時，依面額償還。因此投資人購買此類票券，其「到期稅後實得金額」與投資人「買賣斷的成交價格」的計算，分別如下兩式：

到期稅後實得金額＝面額－（面額－承銷價格）×10%

$$買（賣）斷的成交價格＝\frac{到期稅後實得金額}{1＋收益率×（1－10\%）×\frac{距到期日天數}{365}}$$

例4-5　買賣斷－無附載利息之票券

假設某甲向票券交易商購買面額 1,000 萬，承銷價格為 990 萬的商業本票，該商業本票距到期日 90 天，成交利率為 3.0%，則

(1) 到期稅後實得金額為何？

(2) 某甲的買價為何？

(3) 到期時稅後利息收入為何？

解

(1) 到期稅後實得金額

$$= 10,000,000 － （10,000,000 － 9,900,000）×10\% = 9,990,000$$

$$(2) 某甲買價＝\frac{9,990,000}{1 ＋ 3.0\%×（1 － 10\%）×\frac{90}{365}} = 9,923,931$$

(3) 到期時稅後利息收入 = 9,990,000 － 9,923,931 = 66,069

2. 附載利息之票券

通常附載利息之票券，如：銀行可轉讓定期存單。因這類票券採面額附載利息發行，所以到期時，按面額與加計利息一次償還。因此投資人購買此類票券，其「到期稅後實得金額」與投資人「買賣斷的成交價格」的計算，分別如下兩式：

$$到期稅後實得金額 = 面額 \times [1 + 票面利率 \times (1 - 10\%) \times \frac{發行天數}{365}$$

$$投資人買（賣）斷成交價格 = \frac{到期稅後實得金額}{1 + 收益率 \times (1 - 10\%) \times \frac{距到期日天數}{365}}$$

例4-6　買賣斷附載利息之票券

　　假設某乙向票券交易商購買面額 1 千萬，期限 6 個月期的 NCD，票面利率為 4.0%，假設買入該 NCD 時尚距到期日 90 天，按市場利率 3.5% 成交，則

(1) 到期稅後實得金額為何？

(2) 某乙的買價為何？

(3) 到期時利息收入為何？

解

(1) 到期稅後實得金額 $= 10,000,000 \times (1 + 4.0\% \times (1 - 10\%) \times \frac{6}{12})$
$= 10,180,000$

(2) 某乙買價 $= \dfrac{10,180,000}{1 + 3.5\% \times (1 - 10\%) \times \dfrac{90}{365}} = 10,101,541$

(3) 到期時稅後利息收入 $= 10,180,000 - 10,101,541 = 78,459$

（二）附條件交易

　　通常票券的附條件交易，可分為「附買回交易」與「附賣回交易」兩種。且票券附條件交易的買賣角度，都是以票券商為考量。有關投資人與票券公司，承作附買回與附賣回交易的示意圖，如圖 4-2。

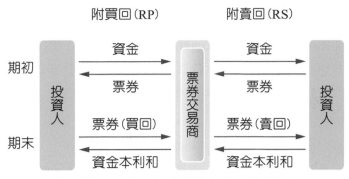

圖 4-2　票券市場的附條件買賣示意圖

1. 附買回交易

附買回交易（Repurchase Agreements, RP）是指投資人擁有短期資金，但投資票券不想擁有至票券到期為止，只是想暫時的投資一段期間，當約定期間到時，票券公司會再把票券買回，此稱為「票券附買回交易」。

通常票券附買回的運作方式：乃交易雙方於期初先約定投資金額、利率與天期，到期時票券商以期初約定的利率，所產生的本利和（或說約定的附買回價格），向客戶買回票券。有關票券附買回到期時，其票券公司的「附買回價格」與投資人的到期的「利息收入」計算如下兩式：

票券商附買回價格＝成交金額 $\times [1 + 附買回利率 \times (1 - 10\%) \times \dfrac{持有天數}{365}]$

投資人的利息收入＝附買回價格－成交金額

例4-7　票券附買回交易

某丙投資人將金額 1,000 萬，投資票券附買回交易，訂定期間 30 天，利率為 2.0%。請問 30 天到期時，丙投資人的利息收入為何？

解

票券商附買回價格 $= 10{,}000{,}000 \times [1 + 2.0\% \times (1 - 10\%) \times \dfrac{30}{365}]$

$= 10{,}014{,}795$

某丙之利息收入 $= 10{,}014{,}795 - 10{,}000{,}000 = 14{,}795$

2. 附賣回交易

附賣回交易（Reverse Sell Agreements，RS）是指票券持有人可能臨時急需週轉金，但不想將票券完全的賣給票券商，只想將票券暫時賣給票券公司一段期間，當約定期間到時，票券公司再把票券賣回給投資人，此稱為「票券附賣回交易」。

通常票券附賣回的運作方式：乃交易雙方於期初先約定投資金額、利率與天期，到期時票券商，以期初約定的利率，所產生的本利和（或說約定的附賣回價格），將票券再賣回給投資人。有關票券附賣回到期時，其票券公司的「附賣回價格」與投資人的「利息支出」計算如下兩式：

票券商附賣回價格＝成交金額 $\times [1 +$ 附賣回利率 $\times (1 - 10\%) \times \dfrac{\text{持有天數}}{365}]$

投資人的利息支出＝附賣回價格－成交金額

例4-8 票券附賣回交易

　　某丁投資人臨時需錢週轉 7 天，可將原買入價格為 1,000 萬的票券，與票券公司承作附賣回交易，利率為 2.5%。請問 7 天後到期時，丁投資人的利息支出為何？

解

票券商附賣回價格 $= 10,000,000 \times (1 + 2.5\% \times (1 - 10\%) \times \dfrac{7}{365})$

$\qquad\qquad\qquad\quad = 10,004,315$

丁投資人的利息支出 $= 10,004,315 - 10,000,000 = 4,315$

4-4 臺灣的票券市場

　　國內的票券市場，大概是金融市場中，最不受到重視的，也是大家最陌生的市場。因為國內的票券主管機關為金管會銀行局，所以長久以來，票券業的管理法令規範大都是比照銀行法。但票券業所從事的是直接金融的區塊，與銀行著重在間接金融的事務，確實在業務經營上有許多的不同。

　　但國內票券市場自 1976 年成立以來，已逾 40 年歷史，幸好也只有經歷1995 年的國票的「假商業本票」的重大舞弊案件外，其餘間大抵相安無事。但近年來，因應貨幣市場的快速發展，並落實對票券商之監督及管理，政府於2001 年頒布「票券金融管理法」，總算讓貨幣市場業務正式取得法律位階。

　　有關國內的票券市場這 40 幾年來的發展，本文將用以下幾項重點說明之：

一、仲介機構的轉變

　　國內的票券市場是成立於 1976 年，早期由是 3 家老票券公司（中興、國際與中華票券）寡占這個市場，當時市場的利率仍是由央行所主導，市場資訊不甚透明。爾後，隨著國內金融的開放政策，1992 年政府開放銀行亦可辦理短期票券的業務、以及 1994 年政府開放新票券公司的設立，所以當時票券市場快速的發展，最高峰時期，市場共出現了 16 家票券公司。

　　隨後，國內經過這幾年來的金融整併，大部分的票券商被合併、或已納入成為銀行的其中一個部門；但國內 2004 年後，政府又開放「綜合證券商」亦可兼營票券業務。所以截至 2021 年 4 月止，國內共有 8 家專業的票券公司在專營票券業務、以及 39 家銀行與 4 家綜合證券商在兼營票券業務。

二、多元商品的加入

　　國內票券市場剛成立時，票券公司只經營傳統的四種基本短期票券交易工具。爾後，1983 年政府核准票券商，可以經營買賣一年期以內之各種債券業務，此為票券金融公司首次跨足債券市場領域。且並於 1995 年以後，又開放可以經營買賣一年期以上的債券業務，使得票券公司的業務經營範圍，正式橫跨貨幣與資本兩市場。

　　由於 1992 年政府開放銀行可辦理短期票券業務，於是腦筋動得快的外商銀行，於 1994 年發行了兩種類貨幣市場的交易工具，分別為「短期票券循環信用融資工具」（Note Issuance Facility, NIF）、「固定利率貨幣市場工具」（Fixed Rate CP or BA）。因這兩種商品兼具貨幣與資本市場的特性，為國內票券市場的發行樣式注入新元素。

　　此外，2002 年政府宣布開放票券業，得從事衍生性金融商品操作（例如：利率交換、遠期利率、利率選擇權等），但須以自己從事的部位避險交易為限。且國內於 2004 年以後，票券商可以參與發行與票券相關的資產證券化商品－「資產基礎商業本票」（ABCP），使得票券公司的業務經營種類呈現多樣化。政府為增加企業籌資與投資者投資管道，分別於 2010 年與 2013 年開放美元與人民幣票券的發行與交易，讓國內票券市場的商品更為國際化。

　　近年來，票券商因外幣債券部位大幅成長，確有外幣資金之需求。因此 2020 年金管會開放票券商得與國際金融業務分行（OBU）及國際證券業務分公司（OSU）辦理外幣債券買賣及其附條件交易，並得與 OBU 辦理外幣資金拆借。希望藉此強化票券商辦理外幣債券業務之資金調度能力。

金融小常識

「NIF」與「FRCP or FRBA」

◎短期票券循環信用融資工具（NIF）

NIF 乃由銀行提供企業一個長期間票券發行額度的承諾，企業可在銀行承諾期間內的任何時點，發行 CP 或 BA，以籌措資金，因應短期營運資金之需求。因此，該項產品雖屬於貨幣市場工具，但在財務報表上屬於長期負債，不會壓低公司的流動比率，並與資本市場中的融資工具－公司債具有同樣融資效果。

◎固定利率貨幣市場工具（FRCP or FRBA）

FRCP or FRBA 是由銀行提供企業一個長期（1 年以上）的授信額度，企業則可在約定的期間內，依本身資金的需求，以固定的利率發行商業本票或銀行承兌匯票，以籌措資金。此工具跟 NIF 一樣，雖為貨幣市場工具，但具有中期的融資效果。

三、集保制度的建立

國內的證券採集中保管制度已行之多年，但國內的票券交易，大都一直採實物交割為主。政府有感實體交割有其諸多不便性，如：實體券會有偽造、遺失等問題。所以於 2001 年首先將政府所發行的國庫券無實體化，並著手規劃短期票券無實體化及集中結算交割制度。主管機關終於 2004 年 4 月核准「臺灣票券集中保管結算公司」正式運作，除統籌辦理短期票券之集中保管外，並與央行同資系統連線，提供款券同步交割結算機制。2017 年也將商業本票，納入至無實體發行之列，使得國內的票券交易完全進入無實體化。並於 2018 年亦發展商業本票電子發行平台，提供數位化票券的發行作業環境。

「臺灣票券集中保管結算公司」於 2006 年與「臺灣證券集中保管公司」正式合併為「臺灣集中保管結算所股份有限公司」。因此集中保管結算所整合「證券」與「票券」結算交割保管平台，可提高經營效率，擴大服務範圍，促進市場發展。

四、買賣稅制的變化

國內以往於次級市場買賣票券的利息所得，不管法人機構或個人都採扣除 20% 的分離利息所得稅。但自 2010 年起，政府修改稅令，若是個人得採 10% 的分離利息所得稅，免再併入個人綜合所得；若是法人機構則先扣繳 10% 的分離利息所得稅後，再合併營利事業所得額課稅。但對於具備免稅資格的財團法人或機構，則仍依法可免稅或退稅。

市場焦點

票券公司可與OBU、OSU往來

（圖文資料來源：節錄自經濟日報 2020/07/17）

票券公司外幣債券部位變化

單位：億元

（年）	2014	2015	2016	2017	2018	2019	2020
	102	209	652	628	704	1,032	1,082

註：2020年為第2季數據　　資料來源：金管會　　經濟日報

　　金管會為強化票券金融公司辦理外幣債券業務的資金調度能力，開放票券金融公司得與 OBU 及 OSU 辦理外幣債券買賣及其附條件交易，並得與 OBU 辦理外幣資金拆借。此舉將使票券公司交易對象變多，提高外幣債券部位運用效益，有助獲利。

　　金管會表示，票券公司近年因外幣債券部位大幅成長，確有外幣資金的需求，但實務上，銀行及證券商的外幣債券部位及銀行的外幣資金，主要列在 OBU 及 OSU 帳上，使得票券公司無法透過外幣債券附買回交易，向國內外匯指定銀行（DBU）及國內證券商（DSU）借入外幣資金，及與 DBU 承作外幣資金拆借，來滿足其外幣資金需求。

　　在金管會未開放上述措施前，目前票券公司主要是跟國內大型企業做外幣買賣及附條件交易，或透過管道到國外做買賣。金管會宣布開放後，對票券公司來說，交易對象變更多，資金調度可以更靈活，尤其票券公司的外幣債券部分大幅成長，運用方式及效益增加後，也有助票券公司提高獲利。

短 評

　　國內的票券公司，隨著持有外幣債券的部位逐年成長，金管會終於開放票券公司可跟 OBU 與 OSU 承作外幣債券買賣及附條件交易，並可跟 OBU 辦理外幣資金拆借。此舉將使跟票券公司交易的對象變多，提高外幣債券部位運用效益，有助獲利。

本 章 習 題

一、選擇題

❖ 基礎題

( ) 1. 下列何者非公司可以使用的短期債務憑證？ (A) 商業本票 (B) 銀行承兌匯票 (C) 商業承兌匯票 (D) 銀行可轉讓存單。

( ) 2. 請問國庫券的發行者為何？ (A) 商業銀行 (B) 專業銀行 (C) 一般企業 (D) 政府。

( ) 3. 請問商業本票的發行者為何？ (A) 商業銀行 (B) 專業銀行 (C) 一般企業 (D) 政府。

( ) 4. 請問交易性商業本票（CP1）與融資性商業本票（CP2）的差異為何？ (A) 發行金額的差異 (B) 是否具自償性質 (C) 發行人信用的差異 (D) 到期期間長短的差異。

( ) 5. 下列非銀行承兌匯票之特性？ (A) 實際交易行為產生 (B) 需透過票券公司發行 (C) 企業發行 (D) 銀行的籌資工具。

( ) 6. 下列對銀行可轉讓存單的敘述何者有誤？ (A) 可提早解約 (B) 可自由轉讓 (C) 到期後不支息 (D) 銀行的籌資工具。

( ) 7. 下列何者可以從事貨幣市場工具之發行業務？ (A) 證券投資信託公司 (B) 證券投資顧問公司 (C) 票券金融公司 (D) 證券金融公司。

( ) 8. 請問票券金融公司是扮演何種市場的媒介角色？ (A) 資本市場 (B) 外匯市場 (C) 衍生性商品市場 (D) 貨幣市場。

( ) 9. 通常票券市場的初級市場的利率報價是針對何者？ (A) 保證費 (B) 貼現息 (C) 承銷費 (D) 簽證費。

( ) 10. 請問 BA、CP1、CP2 的初級市場的貼現息報價何者最高？ (A)BA (B)CP1 (C)CP2 (D) 都相同。

( ) 11. 請問若政府發行 140 天期面額 1,000 萬元的國庫券，若得標利率為 2.0%，請問國庫券發行價格約為何？ (A)992 萬 (B)1,008 萬 (C)1,000 萬 (D)1,020 萬。

( ) 12. 請問 CP2 的發行費用不包含下列何者？ (A) 保證費 (B) 貼現息 (C) 承兌費 (D) 簽證費。

( ) 13. 請問 BA 的發行費用不包含下列何者？ (A) 集保交割費 (B) 貼現息 (C) 承兌費 (D) 簽證費。

( ) 14. 請問若某銀行發行 2 個月期，面額 1,000 萬元的 NCD，若標售利率為 2.0%，請問 NCD 發行價格約為何？ (A)997 萬 (B)1,000 萬 (C)1,003 萬 (D)1,020 萬。

( ) 15. 依據現行的稅法規定，買賣票券的利息收益，自然人將採多少比例的分離課稅？ (A)6% (B)10% (C)15% (D)20%。

❖ 進階題

( ) 16. 下列敘述何者有誤？ (A) 國內現行發行的國庫券為乙種型式 (B) 國內票券市場以商業本票的交易量最大 (C) 通常銀行承兌匯票具自償性 (D) 銀行可轉讓定存單可以提早解約。

( ) 17. 下列敘述何者有誤？ (A) 通常國庫券採貼現發行 (B) 通常 CP2 具自償性 (C)BA 須合法交易產生 (D)NCD 採附載面額發行。

( ) 18. 下列敘述何者正確？ (A) 國內綜合券商亦可兼營票券業務 (B) 國內僅票券公司可以經營票券業務 (C) 中央銀行通常是票券市場的資金需求者 (D) 銀行缺資金時可於票券市場發行銀行承兌匯票。

( ) 19. 下列敘述何者有誤？ (A) 票券市場的初級市場的票券報價是針對貼現息 (B) 一般而言同天期的 CP2 的貼現息報價較 CP1 低 (C) 次級市場的買入利率報價表示投資人的買入價格 (D) 商業本票的發行價格計算採實際貼現法。

( ) 20. 下列敘述何者有誤？ (A) 發行 CP1 的貼現息報價通常 BA 高 (B) 買賣票券的利息收益在國內須被課 10% 的分離課稅 (C) 國庫券的發行價格計算採實際貼現法 (D) 銀行承兌匯票的發行價格計算採實際貼現法。

❖ 證照題

( ) 21. 下列何者屬於貨幣市場之工具？甲、可轉讓銀行定期存單；乙、可轉換公司債；丙、國庫券；丁、商業本票 (A) 僅甲、乙對 (B) 僅丙、丁對 (C) 僅乙、丙、丁對 (D) 僅甲、丙、丁對。 （2013-3 證券商高級業務員）

( ) 22. 下列何者非我國貨幣市場流通之主要信用工具？ (A) 國庫券 (B) 上櫃公司股票 (C) 銀行承兌匯票 (D) 商業本票。

（2015-2 證券商高級業務員）

( ) 23. 國庫券之發行、買回及還本付息等業務，係委由下列何者經理？ (A) 財政部 (B) 中央銀行 (C) 臺灣銀行 (D) 商業銀行。 （金融市場常識）

( ) 24. 下列何者非屬因出售商品或勞務之交易行為所簽發之票據？ (A) 銀行承兌匯票 (B) 商業承兌匯票 (C) 交易性商業本票 (D) 融資性商業本票。

（金融市場常識）

（　）25. 凡出售商品或提供勞務之相對人簽發之匯票，委託銀行為付款人而經其承兌者，稱之為下列何者？　(A) 銀行承兌匯票　(B) 商業承兌匯票　(C) 交易性商業本票　(D) 融資性商業本票。　　　　（金融市場常識）

（　）26. 凡出售商品或提供勞務之相對人簽發之匯票，以相對人（非銀行）為付款人而經其承兌者，稱之為下列何者？　(A) 銀行承兌匯票　(B) 商業承兌匯票　(C) 交易性商業本票　(D) 融資性商業本票。　　　　（金融市場常識）

（　）27. 銀行為了提高流動性，發行一種具有可轉讓但不可中途解約特性，並承諾一定時間後之到期日按票載利率支付本息予存款人之短期信用工具，係屬下列何者？　(A) 定期存單　(B) 可轉讓定期存單　(C) 金融債券　(D) 商業承兌匯票。　　　　（金融市場常識）

（　）28. 銀行為資金調度需要，發行可轉讓定期存單，其發行天期最長為多久？　(A) 六個月　(B) 一年　(C) 二年　(D) 三年。　　　　（金融市場常識）

（　）29. 可轉讓定期存單以新臺幣多少元為一單位，並按其倍數發行？　(A) 一萬元　(B) 五萬元　(C) 十萬元　(D) 五十萬元。　　　　（金融市場常識）

（　）30. 票券交割作業中，有關買賣雙方款項部分的清算作業，係由下列何者負責？　(A) 臺灣銀行　(B) 財金資訊網路　(C) 央行同資系統　(D) 聯徵中心。　　　　（金融市場常識）

（　）31. 下列何者為票券次級市場之交割方式？　(A) 無實體化　(B) 實體化　(C) 無實體化與實體化　(D) 人工作業。　　　　（金融市場常識）

（　）32. 下列何者為票券集中保管之結算交割方式？　(A) 款券同步交割　(B) 款先券後交割　(C) 券先款後交割　(D) 與券商協議而定。（金融市場常識）

（　）33. 國庫券的競標者，其投標利率低於底標利率時，下列敘述何者正確？　(A) 由低至高依次得標　(B) 由高至低依次得標　(C) 由投標時間先後依次得標　(D) 由投標金額大小依次得標。　　　　（金融市場常識）

（　）34. 下列何者於購買短期票券時，其利息收入免予扣繳所得稅？　(A) 教育機構　(B) 個人　(C) 上市公司　(D) 合夥事業。　　　　（金融市場常識）

（　）35. 下列貨幣市場的短期信用工具中，何者簡稱為 RS？　(A) 附買回協議　(B) 附賣回協議　(C) 可轉讓定存單　(D) 國庫券。　　　　（金融市場常識）

（　）36. 短期票券集中保管結算機構應以幾家為限？　(A) 一家　(B) 二家　(C) 三家　(D) 四家。　　　　（金融市場常識）

（　）37. 下列何種信用工具之承銷價格非採貼現方式計算？　(A) 國庫券　(B) 商業本票　(C) 銀行承兌匯票　(D) 可轉讓定存單。　　　　（金融市場常識）

(　　) 38. 下列何者非屬票券商辦理簽證作業之內容？ (A) 核驗發行人簽章 (B) 核驗保證人簽章 (C) 核驗票面額、發行日及到期日 (D) 洽定交易條件。 （金融市場常識）

(　　) 39. 發行人所發行之商業本票，票券商承諾全數買入，並於承銷當日給付價款的方式，稱之為下列何者？ (A) 包銷 (B) 代銷 (C) 寄售 (D) 委辦。 （金融市場常識）

(　　) 40. 投資人購買一張國庫券，假設其利息所得為二十萬元，請問其利息收入之分離課稅額為多少？ (A) 二萬元 (B) 四萬元 (C) 五萬元 (D) 六萬元。 （金融市場常識）

二、簡答與計算題

❖ 基礎題

1. 請問票券市場有哪些交易工具？

2. 請問商業本票可分為哪兩類？

3. 請問票券市場的主要資金媒介單位為何？

4. 請問發行 CP2 需要哪些發行成本？

5. 請問發行 BA 需要哪些發行成本？

6. 請問票市場主要交易工具中，哪些是採貼現發行？

7. 若 A 公司急需一筆 120 天期的短期資金，該公司決定發行經金融機構保證的 CP2，面額為 500 萬元，假設若當時市場貼現息費率為 3.0%，保證費為 0.3%，簽證費為 0.03%，承銷費率為 0.25%，集保交割服務費為 0.038%，則

   (1) 發行此票券的總成本為何？

   (2) 該公司發行此票券實得金額為何？

8. 若 B 公司將客戶開出金額 500 萬元，且尚有 2 個月（60 天）才會到期的銀行承兌匯票，藉由票券公司發行票券，預先取得資金，請問假設當時市場貼現息費率為 3.0%，承兌費為 0.5%，集保交割服務費為 0.038%，則

   (1) 發行此票券的總成本為何？

   (2) 該公司發行此票券實得金額為何？

9. 某甲投資人將金額 500 萬，投資票券附買回交易，訂定期間 60 天，利率為 3.2%。請問 60 天到期時，甲投資人的利息收入為何？

10. 某乙投資人臨時需錢週轉 10 天，可將原買入價格為 500 萬的票券，與票券公司承作附賣回交易，利率為 3.5%。請問 10 天後到期時，乙投資人的利息支出為何？

❖ 進階題

11. 某票券商標售政府發行 91 天期，面額 1,000 萬元的國庫券，若得標利率為 1.8%，假設票券商將國庫券以發行價格賣給丙投資人，該投資人持有到期為止，成交利率為 2.2%，則

   (1) 請問國庫券發行價格為何？

   (2) 請問丙投資人投資國庫券，到期稅後實得金額為何？

   (3) 請問丙投資人的國庫券買價為何？

   (4) 到期時，丙投資人稅後利息收入為何？

12. 若某銀行發行 3 個月期，面額 1,000 萬元的 NCD，發行票面利率為 2.5%，某丁投資人以市場利率 2.8% 買入，則

   (1) 請問銀行 NCD 時，銀行到期應付金額為何？

   (2) 請問 NCD 到期時，丁投資人可得多少稅後本利和？

   (3) 請問丁投資人的買價為何？

或「股票」兩種方式進行。公司發放現金或股票後,股價會受到調整稱為「除息」或「除權」參考價。若某一檔股票除息或除權後,經過一段時間股票漲回原先除息權前的基準價格,稱為「填息」或「填權」;若仍比原先除息權前的基準價格還低,稱為「貼息」或「貼權」。

彈性面額制度

國內股票市場於 2014 年起,推動採用「彈性面額股票制度」,未來國內公司發行股票之金額將不限於新臺幣 10 元,也就是說股票面額不再全部是 10 元,可以是 5 元、1 元或是 20 元或其他面額,公司可以依照自己的需求自行決定股票發行面額。以下表為國內採彈性面額制度的公司。

		股票代號	公司名稱	每股面額
上櫃	外國企業	4157	太景*-KY	美元0.001元
	我國企業	6548	長科*	新台幣1元
興櫃	外國企業	6495	納諾*-KY	美元0.1元
	我國企業	6473	好玩家*	新台幣5元

資料來源:櫃買中心(2021/03/31)

二、股票的種類

通常公司可以藉由發行普通股[1]、特別股與到海外發行存託憑證等三種方式籌措資本,以下將介紹發行三種權益證券的特性。

(一)普通股

普通股(Common Stock)是股份有限公司最基本的資金憑證,也就是說,若沒有普通股,就不能成立公司。股票其特性如下幾點。

---

1. 國內股市的普通股,除了本國公司,尚有國外公司至臺灣來掛牌交易的股票,證券簡稱後二碼為「-KY」者,表示其股票每股面額為新臺幣10元;「股票名稱*-KY」者表示為無面額或每股面額非屬新臺幣10元。例如:「美食-KY」、「太景*-KY」。截至2021年4月,國內共有110檔KY股掛牌上市櫃,其中「-KY」者有109檔;「*-KY」者有1檔。

1. **永久出資**：普通股為公司最基本的資本來源，在公司成立經營過程中「最早出現，最晚離開」，所以除非公司解散清算，否則股東不能向公司取回投資之資金。但股東在投資以後，有權利自由出售或轉讓所持有的股票，以便於必要時取得資金。

2. **有限責任**：股東其負擔之風險，以出資的金額為限，並不對公司的風險負無限的責任。所以當公司（有限公司）發生倒閉時，普通股股東最壞的情況，就是手中所持有的股票價格降為零，至於個人財產則受到保護，與公司的債務無關。

3. **公司管理權**：股東具有出席股東會、投票選舉董事、監察人來監督經營管理公司之權利。一般而言，股東未必是公司的管理者，故實際上公司之經營管理，大多與「所有權」分離。

4. **盈餘分配權**：公司營運所得利潤，在納稅、支付公司債債息及特別股股息後，其餘便為普通股股東所有，該盈餘可以用股利方式分配予股東，或以保留盈餘方式留存於公司。

5. **剩餘資產分配權**：當公司解散清算時，剩餘資產除了公司債債權人、及特別股股東較普通股股東有優先受償權之外，普通股股東對公司資產之餘值亦享有分配權益。此項餘值之分配，係按照持有股份數量比例分配之。

6. **新股認購權**：依公司法規定，公司發行新股時，除保留部分以供員工認購外，其餘應由原有股東按所持股份比例儘先認購之。同條亦規定，新股認購權利得與原有股份分離獨立轉讓。

（二）特別股

特別股（Preferred Stock）通常被認為介於普通股與債券之間的一種「折衷證券」，一方面可享有固定股利的收益，近似於債券；另一方面又可表彰其對公司的所有權，在某些情形下甚至可享有投票表決權，故亦類似於普通股。而特別股和普通股相較之下，特別股較普通股具有某些優惠條件及權益上的限制，其說明如下。

1. 優惠條件

(1) 股利分配優先權：當公司有盈餘時，股利分配應以特別股優先。

(2) 剩餘資產優先分配權：當公司遭解散清算其剩餘資產時，特別股較普通股有優先求償權。

2. 權益限制

(1) 股利受限於期初約定：特別股的股利固定（除了某些參與分配之特別股外），即使當公司獲利甚大時，其股利仍以當初約定為限。

(2) 股利受限於營業盈餘：特別股股利仍以營業盈餘為前提，須董事會通過分派，如果公司沒有營業盈餘，仍不能分配特別股股利。

3. 種類

特別股的種類隨其權利與義務的不同，可劃分為許多種類，通常這些權利與義務在發行前就必須先約定，以下說明特別股的種類。

(1) 參與分配特別股及非參與分配特別股：特別股除優先分配明文規定之定額或定率的股息外，尚可再與普通股分享公司盈餘者稱為參與特別股。反之，如不能參與普通股分享盈餘者，即為非參與特別股。

(2) 累積特別股與非累積特別股：發行條款中規定公司虧損或獲利不多，無法按期發放股息時，將於次年或以後年度累積補發者，稱為累積特別股。反之，於某一期間因故無法發放，而以後年度又不補發者，稱為非累積特別股。

(3) 可贖回特別股及不可贖回特別股：特別股發行一段時間以後，公司可按約定價格贖回者，稱為可贖回特別股；反之，不可贖回者稱為不可贖回特別股。

(4) 可轉換特別股及不可轉換特別股：特別股流通一段期間以後，如可以轉換成普通股，稱為可轉換特別股；反之，則稱為不可轉換特別股。

(5) 有表決權特別股及無表決權特別股：特別股可以參加選舉董監事及表決重要事項者，稱為有表決權特別股；反之，未具表決權者，稱為無表決權特別股。

（三）存託憑證

存託憑證（Depository Receip, DR）是指發行公司提供一定數額的股票寄於發行公司所在地的保管機構（銀行），而後委託外國的一家存託機構（銀行）代為發行表彰該公司股份權利憑證，使其股票能在國外流通發行，以供證券市

場上買賣。亦即國外的上市公司，其公司股票不能在國外市場直接買賣，而是以存託憑證的方式來表彰其公司的權利憑證，以供國外的投資人亦可參與，其他國家績優股票上市公司的成長成果。有關存託憑證的發行示意圖，請詳見圖5-1。

通常發行存託憑證的公司，是將發行國已上市的股票，提撥部分股票至國外申請第二次上市。通常存託憑證依據發行地不同與公司參與與否，可分為下列幾種種類。

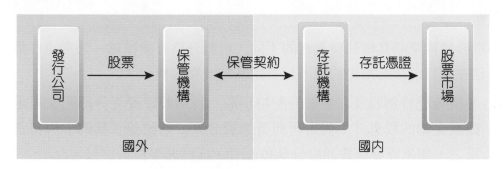

圖 5-1 臺灣存託憑證的發行示意圖

1. 依存託憑證發行地不同區分

(1) 若發行地在美國市場發行，稱為美國存託憑證（American DR, ADR）。

(2) 發行地在歐洲市場，稱為歐洲存託憑證（European DR, EDR）。

(3) 發行地在日本市場，稱為日本存託憑證（Japan DR, JDR）。

(4) 發行地在新加坡市場，稱為新加坡存託憑證（Singapore DR, SDR）。

(5) 發行地在臺灣市場，稱為臺灣存託憑證（Taiwan DR, TDR）[2]。

(6) 若發行地在全球，稱為全球存託憑證（Global DR, GDR）或稱為國際存託憑證（International DR, IDR）。GDR 與 IDR 主要差異，通常 GDR 是以美金作為貨幣單位，而 IDR 是以美金以外的貨幣為單位。

2. 依發行公司是否參與區分

一般而言，以原有價證券發行公司是否參與，可將存託憑區分為：

---

2. 國內的TDR市場，最早是1998年由新加坡福雷電子公司，提撥美國子公司福雷電子公司股票在臺發行「福雷電TDR」。國內經過10年陸陸續續有許多臺商公司，將在中國與香港已掛牌的股票，提撥部分股票至國內申請第二次上市。截至2021年4月止，共有17檔TDR在國內交易。

(1) 公司參與型（Sponsored）：係由發行公司與存託機構簽訂存託契約，彼此依存託契約規定，規範「發行公司」、「存託機構」及「存託憑證持有人」之權利義務關係。發行公司受契約規範，需依期限規定提供各項財務、業務資訊予存託機構，對投資人較有保障。此類型多為公開募集發行，且具有籌措資金之功能，目前臺灣發行之存託憑證，是以參與型為限。

(2) 非公司參與型（Unsponsored）：非公司參與型為發行人並未介入存託憑證發行計畫，通常係由投資銀行於境外購入外國有價證券，存入境外的當地保管銀行後，委託境內的存託銀行發行存託憑證。此型式僅為流通目的，無籌措資金的功能。

5-2 股票市場的結構

臺灣股票市場的結構主要包括：負責證券監督管理的主管機關、負責證券交易、結算與保管的證券交易與結算所；以及負責證券經紀、自營、承銷、投資、諮詢、信用交易等業務的證券相關機構；以及證券投資人。有關臺灣股票市場的組織結構，詳見圖 5-2 之說明。

一、主管機關與交易結算所

我國的證券主管機關為「行政院金融監督管理委員會」的證期局，主要的證券交易與結算機構為「證券交易所」、「證券櫃檯買賣中心」、「集中保管結算所」。

（一）行政院金融監督管理委員會（金管會）

行政院金融監督管理委員會（金管會）的業務由四個分局負責，分別為「銀行局」、「證券期貨局」、「保險局」與「檢查局」。其中，證券期貨局其主要掌管證券業、期貨業與投信投顧業等相關事宜；其主要工作為維持證券與期貨市場交易秩序，健全相關的法令與制度，推動證券與期貨業的國際化，並加強公開資訊的揭露與對投資人保護及教育工作。

（二）證券交易所

　　臺灣證券交易所主要是以「集中市場」交易方式，進行國內有價證券的買賣，包括：股票、臺灣存託憑證、認購（售）權證、債券、受益憑證、受益證券、ETF 與 ETN 等。臺灣證券交易所仍需擔任證券集中交易市場之結算所角色，並提供特定機構法人進行有價證券借貸交易之服務。

　　臺灣證券交易所還必須維護證券市場交易秩序，保護證券投資人權益，防範不法炒作及內線交易，以確保證券交割安全。並持續推動臺灣證券市場的自由化與國際化；積極向國外投資者宣傳我國證券市場，以期望吸引更多外資投資，使我國證券市場更加活絡。

（三）證券櫃檯買賣中心

　　證券櫃檯買賣中心提供兩種交易制度，其一為「上櫃股票」以「集中市場」交易方式進行；另一為「興櫃股票」以「店頭市場」交易方式進行。此外，櫃檯買賣中心亦籌設「創櫃板」股票，提供具創新與創意構想之「非公開發行公司」一個創業籌資平台，但不具交易功能。

　　近期，金管會為扶植創新產業（如：物聯網、人工智慧、風力發電、生技）之發展，於證券交易所與櫃檯買賣中心分別開設「創新板」及「戰略新板」，以提供具創新之「公開發行公司」，不須達獲利門檻，就能申請上市櫃或興櫃，以縮短掛牌前的前置作業時間及成本，可讓新創事業加速進入上市櫃或興櫃，利用資本市場籌資。

（四）集中保管結算所

　　臺灣集中保管結算所，是將原先的「臺灣證券集中保管公司」與「臺灣票券集中保管結算公司」兩相合併而得。原臺灣證券集中保管公司，主要負責處理「有價證券集中保管帳簿劃撥制度」之相關業務，服務項目包括有價證券集中保管帳簿劃撥、集中交易及櫃檯買賣市場有價證券交割、興櫃股票款券結算交割、無實體有價證券登錄、參加人有價證券電腦帳務處理等，並接受金融監督管理委員會證券期貨局委託辦理股務查核作業。

二、證券相關業務機構

證券相關服務機構包括負責證券經紀業務的「證券公司」、負責證券信用交易的「證券金融公司」、負責基金發行的「證券投資信託公司」，以及負責證券投資諮詢的「證券投資顧問公司」。

（一）證券公司

證券公司是證券市場裡最重要的要角，其主要服務內容乃提供投資人證券交易與服務的法人組織。通常「綜合證券商」內部包括經紀商（Brokers）、自營商（Dealers）與承銷商（Underwriter）或稱投資銀行（Investment Bankers）。「經紀商」主要負責接受客戶委託，經營有價證券買賣、居間與代理等業務，並收取手續費。「自營商」是指證券商利用自己的名義從事有價證券的買賣，且盈虧自負。「承銷商」主要負責接受企業委託，協助公司有價證券發行之業務。

國內早期的證券商是以地方性的經紀商為主，但 1988 年以後，綜合證券商陸陸續續成立，使得地方性的經紀商漸漸被綜合證券商所併購，所以現在臺灣的證券商都是以綜合證券商為主。

（二）證券金融公司

證券金融公司在證券市場主要是負責「信用交易」的業務，也就是融資融券。臺灣早期唯一的一家證券金融公司為復華證券金融公司[3]成立於 1980 年，早期要從事信用交易的投資人，礙於證金公司的資金有限，所以當時市場盛行「丙種」經紀人[4]的非法墊款與墊股。通常「丙種」經紀人在處理融資融券的時效，均迅速於證金公司，且大部分從事「丙種」都是由證券經紀商居間，因此政府於 1990 年開放綜合證券商亦可辦理融資融券業務，使得信用交易呈現雙軌制（證金公司與綜合券商）。

爾後，國內於 1995 年後，又成立富邦、環華與安泰等三家證券金融公司，使得投資人從事信用交易的資金更加充足。由於現行綜合證券公司亦可辦理融資融券業務，所以壓縮了證券金融公司的業務量。

---

3. 復華證券金融公司已於2007年併入元大金控，現更名為元大證券金融公司。
4. 通常經紀商稱為甲種經紀人，自營商稱為乙種經紀人。證券市場除了上述兩種證券商以外，還有一種私下的墊股墊款營業，以賺取利息，市場稱為「丙種」經紀人。

所以原本僅存兩家證金公司－元大證券金融公司（前身為復華證券金融公司）、環華證券金融公司，也於 2019 年合併成為元大證券金融公司。

（三）證券投資信託公司

證券投資信託公司又稱為基金公司，是以發行受益憑證的方式成立共同基金，向大眾募集資金，再將資金投資於各種金融商品。證券投資信託公司除了發行基金外，政府於 2000 年後亦開放投信亦可經營為個別投資人量身訂做的代客操作[5] 之業務，更符合特定投資人之需求。此外，通常投信公司下單買賣股票，仍需透過證券經紀商方能進行交易。

（四）證券投資顧問公司

證券投資顧問公司其主要的業務乃提供投資人在進行證券投資時，相關的投資建議與諮詢服務，並向投資人收取佣金。通常國內大型綜合券商都有附設投資顧問公司，其主要提供研究分析報告給自營商作為投資操作的參考、並提供投資建議給於該公司經紀商下單的投資人參考。

此外，市場間仍有為數眾多的投資顧問公司，尤其有線電視第四台的證券分析節目，都是以投資顧問公司的身分，吸收會員收取會費，並提供投資諮詢服務。國內於 2000 年後，也開放投顧公司可以從事代客操作業務，使得投資人進行證券投資時，多了一項投資管道的選擇。

三、證券投資人

參與臺灣證券市場的投資人，基本上可分為散戶與機構投資人這兩類：

（一）散戶投資人

散戶投資人以「國內外自然人」為主。通常散戶投資人又依投資金額大小可分為一般散戶、中實戶、大戶與公司大股東。

---

5. 代客操作乃為全權委託投資業務（Discretionary Investment Business），是指由個別投資人可將一筆資金全權委託給資產管理業者（如：投信或投顧公司），代為投資與管理，雙方在約定受託範圍內，投信或投顧公司可自行為客戶投資操作的一項資產管理業務。

（二）機構投資人

　　機構投資人包含國內外法人與公司團體，其中，以「自營商」、「投信」與「外國機構法人」（Qualified Foreign Institutional Investor, QFII）的成交值比重最高，因此俗稱三大法人。自營商就是證券自營商專戶。國內投信公司除了操作自行募集的共同基金外，亦包含受政府全權委託操作的國安基金與政府四大基金（公務人員退撫基金、郵儲基金、勞保基金、勞退基金）的資金。外國機構法人又可分為「外資」與「中資」。

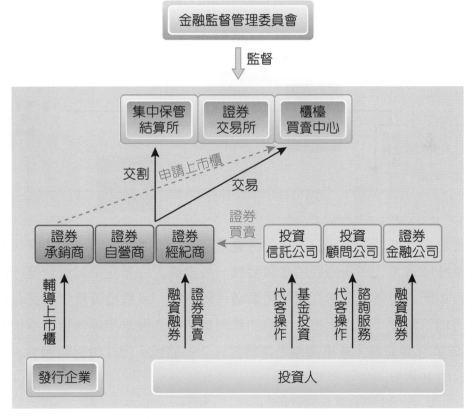

圖 5-2　臺灣股票市場的組織結構圖

市場焦點

開啟新創起飛跑道：創櫃板、戰略新板及創新板

（圖文資料來源：節錄自數位時代 2021/02/22）

金管會助新創籌資 證交所「臺灣創新板」、櫃買「戰略新板」

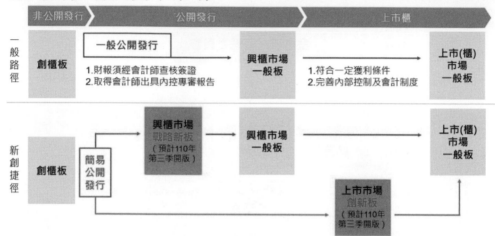

臺灣的多層次資本市場

金管會 2020 年 12 月宣布，因應臺灣產業結構轉型升級、創新需求及國家產業發展政策，為扶植新創產業發展，將建構更完善企業籌資管道，擴大我國資本市場規模，證券交易所將新增「創新板」及櫃檯買賣中心將在現行興櫃市場下增設「戰略新板」，協助新創業者進入資本市場籌資，兩板預計 2021 年第 3 季開板，未來興櫃市場將區分「一般板」及「戰略新板」，「創新板」位階將與目前主板平行。

一、創櫃板

創櫃板於 2014 年 1 月開板，主要服務對象為微型新創企業。資本規模較小且缺乏資金來源，但因具有創新創意且具未來發展潛力，故櫃買中心增設「創櫃板」提供這類微型新創企業之籌資管道。創櫃板開啟非公開發行公司得對外公開募集資金，不受證券交易法第 22 條第一項有價證券之募集與發行應向主管機關申報生效之規定，將上市、上櫃及興櫃等多層次資本市場，往前延伸至非公開發行公司。

二、戰略新板

　　戰略新板主要設立目的為讓政府積極推動的的六大核心戰略產業（包含 1. 資訊數位、2. 資安、3. 生物醫療科技、4. 國防、5. 綠色能源及 6. 民生戰備）以及創櫃板公司在內之非公開發行公司能夠提早進入資本市場籌資，且無設立年限、獲利能力、股權分散等要求，讓新創企業能有迅速茁壯的機會。

三、創新版

　　創新板考量新創企業在創設初期大多處於虧損、甚或尚無營收的階段，辦理公開發行程序成本負擔較大等情事，在成長過程中獲利能力及規模較無法符合現行上市櫃條件，故參考國際主要資本市場實務，掛牌標準設計以「市值」為核心，並輔以「營收」或「營運資金」之要求，並同意新創事業得採行簡易公開發行，比照現行國外發行人由主辦承銷商進行上市輔導屆滿六個月即得申請上市，不需在興櫃掛牌。

　　創櫃板、戰略新板及創新板雖然已為新創企業量身修改及簡化許多條件，協助新創企業提早進入資本市場籌資，形成一條邁向資本市場之快速跑道，但需要特別注意的是，這三個板均考量新創公司多屬發展階段，投資風險較高，為了保護投資人，均對投資人有所限制，僅限專業投資人可以投資，一般散戶並無法參與，相對地造成其股票流動性大幅降低。

短 評

　　國內為了扶植新創公司能在資本市場取得資金，於證券市場新增設「戰略新板」與「創新板」，以提供國內在不同發展階段的公司，可以自由選擇適合的籌資管道，擴大我國資本市場規模。

5-3 股票的發行

　　當公司達到一定的規模後，若要在繼續成長，可能需要更多的資金挹入，除了向銀行借款外，另外最快速直接的集資方式就是發行股票。公司發行股票要有人認購，當然是透過股票上市或上櫃的方式，比較容易吸引投資人的目光。公司要上市上櫃要經過一定的程序，通常需要證券承銷商的輔導，最後經過證交所或櫃買中心的同意，才可以順利上市上櫃。所以公司股票的發行須要承銷商的協助，以下將介紹承銷商的承銷方式與新股的銷售方式。

一、承銷方法

　　公司若要將股票於公開市場發行上市，通常須透過承銷商的配銷，才能使股票流通在外。通常公司有兩種情形須要承銷商的協助上市。其一為初次上市（Initial Public Offerings, IPO）股票是指公司首次上市或上櫃買賣的股票；另一是公司已經上市，公司再度需要資金而辦理的現金增資（Seasoned Equity Offering, SEO）股票。一般而言，承銷商的承銷方式有兩種：

（一）代銷制

　　代銷制（Best Efforts）是指若承銷商未能在承銷期間將新發行的證券全數銷售完畢，剩下的證券則退還給發行公司。採取此種承銷方式，承銷商僅承擔分銷任務，不必承擔證券的發行風險，所以對於承銷商而言所負責任較輕，當然承銷費用通常亦較包銷制度少。

（二）包銷制

　　包銷制（Firm Commitment）是指承銷商保證在承銷期間內，將公司所新發行的證券全數銷售完畢。通常此種承銷方式，公司可確定獲得所需的資金，但承銷商所負擔的發行風險較高，故承銷費用通常亦較高。一般而言，包銷制又可分為確定包銷與餘額包銷兩種。

1. **確定包銷**：又稱為全額包銷，意指承銷商將新發行的證券全數認購以後，再分銷給投資大眾。採確定包銷制，公司於發行有價證券前，就可從證券商獲得所有資金。

2. **餘額包銷**：指的是在承銷期間內，承銷商先自行銷售，若尚有未售完的證券，再由承銷商自行買回認購。採餘額包銷制，公司須等到承銷期間屆滿，才可從證券商獲得所有資金。

二、新股銷售方式

公司欲將新上市的股票銷售給投資人，通常有三種銷售方式：分別為競價拍賣、詢價圈購與公開申購配售此三種。公司可依據到底要發行「初次上市股票」或「現金增資股票」，選擇適合的銷售方式，以下將介紹這三種配銷方式：

（一）競價拍賣

競價拍賣適用初次上市上櫃股票。競價拍賣是指承銷商首先與發行公司議定最低承銷價格、以及欲拍賣的股票數量，再由購買者競相出價投標，出價最高者優先得標，直到拍賣數量完全交易結束。通常採競價拍賣制度，承銷價格由投資人共同決定，承銷價具有價格發現之功能，也較公平公正；但如果市場情況較低迷時，有可能承銷案乏人問津，造成承銷失敗。

（二）詢價圈購

詢價圈購適用初次上市上櫃股票或現金增資股。詢價圈購是指承銷商在和發行公司議定承銷價格前，先在市場中探詢潛在投資人的認購價格與數量，然後與發行公司議定承銷價格，最後再配售給先前參與詢價的投資人。通常採取詢價圈購方式，承銷商可以直接洽特定人認購，承銷時間較短，但容易衍生私相授受的黑箱疑慮。

（三）公開申購配售

公開申購配售適用初次上市上櫃股票或現金增資股。公開申購配售即一般所謂的公開抽籤配售，通常公司新上市股票，若部份採取競價拍賣或詢價圈購，則部份可以選擇採取公開申購配售給投資人，配售價格可由先前競價拍賣或詢價圈購方式中所決定之承銷價格。通常公開抽籤配售是提供小額投資人，認購股票的機會。

上述三種新股銷售制度中，當有大批新股要承銷時，通常會先選擇「競價拍賣」或「詢價圈購」的方式，將大部分的新股配售出去；剩下較少的部分，再利用「公開申購」的方式配售給一般散戶。根據 2016 年公布的新股承銷新制規定，只要 IPO 承銷金額達 5 億元以上，80% 的新股須採「競價拍賣」，20% 採「公開申購」配售，有別以往 40% 採「詢價圈購」，60% 採「公開申購」。此新制可以讓新股承銷價，比較能夠公平公正的反應市場價格，亦可防止承銷商利用「詢價圈購」的方式，去圖利特定人士。

此外，當初次上市股票時掛牌上市時，因原公司股東持股成本較低廉，恐有掛牌後即賣出持股導致股價下跌之虞，因此國內於 2005 年金管會引進「過額配售機制」，採穩定價格操作之機制與誘因，以發揮承銷價格穩定之功能。

所謂的「過額配售」就是承銷商辦理初次上市股票承銷時，配售方式採詢價圈購或競價拍賣者，當承銷商認為初次上市股將供不應求時，承銷商將可協調公司大股東以提出老股方式，最高可提出股本 15%，作為新股上市股本。在初次上市股掛牌首 5 個交易日，若出現跌破承銷價格者，承銷商得運用過額配售所得之資金，自市場買入股票回補過額配售之部位（發揮價格支撐功能），並於執行穩定價格操作期間屆滿後，將股票退還給公司大股東；若出現上漲超過承銷價格者，承銷商應將過額配售所得之現金歸還給公司大股東。

金融小常識

證券型代幣

公司要籌集資金，除可透過發行股票與債券外，近年來，全球興起一股金融科技熱潮，公司亦可利用「證券型代幣」（Security Token）籌集資金。國內已於 2020 年將證券型代幣視為證券交易法所稱之有價證券，適用證交法進行規範，並接受申請可利用此種虛擬貨幣進行籌資。

證券型代幣乃由發行公司利用區塊鏈所發行的虛擬代幣，並以有價證券型式表徵公司的資產或財產。國內證券型代幣大致可分兩種類型，其一為「分潤型」乃投資人可以參與發行人經營利益，此類似股權；另一為「債務型」乃投資人可以領取固定利息的權利，此類似債權。因此將來公司可至代幣平台業者，透過「證券型代幣發行」（Security Token Offering, STO）向投資人募集資金，並可於代幣交易平台進行買賣流通。

5-4 股票交易實務

投資人進場交易股票，必須先知道股票市場的相關交易規定，才能使交易順利進行，以下將介紹臺灣股票市場的交易實務。

一、開戶與委託

若要在股市進行交易，首先須至證券經紀商開「證券戶」，並開一個與證券戶帳號相對應的「銀行帳戶」。若投資人買賣上市櫃股票，證券戶會出現股票的增減，銀行帳戶則負責買賣資金的交割。當投資人下單時，需透過經紀商方能進行交易，通常可以藉由以下幾種傳統委託方式：當面、電話、電報與書信委託；以及現在資訊科技發達的網路或語音下單等皆可。

此外，投資人除了在券商開立一般的委託帳戶外，尚可開立「複委託帳戶」後，就可透過此帳戶下單至國外證交所所核准的券商，以進行買賣海外有價證券（例如：股票、債券及基金等）。

二、委託單

投資人下單買賣股票時，必須填寫欲買賣的價位。通常價格委託單可以分為「市價委託單[6]」（Market Order）與「限價委託單」（Limit Order）兩種。由於國內即將實施逐筆交易制度，所以為配合逐筆交易特性，此處再介紹三種委託單分別為「當日有效」（Rest of Day, ROD）、「立即成交否則取消」（Immediate or Cancel, IOC）與「全部成交否則取消」（Fill or Kill, FOK）。

（一）市價委託單

市價委託單是指投資人不限定價格，以當時市場的成交價做為買賣的指令，其目的只為立即成交，不在乎交易價格的微幅差異，通常會以今日該股票的漲（跌）停價掛買（賣）單。例如：某檔股票昨日收盤價 100 元，現在盤中股價為 102 元，若投資人不在乎價格急欲想購入或賣出該股票，此時投資人可

---

6. 依據國內現行交易規則，買賣股票只能掛「限價委託單」，所以通常「市價委託單」在實務上證券經紀商，會以今日該股票的漲（跌）停價去掛買（賣）單，其實這也是變相的限價委託單之形式。

以下市價委託單的指令，經紀商當場會以 110 元（當日漲停價）掛買單或 90 元（當日跌停價）掛賣單去成交，投資人買到的價格可能是 102 元，也有可能比 102 元高或低。

（二）限價委託單

限價委託單是指投資人限定價格買賣股票，買進時在其指定價格或更低價格成交；賣出時在其指定價格或更高價格成交，此單通常不一定會成交。例如：某檔股票昨日收盤價 100 元，現在盤中股價為 102 元，投資人此時用 101 元掛限價委託買單等待，此限價單若要成交，必須今天盤中之後的股價有低於 101 元，才有可能成交（若等於 101 元，還不定成交），若成交投資人可能買到的價位最高為 101 元，但也有可能買到比 101 元更低的價位；反之，如果 101 元掛限價委託賣單等待，投資人至少會賣到 101 元或更高的價位。

（三）當日有效委託單

當日有效委託單（ROD）是指投資人下此委託單買賣股票，僅限當日有效，若當日沒有成交，則下一個營業日不會繼續執行。例如：某股票現在價位為 50 元，投資人以限價 49 元下 1 張 ROD 買單等候成交，結果今日收盤前，此股票都無觸及 49 元以下，使得此委託單當日無法成交，則隔天就失效，不會繼續執行。

（四）立即成交否則取消委託單

立即成交否則取消委託單（IOC）是指投資人下此委託單時，須即刻成交，未能成交之委託，則立即作廢。例如：某股票現在價位為 50 元，投資人以限價 50 元下 1 張 IOC 買單等候成交，結果該股票下一檔價位已跳升至 50.1 元，使得此委託單無法立即成交，則該委託單立即取消。若沒有下 IOC，若等一下收盤前，股價又跌回 50 元以下，就會成交。

（五）全部成交否則取消委託單

全部成交否則取消委託單（FOK）是指投資人下此委託單時，須全數部位都成交，未能全數成交，則立即作廢。例如：某股票現在價位為 50 元，投資人以限價 50 元下 10 張 FOK 買單等候成交，結果該股票此價位只能成交 6

張，剩下 4 張無法成交，因無法 10 張都全部成交，所以此委託單立即取消作廢。

三、最小升降單位與漲跌幅

證交所會針對不同價格的股票，設定最小升降單位，以符合不同價位股票漲跌之需求，其各種價位的最小升降單位，如下表 5-1 所示。

表 5-1 國內股票各價位的最小升降單位

價位範圍（元）	最小升降單位（元）
10以下	0.01
10～50以下	0.05
50～100以下	0.1
100～500以下	0.5
500～1,000以下	1
1,000以上	5

臺灣上市與上櫃的股票中，採集中市場交易制度的股票，依現行的證券法規每一營業日的最大漲跌幅，為前一日營業日收盤價的 10%。假設某檔股票現在價位為 96 元，今天最大漲跌幅 10% 的變動為 9.6 元（96×10%），所以今天該股票的漲停板為 105.5 元（96+9.5），跌停板為 86.4 元（96-9.6 = 86.4）。

此外，在櫃買中心中登錄的興櫃股票，並沒有漲跌幅限制。且 2005 年 3 月起，初次上市上櫃（但不含上櫃轉上市）的普通股前 5 日亦無漲跌幅限制，此制度可使初次上市上櫃的普通股價，充分反應其合理價值，以符合市場需求。

市場焦點

中裕新藥由107元急殺至1.05元　是錯帳

（圖文資料來源：節錄自經濟日報 2015/07/02）

　　沒有漲跌幅的興櫃市場，中裕新藥早盤由 107 元急殺至 1.05 元，持有中裕股票的投資人莫不傻眼，且擔憂是公司出問題，才導致股價的重挫，抑或有人報錯價而成交，引人關注。

　　櫃買中心上午表示，經過查詢後，得知是中裕主辦承銷商元富證券上午報錯價格，導致早盤股價出現逾 99% 的跌幅，由 107 元百元價位，直接跳到 1.05 元的個位數，而 1.05 元總計成交 21 張，元富證券將全部吃下所有錯帳的損失。

　　櫃買中心會在下午收盤後，派員到元富證券了解今天上午衍生錯帳的來龍去脈，到底是哪一個關節出錯，而應該有的風控怎麼沒有啟動，任由股價出現這麼大的變化時，還能輕易出現多筆的成交記錄，以防止日後可能發生的風險。

短 評

　　買賣股票時下單要小心，買賣上市上櫃的股票即使下錯單，頂多也是損失個 10%，但興櫃股票卻是沒有漲跌幅限制的，所以更要小心。案例中券商幫客戶下錯單，結果股價瞬間有百元跌至 1 元，出現逾 99% 的跌幅，還好券商將全部吃下所有錯帳的損失。

四、撮合方式

　　臺灣上市上櫃的股票，除了「上櫃股票的鉅額交易」與「興櫃股票」採用議價方式之外，其餘均採競價方式撮合。一般而言，競價方式可分為「集合競價」（Call Auction）與「連續競價」（Continuous Auction）兩種，國內現行上市股票都以「集合競價」為主。近期，國內為了與國際交易制度接軌，將於

2020 年 3 月起，盤中時段（9:00 ～ 13:25）改採實施「逐筆交易」，但開收盤時段仍維持「集合競價」。以下介紹「集合競價」與「逐筆交易」這兩種撮合方式：

（一）集合競價

集合競價乃在一段期間內（約 5 秒），將所有投資人所掛的買單與賣單全部集合起來一起比價，以價格高低進行撮合，並以一次可以滿足的「最大成交量」當作成交價，所以一段期間內，只會出現一個成交價。

例如：在一段期間內，買單（有一人掛 5 張 102 元買進），賣單（有 1 人掛一張 102 元賣出，有 1 人掛 2 張 101 元賣出，有 1 人掛 2 張 100 元賣出），則集合競價則以當時一次可以滿足 5 張成交量，102 元當作成交價。

（二）逐筆交易

逐筆交易是指只要有投資人下單，立即以價格高低進行撮合，只要買賣雙方符合成交條件，就立即成交，所以可能會出現一張委託單，有多個成交價格的情形。

例如：在一段期間內，買單（有一人掛 5 張 102 元買進），賣單（有 1 人掛一張 102 元賣出，有 1 人掛 2 張 101 元賣出，有 1 人掛 2 張 100 元賣出），則逐筆交易會出現 102 元、101 元、100 元，各成交 1 張、2 張、2 張的情形，此時瞬間會出現 3 種成交價。

◄Follow! 市場焦點

投資人必讀！台股逐筆交易將上路，3 大原則教你投資賺錢

（圖文資料來源：節錄自 ETtoday 新聞雲 2019/02/09）

逐筆交易制度將在 2020 年 3 月 23 日正式上線，而在今年 3 月起投資人就可透過擬真平台實際模擬操作，對於台股主要以散戶為主的結構而言，往後的下單習慣必須改變，否則會容易吃虧。

而投資人要如何適應新制？綜合證交所和一些券商的意見，逐筆交易新制必須留意 3 個處理原則。

台股現行採用「每 5 秒撮合 1 次」的競價撮合，投資人在追價之際，除了比價格還得比下單時間；在逐筆交易上路之後，如果維持現在的下單習慣，可能淪入「追高殺低」的循環當中。

證交所指出，逐筆交易上路後，交易委託種類將由目前的一種擴大到六種，除了限價委託外，還能以限價搭配立即成交或取消、全部成交或取消，及下市價單與市價單，搭配立即成交或取消、全部成交或取消等委託種類。因此，在這樣多元的委託方式下，投資人如果要避免價格大幅波動，導致成交價與理想價格出現不符理想的差距時，券商有以下三點建議：

首先，不妨考慮全數以下限價單，意即為下一個固定的價格。對於一般投資人若過去多採「定價委託」的方式下單，逐筆交易上路後的影響不大；但反倒是對當沖客而言，若過去習慣以「市價單」搶成交，可能會使短線價格出現大幅波動，並偏離原本想要成交的價格區間。

第二，若無法掌握資訊，更新太快時，可以善用證交所新制上路初期，仍會提供的 5 秒鐘撮合的資訊。法人大戶跟外資也可能會從事高頻交易，去搶瞬間的價差，此時交易筆數可能大量增加，抽單或取消下單的情況可能也會常見。而證交所仍將提供每 5 秒鐘的五檔報價與掛單資訊，也就是說現行集合競價的交易資訊，仍會提供投資人參考。

第三，則是洽請券商協助，包括開發高頻交易軟體等。逐筆交易伴隨而來的是高頻交易，包括投資人及券商的設備也成為決勝關鍵，但一旦電腦處理速度或網路傳輸速度不夠快，往往就讓掛單速度及成交速度也受到影響。而目前揭露的最佳 5 檔報價，對散戶投資人的參考性也可能降低，為因應新制度帶來高頻交易的潮流，可洽詢券商開發高頻交易系統。

短評

　　臺灣證交所預計將於 2020 年 3 月 23 日起實施「逐筆交易」制度。該制度除可與國際接軌外，相較於現行集合競價，具有較高的交易效率、交易資訊更透明、且可提供多種委託單種類可以搭配交易策略、以及可結合衍生性商品的交易策略等多項優點。

五、信用交易

通常投資人買賣股票都是以現股交易為主，但進行現股交易時，買一張股票須出全部的價款，且手中沒有股票亦不能先賣出股票。因此在具投機意味的股票市場裡，缺了槓桿的效果，於是市場發展出一種具槓桿的「信用交易」制度，以滿足投機的需求。所謂的信用交易可分為「融資」、「融券」以及同時融資與融券的「當日沖銷」這三種方式：

（一）融資

融資（Margin Purchase）是當投資人買入一檔股票，僅需付部分價款，以部份自備款當擔保，其餘的價款可以向證券商融通；簡單的說「融資就是借錢來買股票」。當投資人融資買進股票時，將來可以選擇反向的「融資賣出」平沖掉原有部位、或者現金償還融資及利息後，並融資買進「取回現股」。

（二）融券

融券（Short Selling）又稱「放空」，是投資人手中沒有股票，但只要繳交一定成數的保證金之後，可以向證券商借股票先行賣出，將來在約定的期限內，再買回股票歸還給證券商；簡單的說「融券就是借股票來先賣出」。當投資人融券賣出股票時，將來可以選擇反向的「融券買入」平沖掉原有部位、或者投資者向原授信機構繳納證券，並取回融券賣出的價款、保證金與融券利息之「現償還券」。

（三）當日沖銷

當日沖銷（Day Trade）是指投資人可以在同一天融資買入且又融券賣出相同股票，將兩者資券相抵後再進行餘額交割。投資人可以針對當天某些股票進行「買低賣高」或「賣高買低」的價差交易，投資人僅須進行買賣之間價差的金額交割即可。

投資人欲融資融券時，融資須自備部分款當擔保，融券需要繳交一定成數的保證金，才能進行信用交易。依現行國內證券法規，上市與上櫃股票的融資成數分別為 60% 與 50%，融券保證金成數均為 90%。若融資成數愈高，表示投資人可以借錢買股票的資金愈多，槓桿效果就愈好。融券保證金成數愈高，表示投資人要放空股票須繳交更多的錢，相對的成本就較高。

假設現在 A 股票一股爲 50 元，若市場融資成數爲 60%，融券保證金成數爲 90%，此時投資人欲融資買進或融券賣出 1 張 A 股票，則下表爲投資人的一開始融資與融券時的資金互動情形。

融資買進	※投資人可以融資到的金額為30,000元（50×1,000×60%） ※投資人所需繳交的融資自備款為20,000元【50×1,000×（1-60%）】
融券賣出	※投資人須繳交45,000元的融券保證金（50×1,000×90%）

此外，投資人進行信用交易時，股票價格每天漲漲跌跌，會影響信用交易擔保品的價值變化。擔保品的價值必須高於「融資的金額」或「融券的股價」，才能確保券商一定能拿回借出的資金或股票。券商爲確保擔保品的價格足夠償還的指標，稱爲「擔保維持率」。依據現行法令，臺灣股票市場的擔保維持率下限訂爲 130%，若信用戶的擔保維持率低於下限時，投資人應於券商通知後的 2 個交易日，補足擔保品不足之差額，否則將處分其擔保品（俗稱「斷頭」）。

六、交割

當投資人下單買賣股票後，必須進行股票與價款的交割（Clear）程序。通常交割方式可分爲「普通交割」與「全額交割」兩種。

（一）普通交割

投資人向證券商委託買進或賣出股票後，於次二個營業日（T+2）才可以取得買進的股票或賣出的價款。一般而言，上市與上櫃股票均採普通交割。

（二）全額交割

全額交割又稱現股或現款交割；投資人向證券商委託買進或賣出全額交割股，應於委託買賣前，預先繳交股票或價款，證券商必需要先收到買賣股票的價款或股票，才能進行交易。通常營運發生困難或發生財務危機的公司，才可能會被列爲「全額交割股」。

七、交易費用

　　投資人進行證券交易，必須透過證券經紀商居間仲介，所以證券經紀商須收取證券「買賣手續費」，目前證券買賣手續費率的上限為成交金額的 0.1425%，且買賣各收取一次。此外，投資人賣出證券時，需支付給政府「證券交易稅」，其稅率依不同的證券而異，通常上市上櫃的股票為成交金額的 0.3%，存託憑證與受益憑證為成交金額的 0.1%。因此投資人買賣一次股票，須耗費成交金額 0.585%（0.1425+0.1425+0.3）的交易成本。

八、其他交易型態

（一）鉅額交易

　　凡一次買賣同一上市股票數量達 500 交易單位以上、或金額達 1,500 萬元以上、或 5 種股票以上，且總金額達 1,500 萬元以上。鉅額買賣價格之申報，升降單位為 0.01 元。

（二）零股交易

　　買賣股票數量不足 1 交易單位者為零股交易。零股交易由證券經紀商受託買賣，於每交易日下午 1:40 至下午 2:30 進型買賣申報，並於下午 2:30 以後一次以「集合競價」成交。自 2020 年 10 月起，已開放零股交易也可於盤中進行交易。

（三）現股當日沖銷

　　政府為了提高股市的成交量，且進一步提供投資人更多元的投資與避險管道，於 2014 年 1 月起開放投資人得以進行「現股當日沖銷」。所謂的「現股當日沖銷」是指投資人可在同一帳戶當日可以進行同一現股「先買進再賣出」或「先賣出再買進」的當日沖銷交易，且不強制收取保證金，有別於信用交易的「資買券賣」的當日沖銷。此外，為了提升台股量能，於 2017 年 4 月實施當沖交易稅率，由現行 0.3% 減半降為 0.15%，實施期至 2021 年底，再視證券市場成交量增加情形，評估是否延長。

（四）停牌交易

證交所為了降低交易資訊不對稱的問題，只要上市公司符合因併購、待釐清媒體報導、無法釐清媒體報導等三大事項，公司可主動申請或證交所強制執行股票暫停交易（停牌），待釐清事情原委後，再恢復交易。若公司欲申請停牌交易，必須在前 1 個交易日提出申請，若是重大事件，可以在交易日當天 7 點半以前提出申請。停牌天數以 1 個交易日為主，上限為 3 個交易日，必要時可持續執行。

（五）定期定額買股交易

證交所為了提振台股的交易量，首創實施投資人可以仿照投資基金的模式，利用「定期定額」的方式，購買股票或 ETF。投資人可與證券商約定欲投資的標的、投款金額與期間，券商將利用現行的「台股交易平台」或「財富管理信託平台」，幫投資人進行定期定額投資股票與 ETF。近期，金管會已核准「定期定額」買股交易，可擴及海外股票（美股）。

Follow! 市場焦點

定期定額買美股、ETF　金管會准了

（圖文資料來源：摘錄自經濟日報 2021/05/05）

小資族未來也能定期定額買美股
金管會鬆綁券商業務

臺灣民眾想「存」美股更容易了！金管會宣布，即日起開放證券商可接受委託人以「定期定額」方式複委託買賣外國有價證券，包括股票、ETF，只要券商的系統準備好了，隨時就能啟動。

　　舉例來說，國人目前投資海外股票以美股為主，若採「定期定股」，必須每次買一定數量，比如 10 股，這會缺乏彈性，萬一股價大漲，定股等於要追高股價。證期局將進一步開放「定期定額」投資方式，投資人可以固定金額方式定期投資，讓投資人資產配置及理財規劃有更多選擇。

投資人透過定期定額買國外股票、ETF，會產生「碎股」。解決之道有二，一是券商和投資人約定，買到「整股（一股）」最接近的金額，二是允許「碎股」，由券商上手的國外金融機構來分配。原則就是「限額內買到最大的股數」，例如：投資人每次扣新台幣 1 萬元買某檔美股，最低交易量為 1 股，若 1 股 9,000 元，剩下投資金額 1,000 元就先存在投資人帳戶上。

投資標的方面，新制僅限國外股票及原型 ETF（即不具槓桿型或放空型），不包括債券。因國內也僅限投資股票和 ETF，國內外一致。投資人只需跟券商申辦複委託股票帳戶，可用台幣委託券商結匯，或是自行開立外幣帳戶即可投資海外，一般散戶都可做。

短 評

國內以往複委託買美股，僅能採「定期定股」。近期，金管會將開放投資人亦可利用券商的財富管理信託平台「定期定額」買美股，以便利民眾投資海外資產，並也有利國內市場與國際接軌。

5-5 臺灣的股票市場

臺灣由早期的農業社會轉變成工業社會，股票市場是工業化過程中的產物，亦是經濟發展到一定階段的必然結果。臺灣股票市場不但是融通資本、活躍經濟的重要管道，還與臺灣的政治、兩岸形勢與社會穩定具密切聯繫。臺灣股票市場經過了 50 幾年的淬鍊、逐漸成長茁壯，市場的交易機制，亦逐具完備與完善，市場逐漸朝向國際化與自由化邁進。以下將介紹臺灣股票市場的發展與近期的特徵。

一、臺灣股票市場的發展

臺灣的股票市場濫觴於 50 年代，初期為店頭市場交易，直到 1962 年臺灣證券交易所正式開業，才開始進入集中市場交易。臺灣股票市場經過了 50 幾

年來的發展，市場歷經了「萌芽混亂時期」、「快速成長時期」、「多元開放時期」，逐而趨於「穩健開放時期」。以下將介紹臺灣股票市場這 50 幾年的發展情形。

（一）萌芽混亂時期（1962 年～ 1982 年）

臺灣證券交易所於 1962 年正式成立，以集中交易方式進行，初期只有台泥、台紙、工礦、農林等四大公司外，隨後台塑等公司相繼上市。1966 年臺灣證券交易所開始編制發行加權股價指數（將當年的股價指數定為 100），使股票市場的股價指數有基本的參考依據。1968 年制定證交法，且將股票區分第一類與第二類股票，讓股票市場漸顯出初步規模型態。

由於當時市場規模小，容易受到主力操控，市場小道消息滿天飛，內線交易嚴重，股價容易受各種消息而暴漲暴跌。且當時也歷經 1979 年的臺美斷交、與石油危機的衝擊，股價指數也歷經大起大落的情形，所以當時市場呈現萌芽初生的混亂情形。

（二）快速成長時期（1983 年～ 1990 年）

臺灣股票市場經過之前的混亂較無秩序的時期，1983 年～ 1984 年財政部，對當時的證管會、以及整個證券市場進行整頓。政府並於 1983 年開放投信與投顧的成立，讓投信可以募集國內與國外基金，投資於國內股市，讓股市注入新的活水。

且由於之前 50 ～ 70 年代國人的勤奮努力，創造舉世認同的經濟奇蹟，連動的帶動國內股市在 80 年代的蓬勃發展。1984 年股價指數仍處於 600 多點，但爾後進入快速成長階段。於 1986 年至 1990 年，短短 3 年多，股價指數從 1,000 點上漲至 12,000 點，但在高點只經過 8 個月，又跌回 2,500 點左右，當時市場充滿投機風氣，市場指數週轉率，也創下高達 500% 的記錄（見圖 5-3），至今尚未被打破。但此時期為國內股市，最快速成長的時期。

（三）多元開放時期（1991 年～ 2005 年）

國內於 1987 年解除戒嚴，隨後政黨、媒體、教育等多種社會活動都陸續解禁與開放，當然金融市場也不落人後。1991 年起政府陸續開放新銀行、投信與票券公司的申請成立，使得金融各行業漸走向多元競爭。當時政府也自 1991

年開放外國專業專資機構（QFII）可以投資臺灣的股市，這是象徵國內股市將逐步的走向國際化與自由化。

國內股市的交易制度方面，1993 年全面將股市交易電腦化，提高交易效率。1994 年實施信用交易，資券相抵之當日沖銷交易制度。1997 年開放網路交易，方便投資人委託下單。2001 年起股市延長交易時間 1.5 小時，交易至下午 1 點半，讓市場的能較充分的時間去反應市場資訊。2002 年證交所成立公開資訊網站，讓公司的財務營運資訊得以充分揭露，以供投資參考，且降低資訊不對稱的情形。且 2005 年實施初次上市股票（IPO）首 5 日無漲跌幅限制，讓 IPO 的市場更有效率。

在商品開放性而言，國內自 1997 年以後，大概是各種新金融商品蓬勃發展的起始年。首先 1997 年國內推出「認購權證」，是國內最早跟股票相關的衍生性商品。隨後，1998 年國內推出「臺灣存託憑證」，讓國內投資人可在國內直接購買國外上市股票，這也使國內股市與國際接軌的重要的里程碑。再者，國內分別於 1998 年與 2001 年，推出「股價指數期貨」與「股價指數選擇權」，開啟了股票現貨市場的避險與投機管道。

此外，2003 年推出指數證券型基金（ETF），提供投資人一種兼具封閉型基金、開放型基金與股票的指數證券化金融商品。隨後，2005 年又推出另一種證券化商品－不動產投資信託受益證券（REITs），提供投資人利用證券方式參與不動產的投資。

（四）穩健開放時期（2006 年～至今）

國內股市經過前幾年的市場機制與金融商品的多元開放，使得市場結構更加有秩序與效率。因為由於「期貨市場」與「權證市場」經過剛創立前幾年的萌芽期，逐漸提供股票現貨市場有效率的投機與避險契機；且由於之前開放外資的加入，與逐年提高其投資台股的比重、與新投信的加入讓國內的基金市場蓬勃發展等等因素的發展。因此國內的股票的週轉率都比以前下降很多，且市場的交易比重，漸漸由散戶轉至法人。所以國內股市已經漸漸脫離以往容易出現大幅震盪的情勢，慢慢轉為較為穩健安定的市場。

國內股市亦積極與國際接軌，於 2009 年起陸陸續續發行連結香港與中國股市的 ETF、或讓境外的 ETF 直接到臺灣掛牌上市，都使得國內投資人藉由

ETF 間接的投資國外股市。2010 年國內也允許國外公司到臺灣第一次上市，讓國內投資人直接購買國外公司的股票。2015 年～ 2020 年陸續實施股市「漲跌幅放大至 10%」、「開盤前模擬撮合制度」、「補班日不交易」、「逐筆交易制度」、「盤中零股交易」等，企圖與國際股市交易制度相接軌，並使股市積極開放的走向國際化。此外，2017 年也實施投資人可以利用「定期定額的方式買股票」，此舉更是全球首創。2019 年推出與 ETF，同樣具追蹤且連結某些指數報酬的交易所商品－指數投資證券（Exchange Traded Note, ETN），提供國人另一個投資指數型商品的管道。

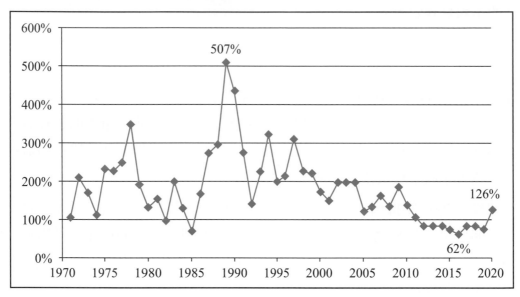

圖 5-3　臺灣股市 1971 年～ 2020 年的週轉率變化情形

（圖 5-3 短評：台股週轉率曾在 1989 年創下超過 500% 的紀錄，可見當時股市幾乎是全民運動。但隨著 1991 年開放外資與新投信的加入後，法人交易比重逐漸增加，使台股的週轉率逐次下滑。2012 年復徵證所稅議題，又讓交易量雪上加霜，導致 2012 年週轉率跌破 100%，2016 年甚至低至 62%。2017 年起，大盤指數重返萬點，也連帶讓週轉率開始緩升，2020 年股市創下歷史新高，又讓週轉率重回 100% 以上。）

二、臺灣股票市場的特徵

前述中，臺灣現在股市歷經萌芽混亂階段、快速成長階段、多元開放階段，已經走向比較穩健開放的時期。市場的機制除了提供投資人較充分較安

定外，且商品的交易種類也較以往多元與活絡，亦積極與國際股市接軌。以下將介紹臺灣現行股市的特徵。表 5-2 為國內股市 2001 年～ 2020 年的各種交易情形表。

表 5-2　國內股市 2001 年～ 2020 年的各種交易情形

	法人交易比重	股票週轉率	信用交易使用比重	股票商品交易比重	期貨與股票相對交易比重
2001年	15.59%	149.82%	51.85%	99.64%	0.72%
2002年	17.70%	197.40%	47.45%	99.51%	0.93%
2003年	22.16%	196.76%	43.38%	99.13%	3.47%
2004年	24.06%	196.46%	39.74%	98.75%	5.99%
2005年	31.16%	123.60%	37.07%	98.66%	13.97%
2006年	29.44%	133.58%	36.30%	98.74%	15.65%
2007年	32.74%	162.40%	33.80%	98.56%	12.98%
2008年	38.34%	135.55%	30.92%	97.94%	17.55%
2009年	27.95%	185.86%	34.68%	98.55%	12.41%
2010年	32.05%	138.22%	30.99%	97.68%	17.10%
2011年	37.26%	106.00%	29.76%	97.04%	28.11%
2012年	37.96%	83.17%	30.16%	97.35%	29.53%
2013年	40.84%	82.27%	26.40%	96.62%	28.21%
2014年	41.20%	83.93%	23.98%	95.03%	35.70%
2015年	46.73%	73.58%	19.88%	89.72%	51.74%
2016年	48.02%	62.51%	15.78%	88.66%	55.14%
2017年	40.63%	83.51%	13.18%	92.92%	44.76%
2018年	40.26%	82.81%	10.16%	92.06%	52.31%
2019年	41.82%	73.21%	9.16%	91.08%	50.12%
2020年	37.93%	126.79%	8.58%	92.83%	37.65%

註 1：法人交易比重：為法人成交量佔全體交易量之比例。
註 2：信用交易使用比重：為信用交易額佔可供使用信用交易總額之比例。
註 3：股票商品交易比重：為股票商品成交量佔全體股市成交量之比例。
註 4：期權與股票相對交易比重：為期貨與選擇權成交口數佔股票成交股數之比例。

資料來源：整理於臺灣證交所與臺灣期交所

（一）交易結構逐漸穩定

國內股市近年來，散戶的交易比重與投機交易比重，有逐年下降趨勢，市場的交易結構呈現較穩定的情形。有關此情勢如下之分析。

1. 法人交易比重趨向成長

近年來由於市場商品的多元發展與市場的詭譎多變，確實要具豐富的知識與經驗，才能跟得股市的脈動，所以也增加投資的難度；且也隨著金融氛圍的變化，國人以往偏愛個人獨自操作，現漸委由專業的經理人代為操作管理；而且國內逐漸增加開放外資可以投資台股的比重。因此國內以往股市的交易比重散戶幾乎佔9成，法人僅佔1成。現在我們可藉由表5-2得知，法人交易比重的數據得知：2001年法人交易量佔全體交易量的15.59%，逐年增長至2016年高達48.02%，幾乎佔比重的一半。隨著近年來，股市重返萬點並創下歷史新高，散戶投資人交易比重回升，但仍無法與20年前相比擬。所以現在股市法人交易比重已趨於成長穩定的結構。

2. 投機交易比重趨向下降

此外，國內股市由於法人交易比重漸趨提升，也使得市場的投機交易比重趨向下滑。我們可藉由表5-2得知，股票週轉率的數據顯示，2001年股市週轉率為149.82%，2012年～2019年皆降至100%以下，且曾於2016年降至62.51%，雖2020年股市創下歷史新高，週轉率回升至126.79%，但整體股市的發展脈絡，投機性與流動性是呈現下降。

另外，另一個衡量市場投機交易的指標，就是投資人的信用交易使用比重，我們可藉由表5-2得知，信用交易使用比重的數據顯示：2001年股市的信用交易額佔可供使用信用交易總額為51.85%，至2020年已降至8.58%，由此可見，整個股市的信用交易使用度大幅減少，也削弱以往利用融資融券的量能變化，來研判未來趨勢的功能。

由上述股票週轉率與信用交易使用比重的下降，所以整體股市的投機交易比重趨向下降。但這並不代表投資人的投機行為不見了，而是由股市投機交易逐漸移轉至衍生性商品。如：移轉至認購權證、或者是期貨與選擇權等相關商品上。

（二）交易商品趨向多元

國內自從證券市場開放認購權證、TDR、ETF、REITs、ETN等多種跟股票相關的金融商品交易以來，可供投資人投資選擇的商品趨向多元，且交

易也日趨活絡。我們可藉由表 5-2 得知，股票商品交易比重的數據顯示：國內股票市場中，股票商品交易佔全體交易量比重，由 2001 年幾乎 100%，降至 2020 年的 92.83%，且曾於 2016 年降至 88.66%，可見其他商品（如：權證、ETF、ETN）的交易比重已呈現成長趨勢。

此外，臺灣自從推出股價指數期貨與選擇權商品後，提供國內股市投資人，另一個參與股市投機與套利的市場。近年來成交的口數逐年攀高，且期貨與選擇權的成交口數與股票成交股數相對交易比重，我們可藉由表 5-2 得知，期貨與股票相對交易比重的數據顯示：由 2001 年 0.72%，大幅成長至 2016 年的 55.14%，雖 2020 年降至 37.65%，但整體而言，仍對股票交易造成替代效應，可見股市的投機交易部分逐漸移轉至期貨市場。

因此國內股市的交易商品逐漸多元，卻也對部分的股票的交易產生替代作用，尤其對中小型股票影響甚劇。所以金管會也於 2020 年積極啟動「資本市場藍圖」計畫中，提出股票市場的造市制度，希望能夠活絡整體股票交易，以及提升其流動性。

（三）逐漸走向國際接軌

國內股市近年來推出不少與國外股市（如：香港、中國、日本、美國、歐盟等）相連結的 ETF、或讓境外的 ETF 直接到臺灣掛牌上市、也允許國外公司申請第一上市直接來臺掛牌交易的 KY 股。這些都讓投資人在國內就可以參與國際股市的脈動、以及分享國外公司成長的成果。

此外，證交所也對交易制度做了一番調整，企圖讓國內的市場機制與國外同步。例如：「放寬股市漲跌幅的限制」，從原本 7% 調高至 10%。「盤前模擬撮合報價制度」，讓所有股票均在開盤前價格資訊都被充分揭露。「停牌機制」，讓上市公司如果遇到重大事件，尚未釐清真相前，可選擇停止股票交易。「補班日不交易」，讓以往國內星期六補班時，只有國內股市開盤交易，國外股市皆休市的情形終結。「逐筆交易制度」，相較於集合競價更具交易效率、且交易資訊透明度較高。「個股瞬間價格穩定措施」，讓股價突然發生劇烈變動，可先暫停交易後再恢復交易，以維護股價穩定。所以近期臺灣證交所，所推動的種種交易制度與變革，都是希望國內的股市能與國際股市相接軌。

市場焦點

台股漲跌幅限10%無熔斷機制，個股有穩定措施

（圖文資料來源：節錄自中央社 2020/03/09）

33 年最慘！
美股大跌 2,352 點又觸熔斷機制

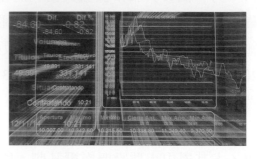

　　美股期貨重挫，觸發熔斷機制，影響台股大跌，熔斷機制引爆市場話題。臺灣證券交易所表示，美股現貨、期貨都有熔斷機制，但台股只個股有此機制。證交所主管解釋，美股沒有漲跌幅限制，為避免指數波動太過劇烈，所以指數、個股都有熔斷機制，也就是指數或股價波動過大，達一定標準時暫停交易一小段時間，隨後再恢復交易，讓投資人可以冷靜思考，是否撤單，或重新改價下單。

　　台股有漲跌幅 10% 限制，基本上也就具備熔斷機制的效果，所以並無針對指數波動過於劇烈、必須先暫停交易的熔斷機制；除非將來漲跌幅再放寬，才可能需要考慮指數波動太大時的熔斷機制。

　　雖然台股指數沒有熔斷機制，但主管說，個股還是有熔斷機制，也就是瞬間價格穩定措施，只要股價上漲 3.5% 以上或下跌 3.5% 以上，就會暫停交易 2 分鐘，讓投資人冷靜一下，可以決定是否撤單，或重新改價下單。

　　證交所說，採瞬間價格穩定措施，暫停撮合的個股重新開始交易時，採最近一次集合競價成交價當基準，至於台股實施盤中逐筆交易新制後，採取瞬間價格穩定措施個股，重新開始交易時，價格以近 5 分鐘滾動式股價的加權平均數為基準。一旦股價波動達 3.5%，採取瞬間穩定價格措施的做法，證交所表示，除個股外，股票指數型基金（ETF）、指數投資證券（ETN）也有這項措施，但認購售權證則沒有這項機制。

短 評

　　2020 年美國遭武漢肺炎疫情，造成股市大幅波動，美股啟動「熔斷機制」，讓股市能先冷靜下來，之後重新恢復交易。國內證交所表示：國內大盤指數雖無熔斷機制，但個股有「瞬間價格穩定措施」，一樣具有穩定市場之功效。

ⓢ金融 小常識

熔斷機制

　　國內雖無設置股價指數的「熔斷機制」，但個股仍有「瞬間價格穩定措施」可讓交易更穩定。所謂的「熔斷機制」（Circuit Breaker / Trading Curb）乃當市場發生劇烈變動時，並觸及機制所設定的停損（利）點，則市場自動暫停交易一段時間，讓瞬間瘋狂漲跌的市場能夠先冷靜下來，之後重新恢復交易，並期待恢復流動性。下表為美國股市「熔斷機制」的三階段設定：

階段	觸發漲跌幅	觸發後
第一階段	7%	暫停交易15分鐘
第二階段	13%	暫停交易15分鐘
第三階段	20%	直接休市

　　前陣子，美股受武漢肺炎疫情延燒以及油價崩盤影響，居然在 2020 年 3 月份出現四次熔斷，這是自 1988 年設置熔斷機制以來，除了 1997 年曾經觸發過後，近 23 年以來，首度觸發且罕見的連續發生，可見當時市場的情況多麼險峻。下表為這四次的熔斷的情形。

2020/3/9	標普500指數開盤後跌幅超過7%，觸發第一階段熔斷機制。
2020/3/12	標普500指數開盤後跌幅超過7%，再次觸發第一階段熔斷機制。
2020/3/16	標普500指數開盤跌幅8.14%，觸發當月第三次熔斷。
2020/3/18	標普500指數盤中跌幅7.01%，觸發當月第四次熔斷。

本章習題

一、選擇題

❖ 基礎題

( ) 1. 下列何者不屬於股票的一種？ (A) 普通股 (B) 認股權證 (C) 存託憑證 (D) 特別股。

( ) 2. 假設甲公司資本額 30 億元，假設股票面額每股 10 元，若甲公司現在股價為 50 元，請問公司的市值為何？ (A)15 億元 (B)50 億元 (C)150 億元 (D)300 億元。

( ) 3. 請問公司發放現金股利之後，股價經過調整通常稱為何？ (A) 除權 (B) 除值 (C) 除息 (D) 除股。

( ) 4. 下列何者非普通股的權益？ (A) 盈餘分配權 (B) 資產優先請求權 (C) 選舉董監事權 (D) 新股認股權。

( ) 5. 下列何者為特別股被賦予的權利？ (A) 優先分配股利權利 (B) 優先認股之權利 (C) 優先表決之權利 (D) 以上皆非。

( ) 6. 請問所謂可參與特別股是指持有者為何？ (A) 可參加公司股東會 (B) 可參與公司之董事選舉 (C) 可參與普通股之盈餘分配 (D) 可參與公司之經營權。

( ) 7. 下列對於存託憑證（DR）的敘述何者正確？ (A) 具有股票賣回權 (B) 由本國公司至海外發行憑證 (C) 通常權益屬於特別股 (D) 屬於債務的一種。

( ) 8. 臺灣的公司至境外去發行全球存託憑證稱為何？ (A)ADR (B)GDR (C)TDR (D)JDR。

( ) 9. 下列公司參與型存託憑證的敘述，何者有誤？ (A) 僅交易流通用 (B) 有可能會稀釋管理控制權 (C) 具籌資功能 (D) 通常臺灣發行此類。

( ) 10. 公司上市、上櫃時，承銷商未能在承銷期間將新發行的證券全數銷售完畢，剩下的證券則退還給發行公司，此種方式稱為 (A) 代銷 (B) 分銷 (C) 全額包銷 (D) 餘額包銷。

( ) 11. 下列何者為新股配售的方式？ (A) 競價拍賣 (B) 詢價圈購 (C) 公開申購配售 (D) 以上皆是。

( ) 12. 下列對過額配售機制的敘述何者為非？ (A) 適用初次上市股票的承銷 (B) 具穩定承銷價之功能 (C) 亦適用現金增資股的承銷 (D) 必借向公司股東借股票。

(　) 13. 下列何者綜合證券商的那一部門在輔導公司上市？　(A) 經紀商　(B) 承銷商　(C) 票券商　(D) 自營商。

(　) 14. 下列何種證券不在證券交易所交易？　(A) 普通股　(B) 公司債　(C) 存託憑證　(D) 國庫券。

(　) 15. 臺灣櫃檯買賣中心的交易制度為何？　(A) 店頭交易　(B) 集中交易　(C) 店頭與集中交易並用　(D) 以上皆非。

(　) 16. 通常買賣股票，會將股票放在哪裡保管？　(A) 證券交易所　(B) 櫃檯買賣中心　(C) 集中保管結算所　(D) 證券公司。

(　) 17. 請問下列哪一金融機構提供代客操作？　(A) 投資信託公司　(B) 銀行　(C) 信託投資公司　(D) 證券金融公司。

(　) 18. 請問下列哪一金融機構主要的業務為負責信用交易？　(A) 投資信託公司　(B) 投資顧問公司　(C) 信託投資公司　(D) 證券金融公司。

(　) 19. 如果投資人下一個 60 元賣出 A 股的限價委託單，請問下列何者不是他會成交的價位　(A)60 元　(B)61 元　(C)60.1 元　(D)59.5 元。

(　) 20. 請問股價在 100 ~ 500 元的股票，其最小升降單位為何？　(A)0.01 元　(B)0.05 元　(C)0.1 元　(D)0.5 元。

(　) 21. 現行臺灣股票市場開收盤時，採取哪一種競價撮合方式？　(A) 連續競價　(B) 集合競價　(C) 定盤競價　(D) 以上皆是。

(　) 22. 請問當日沖銷是指為何？　(A) 先融資再融券　(B) 先融券再融資　(C) 以上兩者皆可　(D) 以上皆非。

(　) 23. 通常採全額交割的股票，將於成交後哪一天進行交割？　(A) 當日　(B) 次一日　(C) 次二日　(D) 次三日。

(　) 24. 若有股票要申請暫停交易，請問最多可以暫停交易幾個營業日？　(A)1　(B)3　(C)5　(D)10。

(　) 25. 通常鉅額交易的標準，需同一種股票買賣幾張以上？　(A)100 張　(B)500 張　(C)1,000 張　(D)1,500 張。

(　) 26. 國內現行零股交易的價格如何決定？　(A) 以早上收盤價格成交　(B) 以早上收盤價格多 1% 成交　(C) 以早上收盤價格少 1% 成交　(D) 一次集合競價成交。

(　) 27. 請問臺灣何時開放外資直接投資國內股市？　(A)1990 年　(B)1991 年　(C)1992 年　(D)1993 年。

（　）28. 下列何者不是現行臺灣股市的情形？　(A) 股票週轉率下降　(B) 股票佔所有成交量的比例下降　(C) 信用交易比重下降　(D) 法人交易比重下降。

❖ 進階題

（　）29. 下列何者不屬於普通股與特別股之差異？　(A) 通常普通股股東具選舉投票權，但特別股股東則無　(B) 特別股股東通常可比普通股股東優先領取股利　(C) 於公司進行清算或破產時，特別股股東通常具有優先求償權　(D) 普通股屬於股權，特別股屬於債權。

（　）30. 下列敘述何者有誤？　(A) 非公司參與型存託憑證通常由券商發行　(B)ADR 通常用美金計價　(C) 參與型存託憑證具有籌資功能　(D)DR 可以屬於股權，亦可以屬於債權。

（　）31. 請問下列敘述何者不正確？　(A) 通常公司採包銷制可以獲取較穩定的資金　(B) 對承銷商而言包銷制的風險較代銷制高　(C) 公司辦理現金增資僅能使用代銷制　(D) 通常包銷制的承銷費較代銷制高。

（　）32. 請問下列敘述何者正確？　(A) 證券承銷商可以接受客戶下單買賣股票　(B) 臺灣證券櫃檯買賣中心的交易制度僅為店頭市場交易　(C) 投資顧問公司亦可經營代. 客操作之業務　(D) 通常投信買賣股票須透過自營商下單。

（　）33. 請問臺灣現行股市制度中下列敘述何者正確？　(A) 投資人下單買賣股票可以下市價委託單　(B) 現行股票漲跌幅為 7%　(C) 零股交易採集合競價　(D) 全額交割可次日現款交割。

（　）34. 下列有關信用交易的敘述何者正確？　(A) 從事現股當日沖銷須繳保證金　(B) 融資乘數：若融資成數愈高，槓桿效果就愈差　(C) 融券保證金成數愈高，表示投資人要放空股票須繳交更少的錢　(D) 通常可同時融資又融券。

（　）35. 下列敘述何者有誤？　(A) 臺灣證交所於 1962 年正式營業　(B) 臺灣於 2009 年開放 TDR　(C) 臺灣現行股市法人交易比重有上升趨勢　(D) 臺灣現行有連結海外的 ETF 上市。

❖ 證照題

（　）36. 除權前一日之收盤價與除權參考價之差稱為：　(A) 股票股利　(B) 權息　(C) 息值　(D) 息票。　　　　　　　　　　（2013-4 證券商業務員）

（　）37. 下列何者不是普通股之特性？　(A) 可參與公司經營權利　(B) 公司增資發行新股之優先認購權　(C) 承擔公司的經營成敗後果　(D) 可優先參與

分配股息。　　　　　　　　　　　　　　　　　　　　　（金融市場常識）

(　) 38. 可參加股東會行使表決權，參與公司決策之特別股為：　(A) 可參加特別股　(B) 累積特別股　(C) 可贖回特別股　(D) 有表決權特別股。

　　　　　　　　　　　　　　　　　　　　　　（2015-2 證券商高級業務員）

(　) 39. 所謂參與型臺灣存託憑證是指：　(A) 存託憑證持有人可參與原股外國公司之股利分配　(B) 持有人可參與公司之董監選舉　(C) 由證券承銷商參與發行　(D) 由股票發行公司與存託機構簽訂存託契約所發行。

　　　　　　　　　　　　　　　　　　　　　　（2015-2 證券商高級業務員）

(　) 40. 下列何者敘述是臺灣存託憑證（TDR）的特性？　(A) 表彰臺灣企業的股票　(B) 外國公司在臺灣所公開發行的存託憑證　(C) 臺灣公司在海外發行的存託憑證　(D) 在海外市場掛牌交易。　　　（2014-1 證券商業務員）

(　) 41. 目前集中市場、櫃買市場之結算交割作業，以及券的保管，乃委託下列何者機構辦理？　(A) 臺灣證券集中保管結算所　(B) 櫃檯買賣中心　(C) 臺灣證券交易所　(D) 證券商。　　　　　　　　（金融市場常識）

(　) 42. 下列何種有價證券並不在證券集中市場流通交易？　(A) 封閉式基金之受益憑證　(B) 開放式基金　(C) 認購權證　(D) 轉換公司債。

　　　　　　　　　　　　　　　　　　　　　　（2013-3 證券商高級業務員）

(　) 43. 下列何者為散戶最常使用之申購股票方式？　(A) 競價拍賣　(B) 詢價圈購　(C) 洽特定人承銷　(D) 公開申購。　　　　（金融市場常識）

(　) 44. 何種承銷方式所決定出來的價格較具市場性？　(A) 競價拍賣　(B) 詢價圈購　(C) 洽商銷售　(D) 公開申購配售。　　　（金融市場常識）

(　) 45. 國內股票市場的競價交易制度為以下哪一種？　(A) 逐筆交易及連續競價　(B) 集合競價及逐筆交易　(C) 集合競價及連續競價　(D) 協議競價及逐筆交易。　　　　　　　　　　　　　　　　　（金融市場常識）

(　) 46. 於店頭市場，證券經紀商受投資人委託買賣有價證券，應依下列何者方式為限？　(A) 市價委託　(B) 議價委託　(C) 限價委託　(D) 選項 (A)(B)(C) 三種方式皆可。　　　　　　（2015-1 證券商業務員）

(　) 47. 關於當日沖銷，下列敘述何者正確？　(A) 不收取融資利息　(B) 不收取融券手續費　(C) 當日沖抵額度可以循環使用　(D) 交割須款券預先收足。

　　　　　　　　　　　　　　　　　　　　　　　　　　（金融市場常識）

(　) 48. 下列何者不是買賣股票的成本？　(A) 經紀商佣金　(B) 交易手續費　(C) 劃撥銀行存款　(D) 證交稅。　　　（2015-1 證券商高級業務員）

(　　) 49. 國內股票市場證券交易手續費收取的對象為：　(A) 僅就買方收取　(B) 僅就賣方收取　(C) 買進、賣出雙方均收取　(D) 買進、賣出雙方均不須收取。　　　　　　　　　　　　　　　　　　　　（金融市場常識）

(　　) 50. 臺灣證券交易所編製之發行量加權股價指數，是以民國幾年為基期？ (A)1962 年　(B)1963 年　(C)1966 年　(D)1971 年。

（2015-2 證券商高級業務員）

(　　) 51. 臺灣的興櫃市場是何種股票可以合法流通的市場？　(A) 上市　(B) 上櫃　(C) 上市與上櫃　(D) 未上市與未上櫃股票。　　　　（金融市場常識）

(　　) 52. 臺灣證券交易所上市股票買賣，多少股以下的交易是屬零股買賣？ (A)999 股　(B)99 股　(C)9 股　(D)1 股。　　　　　　（金融市場常識）

(　　) 53. 證券商應多久計算一信用帳戶之整戶及各筆融資融券擔保維持率？ (A) 每日　(B) 每週　(C) 每月　(D) 每季。　　　　　　（金融市場常識）

(　　) 54. 盤後定價交易係指每日收盤後，有價證券依照上午集中交易市場何種價格進行定價交易的方式？　(A) 開盤價　(B) 收盤價　(C) 平盤價　(D) 平均價。　　　　　　　　　　　　　　　　　　　　（金融市場常識）

(　　) 55. 融券的成本不包括下列何者？　(A) 交易稅　(B) 融券手續費　(C) 交易手續費　(D) 融券利息。　　　　　　　　　　　　（金融市場常識）

二、簡答與計算題

❖ 基礎題

1. 請問在國外公司至臺灣第一次與第二次上市的股票各稱為何？

2. 某家公司股本為 50 億元，財務報表上的帳面價值為 80 億元，若該公司股價每股 40 元，請問
   (1) 該公司流通在外股票有幾張？
   (2) 該公司市值為何？
   (3) 該公司股票每單位淨值為何？
   (4) 該公司股票股價淨值比為何？

3. 一般而言，承銷商的承銷方式有兩種？

4. 請問新股銷售方式有哪三種？

5. 請問現行國內哪些金融機構可以從事股票信用交易？

6. 請問現行國內哪些金融機構可以從事股票代客操作？

7. 請問臺灣興櫃的股票各在哪些場所交易？

8. 通常臺灣的機構投資人可分為哪三類？

9. 臺灣現行投資人下單買賣股票只能下哪一種委託單？

10. 請問股價在 10 ～ 50 元的股票，其最小升降單位為何？

11. 臺灣股票市場中，股價的最大漲跌幅為何？

12. 現在臺灣股票市場採取哪幾種競價撮合方式？

13. 若市場融資成數為 60%，表示投資人須負擔原股金額的多少比例？

14. 若市場融資成數為 70%，投資人放空股價 100 元的股票，請問要繳融券保證金？

15. 依現行臺灣融資融券的擔保維持率下限訂為何？

16. 請問臺灣的股票的交割方式可分為哪兩種？

17. 通常鉅額交易的標準，需同一種股票買賣幾張以上？

18. 請問臺灣股市何時開放外資來臺投資？

❖ 進階題

19. 何謂過額配售？

20. 請說明現股當沖與當日沖銷的差別？

債券市場

本章架構

本章內容為債券市場,主要介紹債券的簡介、債券市場的組成、債券交易實務、資產證券化以及臺灣的債券市場等內容,其內容詳見下表。

節次	節名	主要內容
6-1	債券的簡介	介紹債券基本特性與種類。
6-2	債券市場的組成	介紹債券的發行與流通市場、以及市場參與者。
6-3	債券交易實務	介紹債券的附條件與買賣斷交易。
6-4	資產證券化商品	介紹資產證券化商品的種類與發展現況。
6-5	臺灣的債券市場	介紹國內債券市場的發展概況。

章前導讀

債券市場是資本市場的一環,當公司缺資金時,當然最早想到的資金就是股權自行籌資,再來就是利用舉債來籌集資金。通常最容易的舉債方式就是向銀行借錢,但若要發行債券,就並非每家公司都有辦法,除非該公司為「公開發行公司」;且公司規模、財務狀況與市場知名度都須具一定水準以上,這樣公司發行債券,才有投資人願意投資。

通常債券的交易金額都很大,因此債券的交易,比較是屬於法人的市場;一般自然人除非是資金大戶,很少會直接參與買賣。但一般投資人仍可藉由買賣債券型或貨幣型基金,利用小錢間接的投資債券。因此對於債券的投資知識,除了公司法人須瞭解外,對具投資觀念的現代人而言,亦顯重要。本章將依序介紹債券的簡介、債券市場的組成、債券交易實務、資產證券化以臺灣的債券市場等內容。

6-1　債券的簡介

　　債券（Bonds）是由發行主體（政府、公司及金融機構），在資本市場為了籌措中、長期資金，所發行之可轉讓的債務憑證。以下此節將介紹債券的基本特性與種類。

一、基本特性

　　一般人對債券的基本認知，大概就是「定期領息，到期還本」的基本特性。通常債券在發行時，會載明「發行主體」、「票面利率」、「發行期限」與「還本付息」的基本條件外，有些公司債因發行的型式較具變化，所以有其特殊的發行條件須載明。以下將介紹之。

（一）發行主體

　　一般債券的發行單位可分政府、公司與金融機構。其所發行的債券分別為「政府公債」、「金融債券」與「公司債」。

1. **政府公債（Government Bonds）**：乃指政府為了籌措建設經費而發行的中、長期債券，其中包括「中央政府公債」及「地方政府建設公債」兩種。中央政府公債是由財政部國庫署編列發行額度，委託中央銀行國庫局標售發行；地方政府公債則為國內直轄市委託銀行經理發行。

2. **金融債券（Bank Debentures）**：乃根據銀行法規定所發行的債券，依現行法令商業銀行皆可發行金融債券。

3. **公司債（Corporate Bonds）**：公開發行公司為籌措中長期資金，而發行的可轉讓債務憑證。

（二）期限

債券在發行時，須載明發行日（Issue Date）、到期日（Maturity Date）與到期年限（Term to Maturity）。一般到期年限以年爲單位，通常到期年限在 1～5 年屬於短期債券，5～12 年屬於中期債券，12 年以上屬於長期債券。另外還有一種無到期年限的債券稱爲永續債券（Perpetual Bonds）。

（三）票面利率

票面利率（Coupon Rate）是指有價證券在發行條件上所記載，由發行機構支付給持有人的年利率。一般可分爲「固定利率」、「浮動利率」或「零息」等。通常票面利率不是投資人購買債券的報酬率，眞正的報酬率爲殖利率[1]（Yield To Maturity）（或稱到期收益率），是指有價證券持有人從買入有價證券後一直持有至到期日爲止，這段期間的實質投資報酬率。

（四）還本付息

債券發行人償還債權人本金的方式，一般可分爲「一次還本」及「分次還本」兩種，通常分次還對公司的財務壓力較小。此外，債券發行人償還債權人利息的方式，一般可分「半年付息一次」、「一年付息一次」、「半年複利，一年付息一次」及「零息」等方式。

（五）其他條件

實務上，在發行公司債時經常會附加條件。例如：轉換條款（可轉換公司債）、交換條款（可交換公司債）、贖回條款（可贖回公司債）、賣回條件（可賣回公司債）等條款。這些特殊條件，可以根據公司內部財務需求而附加在債券上。此外，發行公司債尙須載明債券的「受託」、「保證」、「簽證」以及「承銷」機構。

---

1. 通常票面利率與殖利率並不一定相等；若兩者相等，則此債券採「平價」發行；若票面利率高於殖利率，則此債券採「溢價」發行；若殖利率高於票面利率，則此債券採「折價」發行。

二、債券的種類

實務上在發行債券時，經常會依據公司本身的需求，而附加許多其他條件或條款，使得債券的種類不勝枚舉。其所附加之條件或條款，大致上以擔保程度的差異、票面利率的變動、或附加選擇權等這幾項常見的條款。以下將分類介紹之。

（一）具擔保差異之債券

1. 有擔保債券

有擔保債券（Guaranteed Bonds）乃公司提供資產作爲抵押，經由金融機構所保證；或沒有提供擔保品，但銀行願意保證之公司債券。債權人具有相當的保障，安全性較高。若發行公司發生債務危機，無法履行還本付息的義務時，則保證機構必須負起還本付息的責任，當然保證機構需向發行公司收取保證費。（國內爲了確保保證機構的債信能力，已強迫金融機構須接受由中華信用評等公司的債信評等。）

2. 無擔保公司債

無擔保公司債（Non-Guaranteed Bonds）又稱爲「信用債券」（Debenture），公司債發行公司未提供任何不動產或有價證券等作爲擔保抵押的擔保品，或無第三人保證所發行之公司債。對投資人而言，因無任何擔保債權的保障，投資風險性相對提高，因而無法保護投資大眾，故公司法對發行無擔保公司債有較嚴格的限制。（國內於 1999 年起，公司若欲發行無擔保公司債的公司，必須接受中華信用評等公司的債信評等。）

3. 抵押債券

抵押債券（Mortgage Bonds）是以公司資產作爲抵押品所發行之債券，此類公司債係以受託人爲抵押債權人，並監督債務人履行借款契約，以保障公司債持有人的權益。若發行公司破產而遭清算時，抵押債券債權人具有優先處分資產的權利，但不完全保證一定可以拿回全部的本息，這是與有擔保公司債的不同點。一般投資人對於土地及不動產擔保品較具信心。

（二）票面利率非固定之債券

1. 浮動利率債券

浮動利率債券（Floating-Rate Bonds）的票面利率採浮動利息支付，通常債券契約上訂定票面利率的方式是以某種指標利率（Benchmark）作為基準後，再依發行公司的條件不同，而有不同的加、減碼額度。國外常用的指標利率為美國國庫券（Treasury Bills）殖利率或英國倫敦銀行同業拆款利率（London Inter Bank Offer Rate, LIBOR）；而臺灣常以 90 天期的商業本票（CP）、銀行承兌匯票利率（BA）、一年期金融業隔夜拆款平均利率或銀行一年期定儲利率為指標利率。

2. 指數債券

指數債券（Indexed Bonds）為浮動利率債券的一種，此種債券之票面利率會依生活物價指數（例如：消費者物價指數）或股價指數等，以指數變動作為調整基準的相關債券。此種債券藉由指數來調整債息，可以維持債權人的實質購買力。

（三）附選擇權之債券

1. 可贖回債券

可贖回債券（Callable Bonds）是指純普通債券，再附加贖回選擇權。可贖回債券發行公司於債券發行一段時間後，通常必須超過其保護期間，發行公司有權利在到期日前，依發行時所約定價格，提前贖回公司債，通常贖回價格必須高於面值，其超出的部分稱為贖回貼水（Call Premium）。

2. 可賣回債券

可賣回債券（Putable Bonds）是指純普通債券，再附加賣回選擇權。可賣回債券持有人有權在債券發行一段時間之後，要求以發行時約定的價格，將債券賣回給發行公司。注意前述的可贖回債券的贖回權利在於「發行公司」，而可賣回債券的賣回權利在於「投資人」。

3. 可轉換債券

可轉換債券（Convertible Bonds）是指純普通債券，再附加轉換選擇權。可轉換債券允許公司債持有人在發行一段期間後，依期初所訂定的轉換價

格,將公司債轉換為該公司的普通股股票。在實務上,當可轉換公司債要轉換成股票時,有時會先向發行公司取得債券換股權利證書,再轉換成普通股。可轉換公司債因具有轉換權,故其所支付的票面利率較一般純債券為低。

4. 可交換債券

可交換債券(Exchangeable Bonds)是指純普通債券,再附加轉換選擇權。可交換債券是由可轉換債券衍生而來。可轉換債券是投資人可在未來的特定期間內轉換成「該公司的股票」,而可交換債券其轉換的標的並非該發行公司的股票,而是發行公司所持有的「其他公司股票」(國內通常轉換的標的,以發行公司的關係企業為主)。

5. 附認股權證債券

附認股權證債券(Bonds with Warrants)是指純普通債券,再附加一個認股權證。持有此種債券之投資人除可領取固定的利息外,且在某一特定期間之後,有權利以某一特定價格,購買該公司一定數量的股票,其票面利率一般比普通公司債低。附認股權證債券所附加的認股權證有分離式及非分離式二種,即投資人執行此一認股權證時,是否必須同時持有公司債,若必須兩者兼備即為非分離式。一般發行公司為了增加認股權證的流動性,大部分都設計為分離式的。

 市場焦點

聯電4億美元海外可交換債定價創兩紀錄

(圖文資料來源:摘錄自經濟日報 2021/06/29)

聯電宣布完成以聯詠持股作為交換標的的4億美元海外可交換債定價,創下50%交換溢價及負0.625%殖利率紀錄,為臺灣可交換債及可轉換債發行市場有史以來最高溢價,顯示投資人對半導體業以及聯電未來營運充滿信心。

聯電表示,此次募集資金將用於購買機器設備,預計應可降低整體資金成本、強化公司財務結構及彈性,以利未來營運成長資金調度。

> **短評**
>
> 　　近期，聯電發行以「聯詠」作為交換標的海外可交換公司債，並創下 50% 交換溢價及 −0.625% 殖利率的紀錄，此為國內可交換債及可轉換債發行市場有史以來最高溢價，可見投資人對聯電未來營運充滿信心。

（四）其他類型之債券

1. 零息債券

零息債券（Zero Coupon Bonds）是債券面額不記票面利率，發行機構從發行到還本期間不發放利息，到期依面額償還本金，以「折現」方式發行。由於零息債券發行期間不支付利息，所以面臨的利率風險較一般債券高，且對利率波動較敏感，因此通常發行期限不會太長。

2. 次順位債券

次順位債券（Subordinated Debenture）為長期信用債券，若發行公司因破產而遭清算時，其求償順位次於發行公司的一般債權人，對資產的請求權較一般債權人低，但仍高於特別股、普通股股東。

3. 巨災債券

巨災債券（Catastrophe Bonds）指為了因應重大災害所發行的債券，通常保險公司在發生重大災害，因必須付出高額的保險金而無力償還時，會發生倒閉危機，此時可透過發行巨災債券來募集資金，以支應高額的保險金。

4. 垃圾債券

垃圾債券（Junk Bonds）指信用評等較差或資本結構不夠健全的公司，所發行的高收益、高風險債券。投資此債券的風險在於發行公司其經營不佳，可能無法準時付息甚至無法還本付息而導致投資人的損失，所以發行公司必須以比一般公司債為高的利率來吸引投資人。

5. 永續發展債券

企業為了因應 2015 年聯合國所發布的「永續發展目標」（SDGs），透過發行債券方式籌資，將資金投入與環境、社會責任以及公司治理等有關的計

畫。永續發展債券包括：「綠色債券」（Green Bonds）、「社會債券」（Social Bonds）及「可持續發展債券」（Sustainability Bonds）等三類債券。

「綠色債券」乃將募集資金投入綠色投資計畫，如：環保、節能、減碳等，希望能對環境帶來正面的效益。「社會債券」乃將募集資金投入有關落實企業經營所應擔負的社會責任，如：維持公司永續發展、增進社會公益與維護自然環境等，希望能對社會責任具正面幫助。「可持續發展債券」乃將募集資金投入環境、社會以及公司治理等層面，希望能對 ESG 具正面幫助。

📺 Follow! 市場焦點

新冠疫情、社會住宅也可發債 櫃買擬新推「社會債」

（圖文資料來源：節錄自經濟日報 2021/04/14）

後疫情時代資金滿溢！配置債券平衡風險　伊斯蘭債具優勢

　　臺灣希望 2025 年達到非核家園，金管會推動綠色行動方案，之後又擴及 ESG 永續經營，主委黃天牧說，今年櫃買中心會推永續板吸引國際投資人青睞，並新增社會債券，包括：社會住宅、疫情相關的債券商品都有。櫃買中心表示，今年綠色債券預計再發 10 檔、「可持續發展債券」將再發行 3 檔，同時今年會開始有「社會債券」預計亦會發行 3～5 檔，合計將上看 15 檔相關債券發行。

　　綠色債券截至 2021 年 2 月底國內綠債共有 56 檔、發行金額達到 1,607 億元，至於綠色金行動方案 2.0，將綠色債券再擴大為「可持續發展債券」，亦已發行 4 檔餘額達到 68 億元。可持續發展債券（Sustainability Bond）係指企業或銀行透過發行債券的方式，將其所募得資金同時用於綠色投資計畫及社會效益投資計畫或其相關放款的融資工具。協助企業將資金投入對環境、社會以及公司治理（ESG）有助益的投資計畫。

　　新冠肺炎疫情會讓一些本已嚴峻的社會問題雪上加霜，以及新冠

肺炎危機可能是由環境惡化所造成，因此國際興起一個社會債風潮，發行機構選擇發行社會債券，以幫助受到新冠肺炎衝擊的對象。例如，2021 年的 3 月 26 日，非洲開發銀行發行了 30 億美元的社會債券，這檔為期 3 年的社會債券發行利率僅為 0.75%，目的便在於減少新冠肺炎對非洲經濟和生計的影響。

短 評

國內已將原本綠色債券擴展為「可持續發展債券」。近期，全球為了因應疫情對社會的衝擊，已有國際性銀行發行「社會債券」，將資金減少肺炎疫情對經濟和生計的影響。

6-2 債券市場的組成

債券市場是債券發行及買賣的場所，主要是由「賣方」（發行機構）、「買方」（投資機構）及主要的仲介機構「證券商」（證券承銷商或交易商）等三者所構成。債券市場依交易層次可分為發行與流通的市場，以下將介紹國內債券的初級與次級市場、以及市場的主要參與者。

一、債券初級（發行）市場

發行主體為了籌措中、長期的資金，以辦理新債券發行之市場，通常此市場是無固定的發行時間與地點，屬於無形的市場，而依發行主體的不同，其發行方式亦有所不同。以下分別說明之：

（一）政府公債

政府公債通常採「標售」方式發行，分為競標和非競標兩種。競標是依照投標之價格超過底價，或投標之利率低於底價最多者優先成交，並依價格高低順次得標；而非競標係採競標得標之加權平均價格發售。中央銀行代表財政

部經理政府債券之發行,並以無實體[2]方式發行。目前政府債券於初級市場標售,最小的競標單位為 5,000 萬新臺幣;之後的最小增額發行單位為 1,000 萬新臺幣,且所有的競標價格皆以殖利率表示。截至 2021 年 1 月,國內政府公債共發行 5 兆 5,944 億元。圖 6-1 為國內 1991 年至 2020 年的公債發行餘額的情形。

(二)金融債券

依據國內的銀行依法令,專業與商業銀行皆可以發行金融債券,其主要用於中長期放款或改善銀行的資本適足率。金融債券可由發行銀行「自行銷售」,金融債券之發行是採取核准發行制,發行程序通常須先經發行銀行董事會審議通過,再送財政部核准。現行市場上的金融債券,大都是以次順位債券為主。截至 2021 年 1 月,國內金融債券已發行 1 兆 2,433 億元。

(三)公司債

公開發行公司為籌措中長期資金,而發行的可轉讓債務憑證。募集公司債時,若採「私下募集」(Private Placement)方式,允許公開發行公司向特定人銷售,並未限制須透過承銷商承銷;且此公司債不能上櫃。若採「公開發行」(Public Offering)方式,發行公司「可委託」承銷商、亦可「未委託」承銷商對外公開銷售;此公司債可上櫃買賣。國內現行公開發行的公司債,大都採「未委託」承銷商的方式對外公開銷售。截至 2021 年 1 月,國內公司債已發行 6,091 億元。

(四)國際債券

國外的企業、金融機構與政府單位、以及國內的公司與金融機構都可在國內發行「非臺幣」的國際債券。通常發行國際債券時,可以公開募集亦可私募,投資人可直接找主辦或協辦承銷商認購即可。為了協助國際債券在臺發行與交易,國內櫃檯買賣中心於 2006 年推出「國際債券板」,提供掛牌上市。且國內近年來積極發行人民幣債券,稱為「寶島債」,現已是國際債券板的主要交易對象。近年來,至臺發行的國際債券以美元與人民幣為主。

---

2. 無實體債券(Book Entry Bond),又稱為「登錄債券」,即債券以登記形式發行,不交付實體債票,由中央銀行或清算銀行將承購公債的有關資料登載於電腦中,並發給承購人公債存摺,待到期時本息直接撥入所有人之存款帳戶內。

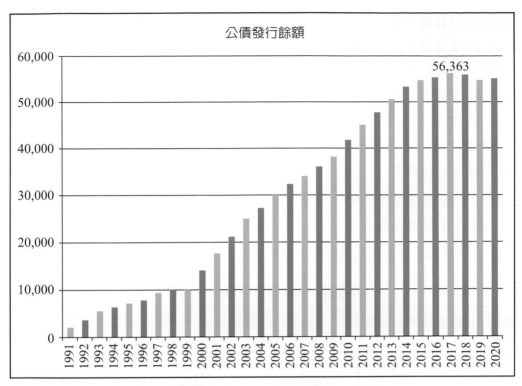

圖 6-1　國內政府公債發行額

（圖 6-1 短評：由於 1991 年起，政府推動六年國家建設計畫，因此政府開始大量發行公債，逐年成長至 2017 年爲發行量最高峰突破 5 兆 6 千億元。雖近年來，發行量稍降，但也對政府的財政形成重大的負擔。）

二、債券的次級（流通）市場

　　目前國內債券的流通交易，大部分都是在「證券商營業處所內」以「議價」方式交易而成。但臺灣的兩大現貨交易所—「證券交易所」與「櫃檯買賣中心」，爲了提高債券的交易效率，亦有提供債券的電腦撮合的交易系統。以下將分別介紹這兩交易所的債券交易制度。

1. 證券交易所

臺灣證券交易所主要提供政府債券、公司債（含可轉換公司債）、金融債券與外國債券等之「買賣斷」競價交易系統，交易採「價格報價」方式進行撮合；申報買賣數量必須以面額十萬元爲一交易單位，每一升降單位爲 0.01元。實際上，現行在證券交易所交易的債券，以「可轉換公司債」爲主，其餘大都皆在證券商或櫃檯買賣中心進行交易。

2. 證券櫃檯買賣中心

證券櫃檯買賣中心主要提供政府債券、地方債券、公司債、金融債券、受益證券與外國債券等之「買賣斷」與「附條件交易」交易。因債券交易通常單筆交易面額大，成交的筆數不像股票市場那樣頻繁，所以國內的債券交易還是習慣於「證券商營業處所內」以議價方式交易，尤其債券的附條件交易。但櫃檯買賣中心，亦提供幾項債券的電腦撮合交易系統，希望提升交易速度，以促進流動性。

此外，臺灣為了使債券市場更具流動性，現行法令中不管買賣公債、公司債、金融債券與國際債券等，都免課徵證券交易稅。以下表 6-1 將進一步說明證券商議價交易、與櫃檯買賣中心的各項債券交易系統。

表 6-1　各種債券交易系統比較

系統	債券種類	交易方式	報價與升降單位	最低成交單位
證券商營業處所議價	所有種類債券	•買賣斷 •附條件	•殖利率報價 （0.0001 %） •價格報價 （0.0001元）	•新臺幣債券：面額1萬元 •美元或歐元債券：面額1,000元 •日圓債券：面額10萬元 •人民幣債券：面額1萬元
債券等殖成交系統	中央政府登錄公債	•買賣斷 •附條件	•殖利率報價 （0.0001 %）	•電腦議價系統：面額5,000萬元 •比對系統：面額10萬元
國際債券交易統	外幣計價國際債券	•買賣斷 •附條件	•殖利率報價 （0.0001 %） •價格報價 （0.01元）	•美元或歐元債券：面額10萬元 •日圓債券：面額1,000萬元 •人民幣債券：面額100萬元
等價成交系統	轉換公司債、交換公司債及附認股權公司債	•買賣斷	•價格報價 （0～150元：5分 150～1,000元：1元 1,000元以上：5元）	•面額10萬元

資料來源：整理於證券櫃檯買賣中心[3]

三、債券市場的參與者

因債券的交易金額通常較龐大，所以市場上習慣以店頭議價方式為主；且市場的參與者也以法人機構為主，個人投資人較少。以下我們將介紹國內債券市場的主要參與者。

---

3. 政府為活絡國內公司債交易，並整合公債與公司債交易平台。已於2014年底，將原先以交易公司債為主的「固定收益證券交易系統」，納入「債券等殖成交系統」。

（一）證券商

國內的證券商主要的業務經營範圍就是資本市場，因此買賣債券為其主要的營業項目。通常國內大部分的綜合證券商，都擁有公債交易商的執照；且由於證券商資金規模相對較銀行業者小，經營方式大多將買賣斷債券交易的部位當日就沖銷掉，鮮少留下大量的債券部位在公司內部。即使留下的債券部位，也會積極的與投資人承作附買回交易，以換取資金，供證券商養券使用。

通常證券商的操作手法靈活，且積極地提供買賣斷的雙向報價，可說是我國債券市場的「市場創造者」（Market Marker），對債市的發展有著舉足輕重的地位。此外，證券商除了交易各種債券外，還要積極的參與政府公債的標售、或公司債的承銷發行之業務。

（二）金融機構

通常金融機構（銀行、信用合作社與農漁會等），是債券市場最主要的資金供給者及投資者。以往金融機構購買公債的目的，大都是用以充當銀行的流動準備金，甚少在次級市場交易。但近年來，已有部分銀行積極參與次級市場的報價，由於他們的參與使公債的交易市場更加活絡。

此外，國內的金融機構多屬貨幣機構，所以債券的還本付息都須透過它們協助。且公司債發行時的保證、受託與簽證機構，都是由金融機構負責。國內的商業銀行，亦自行可發行金融債券，籌集營運資金或改善資本結構，亦是此市場的資金需求者。

（三）票券金融公司

票券金融公司之前由於受到法令的限制，只能投資到期日在一年以下的債券，使得經營空間受到擠壓。但自 1995 年起，政府允許票券金融公司取得公債交易商執照，使得角色的扮演與證券自營商相似。因此票券金融公司能同時兼營票券與債券的業務，將使貨幣市場與債券市場的資金，相互流動性更加的顯著，對債券市場的發展極具重要性。

（四）郵政公司

國內的郵政公司依法令規定，可對個人吸收的存款，但不得從事放款用。所以郵政公司的龐大資金只能轉存央行、其他行庫或用以投資。近年來，由於郵儲金大量的投入公債市場，透過初級市場的競標，次級市場的買賣斷、附條

件交易及資產交換方式，使郵儲金能直接挹注整個債券市場。此外，郵政公司亦提供小額公債（面額 100 萬以下）給予投資人認購，建立一般投資人購買公債及參與國家建設的管道。

（五）投信公司

國內的投信可以發行以投資中長期債券為主的「債券型基金」、或發行以投資短期票券（含一年內債券）為主的「貨幣型基金」。通常債券型基金的主要的投資標的是以公債、公司債與金融債券的買斷為主，短期一年期以下的債券附買回交易為輔；貨幣型基金則是以一年期以下的的債券附買回交易為主。因法人與個人投資這兩種基金皆有免稅的利基，因此基金規模龐大，現已是國內債券市場的重要主力買盤之一。

（六）保險公司

國內保險公司擁有大量長期穩定的保險費收入，因法令對其保費收入的投資限制很嚴格，所以基於風險考量，債券投資一直是保險公司的主要投資項目之一，且交易量頗具規模。自從 2001 年政府開放保險業，可申請受託為公債交易商，參與中央公債投標，使得保險公司在債券市場的影響力日趨增長。近年來，政府更開放保險公司可以購買公司債與國際債券，讓壽險業已儼然成為債券市場的主要買盤之一。

（七）一般企業法人

一般企業除了缺乏長期資金，可發行公司債籌集資金外。若公司有營運資金，在考量資金的安全性及流動性，可將資金投資公債附買回、及債券型或貨幣型基金，間接或直接的參與債券市場。此外，部分的營建商為了參與工程及土地的競標所需繳押標金，通常營建商會購買公債充當之。

（八）一般自然人

一般個人投資戶主要以承作債券附買回交易為主，因利息收入僅需分離課稅 10%，為高所得資金大戶的節稅工具之一。通常一般自然人可藉由投資債券型或貨幣型基金間接的投資債券。此外，一般自然人亦可在郵匯局認購 100 萬元的小額公債、或由可藉由「債券團購平台[4]」小額投資債券。

---

4. 由2020年國內新創公司「湊伙投資」所成立的「債券團購平台」，提供民眾可以用100元新台幣或10美元的小額資金，在線上投資國內外債券。

Follow! 市場焦點

全球首個債券團購平台「湊伙」上線！100元就能投資，創下兩個世界第一

新創平台推團購 100 元就能集資買國內外債券

（圖文資料來源：節錄自商業週刊 2021/03/30）

「債券團購平台」通過金管會的沙盒申請案，民眾可以用 100 元新台幣，或 10 塊美元的小額資金，在線上投資國內外債券。這個構想在 2020 年 11 月成真，湊伙所設計的「債券團購平台」，通過金管會的沙盒申請案，民眾可以用 100 元新台幣，或 10 塊美元的小額資金，在線上投資國內外債券。

與一銀合作、導入區塊鏈技術，讓投資人安心

「債券團購平台」將正式上線，根據金管會規範，沙盒實驗期間為一年，期間每人最高能買的債券團購總額，為新台幣 25 萬元或等值美金，非專業投資人，只能購買信評 A- 以上等級的債券。湊伙選擇債券的標準，除了最基本的信評等、流動性，湊伙還會針對債券發行人的營運、財務狀況作分析，整理成報告放在網站上，供投資人下載。首波上架開放團購的債券，包括華納媒體、澳洲國民銀行等國際知名企業，所發行的債券。

為了讓民眾能放心使用湊伙的服務，債券團購平台跟第一銀行合作，採用金錢信託的模式，把投資人的錢跟湊伙做出隔離。在實驗期間，湊伙也會在第一銀行信託帳戶，存入 400 萬保證金，未來若湊伙營運上有疏失，都會透過這筆保證金來賠償。因為湊伙合作銀行是一銀，認識客戶（KYC）等流程都會由一銀執行，因此投資人必須要綁定一銀的數位帳戶 iLEO 才能投資。

藉由區塊鏈技術，湊伙把平台上所有客戶的交易紀錄、團購標的、客戶團購持份等資訊，全部記錄在區塊鏈上，並同步分享給第一銀行的區塊鏈節

點。如此一來，一銀就可以隨時以數位化的方式，查核點上的所有資訊，確保交易對象、金額、目的，是否符合信託目的，這可以讓一銀大幅降低查核成本，也讓過程更有效率。

短 評

　　通常債券投資金額都相當大，不是一般投資人所能負擔。因此國內有一新創公司成立的「債券團購平台」，提供民眾可以用 100 元新台幣或 10 美元的小額資金，在線上團體投資國內外債券。

6-3　債券交易實務

　　國內的債券交易方式主要可分「債券附條件交易」、「債券買賣斷交易」及「債券保證金交易」三種，但現行債券市場上，只剩「附條件」與「買賣斷」這兩種交易方式。

　　這兩種交易的交易比重，我們圖 6-2 得知：以往附條件交易約佔 9 成；但 2000 年以後，政府推行公債買賣斷電腦議價系統，使得買賣斷交易量大增，致使 2003 年買賣斷交易已超過附條件交易。但爾後，由於 2006 年以後，國內的「國際債券板」市場成立，使得投資人承作國際債券的附條件交易的收益優於以往的公債附條件交易，所以附條件交易又逐漸成為市場交易的重心，現在約佔交易比重的 8 成以上。以下我們這兩種交易方式介紹之。

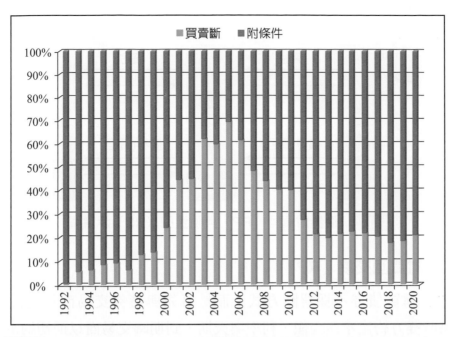

圖 6-2　國內 1992 年～ 2020 年債券買賣斷與附條件交易的比重分析圖

（圖 6-2 短評：國內債券交易量，初期大致以附條件交易為主。在 2000 年後政府推展公債買賣斷電腦交易，使得買賣斷交易量有增加，曾於 2005 年買賣斷佔總交易量的 7 成，爾後，逐漸仍以附條件交易為主。自從 2012 年以後，買賣斷與附條件交易比例大致維持為 2：8。）

一、債券附條件交易

　　通常投資債券需要的資金龐大、投資時間長，並不是一般小額投資人容易投資的金融工具。所以為使債券交易可以更為活絡，於是債券交易商將身旁的債券，短暫的賣給投資人；或者投資人（通常為法人）將身旁的債券，短暫的質押給債券交易商，都以債券為憑藉，獲得融通資金。且雙方債券交易不採買賣斷方式，而是投資人與債券交易商事先簽定附條件交易約定書，雙方議定只承做短天期的合約，合約日期須在 2 ～ 364 天內。

　　債券附條件交易主要可分為兩種：其一為附買回交易（Repurchase Agreement, RP），另一為附賣回交易（Reverse Sell Agreement, RS）。通常附條件交易的買賣立場，是以「債券交易商」為出發，其交易示意圖如圖 6-3，以下將分別介紹這兩種交易。

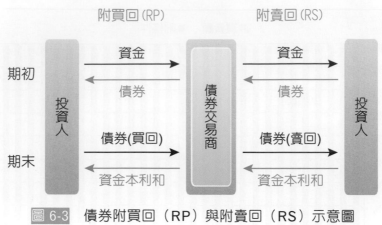

圖 6-3　債券附買回（RP）與附賣回（RS）示意圖

（一）債券附買回交易（RP）

　　投資人購買債券不採買斷方式，而是事先與債券交易商簽定附條件約定，交易時雙方約定承作金額、利率與天期，到期時交易商以期初約定的利率及所產生的本利和，向客戶買回債券，稱為「債券附買回交易」。此種交易方式，通常是投資人將身邊的閒置資金，拿去向交易商購買短期天的債券；待合約到期時，投資人可以獲取一筆本金加利息的收益，交易商會把原先那筆債券買回。

　　通常債券附買回的標的物是以公債為主，亦可承作普通公司債、可轉換公司債、以及國際債券（寶島債為主）的附買回交易。因債券標的物的債信不同，所以公司債、可轉換公司債與國際債券的 RP 利率，通常會高於公債 RP 利率。

　　通常投資人投資附買回交易所產生的利息收入，依據現行稅法，個人與法人均採 10% 分離課稅，但法人課稅後，須再合併營利事業所得額課稅。所以以個人而言，稅後收益有時甚至比 1 ～ 3 個月定期存款高。且投資人可依自己資金狀況，選擇合適的天期承作，並可靈活運用資金投資股票與債券相互搭配操作，尚可中途解約，利息不打折，操作方便靈活。以下舉例 6-1 說明債券附買回的交易方式。

例6-1	債券附買回交易

假設某甲有閒置資金 1,000 萬欲向某交易商承作公債 RP，雙方約定承作天期 10 天，利率 1.5%，則

(1) 到期時，交易商須以多少金額向客戶買回債券？

(2) 若某甲於 7 天後，欲急需動用 500 萬資金，須提前解約部分本金，則原到期日交易商需以多少金額向客戶買回債券？

解

(1) 某甲到期的本息收益（交易商買回金額）為

$$= 10,000,000 \times \left[1 + 1.5\% \times (1 - 10\%) \times \frac{10}{365} \right] = 10,003,699$$

(2) 某甲 7 天後的本息收益（交易商買回金額）為

$$= 10,000,000 \times \left[1 + 1.5\% \times (1 - 10\%) \times \frac{7}{365} \right] = 10,002,589$$

7 天後的續作金額為 $10,002,589 - 5,000,000 = 5,002,589$

某甲在原到期日的本息收益（交易商買回金額）為

$$= 5,002,589 \times \left[1 + 1.5\% \times (1 - 10\%) \times \frac{3}{365} \right] = 5,003,144$$

（二）債券附賣回交易（RS）

債券附賣回是一種具有融資效果的債券交易，與 RP 剛好為反向操作的交易方式。即債券持有人將債券暫時賣給交易商，雙方約定承作價格、利率與天期，到期時再由交易商以事先約定的價格，再賣回債券給債券持有人，稱為債券附賣回交易。此種交易方式，通常是投資人將身邊閒置的債券，拿去質押給債券交易商，先取得一筆資金；待合約到期時，交易商會將那筆債券賣回給投資人，投資人須準備那筆資金加上利息去贖回原先那筆質押在交易商的債券。

通常在同一天之中，交易商對同天期的 RP 與 RS 的利率報價，會 RS 高於RP，且兩者的課稅方式相同。通常承作 RS 的利率行情是跟著貨幣市場的利率

波動，其利率有時比向銀行貸款利率來得低，也比定存單質借的利息（定存單的利率加 1% ～ 1.5%）來的低廉，所以利用 RS 取得的資金成本通常較爲低廉。

此外，持有債券的投資人，可以藉由領取長期債券的收益，再將債券承作 RS，只需付出短期的利息支出，這樣可以「以短支長」的方式，達到養券套利的利益。例如：若投資人以殖利率 2.9% 買入債券，再將此債券與交易商承作 RS，若 RS 利率爲 1.3%，則投資人有養券套利的利差 1.6%（2.9% ～ 1.3%）。以下舉例 6-2 說明債券附賣回的交易方式。

例6-2　債券附賣回交易

假設於乙銀行需短期資金調度 5,000 萬，以面額 5,000 萬之公債向交易商承作 RS 雙方議定利率 1.8%，承作 30 天期，到期時交易商需支付多少本息給乙銀行？

解

交易商賣還給乙銀行的本息支出爲

$$= 50,000,000 \times \left[1 + 1.8\% \times (1 - 10\%) \times \frac{30}{365} \right] = 50,066,575$$

二、債券買賣斷交易

債券買斷與賣斷交易不同於附條件交易，是一種涉及所有權移轉的買賣。通常債券買賣斷交易的買賣立場跟附條件交易一樣，都是以「債券交易商」的觀點出發。債券買方向賣方支付價款後，以換取該債券的所有權及本息的兌領權利，稱爲「買斷」（OutrightPurchase, OP），反之則稱爲「賣斷」（Outright Sell, OS）。

通常市場上，交易買賣斷都是以法人爲主。投資人買斷債券後，不但可享有購入債券之長期固定利息收入外，且當需要短期資金週轉時，亦可拿此債券與債券交易商承作附賣回交易，借款利息比照貨幣市場的短期利率，比債券長期收益低，因此具有養券套利的空間。通常投資買賣斷債券所產生的債息收入，個人與法人均採 10% 分離課稅，但法人課稅後，須再合併營利事業所得額課稅。

　　在債券市場中最常見的買賣斷交易是以「公債」為主，通常交易一筆基本金額為 5,000 萬，且大部份透過債券交易商之間以議價方式進行、或透過櫃檯買賣中心所提供的「債券等殖成交系統」進行議價[5]。交易報價以「殖利率報價」居多，其報價的基本升降單位為 0.01 個基準點（Basis Point, BP）；意即 0.0001%（1 個基準點等於 0.01%）。交易雙方以針對某一期債券掛出願意買進或賣出的殖利率報價。在買價與賣價中間的價差，也就是雙向報價交易商的利潤所在。

　　至於債券買賣斷的交易的價格計算方式，通常交易商以買進與賣出的殖利率，透過債券的評價公式，算出買價與賣價後，兩者相減即可算出買賣的價差。以下我們舉例 6-3 說明之。

例6-3　債券買賣斷交易

　　假設 A 銀行買斷某期公債，面額 5,000 萬，買進殖利率 2.15%，成交價格為 53,140,845 元，若 A 銀行於隔日出售債券，賣出殖利率 2.12%，成交價格為 53,278,679 元，請問 A 銀行的資本利得為何？

解

資本利得＝ 53,278,679 － 53,140,845=137,834 元

6-4　資產證券化商品

　　資產證券化（Asset Securitization）是金融機構或企業為提高持有資產的流動性，將其能產生現金收益的資產，經由重新包裝成不同的債權或資產群組（Pooling），然後發行證券，再出售給投資人。通常資產證券化所發行的商品，可以以「債券」或「基金」的型態出現。本節的介紹主要是以債券[6]的型態為主；基金的型態請詳見本書 7-3 的介紹。以下將介紹資產證券化商品的種類、以及國內的現行發展情形。

---

5. 「債券等殖成交系統」以交易「指標公債」為主。
6. 依據國內的法規，投資資產證券化商品的債息收入，個人與法人均採10% 分離課稅；但法人課稅後，須再合併營利事業所得額課稅。

一、種類

　　一般而言，資產證券化商品，大致可分為「金融資產證券化」及「不動產證券化」二種。以下將進一步的分別介紹之。有關這兩類商品的關係圖如圖 6-4 所示。

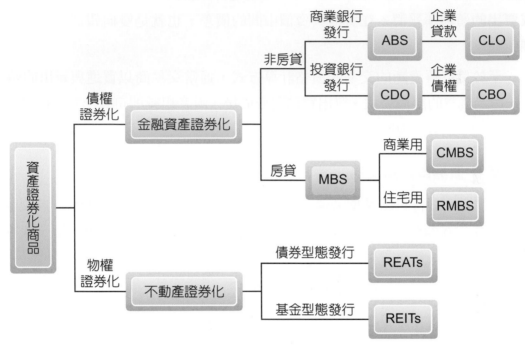

圖 6-4　資產證券化商品關係圖

（一）金融資產證券化

　　金融資產證券化（Financial Assets Securitization）是屬於「債權」的證券化，即銀行將放款資產（如房貸、信用卡、應收帳款等）之本金及利息收入作為標的基礎，將這些資產出售或信託給另一金融機構，則該信託機構將這些資產按每期固定之現金流量予以單位化、小額化，由該機構發行受益證券，向投資人銷售之過程。而為了降低證券的風險可再利用信用增強（Credit Enhancement）的機制，使成為不同等級的證券商品，再予以出售。有關金融資產證券化發行架構，請詳見圖 6-5 的說明。

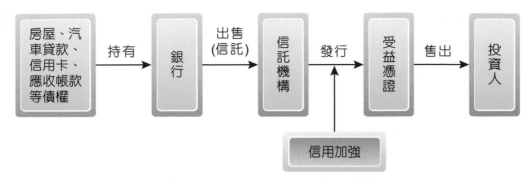

圖 6-5　金融資產證券化發行架構圖

　　此證券化行為，乃銀行將各種放款資產，轉化為流動性的證券發行，並售予投資人。此可提高銀行資產流動性與增加融資的管道，亦使投資人增加投資的管道。通常此類的商品，又依是否與「房貸或不動產」的債權有關，又可分成資產擔保證券（ABS）、抵押擔保證券（MBS）這兩種類型：

1. 資產擔保證券

　　資產擔保證券（Asset Backed Securities, ABS）是以非房貸或不動產相關債權為主，所發行的受益證券[7]。如：汽車貸款債權、信用卡債權、企業應收帳款債權或其他債權等。通常 ABS 的發行者為「商業銀行」業者為主，其運作方式乃商業銀行將其底下非房貸或不動產的相關債權，包裝成證券的方式去發行。其發行目的在於取得自有資本適足率的好處、以及信用風險移轉或籌資。

　　另外，此類證券的發行業者，若以「投資銀行」業者（如：證券商）為主，則此證券被稱為擔保債權證券（Collateralized Debt Obligation, CDO）。其運作方式乃投資銀行去市場買進一些非房貸或不動產的相關債權之後，再重新包裝發行證券。其主要的目的在於套利。

　　所以上述的 ABS 與 CDO 的主要差別，在於「發行對象」與「發行動機」的不同。關於此兩類證券，若都以「企業貸款或債權」在市場上發行，又有兩種延伸產品。分別如下：

(1) 企業貸款債權擔保證券（Collateralized Loan Obligation, CLO）：發行者是商業銀行：商業銀行將本身底下的企業貸款債權包裝，所發行的受益證券。其發行目的在於提昇銀行資本適足率、移轉資產信用風險。

7.　此類證券亦可以利用短期票券方式來循環發行，稱為資產基礎商業本票（Asset-Backed Commercial Paper, ABCP）。

(2) 債券擔保證券（Collateralized Bond Obligation, CBO）：發行者是投資銀行，投資銀行去市場買進一些企業貸款債權，再重新包裝所發行的受益證券。其發行目的在於套取差價。

2. 抵押擔保證券

抵押擔保證券（Mortgage Backed Securities, MBS）是以房貸或不動產相關債權為主，所發行的受益證券。MBS 又依照不動產的用途，可區分以下兩種類型：

(1) 商用不動產抵押貸款證券（Commercial Mortgage Backed Securities, CMBS）：主要是以「商業用不動產」為主的標的（如：辦公大樓、飯店、商場等），所發行的受益證券。

(2) 住宅用不動產抵押貸款證券（Residential Mortgage Backed Securities, RMBS）：主要是以「住宅用不動產」為主的標的（如：豪宅），所發行的受益證券。

（二）不動產證券化

不動產證券化（Real Estate Securitization）是屬於「物權」的證券化，即不動產所有權人，將不動產信託移轉予受託機構，受託機構按不動產之資產價值、開發管理或處分之收益，作為證券化之標的基礎，同樣依每期固定之現金流量（包括開發管理或處分不動產之收益）予以單位化、小額化，由該受託機構發行受益證券，向投資人銷售之過程。有關不動產證券化發行架構，請詳見圖 6-6 的說明。

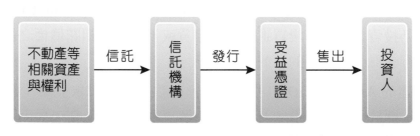

圖 6-6　不動產證券化發行架構示意圖

此證券化行為，將龐大而不流通的不動產，轉化為流動性之證券發行，再售予投資人。此證券化結合不動產市場和資本市場的特性，加強其變現性與流通性，透過金融手段解決不動產流通性的問題。目前國內不動產證券化制

度，可分為「不動產資產信託」與「不動產投資信託」兩種制度。以下將介紹之：

1. 不動產資產信託證券

不動產資產信託（Real Estate Asset Trusts, REAT）是先將不動產所有權人之不動產相關權利，移轉予受託機構；再由受託機構以受益憑證方式，公開或私募資金，受託機構將所募集的錢，再轉交給不動產所有人。所以不動產資產信託的運作方式，是先有不動產的標的，再去找資金來投資。

通常 REAT 的受益憑證，是將不動產切割成一張張的「債券」，以債券的方式賣給投資人。REAT 通常由證券化的發行機構（受託機構），將不動產所產生的租金或開發的收入之現金流量，轉化成每期債息支付給投資人；並負責到期還本之事務。

2. 不動產投資信託證券

不動產投資信託證券（Real Estate Investment Trusts, REITs）是受託機構以公開募集或私募方式，先發行受益證券，募集一筆資金後，再去投資不動產等相關權利。所以不動產投資信託的運作方式，是先去找資金，再來找不動產投資。

REITs 主要以「封閉型基金」的方式發行，基金募集完成後，將在集中市場交易。REITs 除有固定配息外，也可享有資產價值波動的資本利得。（有關REITs 的介紹可詳見第七章，表 7-4 的說明。）

二、市場的發展現況

國內分別於 2002 年、2003 年公布施行，「金融資產證券化條例」、「不動產證券化條例」及相關規定，隨後信託業者也開始發展相關業務。國內分別於 2003 年、2004 年分別推出第一檔金融資產證券化商品、以及不動產證券化商品。

隨後幾年，國內資產證券化商品的發展還算順利，但由於受到 2008 年美國次級房貸金融危機－雷曼兄弟倒閉事件的影響，使得投資人對於資產證券化的商品產生疑慮，自此之後國內再就鮮少有新商品發行。在雷曼兄弟倒閉前，國內最高曾發行 57 件，金額達 5,700 億元的資產證券化類的債券商品；但在雷曼兄弟倒閉之後，國內僅零星的發行了 3 件證券化類的債券商品。截至 2021 年 3

月，國內尚存 2 檔金融資產證券化相關的債券商品、以及 7 檔不動產證券化相關的基金（REITs）商品。

　　所以基本上，國內的資產證券化市場逐漸呈現萎縮的現象。其主因可能是市場投資人對商品的安全疑慮、以及發行審核流程過於繁複，使得市場的發行量幾乎呈現停滯現象。

6-5　臺灣的債券市場

　　國內的債券市場自 1949 年，開始發行公債以來，至今已經超過 60 年的歷史。在 1990 年以前，國內政府公債交易不活絡，直到 1992 年，國內的債市成交量首度超過股市的成交量，才使債市逐漸受到重視。2001 年隨著債券電子交易的發展、以及與制度的改善，提高債市的流動性，使得交易更加的活絡。且 2006 年起國內積極推動國際債券板的發展，使得臺灣債市交易量逐在國際市場嶄露頭角。

　　以下本文將國內債券市場的發展分成「萌芽草創時期」、「多元成長時期」、「制度變革時期」與「國際發展時期」這幾個階段來進行討論說明。以下將分別介紹之。

一、萌芽草創時期（1949 年～ 1990 年）

　　國內的債券市場肇始於 1949 年，政府所發行的「愛國債券」。1959 年建立「新公債制度」，始又發行甲、乙兩類短期公債，經過多年的發展後。於 1975 年，因政府大力推行十大建設，乃開始發行「建設公債」。在公司債方面，國內濫觴於 1988 年，由永豐餘公司至海外發行中華紙漿的「可交換公司債」。爾後，1990 年遠東紡織公司，在發行國內發行第一檔「可轉換公司債」，才使國內的公司債市場漸受到投資人關注。

　　國內債市在草創時期，因政府對利率採取管制、公債與公司債的發行量都非常很少、且參與買賣的金融機構也很有限。因此整體債券市場，並無法充分發揮資金仲介的功能。

二、多元成長時期（1991 年～ 1999 年）

由於 1991 年政府開始積極推動六年國家建設計畫，政府為了支應龐大的建設經費。於 1991 年起開始大量發行公債籌措資金，因此債券市場的公債籌碼逐漸增加，交易也逐漸活絡。使得 1992 年國內的債市成交量首度超過股市的成交量，讓國內的債市逐漸受到重視。此外，當時民間企業對直接金融的觀念也漸行普及，也開始大量的發行公司債，公司債市場規模也日益增長。另外，1991 年由亞洲開發銀行（ADB）至臺灣發行，以美元計價的「小龍債券」，也開啓了國外機構至臺灣募集債券的先河。

此時期由於政府也改變中央公債改採標售制度、且推動公債無實體化，也開放較多的金融機構（如：證券商、票券商與銀行）可以參與債市的交易，使得債券市場步入快速成長的階段。由於參與者日益增多，此時的交易者大多以電話議價方式完成交易，並將資訊經由「路透社」等資訊商，將市場報價傳遞到市場，因此時債市的流動性與能見度，亦隨之提升。

三、制度變革時期（2000 年～ 2005 年）

2000 年起，國內債市實施了許多制度的變革，以讓國內的債券市場更加的具有交易效率。其制度的變革如下說明：

（一）推出債券電腦議價系統

首先，2000 年櫃買中心推出債券電腦議價系統，企圖將債券交易方式由傳統電話議價方式，轉變成電腦集中議價。雖剛推出時，仍不受交易員青睞，但爾後經修正交易系統，於 2002 年改推「指標公債」電腦議價系統，才逐漸被市場接受。政府希望將債市交易電腦化，以提升交易效率與資訊透明。

（二）實施公債發行前交易機制

2002 年起宣布開始實施「公債發行前交易」（When-issued Trading），是指公債在發行前 15 個營業日起，至前 1 個營業日止，即可在市場上先進行買賣交易。此制度實施後，可減輕交易商的投資風險與提高標購的意願，且具有價格發現的功能，將使整個債券市場交易機制更完備。

（三）實施債券增額發行機制

2003 年建立「債券增額」（Reopening Bond）發行機制，讓同期公債分成多次發行 [8]，藉以增加同期公債之籌碼，延續其流動性，並有效建構債券市場殖利率曲線。此制度可改善以往新債發行後，就會把舊債打入冷宮情形，這樣舊債就沒流動性，其所交易出來的殖利率就不具參考價值，就無法建立具公信力的殖利率曲線。

（四）實施債券借券制度

2004 年起實施「債券借券」制度，讓債券市場有其避險管道，以強化債券市場多、空交易機制。以往債券交易只能作多無法作空，而現在如果看壞債市行情，可至「債券借券中心」借券進行放空，進行避險。但可提供借券的標的，僅限中央登錄公債。

（五）實施分割債券制度

2005 年起實施「分割債券 [9]」制度，將長期債券分割成小等份、且較短期的零息債券，以利於小額投資人進行投資、且增加債券商品的多樣性。此外，分割後的零息債券，可以當作保本型基金的保本標的。

（六）建置交換公債制度

2005 年起建置「交換公債」制度，此制度就是購買公債的投資人，將來債券到期可以選擇轉換國營事業的股票持有，這也就是「可交換公債」。此舉若債券到期投資人選擇轉換成國營事業股票，那公債就不用還本金，可以降低政府本金與債息負擔，並且有利公營事業民營化之推展。

---

8. 公債增額發行制度就是，讓同期公債分成多次發行。例如：現在年初政府發行300億的A債券，且於該年每季增發30億元，相同票面利率，但不同期限的額度，以增加此債券的交易熱度。通常每季新發行的債券的存續期限會依每季遞減。如：現在發行5年期，但下一季同樣的債券，只能發行4年9個月就到期。

9. 「分割債券」（Stripped Bonds），是指的就是將一張債券所需支付的利息，與本金部份按期分開，各自獨立為固定收益商品。分割債券乃利用零息債券的原理發行，採「貼現」的方式發行，在債券到期前並不會支付利息的，到期時則償還面額。因此，持有者所獲得的利息，就是購買分割債券的價格和所償還本金中間的差價。例如：1張面額1百萬元的10年期債券，票面利率10%，每年付息一次，期間付息次數共計10次，加上1百萬本金償還，設計時可將此債券分割成11張零息債券，分別為10張面額10萬元，期限各為1至10年、以及1張面額1百萬元期限為10年的零息債券。

四、國際發展時期（2006 年～至今）

近年來，政府為實現讓臺灣成為亞太籌資中心，將積極發展債市的境外交易平台。初期交易將以美元計價，以吸引國際中、長期資金進駐，減少資本市場動盪。這個被稱為是「國際板債券」的境外交易平台，也於 2006 年 11 月由第一檔美元債券掛牌正式的揭幕，也引領國內債券市場進入一個新的里程碑。

2013 年起金管會進一步開放中資企業來臺，發行以人民幣計價的「寶島債」，亦掀起國內債市發行人民幣之熱潮。金管會於 2014 年，同意國內保險業投資國際板債券「可不計入海外投資限額」，使得對國際版債券需求動能大增，因此當年國際板債券的發行規模約達 7,000 億元，已超越當年國內公債發行的規模（6,753 億元），成為國內最大的發債市場。

由於近年來，國內對國際幣債券的需求動能強烈，政府為有效延續寶島債券之業務商機，也採取一些新措施，希望能兼顧一般投資人的保障、與擴大國際板債券的規模。以下將說明這幾項措施：

（一）推動債券投資人分級管理

由於債券的投資，須要有高度的財金專業素養，並非一般投資人可以勝任。所以政府基於對一般投資人的保護，將國際債券市場的銷售對象區分為「專業投資人」與「非專業投資人」兩類分級管理。這樣除了可以對非專業投資人提供投資的保障；也可提供發行人的便利，因為若發行僅銷售予專業投資人之債券者，發行人的資格條件可大幅放寬、申請流程可簡化。這樣能有效提升發行人籌資效率，以及降低發行國際債券之發行成本。

（二）取消債券強制信評規範[10]

由於致國內發行無擔保債券，都須經過信用評等，這樣會增加發行債券的作業流程與發行成本。基於 2008 年全球金融海嘯以來，國際間普遍降低法規對信評依賴之潮流，回歸由發行公司自行視需求考量是否取具信用評等報告。所以全面取消國際債券強制債券信用評等之規定，希望能降低發行人的發行成本與提高發行人的發行意願。

---

10. 國內原先對公司發行無擔保債券時，需經過信用評等之規定，但已於2013年修改僅針對欲「發行的公司主體」須經評等即可，不用再對「債券發行主體」信用評等。

（三）協助海外債券來臺掛牌

開放外國發行人於境外所發行債券，若是經由境內國際金融業務分行（Offshore Banking Unit, OBU）或國際證券業務分公司（Offshore Securities Unit, OSU）所全數承銷者，將協助來台上櫃掛牌交易。這樣可以吸引更多海外債券回臺掛牌交易，擴大國際板債券市場的規模、並滿足各類投資人與發行人的需求。

此外，為配合政府推動「新南向政策」，2019年6月開放外國發行人於我國發行得銷售予專業投資人之外幣計價「伊斯蘭固定收益證券」（Sukuk），此可促進國際板債券市場之多元化發展及商品多樣性。

（四）鼓勵發行新臺幣國際債券

國際板債券經過這幾年的蓬勃發展，發行量與發行檔數都急速膨脹[11]，卻也引來一些不合理的問題（例如：大部分的發行利率都低於國際市場行情、無流動性等），讓國內的投資者一直處於弱勢，且國際板債券主要買盤保險業，經過這幾年的大舉購債，也已達投資海外資產的上限。因此金管會推動「金融進口替代化」，現在轉向鼓勵業者發行「新臺幣國際債券」，以取代美元為主的國際板債券。

📣💲金融 小常識

伊斯蘭固定收益證券

伊斯蘭固定收益證券（Sukuk）乃依據伊斯蘭教義禁止收付利息，所設計出來的一種具資產基礎證券性質的債券商品。傳統上債券是以債務為基礎並支付利息，但 Sukuk 的發起人不得以支付利息的名義支付債息給投資人，必須以「分配收益」或「支付租金」的方式取代利息支付。

因此 Sukuk 在商品設計架構上，Sukuk 的發起人會找一個自己成立的「特殊目的公司」（稱為 SPV 公司）當作債券發行人（也就是過水的機構），發起人每期以「分配收益」或「支付租金」的方式將資金轉給 SPV 公司，然後 SPV 公司按 Sukuk 約定之收益分配率支付收益予 Sukuk 投資人，並於到期後償還本金。

---

11. 國際板債券從2006年開放至2014年上半年，才發行檔數約30檔，發行金額約30億美元，歷經短短6年半，截至2021年1月，發行檔數已達675檔，發行金額已接近1,855億美元，膨脹速度驚人。

本 章 習 題

一、選擇題

❖基礎題

( ) 1. 何者非一般債券的特性？ (A) 定期領息 (B) 到期還本 (C) 具公司管理權 (D) 具公司資產求償權。

( ) 2. 請問債券的票面利率與殖利率之關係何者正確？ (A) 票面利率較高 (B) 殖利率較高 (C) 兩者相等 (D) 以上皆有可能。

( ) 3. 請問公司發行債券，提供資產作為抵押，或沒有提供擔保品，但有銀行願保證之債券稱為何？ (A) 有擔保公司債 (B) 無擔保公司債 (C) 抵押債券 (D) 信用公司債。

( ) 4. 請問可賣回公司債之賣回權利是操之於何者？ (A) 債權人 (B) 發行公司 (C) 證券承銷商 (D) 受託機構。

( ) 5. 請問可交換公司債可在發行期間後，換成下列何者？ (A) 公司的普通股 (B) 公司的特別股 (C) 其他公司的債券 (D) 其他公司的普通股。

( ) 6. 請問到期前不支息，以貼現方式所發行的公司債稱為 (A) 可贖回債券 (B) 可賣回債券 (C) 可轉換公司債 (D) 零息公司債。

( ) 7. 現行臺灣的債券交易中，下列哪一種債券在集中市場交易？ (A) 公債 (B) 金融債 (C) 可轉換公司債 (D) 外國債。

( ) 8. 通常臺灣從事債券買賣斷交易基本的金額為何？ (A)500 萬 (B)1,000 萬 (C)5,000 萬 (D)1 億。

( ) 9. 請問在臺灣以人民幣發行的國際債券稱為何？ (A) 小龍債券 (B) 寶島債券 (C) 點心債券 (D) 貓熊債券。

( ) 10. 請問臺灣的債券市場，是以哪一機構為主要的市場創造者？ (A) 郵匯局 (B) 證券自營商 (C) 保險公司 (D) 銀行。

( ) 11. 請問臺灣欲購買小額公債須至哪裡購買？ (A) 郵匯局 (B) 證券自營商 (C) 票券金融公司 (D) 銀行。

( ) 12. 請問現行臺灣承做債券附條件交易的利息收易稅負為何？ (A)0% (B)10% (C)20% (D)30%。

( ) 13. 請問承做債券附條件交易，其買賣是以何者的觀點去定義？ (A) 投資人 (B) 證券自營商 (C) 中央銀行 (D) 政府。

(　) 14. 在從事債券殖利率報價時，其報價的基本升降單位為 1 個基準點（Basis Point, BP）為何？　(A)10%　(B)1%　(C)0.1%　(D)0.01%。

(　) 15. 下列對資產擔保證券（ABS）的敘述何者有誤？　(A) 以不動產債權為標的　(B) 通常由商業銀行發行　(C) 屬金融資產證券化商品　(D) 以汽車貸款債權為標的。

(　) 16. 下列對 REAT 的敘述何者有誤？　(A) 以不動產債權為標的　(B) 以封閉型基金方式發行　(C) 屬於債券的一種　(D) 通常由信託機構發行。

(　) 17. 下列何者為 ABS 與 CDO 的主要差別？　(A) 發行單位　(B) 發行額度　(C) 發行幣別　(D) 發行天期。

(　) 18. 請問國內增額公債發行用意為何？　(A) 降低債券風險　(B) 增加債券流動性　(C) 增加債券收益　(D) 增加債券的品質。

(　) 19. 請問分割公債是將正常普通債分割成何種型式的債券發行？　(A) 永續債券　(B) 信用債券　(C) 抵押債券　(D) 零息債券。

(　) 20. 請問國內實施公債發行前交易（When-issued Trading），是指公債在發行前幾營業日可先進行交易？　(A)8　(B)10　(C)15　(D)20。

❖ 進階題

(　) 21. 下列債券中哪些具有選擇權？A 可轉換債券、B 可贖回債券、C 可賣回債券、D 可交換債券、E 附認股權債券　(A)ACDE　(B)ABDE　(C)ABCD　(D)ABCDE。

(　) 22. 下列敘述何者有誤？　(A) 普通公司債，如欲對外公開銷售，應全數委託證券承銷商包銷　(B) 目前債券買賣斷交易事採指標公債電腦議價制度　(C) 銀行是債券市場的市場創造者　(D) 一般個人投資戶承作 RP，利息收入採分離課 10% 的利息所得稅。

(　) 23. 下列敘述何者正確？　(A) 通常在同一天之中，交易商對同天期的 RP 與 RS 的利率報價，會 RP 高於 RS　(B) 通常公司債與可轉換公司債的 RP 利率會高於公債 RP 利率　(C)RP 是一種具有融資效果的債券交易　(D) 投資買賣斷債券所產生的債息收入，個人亦採 20% 分離課稅。

(　) 24. 下列敘述何者有誤？　(A)MBS 是以房貸或不動產相關債權為主　(B)REAT 為一種債券　(C) 通常 CLO 為商業銀行發行　(D) 通常 ABS 為投資銀行所發行。

(　) 25. 下列敘述何者有誤？　(A) 國內以人民幣發行的國際債券稱為寶島債券　(B) 公債發行前交易，公債可在發行前 15 營業日可先進行交易　(C) 小龍債券是以臺幣計價　(D) 分割公債是將正常普通債分割成零息債券發行。

❖ 證照題

( ) 26. 有關債券的種類，下列敘述何者錯誤？ (A) 依發行形式可分為實體公債與無實體公債 (B) 依發行機構可分為公債、公司債、金融債券 (C) 依債權之性質可分為普通債券與次順位債券 (D) 依票息之有無可分為有息債券與永久債券。 （金融市場常識）

( ) 27. 下列那些公司債條款的權利在投資人身上？甲. 可轉換公司債；乙. 可贖回公司債；丙. 可賣回公司債；丁. 附認股權公司債 (A) 僅甲及乙 (B) 僅丙 (C) 僅甲、丙及丁 (D) 甲、乙、丙及丁。 （2012-1 證券商業務員）

( ) 28. 一般情況下零息債券（Zero-coupon Bond）： (A) 其面額及利息均為 0 (B) 其到期日為無限久 (C) 總是以溢價發行 (D) 總是以折價發行。 （2012-1 證券商高級業務員）

( ) 29. 下列何者對「垃圾債券」的敘述為真？ (A) 預期報酬低的債券 (B) 屬於投資等級的債券 (C) 高風險、高殖利率之債券 (D) 高品質的債券。 （金融市場常識）

( ) 30. 登錄公債係指： (A) 無風險債券 (B) 無實體公債 (C) 垃圾債券 (D) 固定利率公債。 （金融市場常識）

( ) 31. 公債於何處流通買賣： (A) 集中交易市場 (B) 同時在集中與店頭市場 (C) 店頭市場 (D) 櫃檯市場。 （金融市場常識）

( ) 32. 櫃檯買賣公債之最低交易單位為面額新臺幣： (A) 壹千元 (B) 壹萬元 (C) 壹拾萬元 (D) 百萬元。 （2015-1 證券商業務員）

( ) 33. 目前臺灣公債交易的報價基礎： (A) 價格報價 (B) 殖利率報價 (C) 期限報價 (D) 市價報價。 （2011-3 證券商業務員）

( ) 34. 公債自營商在公債發行消息公布後，於正式標售之前，以約定利率和投資人進行買賣，而交割日訂在發行日之後，此種市場為？ (A) 公債發行前期交易市場 (B) 發行市場 (C) 次級市場 (D) 店頭市場。 （金融市場常識）

( ) 35. 證券商以自營方式承做買賣債券之附買回或附賣回條件之交易，其約定買回或賣回之期間，最長不得超過多久？ (A) 一年 (B) 九個月 (C) 三個月 (D) 六個月。 （2013-4 證券商業務員）

( ) 36. 以下有關附條件交易的敘述，何者錯誤？ (A) 公司債附買回交易的利率會低於公債附賣回的利率 (B) 附賣回利率會大於附買回利率 (C) 屬於貨幣市場工具 (D) 以政府公債為主要標的。 （2013-4 證券商業務員）

（　）37. 我國資產證券化之受益憑證，是由以下哪一機構負責發行？　(A) 創始機構　(B) 信託機構　(C) 承銷機構　(D) 保證機構。

（2015-2 證券投資分析人員）

（　）38. 將房地產抵押放款這類資產以證券的型態賣給投資人的過程，稱之為：(A) 資產上市　(B) 資產上櫃　(C) 資產證券化　(D) 資產標準化。

（2015-2 證券投資分析人員）

（　）39. 證券商在國外證券市場買賣「小龍債券」之結算交割是？　(A) 現款現券　(B) 臺灣集保公司　(C) 透過 Euroclear 或 Cedel 國際性結算交割辦理　(D) 臺灣證券交易所。　　　　　　　　　　　　　（金融市場常識）

（　）40. 有關金融資產證券化之創始機構將金融資產移轉予特殊目的機構之會計項目，下列何者正確？　(A) 出售資產　(B) 借入款項　(C) 同業往來　(D) 票據貼現。　　　　　　　　　　　　　　　（金融市場常識）

二、問答與計算題

❖ 基礎題

1. 請問債券依發行主體可區分為哪幾種？

2. 請問信用債券通常是指何種債券？

3. 請問通常國外最常用的浮動指標利率為何？

4. 請問可贖回與可賣回債券，贖回與賣回權各在於何者？

5. 請問可轉換與可交換債券，在轉換標的的差別為何？

6. 現行臺灣承做債券買賣斷交易基本的金額為何？

7. 現行臺灣個人承做債券附條件交易的利息收益稅負為何？

8. 假設某人有閒置資金 1,000 萬，欲向某交易商承做寶島債 RP，雙方約定承作天期 30 天，利率 2.5%，則到期時，交易商須以多少金額向客戶買回債券？

9. 假設於銀行以面額 5,000 萬之公債承做 RS，向交易商調度 5000 萬的資金，雙方議定利率 3.0%，10 天期，到期時交易商需支付多少本息給銀行？

10. 請問資產證券化之受益憑證，是由以下哪一機構負責發行？

11. 請問 CLO 與 CBO 的發行者各為何者？

12. 請問分割債券會將債券分成小額等份的何種債券？

❖ 進階題

13. 請描述投資人利用 RS 的養券過程？

14. 請描述若一債券交易商手中並無任何債券，如何利用 RP 與 RS 交易去創造套利空間？

15. 請說明分割債券的運作模式為何？

共同基金市場

本章內容為共同基金市場,主要介紹基金的簡介、基金的種類、指數證券型基金、指數投資證券、不動產投資信託基金、基金交易實務以及臺灣的基金市場等內容,其內容詳見下表。

節次	節名	主要內容
7-1	基金的簡介	介紹基金的發行、交易與收益。
7-2	基金的種類	介紹五種基金類型。
7-3	指數證券型基金	介紹指數證券型基金的種類、特性與國內的發展現況。
7-4	指數投資證券	介紹指數投資證券特性與國內發行現況。
7-5	不動產投資信託證券	介紹不動產投資信託證券的功能、投資優勢與國內市場發展現況。
7-6	基金交易實務	介紹基金的選擇、買賣與費用。
7-7	臺灣的基金市場	介紹國內不同時期的基金發展概況。

章前導讀

由於全球金融市場的詭譎多變、以及新金融商品不斷的推陳出新,使得投資理財必須具備豐富的知識與經驗,才能跟得上時代的脈動。因此近年來,投資人的理財的觀念,也隨著金融氛圍的變化,由以往較偏愛個人獨自操作,現漸委由專業的經理人代為操作管理。因此基金已是現代人,進行投資理財中不可或缺的金融工具。以下本章將依序介紹共同基金的簡介與種類、以及兩種證券化基金(ETF 與 REITs),並順勢介紹與 ETF 相仿的指數投資證券(ETN),最後介紹基金的交易實務、以及臺灣的基金市場。

7-1 基金的簡介

　　共同基金幾乎是現代人最常使用的投資理財工具，它兼具「小額投資」、「風險較低」、「專業化」的優點；且基金種類齊全，適合中長期與多元性投資的投資人持有。由於共同基金能較一般投資人，進行更專業的投資，所以一直深受投資人的青睞，因此全球的基金市場的管理規模，已日益蓬勃發展中。以下本節將介紹共同基金的發行、交易與收益。

一、基金的發行

　　共同基金（Mutual Fund）是指集合眾多小額投資人的資金，並委託專業投資機構代爲管理運用，其投資收益與風險則歸原投資人共同享有與分攤的一種投資工具，此又稱「證券投資信託基金」。

　　通常國內的共同基金，是由「證券投資信託公司」（簡稱：投信公司），以發行「受益憑證」的方式，向不特定的「投資人（受益人）」募集資金，並將委託「保管機構」代爲保管受益憑證與所募得的資金。通常投信公司再將所募得的資金，依基金的類別，投資於各種金融商品，並建立一個可以獲取最大利潤及分散風險的投資組合。

　　一般而言，基金在發行時，會先設定每單位「淨值[1]」，假設每單位淨值設定爲 10 元，若現在總共募集到 5 億個單位，則基金的「淨資產價值[2]」（Net Asset Value, NAV）爲 50 億元（10 元 × 5 億）。然後投信公司，再將這些資金投資於各種「金融商品」（如：股票、債券、期貨等），若一段期間後，假設基金的淨資產價值增爲 60 億元，則此時基金每單位淨值就由 10 元漲爲 12

---

1. 每單位的淨值是指基金之淨資產價值，按發行在外總單位數平均計算之每單位價值。
2. 淨資產價值（NAV）是指基金之全部資產減除全部負債之餘額。主要是以現金及證券爲主。

元（60 億元 ÷ 5 億）。所以投資人買賣基金的獲利情形，通常都跟淨值高低變化有關。

二、基金的交易

通常基金經過發行，由投資人（受益人）購得後，若現投資人欲想將之前所購得基金賣出，或現有投資人想再進行買入，此時必須根據投資人所持有的是開放型或封閉型基金之差別，會各有不同的交易場域。以下將分別說明之：

（一）開放型基金

通常開放型基金投資人可透過三種管道去申購或贖回基金，分別為「投信公司（境外基金代理人[3]）」、「代銷機構」與「代銷平台」。以下分別介紹這三種管道。有關開放型基金的發行與交易架構圖，詳見圖 7-1。

1. **投信公司（境外基金代理人）**：通常投資人欲交易境內（或境外）基金，可以直接找投信公司（或境外基金代理人），進行申贖。通常此管道投資人只能針對投信公司（或境外基金代理人），所發行（或代理）的基金進行交易。

2. **代銷機構**：基金代銷機構乃被委任為代理銷售基金的機構，在國內通常是以銀行、證券商、投顧公司為主。通常代銷機構會跟多家境內及境外基金的發行機構簽約，所以投資人在此管道買賣的基金較多元。

3. **代銷平台**：國內金管會為了基金銷售通路，不用侷限在代銷機構，於 2016 年成立「基金銷售平台」（基富通證券），因此境內及境外基金的發行機構，只要跟國內的「集中保管結算所」簽約後，就可以將基金放到「基金銷售平台[4]」上架銷售。此管道將提供基金發行機構，更多元的銷售通路，不再受代銷機構的牽制，將使得投信公司更容易募集與銷售基金。

---

[3]. 國內於2005年後採取「基金總代理制」，境外基金需委任國內一家投信、投顧或證券商擔任「境外基金代理人」，以負責境外基金的銷售與募集。

[4]. 國內現今的基金代銷平台，除了「基富通證券」外，尚有兩家民間以投資顧問公司名義所成立的平台，分別為「聚亨基金平台」與「中租全民基金平台」。

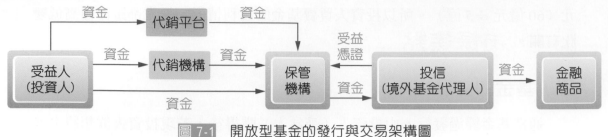

圖 7-1　開放型基金的發行與交易架構圖

（二）封閉型基金

通常封閉型基金的買賣是採集中市場交易，須由保管機構將已發行的受益憑證至國內的「證券集中保管結算所」登錄，然後就可在「證券交易所」掛牌上市。投資人須透過透過「證券經紀商」下單至「證券交易所」進行競價撮合交易。有關封閉型基金的發行與交易架構圖，詳見圖 7-2。

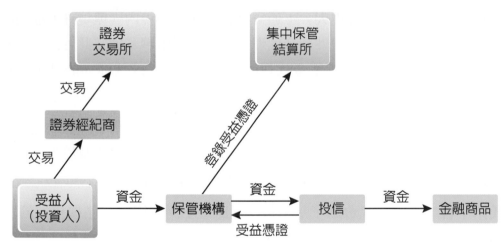

圖 7-2　封閉型基金的發行與交易架構圖

市場焦點

基金在平台買的三大特色？

（圖文資料來源：節錄自商業週刊 2021/03/30）

基金平台擁有三特色，大受基金投資人喜愛

　　過去投資人習慣在銀行與基金公司申購基金，不過近年來，喜愛在基金平台申購基金的投資人卻日益增加，成為最受歡迎的申購管道，主因在於基金平台具有三大特色：

➡ **一站購足**：基金平台上架境內外各品牌基金，基金數量多且類型多元，投資人可透過基金平台申購各家基金，滿足一站購足的需求。

➡ **使用方便**：基金平台透過網路交易，不受時間、地點限制，24小時皆可交易下單。而且平台提供的多項便利交易功能，可輕鬆方便管理資產，基金投資也變得好Easy。

➡ **省最多**：基金平台不時推出申購優惠活動，讓投資人隨時享有好優惠。此外，基金平台透過集保交易，無信託管理費，交易成本更省。

從服務、交易、產品三面向著手，挑出優質平台

　　隨著基金平台受歡迎，業者積極搶進布局，目前國內已有多家基金平台，該如何挑選？俗話說：買東西要貨比三家，基金平台的挑選亦然，優質的服務、創新的交易功能、多元的產品項目三者缺一不可。基金平台最大的宗旨，就是幫助讓懂與不懂的投資人，都能在平台上實現預期的報酬目標，因此能針對基金投資人的痛點出發，提供下列功能：

➡ **有溫度的服務**：客戶不論投資金額多寡，皆能享有專業且親切的投資顧問服務，滿足投資需求。

➡ **交易功能創新**：基金平台不斷推出交易新功能，即時排除交易問題。像是當天開戶當天下單、逐筆買回，預約申購，到價通知等功能，幫助投資人掌握最佳投資時點。未來還會推出如：母子基金投資、買賣點分析等新功能。

➡ **產品項目多元**：提供超過2,000檔的境內外知名基金供投資人選擇，單筆申購最低門檻3,000元。此外，還提供智能理財服務，這是在國外以高資產客戶為主的智能理財，投資門檻低，讓投資人小額就能開始投資理財，追求財務自由的夢想。

短 評

　　過去大部分的投資人都是去銀行或投信申購基金，自從基金平台出現後，也愈來愈多人會選擇此通道。基金平台擁有三特色：一站購足、使用方便、手續費低廉，因此逐受投資人的青睞。

三、基金的收益

　　一般而言，投資共同基金的收益來源，大致包括：資本利得、利息收益及匯兌利得這三種。

（一）資本利得

　　資本利得是投資基金最主要的收益來源，投資人藉由基金淨值（或市價）的買賣價差計算出損益。通常國內對投資境內基金的資本利得是免課稅的；但對境外基金的資本利得需課稅的，但須與基金的利息收益分配合併課稅；若境外基金的資本利得與利息利益，相加總超過新臺幣 100 萬元，才需要申報課稅。

（二）利息收益

　　投信針對基金是否配息之規定會載明於公開說明書上，配息的頻率亦由投信所決定。通常投資於境內基金，若有配息且配發的利息部分是來自境內投資

收益，則須依各類所得扣繳率標準扣繳。但境外基金的部分，需資本利得與利息收益分配合計超過 100 萬元，才須繳納基本稅額[5]。

（三）匯兌利得

若投資境外基金會比境內基金，多一種損益就是匯兌損益。所以投資人投資境外基金，若計價幣別出現大幅升值時，會使資本利得與利息收益都有匯兌利得，反之，就會有匯兌損失。

7-2 基金的種類

共同基金依據不同的分類標準，可以分成許多基本類型，以下將分別針對不同種類的基金進行介紹：

一、依成立組織型態區分

（一）公司型基金

公司型基金（Corporate Type Fund）是由少數具有共同投資目標的投資人，組成投資公司發行股份，投資人透過購買公司股份成為股東，股東將資金交由公司委由專業經理人代為運用投資與管理，至於基金投資所產生的損益為股東共同承擔與享有。通常美國有許多基金（如：避險型基金）都採用此種型式。

（二）契約型基金

契約型基金（Contractual Type Fund）是由基金以發行受益憑證的方式。通常基金委託人（投信公司）、受託人（保管銀行）及受益人（投資人）三方會訂立信託契約；投信公司在契約規範下運用基金投資，保管銀行負責保管信託資產，至於基金投資所產生的損益為受益人共同承擔與享有。通常臺灣所發型基金是屬於此種型式。

---

5. 國內於2010年起，若國人投資海外商品，其利息收益與資本利得合計超過新臺幣100萬元，且個人或家庭的所得總額，亦超過新臺幣670萬元者，才須針對海外收益進行課稅。

二、依註冊地點區分

（一）國內基金

國內基金（Domestic Fund）或稱境內基金，乃由國內投信所發行的基金，在國內註冊，以國內投資人為銷售對象，並受國內相關法令的監督管理。基金投資範圍包括國內及國外的各項金融商品，其計價幣別以新臺幣為主。

（二）國外基金

國外基金（Offshore Fund）或稱境外基金，乃登記註冊於我國以外地區，由國外基金公司發行，以全球投資人為銷售對象。基金投資範圍以國外的金融商品為主、並亦有基金投資於國內，其計價幣別以外國貨幣為主。通常境外基金要在國內銷售必須經過金管會核准或申報生效後，才可合法銷售。

三、依發行型態區分

（一）開放型基金

開放型基金（Open-end Type Fund）是指投信公司自基金發行日起一段時間後，投資人可隨時向投信公司申購或贖回，所以基金的發行單位數，也隨投資人的申贖而變動，並無固定的規模。申贖的價格是以基金的每單位「淨值」來計算，且投資人的申贖單位數可為畸零單位。通常申購時，以當日每單位淨值計算，若贖回時，以次日的每單位淨值計算。通常市面上的基金，以此型式居多。

（二）封閉型基金

封閉型基金（Closed-end Type Fund）是指投信公司在基金募集期間，向投資人募得欲發行的單位數後，便將基金申請上市。上市後，投信公司不再接受贖回或申購，因此基金的單位數不會變動，有其固定的規模。將來投資人可透過證券商，以基金當時的「市價」在集中市場（證券交易所）公開交易買賣，但最小交易單位為 1 張（亦即 1,000 單位數）。通常封閉型基金的每單位交易市價、與基金的每單位淨值，並不一定相同，常有折溢價的情形發生[6]，若出現市價高（低）於淨值，稱為溢（折）價。

---

6. 臺灣早期基金市場發行約30檔的封閉型基金，且都有嚴重的折價問題，後來1994年證券主管機關同意封閉型基金可以轉型為開放型基金，於是1995年紛紛開始轉型，直至2013才全數都改成開放型。

現行國內於證券交易所上市的兩種證券化類型基金，就是以封閉型基金的型態，分別為「指數證券型基金」（ETF）、以及「不動產投資信託證券」（REITs）。

表 7-1　為開放型與封閉型基金的主要差異

	開放型基金	封閉型基金
交易方式	向投信申購贖回	在集中市場交易
申購贖回	可隨時申購贖回	不可隨時申購贖回
基金規模	不固定	固定
買賣情形	依淨值買賣	依市價買賣
交易單位	可為畸零單位	須以1張（1,000單位）為基礎

四、依投資方針區分

（一）積極成長型基金

積極成長型基金（Aggressive Growth Fund）是各類型共同基金中最具風險性者。主要投資目的是在追求資本利得的極大化，因此具有高風險、高報酬的特性，其投資標的通常是風險性較高的投資工具。例如：轉機股、投機股，甚至投資在期貨、認股權證、選擇權等投機商品上。

（二）成長型基金

成長型基金（Growth Fund）主要投資目的在追求長期穩定的增值利益，其投資標的多是經營績效良好，股價有長期增值潛力的高科技股、或具成長潛力的中小型股為主。此基金追求的利潤以資本利得為主，股利收入僅佔小部份。風險性較積極成長型低，蠻受投資人青睞的，目前國內大多數基金皆屬此類。

（三）成長加收益型基金

成長加收益型基金（Growth and Income Fund）不僅追求投資的資本利得，且重視穩定的利息和股利收入。投資標的以未來前景看好且股利分配穩定的股票為主，如：大型績優股或成熟產業的股票。另外，亦可投資可轉換公司債，因為可轉換公司債是股票與債券的結合，當股票價格上揚時，可轉換成股

票，享有資本利得；當股票價格下跌時，則享有公司債之固定收益。此類基金風險性較前二者爲低。

（四）收益型基金

收益型基金（Income Fund）其投資目的主要在追求穩定的固定收益，對於資本利得較不重視，投資標的以具有固定收益的投資工具爲主。如：特別股、債券與票券等。國內此類型基金是以「債券型」與「貨幣型」基金爲主，此類基金風險甚低，較適合希望藉由投資帶來固定收入的投資人購買。

（五）平衡型基金

平衡型基金（Balanced Fund）其投資目標是希望同時著重在資本利得與固定收益。其投資標的爲「股票」及「債券」兩種，其風險性則由此兩種投資標的的比例決定。此種基金與成長加收益型基金類似，但不同的是成長加收益型基金是投資在股票上，藉由選股達到操作目標，而平衡型基金則將投資組合分散於股票和債券。

五、依投資標的區分

國內各投信公司所發行之基金因受金管會對投資標的物之限制，其募集之資金只能投資於有價證券，主要在於股票及債券；而國外基金投資標的物不受限制，所以種類繁多。其投資標的分類如下：

（一）股票型基金

股票型基金（Stock Fund）的投資標的物，是以一般的普通股爲主，亦投資與股票相關的商品，如：存託憑證（DR）等，所以又稱爲股票中的股票。通常投資股票型基金，是以資本利得的收入爲主，少部分的基金亦有配息的制度[7]。通常投資股票型基金的淨值波動較大，容易受到總體經濟、政治發展、企業營運、利率等多方因素的影響。

---

7. 有關基金的配息，通常會採取月、季、年配息，但也有些基金將利息收益累積在淨值內，不另外配息，會顯示爲累積型。

（二）債券型基金

債券型基金（Bond Fund）的投資標的物，是以固定收益的公債、公司債與金融債券為主，亦投資債券附買回（RP）。通常投資債券型基金，除了有些會收到債券的利息收入（採月、季、年配息，但也有些將利息收益累積在淨值內，不另外支息）外，尚須注意債券的價格會因利率而變動，使得基金的淨值變動。所以投資債券型基金有可能賺到債息收益，但因基金淨值下降也會有資本利得損失。通常投資債券型基金必須注意利率風險、信用風險、通貨膨脹風險。

通常全球的債券型基金，又可依投資標的的風險高低，分為以下三種：

1. **高品質債券**：標的物以成熟市場國家或公司，所發行具投資等級[8]的債券為主。

2. **新興市場債券**：標的物以新興市場國家或公司，所發行具投資等級的債券為主。

3. **高收益債**：標的物以信用等級較低、違約可能較高、且不具投資等級的債券為主。

（三）貨幣型基金

貨幣型基金（Money Market Fund）的投資標的物，是以貨幣市場的商品為主，例如：商業本票、承兌匯票、國庫券、銀行可轉讓定期存單、短天期（一年期以下）債券或債券附買回（RP）等。且根據國內的規定貨幣型基金須將資產的 70% 以上，投入於銀行存款、短期票券及附買回交易等商品上。通常投資貨幣型基金，大部分是以基金所收到的利息收入換算成穩定的資本利得為主。所以貨幣市場基金具有極低風險、以及收益穩定的特色。

（四）認股權證基金

認股權證基金（Warrant Fund）的投資標的物，是以認股權證或股票選擇權為主，其槓桿倍數約為一般基金的 3 ～ 5 倍左右，此類基金的淨值波動幅度相當大，風險性及報酬率也較高。

---

8. 有關債券的信用評等等級，依據國際知名信用評等公司標準普爾的規定須在BBB以上，才具投資等級。

（五）期貨基金

期貨基金（Future Fund）的投資標的物，是以股票指數、利率、外匯、商品（如：咖啡、原油與黃金）期貨為主。由於期貨基金的買賣進出時機點，通常是利用電腦程式交易系統，來嚴格判斷與執行交易，完全沒有人為感情因素的干擾，並在全球市場找尋不同的多空獲利機會，且注重分散風險，所以其實波動風險並不高。

（六）礦產基金

礦產基金（Mining Fund）的投資標的物，是以從事開發銷售黃金、白銀等貴金屬；或銅、鋁、鎳、錫等一般金屬的相關的公司股票為主。若基金以貴金屬為主要標的亦稱為貴金屬基金（Precious Metals Fund），由於貴金屬行情常與股票、債券等投資工具呈相反走勢，所以可作為投資組合中的平衡工具。通常貴金屬基金又以黃金為主，稱為黃金基金（Gold Fund），黃金又是對抗通貨膨脹的利器，所以在通貨膨脹時，特別適合投資此類基金。

（七）能源基金

能源基金（Energy Fund）的投資標的物，主要是以從事石油、天然氣與煤礦等能源勘探、開發、生產及分銷業務等相關的公司股票；亦可投資於致力於開發、利用新能源技術之公司股票。通常能源基金的漲跌以原油的走勢為主，所以國際原油價格漲跌，左右能源廠商的利潤高低。通常原油價格會受國際石油輸出國組織（OPEC）的輸出政策、美國戰備儲油政策、原油使用大國的需求以及油品公司營運策略的影響。

（八）產業基金

產業基金（Sector Specific Fund）的投資標的物，是以某單一產業的股票為主，常見產業基金分類如：高科技、內需型、地產股、休閒概念、醫療生化等產業。通常產業基金的走勢，端視產業的景氣變化為主。

六、依投資地區區分

（一）單一國家型基金

單一國家型基金（Country Fund）乃基金募集資金後，以單一國家的證券為主要投資標的物。當投資人特別看好某個國家具有發展潛力時，可以針對該國選擇國家基金。但此類基金的波動風險會較區域型與全球型高。

（二）區域型基金

區域型基金（Regional Fund）乃投資於某特定區域內的證券，可分散對單一國家的投資風險。一般常見的區域型基金有大中華經濟圈、亞洲新興國家、北美地區、拉丁美洲及東歐基金等。儘管區域型基金分散投資在區域內各國金融市場，但由於區域內景氣變化與金融市場變化，常常會出現同步的特性，因此投資風險仍比全球型基金高。

（三）全球型基金

全球型基金（Global Fund）乃在某一國募集資金後，將資金投資遍及全球金融市場，亦可投資募集資金的當地國。通常全球型基金最能夠達到分散風險目的，且投資收益亦最為穩健。

七、其他類型基金

（一）避險型基金

避險型基金（Hedge Fund）又稱「對沖型基金」；或稱「套利型基金」（Arbitrage Fund）。避險型基金是運用金融市場上的各種金融工具（如：股票、債券、期貨、外匯及選擇權等），進行極其複雜的金融操作，並承擔高風險，以獲取高收益為目的。其操作手法，例如：可利用兩種波動性相關係數極高的商品，其價格間發生價差時，可買進價格偏低的商品，同時賣出價格偏高的商品，以鎖住中間的價差利潤。

（二）保本型基金

保本型（Guaranteed Fund）其特色在於投資基金一定期間後，投信承諾投資人可以領回全部或一定比例的本金，以強調保本的功能。其操作方式：乃先

將大部分的本金投資於固定收益證券，以孳生利息，當投資到期時，讓基金先具有回收本金的保障；然後再期初將少數的本金，投資於衍生性金融商品，以獲取額外的收益。

若當市場行情與投資人預期相同時，投資人可依據事先約定的比率（參與率）分紅；當市場行情與投資人預期相反時，至少可依約定到期時，由投信保證收回本金。此基金通常會設定「參與率」、「保本率」、「投資期限」，在期限到期時，本金擔保才有效；若在未到期之前，提前解約贖回，不但沒保證，且通常會加收懲法性手續費。

（三）雨傘型基金

雨傘型基金（Umbrella Fund）是由投信公司將旗下數檔子基金（Sub-funds）包裝成一個組合商品，將數個子基金納入在一個傘型基金的結構下。通常傘型下的子基金種類包括股票型、債券型、平衡型、保本型、組合型、指數型等等各類型的基金，且投資範圍亦包含全球各市場。

投資人若投資此檔傘型基金，通常享有可以在一定期間內，依據自己的投資屬性的需要，任意的轉換子基金，除可節省轉換費用外，也可使投資更為有效益。此外，此類設計對基金公司而言，提供投資人一定次數的免費轉換條件，誘使投資人將資金留存於公司的旗下基金。

（四）組合型基金

組合型基金（Fund of Fund），又稱基金中的基金。此類基金是將資金直接投資於數種不同類型的基金，其包括股票型、債券型、平衡型、指數型、全球股票型、全球債券型及全球平衡型基金等。

投資人選擇這類型基金的好處，是可以同時投資不同類型的基金，分散投資風險；且等於有數數個基金經理人，幫投資人操盤投資，所以專業性較一般型的基金高。但投資人在未獲利前，必須先付出兩次管理費用，所以資金成本較直接買賣一般型基金高。

7-3 指數證券型基金

　　指數證券型基金，亦稱為「交易所交易基金」（Exchange Traded Funds，ETF），其乃是一種將指數予以「證券化」的商品。所謂指數證券化乃投信公司，在市場上先尋找某一籃子股票組成某種股價指數，當作所要追蹤的依據，然後發行受益憑證，提供投資人間接投資，其投資報酬績效乃追縱所設定的股價指數報酬。

　　通常此種受益憑證，須在交易所以「封閉型基金」的型態掛牌上市，依據市價進行買賣；且 ETF 提供投資人類似開放型基金，可隨時進行實物或現金申購與贖回的機制，所以規模不固定；且亦提供如同股票交易一般的信用交易制度。所以 ETF 是一種兼具「封閉型基金」、「開放型基金」、「股票」的指數證券化金融商品。

　　以下本節將介紹 ETF 的種類、特性與臺灣的發展現況。

一、種類

　　通常 ETF 的發行種類，可以依據是否持有實物現貨、發行人的不同以及所要追蹤的資產種類不同，可區分為以下幾種類型。

（一）依持有實物與否區分

　　ETF 其所要追蹤的指數報酬，投信可以利用下列兩種方式去追蹤模擬建構出來，其一為直接去購買現貨的「現貨型 ETF」；另一為利用衍生性商品去模擬的「合成型 ETF」。

1. **現貨型**：是將資金直接投資於標的指數之成分股，以完全複製[9]（買所有成分股）或代表性樣本複製[10]（買進部分代表性成分股）兩種方式，來追蹤指數表現。

---

9. 國內發行的現貨ETF中，採取完全複製成分股，如：「臺灣50」、「中型100」等多檔ETF。
10. 國內發行的現貨ETF中，採取代表性樣本複製成分股，如：「寶電子」等多檔ETF。

2. **合成型** [11]：乃資金不直接投資於指數成份股，而是運用各種衍生性金融商品（如：期貨、選擇權等）來複製或模擬指數的報酬，以追蹤指數表現。通常此種 ETF 不能進行實物申購與贖回的機制，僅能進行現金申購與贖回。

（二）依發行人區分

ETF 依發行人區分，可分為境內型與境外型兩種。

1. 境內型

ETF 的發行人為國內的發行機構。通常在國內發行的 ETF，又依發行標的成份來自國內或國外，分為國內成分證券型與國外成分證券型兩種。

(1) 國內成分證券：發行以國內指數為成分股的 ETF。例如：國內上市的「臺灣 50」、「中型 100」等 ETF。

(2) 國外成分證券：發行以國外指數為成分股的 ETF。通常此類型又可分為以下兩種型式：

①國外成分股：乃在國內發行一檔 ETF，其將資金投資國外某些指數成分證券的現股。例如：國內上市的「FB 上證」、「元上證」等 ETF。

②國外連結式：乃在國內發行一檔 ETF，其將大部分資金投資國外某檔 ETF，少部分資金投資於衍生性商品或現金，並將這些投資標的重新包裝成 ETF 於國內上市交易。但此連結式 ETF，其將資金投資多少比例至國外某檔 ETF，由發行機構決定，所以連結式 ETF 的績效與原投資國外某檔 ETF 的績效，可能不盡相同。例如：國內上市的「寶滬深」ETF。

2. 境外型

ETF 的發行人為國外的發行機構。通常國外發行機構將已在國外上市的 ETF，經由國內代理人引進，直接跨境在國內上市交易，所以此 ETF 屬於原裝進口，國內為其第二上市交易地。目前國際上跨境上市多採此種方式。此外，若境外第一上市地的每單位 ETF 掛牌價格，不一定能符合國內投資人交易習慣，因此境外型在國內上市，通常不限定每張為 1,000 的單位。例如：國內上市的「上證 50」ETF 交易單位為 100 單位。

---

11. 國內的合成型ETF，以國外成分證券型、槓桿型與反向型為主，如：「元上證」、「寶滬深」、「T50正2」、「T50正反1」等多檔ETF。

（三）依資產種類區分

ETF 依資產種類區分，大致可分為以下四種類型：

1. **股票型**：其資產標的為全球主要的股票市場，包括：全球跨區域、區域型及單一國家的股票指數 ETF；或以產業類別區分的金融、科技、房地產、航運等各種產業股票指數 ETF。

2. **債券型**：其資產標的為各類債券，包括：各國政府公債、新興市場債、公司高收益債、資產抵押債、可轉債、通膨指數債等債券指數 ETF。

3. **匯率型**：其資產標的為全球各國的貨幣，包括：連結「單一貨幣」如：美元、英鎊、歐元、日圓、紐幣、人民幣等貨幣 ETF；以及連結「一籃子貨幣」。例如：十大工業國貨幣指數 ETF。通常匯率型 ETF 大都以外匯期貨持有居多，而非持有真實貨幣。

4. **商品型**：其資產標的商品原物料市場，包括：原油、黃金、白銀、基本金屬、貴金屬、農產品等原物料商品 ETF。通常商品型 ETF 的標的都是期貨商品，而非現貨商品。

（四）依據選股自主程度

基本上，早期的 ETF 是採被動式的追蹤某些標的指數（或投資組合）為主，但近年來，已發展出主動式管理的 ETF，甚至發展出介於主動式與被動式之間的智慧型（Smart Beta）ETF。以下將分別介紹之：

1. **主動式管理**

通常採取主動式管理的 ETF，仍然維持 ETF 的發行架構，但其主要特色在於其並非追蹤某一個標準指數，而是採取主動選股機制，追蹤表現出眾的個股，追求超額報酬。

2. **被動式管理**

通常採取被動式管理的 ETF，為該類型基金的標準型式。一般而言，經理人依據要追蹤的指數其成分股，採取被動式管理；但現在對這些成分股的管理方式，又可分為以下兩種：

(1) 按照權重調整

基金經理人依據原來要追蹤的指數內的成分股,按其權重的高低,進行操作調整。此乃標準的 ETF 的管理型式。

(2) 機動調整

基金經理人的選股,仍依據要追蹤的指數內的成分股,但其配股並不完全採取權重,而是採取機動調整。例如:現在可選取的成分股中,哪些現在是較具題材性或潛力性,就給予這些成分股較高的權重,採取較機動性的選股策略,所以此類型的 ETF 被稱為「智慧型(Smart Beta)ETF」。因此類型 ETF 的操作模式,結合傳統被動型以及主動投資選股的優勢,所以為投資人提供更靈活的操作策略。

二、特色

ETF 乃是一種兼具「封閉型基金」、「開放型基金」、「股票」的指數證券化金融商品,其具以下兩點重要特性:

(一)被動式管理

一般基金的選股是以追求績效最大化為目標,而 ETF 是以模擬某特定指數的表現為目的,其主要操作策略在使基金淨值與某特定指數,維持高程度的連動關係。且當模擬指數內的成分股標的股票或權重發生改變時,則 ETF 內的投資組合內容與權重也必須跟著調整,以符合被動式管理之目的。

(二)實物 / 現金「申購與贖回」的機制

ETF 最大特色就是具有實物 / 現金「申購與贖回」的機制。若是「現貨型」ETF,可藉由實物「申購與贖回」之特性,讓 ETF 的市價與淨值更相近。其實物「申購與贖回」的運作說明如下,且有關實物申購與贖回架構圖,見圖 7-3。

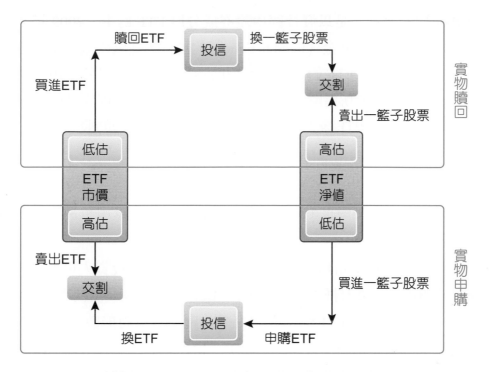

圖 7-3　現貨型 ETF 的實物申購與贖回架構圖

　　當 ETF 市價高於淨值時，投資人可以買進一籃子股票，並同時賣出（放空）ETF，並將其所持有之一籃子股票向投信申請「實物申購」ETF，以因應同日賣出 ETF 之交割，藉此賺取價差套利；此「實物申購」的動作，因投資人賣出 ETF，會讓 ETF 的市價跌至與淨值相近。相反的，當 ETF 淨值高於市價時，投資人可以買進 ETF，並同時賣出（放空）一籃子股票，並以買進的 ETF 向投信申請「實物贖回」，以因應賣出一籃子股票的交割，藉此賺取價差套利；此「實物贖回」的動作，因投資人買進 ETF，會讓 ETF 的市價漲至與淨值相近。

三、國內的發展現況

　　臺灣第一檔 ETF 乃於 2003 年 6 月由元大寶來投信所發行的「臺灣卓越 50 基金」，該基金的標的物為臺灣市值前 50 大的股票，其代表著大型權值股的績效表現。爾後，證交所為了增加 ETF 商品的多元性，且為吸引更多的投資人加入 ETF 市場，陸陸續續的推出連結國內各種股價指數的 ETF。由於這些股價指數 ETF 的發行，讓國內投資人多了一個能夠有效分散的投資工具。

　　臺灣初期的發展，是以發行國內證券成分股 ETF 爲主。2009 年 8 月由國內寶來投信率先以連結基金（Feeder Fund）的形式，在國內發行了一檔「標智滬深 300ETF」，該檔 ETF 的主要購買標的物，乃在香港掛牌上市的「標智滬深 300ETF」，該 ETF 所追蹤指數的成分股包含上海、深圳交易所中，最具代表性 300 檔股票。此 ETF 讓臺灣投資人可以間接投資中國的股票市場。

　　隨後，2009 年 8 月由匯豐中華投信，以跨境原裝進口方式，引進已在香港掛牌交易的兩檔 ETF －「恆生 H 股指數 ETF」以及「恆生指數 ETF」，讓臺灣對香港股市、或對中國企業有興趣的投資人，可以直接用新臺幣就買到在香港交易的 ETF。

　　近年來，國內 ETF 市場逐漸發展成熟，政府爲提供投資人更豐富的投資選擇。國內於 2014 年 10 月推出「槓桿型」（Leveraged）與「反向型」（Inverse）兩種類型 ETF。槓桿型 ETF 的漲跌幅度是追蹤指數標的倍數；反向型 ETF 的漲跌方向是與追蹤指數相反方向。例如：「槓桿型 ETF」，若爲追蹤國內某指數之 2 倍槓桿，則該 ETF 漲跌幅度最大爲 20%，具有槓桿效果；若是「反向型 ETF」，若追蹤的指數今日漲幅 1%，則此 ETF 會跌 1%，漲跌方向剛好跟追蹤指數相反。

　　國內自 2003 年首次推出 ETF 後，經過近 20 年來的發展，市場的發行種類與交易日趨多樣與成熟。基本上，國內除了推出股價指數 ETF 之外，國內於 2011 年由寶來投信推出唯一一檔追蹤臺灣指標公債指數的「寶來富盈債券 ETF」，但礙於流動性不佳，已於 2013 年下櫃。2017 年由元大投信改推「美國政府公債 ETF」，希望藉由美國公債的交易活絡性，希望能夠讓債券型 ETF 起死回生。這幾年來，經過櫃買中心的努力，債券型 ETF 的發行終於開花結果，由於債券穩定的配息的特性，逐受穩健投資人的青睞，截至 2021 年 2 月已共發行 101 檔，且整體發行規模約佔 68%[12] 更甚於證交所主導的股票型 ETF。

　　此外，國內於 2015 年首推商品型 ETF －「元大標普高盛黃金 ER ETF」，爾後，市場又陸續推出以石油、黃豆、白銀與銅爲標的商品類型 ETF。此外，又推出以美元匯率指數爲標的的「元大美元指數」ETF、與以美國 S&P500 股價指數波動率爲標的的「富邦 VIX」ETF，以上這些商品類型的 ETF，都是以「期貨」價格，當作連結的標的。

---

12. 根據投信投顧公會網站資料，截至2021年2月國內ETF總規模爲1兆6,322億元（共200檔），其中，債券型ETF的發行規模爲1兆1,090億元（共101檔），約佔整體的68%。

　　自 2015 年後，ETF 的成交量佔整個股市比重逐漸增加，因此證交所大舉擴增發行標的，讓 ETF 市場更往國際化與多元化的趨勢發展。所以陸續推出連結國際股價指數的 ETF，如：日本東證、日經 225 指數、美股道瓊、標普 500（S&P500）、那斯達克（NASDAQ）指數、歐洲 50 指數、韓國 Kospi 200 指數、印度 NIFTY 指數、中國上海証券 500 指數、越南 30 指數等 ETF。2017 年進一步推出結合傳統被動式與主動式的「智慧型（Smart Beta）ETF」，如：「兆豐臺灣藍籌 30ETF」，以提供給投資人更多樣的投資選擇。

　　國內 ETF 市場經過這幾年來的發展，不僅發行檔數呈現爆炸式成長、且交易量與發行規模也佔有一席之地（詳見圖 7-4 與圖 7-5 說明）。截至 2021 年 6 月底，國內共有 205 檔 ETF 上市櫃，發行規模為 1 兆 9,302 億元，約佔所有基金發行規模的 39.71%[13]。以下表 7-2 為國內各類主要 ETF 的規格說明。

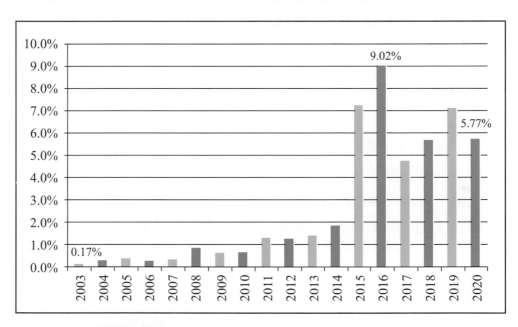

圖 7-4　國內 ETF2003 年～ 2020 年成交值占大盤比重

　　（圖 7-4 短評：國內 ETF 市場自 2003 年開始發行，成交值占大盤比重僅為 0.17%，經過幾年的經營，於 2015 年起，ETF 市場開始呈現新契機，2016 年成交量曾佔大盤比高達 9.02%，2020 年則為 5.77%。由此可見 ETF 市場的成交比重對大盤仍佔一定份量。）

---

13. 根據投信投顧公會網站資料，截至2021年6月國內ETF總規模為1兆6,322億元，國內所有基金發行規模為4兆8,605億元，ETF發行規模約佔整體的39.71%。

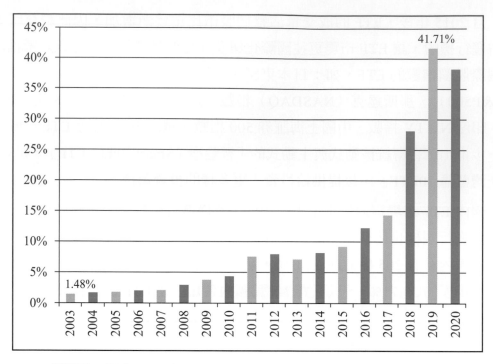

圖 7-5　國內 2003 年～ 2020 年 ETF 規模占所有基金規模比重

　　（圖 7-5 短評：國內 ETF 市場自 2003 年首度發行以來，初期發行以國內指數 ETF 為主，發行規模溫和成長。2009 年開始引入海外指數為標的與各種類型 ETF 後，規模開始快速的增長。直至 2017 年大量的發行以海外債券為主的 ETF，讓市場呈現爆發性的成長，並於 2019 年達到近期高峰，發行規模超過基金總發行量的 4 成。由此可見標榜被動式管理的 ETF，逐受國內投資人的青睞。）

表 7-2　國內各類主要 ETF 的規格

	現貨型			合成型				
	國內成分證券型	國外證券成分股	境外型	國外證券成分股	國外證券連結式	境外型	槓桿型及反向型	期貨商品型
ETF名稱	寶來臺灣50	富邦上証180	香港恒生H股	寶來上證50	寶來標智滬深300	標智上證50	元大寶來臺灣50正向2倍	元大寶來標普高盛黃金ER
追蹤指數	臺灣50指數	上証180指數	恒生H股指數	上證50指數	滬深300指數	上證50指數	臺灣50指數	標普高盛黃金ER指數

	現貨型			合成型				
	國內成分證券型	國外證券成分股	境外型	國外證券成分股	國外證券連結式	境外型	槓桿型及反向型	期貨商品型
發行人	寶來投信	富邦投信	香港恆生投資公司	寶來投信	寶來投信	香港中銀保誠資產	元大寶來投信	元大寶來投信
交易單位	1,000	1,000	200	1,000	1,000	100	1,000	1,000
升降幅度	10%	無限制	無限制	無限制	無限制	無限制	20%	無限制
信用交易	可	可	可	可	可	可	可	可
申贖方式	實物	現金	現金	現金	現金	現金	現金	現金
申贖單位	500,000	500,000	100,000	500,000	500,000	800,000	500,000	500,000
收益分配	有	無	有	無	無	無	無	無

資料來源：臺灣證交所

 市場焦點

20世紀最重要的金融創新
被動打敗主動ETF走向「大尾」之路

（圖文資料來源：節錄自臺灣銀行家 2020/09/07）

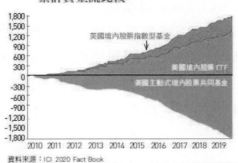

圖3 流入指數型基金與傳統共同基金之累計資金流比較

資料來源：ICI 2020 Fact Book

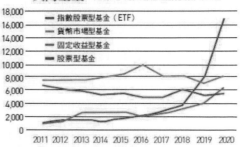

圖4 ETF超越傳統基金，成台灣規模最大共同基金——台灣四大基金類型規模變化（億元）

資料來源：投信投顧公會　註：資料皆為1月

自 1993 年全球第一檔由道富資產管理所發行，追蹤 S&P500 的 SPDR 問世以來，由於大受投資人歡迎，除了各種股票指數的 ETF 發展迅速外，更開枝散葉，其他多種資產也紛紛推出各種相應的產品。據 2019 年底美國銀行（Bank of America）的分析，ETF 持有的全球資產已膨脹至創紀錄的 6 兆美元，不到 4 年即跳升逾倍。其中，美國仍是最大市場：美國 ETF 資產規模從 10 的 7,700 億美元，以逾 20% 的年增率迅速成長，目前市場整體規模已站上 4.3 兆美元。美銀預測，若按此速度發展，2020 年底，美國 ETF 的資產管理規模可能上看 5.3 兆美元，到 2030 年將達到 50 兆美元。

作為對照組，主動式管理的傳統共同基金，近 10 年來的規模成長不增反減，投資人的資金大量從主動式共同基金中流出，轉而流入到 ETF 與指數型基金（Index Fund）等被動式投資產品。以美國為例，從 2010 至 2019 年，ETF 產品共流入約 1.3 兆美元，主動型基金則是流失約 1.8 兆美元。

臺灣 ETF 發展創多項第一，爆紅成為國民投資工具

ETF 為何在臺灣紅得這麼快？至少有 3 個原因：一方面，臺灣最喜主動投資，自行管理，以戰後嬰兒潮及 X 世代前段班為代表的人口團塊，已逐漸退休或老化。這些經歷「全民瘋股」熱，最活躍的投資人，由於生命週期的改變，投資觀念也出現轉變。伴隨著全球高齡化、少子化的趨勢，現在投資重點，已從追求高絕對報酬，轉向著重永續經營。

再者，歷經 2008 年金融危機的衝擊後，許多金融消費者也漸漸體悟，即使將資金交給專業人員管理，但由於市場變幻莫測，永遠沒有人能正確預測並打敗大盤，因此與其交給人管理，不如採取被動投資，反而是比較穩健的方式。

對於年輕世代而言，由於資金有限，自己投資很難做到風險分散，同時許多金融商品有一定進入門檻，交易成本也高，ETF 恰好有低進入門檻、風險分散與手續和管理費用低等特色，對年輕人而言相當具吸引力。此外，長期低利時代來臨，由於利差空間縮小，主動管理方式，為了僅僅增加 1% 的獲利，可能要冒的風險與投資壓力，較過去往往倍增。因此在成本效益上，ETF 提供一個相當平衡的投資方式。

短 評

　　自從 ETF 推出後，不僅在全球大行其道，在國內也風光滿面。雖標榜被動式管理的 ETF 績效不能夠完全打敗所有主動型基金，但以其長久較穩定的績效，確實是長期投資的好標的。

7-4 指數投資證券

　　所謂的指數投資證券，亦稱為「交易所交易證券」（Exchange Traded Note, ETN），乃由證券商所發行的一種追蹤且連結某些指數報酬，且具到期日的有價證券。基本上，ETN 跟 ETF 在國際分類皆屬於「交易所掛牌商品」（Exchange Traded Product, ETP），兩者有些神似，但 ETF 是基金的形式，ETN 卻不是，兩者仍存在許多差異。以下本單元將說明 ETN 的特性、以及國內的發展現況。

一、特性

　　基本上，ETN 與 ETF 具有共同的特點，它們都是在集中市場以市價進行交易，且都以追蹤某些資產的指數報酬績效為目的，並都具有申贖機制。但兩者仍存在著許多差異，以下將說明 ETN 與 ETF 主要差別的特性。

（一）不持追蹤資產

　　一般而言，ETF 的發行單位，須將投資人所交付的資金，買進欲追蹤指數的相關有價證券。但證券商在發行 ETN 時，將投資人所交付資金，並沒有強制規定如同 ETF 必須要去持有指數成分股或相關的有價證券。因 ETN 不用持有有價證券，所以也不會有要分配股息收益之問題，但有些 ETF 因持有有價證券，若標的證券有配發股息或債息時，那 ETF 就可能必須分配收益給投資人。

（二）僅可現金申贖

通常 ETN 與 ETF 都具有隨時申購與贖回的機制，其目的乃希望能夠讓市價與淨值的折溢價幅度縮小。基本上，有些現貨型的 ETF，若要進行申贖機制，可以採取實物申購與贖回，合成型的 ETF，則可利用現金申贖機制；但 ETN 因不必持有任何追蹤資產，所以投資人要進行申贖時，僅提供現金申贖機制。

（三）沒有追蹤誤差

通常 ETN 與 ETF，都以追蹤某些資產的指數報酬績效為目的。ETF 必須持有追蹤指數相關的有價證券，所以投信在進行換股、換倉的動作時，會有交易的摩擦成本，也會有匯率上買賣的價差成本，因此會出現些許的追蹤誤差。但 ETN 並不持有任何追蹤資產，績效報酬完全取決於證券商發行時，對投資人的承諾，因此證券商只要承諾到期時，給予投資人追蹤指數完全相同的報酬，因此理論上，並不存在追蹤誤差。

（四）強制提前贖回

由於證券商發行 ETN 是有設定到期日。若 ETN 所連結的指數，在到期日前出現大漲，可能會對發行券商產生利益的壓縮，此時證券商可會設定一個價位（如：發行價的 150%，「天花板價」），將 ETN 提前贖回。若 ETN 所連結的指數，在到期日前出現大跌，讓 ETN 的價格（如：發行價的 10%，「地板價」）已低於下市標準，此時證券商可能將 ETN 提前贖回。至於國內發行的 ETF，則沒有強制提前贖回的限制。

（五）到期結算績效

一般而言，ETF 一旦發行後，只要發行單位不進行清算，ETF 會永續的在市場交易，並沒有到期的問題。但 ETN 在發行時，通常會載明到期日，且證券商會承諾 ETN 到期時，將以其追蹤指數的報酬進行結算。例如：某一 ETN 連結臺灣加權股價指數，若發行時，臺灣加權股價指數為 10,000 點，ETN 發行市價為每單位 10 元；若 ETN 到期時，臺灣加權股價指數漲 10%，為 11,000 點，則證券商須以每單位 11 元向投資人買回。

（六）具發行人風險

通常發行 ETF 的投信，會將投資人的資金購買指數成分股、或相關的有價證券，所以投資人的投資損益，主要取決於 ETF 的投資標的。但發行 ETN 的證券商，須承諾投資人在 ETN 到期時，給予追蹤指數的報酬，所以投資人除了承擔追蹤指數漲跌的風險外，仍須承擔發行機構的信用風險，因此投資 ETN 前，應須瞭解發行機構的信用與財務狀況。

表 7-3　ETN 與 ETF 的異同比較

	異同項目	ETN	ETF
相同處	集中市場交易	是	是
	追蹤指數績效	是	是
	折溢價情形	有	有
	流動性風險	有	有
相異處	持有追蹤指數成分資產	不一定要	需要
	分配收益	無	部分ETF有
	申贖機制	現金	實物/現金
	追蹤誤差	無	有
	強制贖回	有	無
	到期期限	有	無
	發行人信用風險	有（券商發行）	無（投信發行）

二、國內發行現況

國內自從 2003 年發行指數股票型基金（ETF）之後，此種採被動式管理，連結指數報酬的商品，逐漸受到國人歡迎；各種類型的 ETF 亦如雨後春筍般的冒出，整個 ETF 市場欣欣向榮。有鑑於此，臺灣證券交易所，於 2019 年 4 月允許證券商發行與 ETF 相似，都以追蹤且連結某些指數報酬的有價證券商品－ ETN 上市。國內首檔 ETN 將由富邦證券所發行，其乃連結「臺灣指數公司特選大蘋果報酬指數報酬」，該 ETN 所連結的標的物為臺灣指數公司所編製，標的股票為國內與「蘋果」公司供應鏈有關的十大個股，該 ETN 藉以表彰臺灣大型蘋果概念股的績效表現，且標的每年調整一次。

由於 ETN 不具追蹤誤差，其績效表現應比 ETF 更為直接明顯，或許會對投資人更具投資吸引力。截至 2021 年 7 月，國內已發行 31 檔 ETN，其標的包括：國內外股價指數與債券指數，並也有股價指數的槓桿型與反向型 ETN 發行。預期將來應會朝向更多樣性的資產連結，提供投資人更多元的商品。

◀Follow! 市場焦點

從開放外資投資看ETN優勢

（圖文資料來源：節錄自自由時報 2021/04/09）

包裹式投資單一產業
四檔「ETN」竄出頭！
弄懂風險不怕踩雷

國內主管機關宣布，自 2021 年 3 月 31 日起開放外資（含境外華僑及外國人在內）可投資指數投資證券（ETN），但不包括指標價值計算方法含有新臺幣匯率的 ETN 標的。政策宣布以來，不少 ETN 發行券商都接到外資客戶的詢問，包括 ETN 是否有追蹤誤差、資金如何運用，以及何謂含有新臺幣匯率的標的等。其實這些外資關心的議題正是 ETN 的特性，也可說是 ETN 的優勢。

追蹤指數的商品若出現本身報酬和指數表現有落差，就是所謂的「追蹤誤差」，原因可能來自成份股買不到位、買賣股票成本太高等，而「無追蹤誤差」正是 ETN 最大的優勢之一。ETN 是承諾在到期時付給投資人等同於追蹤指數的報酬（需扣掉投資手續費），換句話說，券商避險過程的誤差以及成本都不會反映在 ETN 的淨值裡，因此投資人如果看上的是夢幻指數的行情，理論上買進 ETN 更能完整追蹤。

另外，券商是否實際持有股票也是投資人的一大疑問。事實上每家發行券商都會在公開說明書載明避險方式，也就是有沒有買股票，怎麼買，除了股票還買什麼。查詢市場發行較積極的券商公開說明書，多以在外流通金額門檻作為買進股票部位的依據，而除了股票，亦可買進主管機關許可之與成分股高度相關的金融商品作為避險部位。

最後，是否含有新臺幣匯率也是這波開放裡外資最關切的，更是 ETN 設計上的另一個顯著優點。簡單來說，目前市場上多數連結國外股票的 ETN 都是跟著原幣指數漲跌，（例如：統一 MSCI 美國資訊科技指數即為美元指數），而不用轉換成以台幣計價的表現，因此無論台幣漲或跌，都不影響 ETN 的淨值。

短 評

國內最近開放外資可以投資 ETN，讓其擁有無追蹤誤差的特性受到重視。由於 ETN 可與追蹤指數幾乎同步漲跌，確實可以當作較完美的避險工具，因此受到外資許多關切。

7-5 不動產投資信託證券

本書的第六章已經概述不動產證券化的概念，本章主要要介紹的是以「基金」型式，出現的不動產投資信託證券（Real Estate Investment Trusts, REITs）。所謂不動產投資信託證券（REITs）是將不動產（如：辦公大樓）的所有權，予以證券化，也就是將所有權分割成小額等份的股權，再將這些股權以「封閉型基金」的方式發行，供投資人進行小額投資。所以投資人購買此基金，等於間接擁有不動產所有權的一部分。投資人買此類基金，除了可享有固定配息（配息的資金來源為辦公大樓的租金收入）外，也可享有不動產增值波動的資本利得收益。

國內現行已有多檔 REITs 掛牌上市交易，由於此商品是在交易所，是少數以不動產為標的的證券化商品，因此投資人較為陌生。所以本節將介紹 REITs 的投資優勢與國內市場發展現況，讓投資人對 REITs 有基本的認識與了解。

一、投資優勢

投資人若投資 REITs，將具備以下幾項投資優勢。

（一）收益穩定

REITs 將不動產每年所收到的租金收入，轉為現金股利分配給投資人，所以投資 REITs，除可享有不動產增值波動的資本利得收入外，亦可領取相對穩定的股利收益。

（二）具保值性

通常不動產具有保值、抗通膨的特性，所以投資 REITs 等於間接投資在不動產。當通貨膨脹發生時，不動產的租金等相關收益，亦會跟著物價水準向上調整，所以 REITs 的股利收益與市場價格，亦隨之水漲船高。所以投資 REITs 會隨著不動產增值而受益，具有一般證券所沒有的保值與抗通膨之特性。

（三）流動性佳

通常 REITs 乃於集中市場以封閉型基金形式掛牌交易，與股票交易方式相同，所以流動性與變現性，均較直接投資在不動產佳，且投資門檻也較低，一般投資人皆可參與。

（四）稅賦優惠

在依據國內不動產證券化的條例規定，REITs 的信託利益（如：租金收入）應每年分配股利收益。REITs 除了免徵證券交易稅外，股利收益個人只採取 10% 分離課稅。因此對於資金大戶而言，其節稅的效果會比資金放在定存好。

二、國內的發展現況

國內不動產證券化商品是以債券商品為開始，而基金的方式乃於 2005 年 3 月由富邦金控，將其旗下富邦人壽大樓、富邦中山大樓、天母富邦大樓以及潤泰中崙大樓等四棟商辦、住宅大樓與商場，受託給臺灣土地銀行，所發行首檔 REITs －「富邦一號不動產投資信託基金」（簡稱：富邦 R1）於證交所掛牌上市。

　　臺灣自 2005 年首次推出 REITs 後，初始的發展還算順利，短短 2 年內共發行了 8 檔，但由於受到 2007 年～ 2008 年美國次級房貸金融危機的影響，使得投資人對於不動產證券化的商品產生疑慮，自此之後國內再無新的 REITs 發行。且由於受法規限制，舊基金不允許擴大發行，也難以找到新投資標的、且基金無法因操作績效良好，而領到分紅或激勵獎金，使得管理機構流於物業管理而非基金操盤、且不動產市場價值上揚，標的物的價值也無法有效反應在股價等因素的影響；最終使得發行機構與投資人皆意興闌珊，造成基金流動性較差，導致 2010 年～ 2014 年間，共有 3 檔直接被受益人清算，使得 REITs 市場萎縮。

　　近期，政府為了改善 REITs 的發展困境，逐步調整相關法規，例如：允許尋找海外不動產當作標的物，此讓 REITs 的投資標的更為多元；且國內這幾年房地產價格回跌，讓租金報酬率回升，讓 REITs 市場重燃起柴火。所以 2018 年又再添加兩檔生力軍，截至 2021 年 7 月，共有 7 檔 REITs 掛牌交易。表 7-4 為國內現行 REITs 的發行情形表。

表 7-4　國內現行 REITs 的發行情形表

基金名稱（簡稱）	資產池標的物	受託機構
富邦一號（富邦R1）	商辦、商場、住宅	臺灣土地銀行
國泰一號（國泰R1）	商辦、商場、旅館	臺灣土地銀行
新光一號（新光R1）	商辦、商場、住宅	兆豐商業銀行
富邦二號（富邦R2）	商辦、廠辦	臺灣土地銀行
國泰二號（國泰R2）	商辦	兆豐商業銀行
圓滿一號（圓滿R1）	商辦	王道銀行
樂富一號（樂富R1）	商辦、商場、旅館、國外不動產	京城銀行

Follow! 市場焦點

REITs資產翻漲市場派清算變現

（圖文資料來源：節錄自自由時報 2021/04/13）

臺灣 REITs（不動產投資信託）發展逾 15 年，初期有八檔掛牌，10 年前陸續清算三檔，「元老級」僅剩五檔，其資產淨價值與當初發行總額，至少都有 6 成以上增值幅度，新光 R1 更高達 1.2 倍，當增值效益無法反映在股價，就讓「市場派」有機可乘，只要默默吞下關鍵股數後發動清算，就可快速變現、賺了就跑。

市場派看中「元老級」REITs 在 15 年歷經兩波房市大多頭，資產價值翻漲 6 成到 1 倍多，而 REITs 主要收入僅是租金收益，15 年來僅 2 成出頭，直接清算不僅可快速變現、且獲利空間遠大於不到 3% 年租金漲幅。

但壽險金控是有苦難言，當初配合「政策」發行，主管機關卻限制壽險業者投資單檔 REITs 不能超過基金淨值的 10%，得靠同業「盟友協防」，來防禦市場派糾眾衝破三分之二的清算門檻。

此外，僅能由銀行（信託業）擔任受託機構，但受託機構未必具有不動產管理專業，多採保守經營；若要提高收益率，例如：都更等，也難以通過受託機構許可，且認列方式保守，造成基金淨值與市價有一定的落差。

短 評

由於近年來的房地產上漲，並沒有使 10 幾年前所發行的 REITs，其淨值有太大的增幅，因此實際價值被低估。因此市場派覬覦變現後的價值，於是紛紛獵殺 REITs，只要能取得管理權，就可將它清算變現獲取利益。

7-6 基金交易實務

投資人買賣基金，首先會面臨到如何挑選合適自己的基金？須至何地辦理申購與贖回？以及投資時須支付哪些交易手續費或管理費用？。以下將針對這三點進行說明之。

一、基金的選擇

投資共同基金，首先，須依個人的報酬與風險偏好，選擇適合自己的基金類型，且須進一步選擇操作績效良好的基金進行投資。所以以下首先介紹國內投信投顧公會，針對各類基金的報酬與風險的高低進行分類，以供投資人選擇自己合適的類型；其次介紹國際知名基金評等公司，對基金的各項指標進行評鑑，以供投資人選擇。

(一) 基金風險報酬等級分類標準

國內的投信投顧公會，為了讓基金投資人簡易的明瞭基金風險報酬高低的區分情形，將其等級化。其所公布的「基金風險報酬等級分類標準」，是依基金類型、投資區域或主要投資標的（產業），由低至高，區分為「RR1、RR2、RR3、RR4、RR5」五個風險報酬等級[14]。其中，RR1 表低度風險、RR2 表中低度風險、RR3 表中度風險、RR4 表中高度風險、RR5 表高度風險。表 7-5 為各類基金風險報酬等級分類標準。

表 7-5　各類基金風險報酬等級分類標準

基金風險	基金類型		主要投資標的/產業
RR1	貨幣型基金		短期票券
RR2	債券型基金		具投資等級的債券
RR3	債券型基金		不具投資等級的債券
	平衡型基金		股票與債券混合
	股票型基金	全球型	一般型、公用事業、電訊、醫療健康護理等
		區域型	一般型、公用事業、電訊、醫療健康護理等

---

14. 近期，金管會已請投信投顧公會將原先的五級制，參考歐盟標準，分為七個等級。

基金風險	基金類型		主要投資標的/產業
RR4	債券型基金	可轉換債券	
	股票型基金	全球型	中小型、科技型等各種產業
		區域型	中小型、科技型等各種產業
		單一國家型	一般型
RR5	股票型基金	全球型	黃金貴金屬
		區域型	黃金貴金屬
		單一國家型	中小型、科技型等各種產業

資料來源：國內投信投顧公會

（二）基金的評鑑

至於尋找操作績效良好的基金，通常可藉由各種衡量基金相對績效的指標，如：夏普指數、崔納指數與傑森指數，來協助評估。這些指標雖被廣泛的使用，但在實務上，某些基金評鑑機構，有提供比較簡明的相對應指標，可供投資人直接參考。國際上有幾家知名的基金評等機構，如：「晨星」（Morningstar）、「理柏」（Lipper）、標準普爾（Standard & Poor's, S&P）等機構，都有對基金的各項指標進行評鑑，而且提供簡明的評鑑指標，供投資人參考。此處將針對全球知名基金評等機構—「晨星」對基金評鑑，所提供的星等評級進行說明。

晨星基金評鑑公司為了提供投資人，一個全方位的衡量基金績效指標。於是設置了「晨星星等評級」（Morningstar Rating），該評鑑乃根據基金的「報酬」、「風險」以及「費用」這三個面向進行評鑑，其評級指標的高低用以呈現，被評鑑的基金與同類組基金，其風險調整後的相對績效表現。透過分組評級的方法，讓投資人更容易清楚的知道被評鑑的基金在同類組基金中，其基金經理人和管理團隊的相對優劣表現如何。

晨星公司為了提供給投資人簡明的評鑑指標，其將基金的績效指標，予以星等化，星等共分為 5 級。晨星的星等評級，乃將單一基金與相同組別基金進行比較。若依評鑑指標所得分數愈高的基金，其所獲得的星等評級也愈高。評級結果由最高 5 顆星到最低 1 顆星。通常同組別內，得分最高的前 10%，可獲

得 5 顆星評級；之後 22.5%，可獲得 4 顆星評級；再之後 35%，可獲得 3 顆星評級；再之後 22.5%，可獲得 2 顆星評級；最後的 10%，則僅獲得 1 顆星評級。

星等評級的分配比例係按常態分布，獲得 1 顆星評級的基金數目等同 5 顆星評級的基金數目，有關晨星的基金星等評級分布詳見圖 7-6 的說明。有關「晨星」的基金績效評分星等資料，可於國內的「證券投資信託暨顧問商業同業公會」的網站搜尋到結果。網址：http://www.sitca.org.tw/。

圖 7-6　晨星的基金星等評級分布（圖片來源：晨星）

二、基金的申購贖回（買賣）

通常基金的買賣或申購贖回，基本上封閉型基金與開放型基金的運作方式是不同的。

（一）封閉型基金

封閉型基金乃首次向發行憑證的投信公司申購後，以後將來的買賣都透過證券商至證券交易所集中撮合交易，並以基金的「市價」進行交易。

（二）開放型基金

開放型基金通常可透過基金的代銷機構、或直接找投信公司，以基金的「淨值」申購或贖回。通常在國內申購境內或境外基金都是用當日的淨值買入，若贖回境內（境外）基金則是以次日（當日）的淨值當作計價標準。

三、基金的費用

通常投資人買賣基金，須負擔一些交易成本。且有部分的費用已在淨值中先行內扣，所以投資人並沒有查覺。投資人需額外支出的費用，就封閉型基金

而言，就是證券手續費（0.1425%×2=0.285%）與交易稅（0.1%）兩者的加總；就開放型基金而言，就是手續費與申請轉換基金的轉換費。至於有關基金所有可能應付的費用說明如下：

（一）申購或贖回手續費

　　申購基金時所支付的行政費用，此費用主要用來支付投信公司的投資諮詢服務和申購基金時所有的行政費用。此手續費大部分是申購時就被收取，但也有贖回時再收取的。通常申贖國內股票型基金的手續費為 1.5%，國外股票型基金的手續費[15]為 3%，且債券型基金的手續費與股票型基金也會不同；但通常銷售機構會依不同客戶，給與程度不一的折扣。有關國內外各類型基金的申購／贖回手續費，整理於表 7-6。

（二）轉換費

　　投資人可以將目前的基金申請轉換為同家投信公司所發行的其他基金，例如：由股票型基金轉換為債券型基金。通常銀行會收取若干的轉換手續費用，國外基金的轉換手續費通常是 500 元，國內基金則不一定；另外，部分的投信公司也會收取轉換金額的 0.5% 至 1% 左右的轉換手續費。

（三）管理費

　　基金管理費又稱為「經理費」，為投信公司管理該基金資產之管理服務費用，這是投信公司最主要的收入來源。通常基金管理費會從每日投資損益所計算出的淨值直接扣除，所以屬於內含費用，投資人在申購時，有時會忽略此管理費金額的高低。一般而言，基金保管費用會依據各類型基金而有所調整，通常約為 0.3% ～ 2.5% 左右。有關國內外各類型基金的管理費用，整理於表 7-6。

---

15. 通常實務上有些境外基金，既使同一檔基金會依據手續費「前收型」或「後收型」。除了手續費結構不同外，其管理費（內扣費用）的收取也不一樣，所以投資人申購基金時須詢問清楚，以免便宜了手續費，但被貴了管理費。以下針對「前收型」與「後收型」：

    (1) 前收型：投資人申購時，就先繳手續費。通常基金代碼會在基金名後加上A、A股、X股等字眼。

    (2) 後收型：投資人贖回時，再繳手續費。有些手續費有逐年遞減的特性，也就是投資愈久，手續費愈便宜。通常基金代碼會在基金名後加上B、B股、C、F、U、Y股、N股等字眼。

表 7-6　國內外各類基金的費用一覽表

基金類別		申購/贖回手續費	基金管理費
國內基金	股票基金	1.5%	1.5%
	債券基金	0.5%	0.3%
國外基金	全球股票基金	2%～3%	0.6%～1.5%
	單一國家/產業基金	2%～3%	1.5%～2.5%
	債券基金	1.5%～2%	0.65%～1.6%

資料來源：Smart 致富月刊

（四）保管費

　　基金都會有個資產保管機構（保管銀行），保管機構當然也會對基金收取費用，保管費是從基金資產中自動扣除，投資人不需另外支付。一般而言，基金保管費用約為 0.2% 左右；但通常此保管費有些基金已將計入在管理費內，並不一定會單獨顯現出來。

（五）分銷費

　　基金的分銷費（Distribution Fee）又稱管銷費，通常此費用為針對後收手續費 B 類基金，所收取的一項內含的行銷管理費。此費用會在基金的淨值中內扣，投資人不需再另外支付。

7-7 臺灣的基金市場

　　國內基金市場的發展並不悠久，早期由 4 家老投信寡占；爾後，再歷經兩次對本土投信的申請開放；直至近期的開放外資經營。因此國內的基金市場沿革，大致依投信的發展可分為三個時期，以下將依這三大時期的市場狀況，進一步說明之：

一、寡占萌芽時期（1983 年～ 1991 年）

　　國內於 1982 年，依據當時行政院核定之「引進僑外資投資證券計畫」，特許成立 4 家投信公司（分別為國際、光華、建弘與中華投信），當時各家投信

公司須至海外各募集一檔投資於國內的基金，間接的將海外資金引入於國內證券市場。當年最早成立的基金，乃由 1983 年國際投信（現已改為兆豐國際投信）所募集成立的「國際臺灣 ROC 基金」。

開放初期，各家投信至海外引入外國資金，成立股票型基金，投資於國內股票市場。直至 1986 年，國內本土才成立第一檔開放型基金為「國際第一基金」，可銷售給國內投資人。且國內首檔封閉型基金－「國際國民基金」乃於 1988 年才問世。此外，當時隨著臺灣經濟快速成長，外匯存底急速上升，政府也提供國內投資人，投資國外股市的機會，於 1989 年成立了第一批投資於海外的股票型基金；且緊接著債券型與平衡型基金也相繼成立。

此時期所成立的 4 家老投信，大都具黨營色彩或政商關係良好者，受到市場較多的保護。因為寡占時期，所以業者的經營與投資績效並不理想，且加上投資人對基金的認識，仍處於懵懂時期，所以整個市場發展較為緩慢，屬於初期萌芽階段。

二、開放競爭時期（1992 年～ 1999 年）

國內股市歷經 80 年代末期與 90 年代初期，指數上下大幅震盪的洗禮，因此政府希望藉由開放新投信設立，提高法人在股市的交易比重，藉以發揮穩定股市的功能。於是 1991 年 9 月修訂「證券投資信託事業管理規則」，重新允許開放新投信公司之設立。並於 1992 年新開放 11 家投信公司加入該市場，此時市場開始進入競爭時期，結束 4 家老投信的寡佔時期，一般將這個階段稱為「第二波」投信的開放期。

爾後，政府為了順應國內外金融環境變化，且為使投信產業更為健全，於 1996 年 3 月修正管理規則，放寬發行人資格規定、刪除僑外投資投信事業持有股份總數的限制，以及取消投信事業首次募集之基金，必須為封閉型基金等規定。政府 1996 年起，又開放多家新投信公司的申請，此時市場更為開放競爭，此階段被稱為「第三波」投信開放期。

國內的基金市場，經過上述這兩階段的開放，市場的制度亦有許多變革與調整，以讓市場朝向更健全的發展。首先，1992 年規定任一檔基金，投資於任一股票之股份總額，不得超過該股票已發行股份總數之 10%。其次，證券主

管機關為了國內封閉型基金長久以來都有大幅折價的問題，於 1994 年同意將封閉型基金可以轉型為開放型基金，於是至 1995 年大部分的封閉型紛紛轉型成開放型[16]。且於 1999 年開放投信事業得運用投信基金從事證券相關的期貨交易，使得基金的操作更為多元與靈活。

三、導入外資時期（2000 年至今）

國內於 1997 年以後，政府開放外資機構法人以及銀行可以籌設投信；當年友邦投信是 AIG 集團（American International Group）在臺設立的投信公司，也是臺灣第一家純外商背景的國際化投信公司。爾後，2000 年以後出現自從荷蘭銀行收購光華投信起，國際間知名的外商集團紛紛來臺併購本土投信、或另新設立投信，揭開了國際級資產管理公司與銀行，在國內經營投信業務的另一波競爭序幕。

由於外資投信的導入，更促進國內基金市場朝向創新性與國際化的發展，其讓國內市場所發展的基金商品、以及投資的範圍，更為多樣廣泛。此時基金種類逐漸由傳統型式走向創新變化，如：組合型、保本型、雨傘型基金、ETF 與 REITs 等的相繼出現。且於 2006 年解決國內以往債券型基金，多半投資短期債券的妾身不明情形，將債券型基金明確的分流為「貨幣型」與「債券型」基金。並於 2009 年成立首檔的期貨型基金，增加市場商品的多樣性。

此外，政府於 2000 年，開放投信業者可以從事「全權委託投資業務」（代客操作）；以及 2006 年實施的「境外基金總代理制」，明確的規範國內投信業可以擔任境外基金總代理人；因此這幾年政府的開放措施，提供投信業者更多元的業務經營，對基金市場的發展具有正面的影響。

近年來，吹起一股金融科技浪潮，國內基金市場也順應時代潮流，於 2016 年由政府、投顧公司聯合多家投信業者成立「基金銷售平台[17]」，此提供投信業者另一基金銷售通路，不用侷限在代銷機構。此外，國內有新創業者於 2020 年推出「基金互換（Fund Swap）平台[18]」，提供不同投資人，若持有同一家投

---

16. 國內最後一檔「富邦富邦」封閉型基金，也於2013年底申請改制為開放型。
17. 國內基金代銷平台，「基富通證券」為政府主導，其餘，「聚亨基金平台」與「中租全民基金平台」，是以「投顧」名義開設的平台公司。
18. 國內的「好好投資」新創公司推出全球首創的「基金互換平台」，可以讓民眾在平台上互換基金，可即時交割、確認成交價且免手續費，並運用區塊鏈技術記錄交易，透明度高。

信的基金可購過此平台互相交換，省去變換基金時所須的手續費。而且基於科技的發達，眾多基金平台都融入機器人理財，以協助投資人進行選擇合適的標地商品，也有為數不少基金的操盤委託具深度學習能力的人工智慧協助擇股與擇時。所以當今整個基金市場在科技的進步，正逐漸改變基金產業的運作生態。

　　國內基金市場經過近 40 年的發展，截至 2021 年 6 月，國內共有 39 家投信公司的成立，總共公開募集發行了 987 檔的境內基金，境內基金的規模已超過 4.8 兆元。此外，國內更有 40 家境外基金總代理人，代理 64 家境外基金機構的商品，且共代理了超過 1 千多檔境外基金，供國內的投資人選擇，境外基金規模共超過 3.6 兆元。由此可見共同基金的事業，正在國內日益的成長茁壯發展中。

 ## 市場焦點

「好好投資」讓基金互換好容易

（圖文資料來源：節錄自遠見雜誌 2020/01/03）

科技與金融的結合
重新定義基金下單平台

　　基金投資人想把投資了四年的基金贖回。但他從網銀上按下贖回鍵，一直到資金入帳，才確認交易價格。一共花了七天，還得扣掉信託管理費，如果把這筆錢另投其他基金，又是一筆申購手續費；就算只是在同一家基金公司轉換基金標的，也要收取轉換費。「贖回等很久、手續費又高，難道基金交易沒有更好的方法？」身為資深「基民」的小湯不禁苦惱。

　　未來，這個痛點有機會解決。金融科技新創「好好投資」，與遠東商銀攜手開辦。好好投資端出的方案叫做「新型態網路基金交換平台 FundSwap（好好換）」，可以讓民眾在平台上互換基金，可即時交割、確認成交價且免手續費，並運用區塊鏈技術來記錄交易，透明度高。

「FundSwap 以 P2P 概念出發，能達到五贏！」好好投資創辦人指出，除了民眾，基金公司、基金銷售機構（銀行）、好好投資與政府都能獲益。基金是互換而非單向贖回，被交易基金的整體資產規模（AUM）可維持穩定，基金公司的操作績效就不會因此打折。此外，以銀行為首的基金銷售機構，過去賺的是基金交易手續費，現在由好好投資購進基金，讓銀行多了 B2B 商模，也激活了數金用戶。加上使用區塊鏈技術，交易紀錄透明。

短 評

近期，國內推出網路「基金交換平台」—好好投資，採會員制，民眾可在平台上與會員互換基金，並運用區塊鏈技術記錄交易，透明度高，解決現行基金轉換時，耗時耗本的痛點。

一、選擇題

❖ 基礎題

( ) 1. 下列何者非共同基金的特性？ (A) 風險低 (B) 專業管理 (C) 報酬高 (D) 小額投資。

( ) 2. 下列何者為發行共同基金的機構？ (A) 投資信託公司 (B) 投資顧問公司 (C) 信託投資公司 (D) 證券金融公司。

( ) 3. 通常投信發行基金後，通常會將受益憑證委託何者保管？ (A) 證券集保公司 (B) 投資顧問公司 (C) 保管銀行 (D) 證券金融公司。

( ) 4. 請問國內的基金是屬於何種類型？ (A) 契約型 (B) 股份型 (C) 公司型 (D) 合夥型。

( ) 5. 下列對於開放型基金敘述何者正確？ (A) 基金規模固定 (B) 通常掛牌上市 (C) 依市價買賣 (D) 可以贖回。

( ) 6. 下列對於封閉型基金敘述何者為非？ (A) 依淨值買賣 (B) 通常掛牌上市 (C) 基金規模固定 (D) 不可以申購贖回。

( ) 7. 通常平衡型基金的標的物為何？ (A) 債券與期貨 (B) 債券與票券 (C) 股票與債券 (D) 股票與期貨。

( ) 8. 下列基金何者獲利可能最高？ (A) 積極成長型 (B) 成長型 (C) 成長加收益型 (D) 平衡型。

( ) 9. 下列對保本型基金的敘述何者有誤？ (A) 投資的本金具保障 (B) 通常具有投資期限 (C) 先將資金投資在債券 (D) 必須在集中市場交易。

( ) 10. 下列對傘型與組合基金的敘述何者正確？ (A) 皆包含數檔基金 (B) 投資標的物為基金 (C) 投資標的物為股票 (D) 波動較一般基金高。

( ) 11. 下列何者為 ETF 的特性？ (A) 依淨值買賣 (B) 可以實物申購 (C) 主動式管理 (D) 規模固定。

( ) 12. 請問現貨型與合成型 ETF 的主要差異為何？ (A) 交易場所 (B) 持有實體股票 (C) 發行人 (D) 資產種類。

( ) 13. 下列何者非國內境外型 ETF 的特性？ (A) 新臺幣計價 (B) 屬於第二次上市 (C) 每張 1,000 單位 (D) 國外已有上市相同的 ETF。

( ) 14. 若一檔槓桿 2 倍反向型 ETF，若該追蹤指數今日漲 3%，請問該 ETF 今日可能漲跌如何？ (A) 漲 6% (B) 跌 6% (C) 漲 3% (D) 跌 3%。

( ) 15. 下列何者為 ETF 與 ETN 的敘述,何者有誤? (A) 都在集中市場交易 (B) 都具追蹤誤差 (C) 都具流動性風險 (D) 都會出現折溢價的情形。

( ) 16. 下列對不動產基金(REITs)的敘述,何者有誤? (A) 又稱不動產投資信託證券 (B) 通常會配息 (C) 以投資商用不動產為主 (D) 是屬於開放型基金。

( ) 17. 下列何者為 REITs 的特性? (A) 依淨值買賣 (B) 可以實物申購 (C) 封閉型基金 (D) 規模不固定。

( ) 18. 依現行國內規定,REITs 分配股利時,採分離課稅多少? (A) 10% (B) 6% (C) 20% (D) 0%。

( ) 19. 依據國內公布的「基金風險報酬等級分類標準」,何者的風險等級最高? (A) RR0 (B) RR1 (C) RR5 (D) RR10。

( ) 20. 通常投資境內的股票型基金手續費為何? (A) 1% (B) 1.5% (C) 2% (D) 3%。

❖ 進階題

( ) 21. 下列敘述何者正確? (A) 買賣基金只能直接找投信購買 (B) 國內的基金是屬於公司型 (C) 基金受益憑證通常保管在代銷平台 (D) 能源基金是買開採能源公司的股票。

( ) 22. 下列敘述何者有誤? (A) 指數股票型基金(ETF)是依市價買賣 (B) REITs 是依市價買賣 (C) 通常 Smart Beta ETF 結合主被動管理方式 (D) 避險型基金的風險其實很小。

( ) 23. 下列敘述何者有誤? (A) 保本型基金通常具投資期限 (B) 平衡型基金通常是票券與債券相互投資 (C) 封閉型基金規模固定 (D) 發生通貨膨脹可以選擇投資黃金基金。

( ) 24. 下列敘述何者有誤? (A) 投資全球型基金可以規避市場風險 (B) 封閉型基金可能比較有流動性風險 (C) 通常投資在風險報酬等級為 RR1 較 RR2 的風險低 (D) 投資國內基金的資本利得收益免課稅。

( ) 25. 下列敘述何者正確? (A) 投資國外基金的資本利得收益免課稅 (B) 通常基金的管理費都要向投資人另外收取 (C) 通常投資國內基金的利息收益會被課稅 (D) 知名基金評等公司-晨星公司將基金的績效星等劃分成 10 級。

❖ 證照題

( ) 26. 國內的共同基金依成立的法源基礎劃分皆為： (A) 契約型 (B) 股份型 (C) 公司型 (D) 合夥型。 （2013-2 證券商高級業務員）

( ) 27. 開放型共同基金是： (A) 追逐絕對報酬 (B) 追逐相對於標竿 （benchmark）高的報酬 (C) 報酬波動性一定很低的投資 (D) 投資人與投信公司議價買進基金。 （金融市場常識）

( ) 28. 下列哪一項關於封閉型基金的敘述是最正確的？ (A) 基金的價格高於淨資產價值 (B) 基金的價格等於淨資產價值 (C) 流通在外的基金受益憑證數隨著持有人的申購及贖回而改變 (D) 流通在外的基金受益憑證數在一開始發行就固定。 （2013-2 證券投資分析人員）

( ) 29. 下列敘述，何者為真？ A. 封閉型基金有時候會產生折價之現象；B. 開放型基金則是以淨值贖回，所以無折價之現象 (A) 只有 A. 為真 (B) 只有 B. 為真 (C)A. 與 B. 都為真 (D)A. 與 B. 都不真。 （金融市場常識）

( ) 30. 以投資目的區分，下列何種基金在於追求資本利得的增值利益？ (A) 成長型基金 (B) 公司型基金 (C) 收益型基金 (D) 開放型基金。 （2015-2 證券投資分析人員）

( ) 31. 下列那一種股票型基金屬於較積極型投資人所投資的？ (A) 指數型基金 (B) 成長型股票基金 (C) 價值型股票基金 (D) 低本益比股票基金。 （金融市場常識）

( ) 32. 下列那一種股票型基金較屬於保守型投資人所投資的？ (A) 積極成長型股票基金 (B) 價值型股票基金 (C) 中小型股基金 (D) 高本益比股票基金。 （金融市場常識）

( ) 33. 所謂平衡型基金是指： (A) 基金之贖回與出售維持平衡，以確保基金規模保持一定 (B) 基金投資組合中僅包含股票 (C) 基金投資組合中僅包含各年期債券 (D) 基金投資組合中包含股票與債券。 （2013-4 證券商高級業務員）

( ) 34. 下列何者非指數股票型基金（ETF）之特性？ (A) 在交易所掛牌買賣 (B) 為一種指數股票型基金 (C) 採取被動式的管理 (D) 淨值即為市場交易價格。 （2014-3 投信投顧人員）

( ) 35. 組合型基金與指數股票型基金的比較，下列何者敘述正確？ (A) 投資標的相同 (B) 申購買回的方式相同 (C) 皆屬於被動式管理 (D) 皆可長期投資。 （2013-2 證券商業務員）

( ) 36. 下列何者為抵押權型 REITs 之投資風險？ (A) 信用風險 (B) 利率風險 (C) 在投資風險 (D) 以上皆是。 （20142 資產證券化）

( ) 37. 有關投資共同基金所涉費用，下列何者非屬之？ (A) 基金經理費 (B) 基金保管費 (C) 申購手續費遞減式後收的基金管銷費 (D) 代銷佣金。 （第 22 屆理財規劃人員）

( ) 38. 下列何者為 B 股基金之特徵？ (A) 限制持有國內與國外股票比例 (B) 限制持有股票與債券比例 (C) 申購手續費為遞減式後收型 (D) 申購手續費為前收式。 （第 25 屆理財規劃人員）

( ) 39. 開放型基金可以下列那種方式贖回？ (A) 淨值 (B) 掛牌市價 (C) 買進成本 (D) 面額。 （金融市場常識）

( ) 40. 以下何者是一般對沖基金操作手法或目的： (A) 高度槓桿 (B) 套利 (C) 積極買賣衍生性商品 (D) 以上皆是。 （金融市場常識）

二、簡答題

❖ 基礎題

1. 通常投信發行基金後，會委託何者保管受益憑證？

2. 通常投資境外基金，需資本利得與利息收益合計多少金額才會被課稅？

3. 下列基金何者風險最高？最低？為封閉型基金？

   A. 債券型基金 B. 股票型基金 C. 認股權證基金 D. 能源型基金

   E. 股票指數型基金（ETF）

4. 請問保本型基金的操作方式為何？

5. 請問 ETF 依持有實物與否可區分哪兩種類型？

6. 請問國內投資 REITs，其股利收益的課稅為何？

7. 請問國內投信投顧公會所公布「基金風險報酬等級分類標準」，由低至高區分為何？

8. 請問知名基金評等公司－晨星公司將基金的績效星等劃分成幾星等？

9. 請問投資境內與境外開放型股票型基金，投資人可人須各支付多少比例的手續費？

10. 下列有關投資人買賣基金的費用，通常會內含於淨值內？

    A. 申購手續費 B. 贖回手續費 C. 轉換費 D. 管理費 E. 保管費

❖ 進階題

11. 請說明封閉型基金與開放型基金的差異？

12. 若 ETF 淨值高於市價，如何利用實物「申購與贖回」的機制，使之平衡？

外匯市場

本章內容為外匯市場,主要介紹外匯市場的簡介、匯率簡介、外匯市場的交易工具以及臺灣的外匯市場等內容,其內容詳見下表。

節次	節名	主要內容
8-1	外匯市場的簡介	介紹外匯市場的種類、組織與功能。
8-2	匯率的簡介	介紹匯率的種類與報價方式。
8-3	外匯市場的交易工具	介紹即期外匯、遠期外匯、外匯保證金交易、外匯遠擇權、換匯與換匯換利等交易工具。
8-4	臺灣的外匯市場	介紹臺灣的外匯市場發展狀況。

外匯市場是連結國內與國外金融市場之間的橋樑。國際間的貿易、投資活動,都須透過外匯市場的協助,才能順利的運作。現今全世界各國的經貿來往非常密切,因此有關外匯市場的相關知識,是現代人不可或缺的金融常識。以下本章將介紹外匯市場的簡介、匯率的簡介、六種國內常用的外匯交易工具、以及臺灣的外匯市場發展狀況。

8-1 外匯市場的簡介

當一個國家的貨幣流動交易時,會產生利率的問題;當兩個國家的貨幣互相流通交易時, 就會出現匯率的問題。首先,我們先來認識什麼叫做外國的貨幣。 外匯(Foreign Exchange) 狹 義 的 定 義 即 爲 外 國 的 通 貨(Foreign Currency)或稱外幣。而廣義的定義則不侷限於外幣,舉凡所有對外國通貨的

請求權而可用於國際支付或實現購買力，在國際間移轉流通的外幣資金，包含外幣現鈔、銀行的外幣存款、外匯支票、本票、匯票及外幣有價證券等，皆可統稱爲「外匯」。

外匯市場（Foreign Exchange Market）是指各種不同的外國通貨進行買賣交易的市場。其交易方式可透過電話、網路等傳輸設備，相互交易所形成的交易場所。以下我們將介紹外匯市場的種類、組織與功能。

一、外匯市場的種類

外匯市場依區域性、參與者以及交割時點可分爲下列幾種類型。

（一）依區域性分類

1. **區域性市場（Local Market）**：區域性市場大體上是由當地的參與者組合而成，而在市場交易的幣別，僅限於當地貨幣或幾種主要外幣的交易。例如：台北、曼谷與首爾等外匯市場。

2. **國際性市場（International Market）**：國際性市場的組成份子，則不限當地的參與者，亦包含境外的參與者利用電話、網路等方式參與外匯交易，而交易幣別較爲多樣，除了當地貨幣與美元交易外，亦有其他第三種貨幣或黃金等商品的交易。例如：紐約、倫敦與東京等外匯市場。

（二）依參與者分類

1. **銀行對顧客市場（Bank-customer Market）**：主要是以廠商或個人基於各種理由，與外匯銀行進行買賣的市場。通常顧客市場的單筆交易金額不大，對匯率變化影響較小，又稱爲零售市場（Resale Market）。

2. **銀行間市場（Inter-bank Market）**：通常顧客至外匯銀行買賣外匯，外匯銀行對於多餘的或不足的外匯部位，就必須在市場與其他銀行進行外匯的拋補交易，所形成的市場。通常銀行間的單筆交易金額較大，對匯率變動影響較大，又稱爲躉售市場（Wholesale Market）。

（三）依交割時點分類

1. **即期市場（Spot Market）**：是指交易雙方在某特定時點簽訂成交契約，並於成交日當日或兩個營業日內，進行外匯交割的市場。

2. **遠期市場（Forward Market）**：是指交易雙方在某特定時點簽訂契約，並於成交後的一段期間內，在某特定日進行外匯交割的市場。

二、外匯市場的組織

外匯市場由一群外匯供給及需求者所組合而成。通常「顧客」向「外匯銀行」買賣外匯，各外匯銀行再透過「外匯經紀商」的仲介，進行外匯部位的拋補買賣；最後，「中央銀行」會針對市場的外匯供需進行調節，以穩定匯率。以下我們進一步說明外匯市場組成份子所擔任的角色，其組織架構，詳見圖8-1。

（一）顧客

顧客包括進出口廠商、出國觀光者、移民者及投資者等，他們依據本身的實際供需而買賣外匯。除上述有實際外匯供需的顧客外，尚有以外匯投機為目的的投機客，其買賣外匯，以尋求匯率變動的獲利機會。

（二）外匯銀行

外匯銀行為外匯市場最主要的角色。外匯銀行除了接受顧客的外幣存款、匯兌、貼現等各種外匯買賣外，並依據本身的外匯部位，在市場與其他銀行進行拋補及從事其他外匯交易。外匯銀行在國內稱為「外匯指定銀行」（Do-Mestic Banking Unit, DBU）。

（三）外匯經紀商

外匯經紀商是外匯銀行與中央銀行的仲介機構，主要任務為提供快速正確的交易情報，以使得交易順利完成，本身不持有部位，僅收取仲介手續費。且中央銀行為了調整外匯或干預匯率時，須透過外匯經紀商與外匯銀行進行交易。臺灣於 1994 年將原為財團法人型態的「台北外匯市場發展基金會」，重組為「台北外匯經紀公司」，成為我國第一家專業的外匯經紀商。此外，在

1998 年國內成立第二家外匯經紀商爲「元太外匯經紀商」，使外匯市場的交易規模更爲擴大，並進一步提升市場效率。

（四）中央銀行

中央銀行爲維持一國經濟穩定成長，不使該國幣值波動過大，所以中央銀行會主動在外匯市場進行干預，以維持幣值的穩定。所以當外匯市場發生供需失衡時，中央銀行是調整外匯市場供需平衡、以及維持外匯市場秩序的唯一機構。

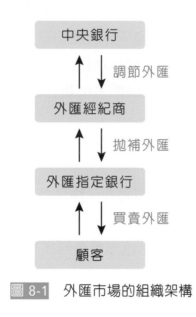

圖 8-1　外匯市場的組織架構

三、外匯市場的功能

外匯市場的主要功能，分述如下：

（一）平衡外匯供需與達成匯率均衡

外匯銀行與顧客進行外匯交易買賣時，常因外匯部位供需不一，導致匯率不均衡，此時須藉由外匯市場調節供需以達成均衡匯率。

（二）提供國際兌換與國際債權清算

透過外匯市場進行各種外匯的交易買賣，使國際間不同的貨幣得以互相兌換，其產品或勞務的買賣才能順利進行。國際間因交易、借貸或投資而產生的債務關係，透過外匯市場，使其國際收付與清算工作得以順利處理。

（三）融通國際貿易與調節國際信用

當企業從事國際貿易行為時，可藉由外匯銀行居間仲介，使進出口商的貿易行為得以順利進行。此外，進出口商可藉由外匯市場的遠期匯票交易、貼現、承兌以及開立海外信用狀等方式，以獲得國際間的信用。

（四）提供匯率波動避險與外匯套利

由於外匯市場的匯率常隨供需而變動，若匯率過度波動，將會對國際貿易或投資帶來匯率風險，因而產生匯兌損失。此時，投資人可利用遠期外匯、外匯期貨、外匯選擇權與貨幣交換等交易方式，來規避匯率風險，亦可進行外匯套利活動。

Follow! 市場焦點

央行5大理由說明臺灣不會染上「荷蘭病」

（圖文資料來源：節錄自自由時報 2021/03/19）

臺灣恐列美「匯率操縱國」機率高！
臺灣染上「荷蘭病」？

2020 年台幣急升，傳產出口下滑，有央行理事在理監事會議上提醒，臺灣恐染上「荷蘭病」，引發外界討論。中央銀行最新報告指出，荷蘭病起因有其時代背景，央行列舉五大理由，說明臺灣總體經濟情勢與當年荷蘭病起因與病症都不同，央行並表示，匯率政策有其局限性，建議傳統產業持續高值化、數位轉型以及多元生產佈局，提升競爭力，或可降低「荷蘭病」疑慮。

央行觀察臺灣總體經濟情勢與當年的「荷蘭病」現象，無論是起因或病症都不相似，央行指出，荷蘭當初大力開採天然氣資源，雖帶來短期繁榮，卻造成製造業工資上漲、就業減少以及荷蘭並大幅升值等問題，且當時正值二戰後，荷蘭政府積極引進社會服務政策、造成社福支出大幅增加，更近一步加重荷蘭病症狀。

但是 2020 年臺灣臺灣電子資通訊業出口暢旺，而傳產業出口衰退，主要受國際需求因素影響。長期而言，臺灣傳產與電子資通訊產品，兩者出口年增率走勢多同向，且傳產業附加價值率與全球市占率亦趨升，顯示產業出口兩極化表現應為短期現象。

另外，去年臺灣傳產製造業就業及薪資多下滑，這是反映勞動需求減少，與荷蘭病工資上漲症狀不同；至於 2019 年以來新台幣升值，除反映臺灣經濟基本面佳外，也與全球疫情、QE 外溢效果等因素有關。

最後臺灣天然資源貧乏，非原物料出口國，且政府遵循財政紀律，與當年荷蘭受天然氣出口收入增加或社福支出增加影響政府收支穩定性情況全然不同。

短 評

在 2020 年時，新台幣急升，導致國內傳統產業出口下滑，有人認為臺灣染上「荷蘭病」。但央行題出 5 大理由說明，國內經濟情勢與當年的「荷蘭病」現象並不相似，所以並無此擔憂。

金融 小常識

荷蘭病

荷蘭病（Hollandse Ziekte）是指一國出口自然資源，累積大量外匯，導致該國匯率升值，使得該國出現製造業出口衰退現象。荷蘭病一詞由 1977 年經濟學人提出，荷蘭在 1959 年發現天然氣的油田，因此大量出口天然氣，帶來貿易順差，亦累積大量外匯，使得荷蘭盾大幅升值，導致該國其他產業出口競爭力下降，並加速去工業化，因此經濟學人將荷蘭，面臨問題稱之為「荷蘭病」。

8-2 匯率的簡介

匯率（Foreign Exchange Rate）即兩種不同貨幣的交換比率或是外國通貨的交易價格。匯率也是一國貨幣對外的價值，匯率的升貶值對國際資金流動、企業的進出口營收、以及個人外匯投資都有莫大的影響性。以下我們將介紹匯率的種類與報價方式。

一、匯率的種類

外匯市場上，常見的匯率有下列幾種：

（一）買入匯率與賣出匯率

就銀行的立場而言，買入匯率（Buying\Bid Exchange Rate）為銀行願意買入外匯的價格。賣出匯率（Selling\Offer Exchange Rate）則表示銀行願意賣出的外匯價格。買入與賣出的價差即為銀行買賣外匯所賺的利差。

（二）基本匯率與交叉匯率

基本匯率（Basic Exchange Rate）是本國貨幣對其主要貨幣（如：美元）的匯率，該匯率為本國貨幣與其他貨幣兌換的參考依據。交叉匯率（Cross Exchange Rate）是兩種貨幣若無直接的交換比率，則透過第三種貨幣交叉求算出的匯率。

例如：東京外匯市場，美元兌日圓（US/JPY）的買賣匯率為 115.70/90；台北外匯市場，美元兌新臺幣（US/NT）的買賣匯率為 32.4310/80；故兩者可交叉求出新臺幣兌日圓（NT/JPY）的買賣匯率，其買入匯率為 3.5668（115.70/32.4380），賣出匯率為 3.5737（115.90/32.4310）。

（三）即期匯率與遠期匯率

即期匯率[1]（Spot Exchange Rate）為外匯交易雙方於買賣成交日後，當日或兩個營業日內進行交割所適用的匯率。遠期匯率（Forward Exchange Rate）為買賣雙方於買賣成交日後，在一段期間內的某特定日進行交割所適用的匯率。

（四）電匯匯率與票匯匯率

電匯匯率（Telegraphic Transfer Exchange Rate, T/T）是指銀行以電子通訊方式進行外匯買賣，因電匯付款時間快，買賣雙方較少有資金的耽擱，所以電匯匯率是計算其他匯率的基礎。票匯匯率（Demand Draft Exchange Rate, D/D）又分為「即期票匯」與「遠期票匯」兩種，遠期匯率是由即期匯率求算出的。

即期票匯乃因銀行買入即期匯票後，銀行支付等值的本國貨幣給顧客，但銀行尚須將票據郵寄到國外付款銀行請求付款，因郵寄期間所產生的利息，銀行可擁有，所以通常即期票匯匯率比電匯匯率要差一些。

（五）名目匯率與實質匯率

名目匯率（Nominal Exchange Rate）是指市場上，並未考慮兩國物價對幣值的影響，所直接觀察到的匯率。通常一般人談論的大多是名目匯率。實質匯率（Real Exchange Rate）是須將名目匯率，經由兩國的物價所調整出的匯率。通常實質匯率比較能夠呈現出兩國真正的匯率。其兩者的關係，計算方式如下：

$$實質匯率＝名目匯率 \times \frac{外國物價指數}{本國物價指數}$$

（六）實質有效匯率指數

上述的實質匯率，僅針對某兩國的物價水準所調整出的匯率；實質有效匯率指數（Real Effective Exchange Rate Index, REER），必須同時考量本國與所有主要貿易對手國的相對物價水準，且該匯率指數依據與各貿易對手國的貿易比重進行加權計算。所以「實質有效匯率指數」比較能夠客觀的評斷出該國

---

1. 通常即期匯率是指銀行之間現在匯款的匯率，民眾至銀行換取外匯現鈔，是參考外幣的現鈔匯率。通常外幣的現鈔匯率會比即期匯率的價格差一些。

的貨幣價格是否具合理性。通常實質有效匯率指數的計算會以某一基期爲基準匯率，並將基期指數定爲 100。若目前指數大於 100，表示該國貨幣被高估，幣值應貶值（Depreciate）；若目前指數小於 100，表示該國貨幣被低估，幣值應升值（Appreciate）。

目前提供新臺幣實質有效匯率指數，除了中央銀行之外，還有國家發展委員會、財團法人台北外匯市場發展基金會、工商時報及經濟日報等單位。由於各單位計算的基期、選擇的一籃貨幣、物價及權重都不相同。所以計算出的新臺幣實質有效匯率指數會有些出入。表 8-1 爲我國「國發會」針對實質有效匯率指數，所編制指數的一籃子貨幣內容。其中該指數以西元 2000 年當基期，選取與我國雙邊貿易比重最大的 14 個國家或地區的貨幣當作通貨籃；並以雙邊貿易比重爲加權乘數，再乘以雙邊國的「躉售物價指數」來進行調整。有關我國「國發會」所制定的新臺幣實質有效匯率指數，其計算方式如下式：

➡ **實質有效匯率指數**

$$= \left(\frac{\text{美元}}{\text{臺幣}} \text{匯率} \right) \times \left(\frac{\text{美國與臺灣的貿易額}}{\text{臺灣的貿易總額}} \right) \times \left(\frac{\text{美國躉售物價指數}}{\text{臺灣躉售物價指數}} \right)$$

$$+ \left(\frac{\text{日圓}}{\text{臺幣}} \text{匯率} \right) \times \left(\frac{\text{日本與臺灣的貿易額}}{\text{臺灣的貿易總額}} \right) \times \left(\frac{\text{日本躉售物價指數}}{\text{臺灣躉售物價指數}} \right)$$

$$+ \cdots$$

表 8-1　國發會編制的新臺幣實質有效匯率指數一籃子貨幣內容表

編製單位	權數籃	基期（年）
國發會	美國、加拿大、歐元區、英國、日本、南韓、中國大陸、香港、新加坡、馬來西亞、菲律賓、泰國、印尼與澳洲共14個國家或地區	2000

二、匯率的報價方式

外匯交易的報價方式通常採雙向報價法（Two-way Quotation），會同時報出買入和賣出匯率。通常外匯的報價，有下列兩種方式。

（一）直接報價

　　直接報價（Direct Quotation）亦稱美式報價（American Quotation）。所謂直接報價，即指以「一單位外幣折合多少單位的本國貨幣」來表示匯率的方法，通常此處的外幣是指美元。全世界大部分的國家均採此種報價方式，我國亦不例外。例如：在台北外匯市場報價為「1 美元＝ 29.4310 新臺幣」即為此種報價方式。

（二）間接報價

　　間接報價（Indirect Quotation）亦稱歐式報價（European Quotation）。所謂間接報價，即指以「一單位本國貨幣折合多少外幣」來表示匯率的方法。全世界採間接報價的貨幣為歐元、英鎊、Quotation、南非幣、澳洲幣、紐西蘭幣與特別提款權（SDR）等貨幣。例如：在英國外匯市場報價「1 英鎊＝ 1.25 美元」即為此種報價方式。

 市場焦點

臺灣達3項標準卻未被列匯率操縱國央行公開對美說帖

（圖文資料來源：節錄自中央社 2021/04/18）

　　美國財政部公布匯率報告，臺灣符合涉及操縱匯率 3 項標準，但卻未被列為匯率操縱國。央行表示，先前已對美方提 4 項說明，包括建議美方考量疫情期間，暫緩判斷是否為匯率操縱國的 3 項檢視標準。

　　美國財政部每年 4 月、10 月會公布匯率報告，對於匯率操縱國設有 3 項標準，分別是對美國商品貿易順差達到 200 億美元以上，經常帳盈餘占該國國內生產毛額（GDP）比重超過 2%，以及淨買匯金額占該國 GDP 比重超過 2%。

　　近期，美國財政部公布匯率報告指出，臺灣、越南、瑞士都符合上述 3 項標準，但沒有足夠證據可判定「操縱匯率」，結果 3 國都沒被列為「匯率操縱國」。

　　央行表示，已對美方報告常引用單一模型來評估新台幣匯率低估情形充分表達不同觀點。央行進一步說明，臺灣與美國長期以來存在緊密且互利的雙邊貿易關係，且在科技供應鏈上是重要夥伴，未來將基於互動良好的基礎上持續溝通。央行對美提出的報告明列台美貿易失衡擴大原因以及央行干預外匯市場原因，並對美方提 4 項說明。

　　第一，隨著全球價值鏈興起，臺灣出口以中間財為主，新台幣對美元匯率變動對貿易的影響不若以往，此外，臺灣資金與外資進出比商品貿易資金更能決定匯率走勢，換言之，若要以以新台幣對美元匯率做為調整台美貿易失衡的工具，將更為困難。

　　第二，美國的貿易入超反映美國儲蓄小於投資，在美國未解決國內儲蓄不足問題前，限制與其所稱匯率操縱國的貿易，只會將美國貿易逆差重新分配至其他貿易對手。以 2020 年為例，美國對中國入超較前年減少 344 億美元，但對瑞士、越南、墨西哥、臺灣、泰國、馬來西亞、南韓、愛爾蘭及印度等國入超均擴大。

　　第三，臺灣是小型開放經濟體，干預匯市是必要的貨幣政策工具之一，實際上，這樣的做法等同於美國實施量化寬鬆政策，目的是要達成央行法定職責。

　　第四，考量疫情及美中貿易戰，現行 3 項標準暫不宜作為美方評估貿易對手國的經貿與匯率政策的指標，建議美國或可考量在疫情期間，暫緩此 3 項標準。

短 評

　　中央銀行扮演維持該國匯率穩定的重要角色，但若過度干預匯率的變動，也可能被他國列為匯率操縱國。最近，臺灣雖符合美國列為匯率操縱國的標準，但因疫情之關係，建議美國暫緩此 3 項標準。

匯率操縱國

匯率操縱國（Currency Manipulator），乃指美國財政部認定一個經濟體，若滿足三個標準就會被認定為「匯率操縱國」；若只滿足兩個指標則會被列入觀察名單。以下為美國認定匯率操縱國的三條件：

1. 對美國的貿易順差達到每年 200 億美元以上。

2. 貿易夥伴國擁有高額經常帳順差，且順差金額高於其 GDP 的 3%。

3. 貿易夥伴國持續性進行單邊外匯市場干預，且年度內重複進行淨外匯購買金額超過 GDP 的比率達到 2% 以上。

8-3 外匯市場的交易工具

　　一般而言，外匯市場的交易工具，是以店頭市場交易模式為主。前述中，外匯市場依參與者分類，可分為「銀行對顧客市場」與「銀行間市場」。在國內這兩市場的外匯交易工具包含：即期外匯、遠期外匯、換匯（匯率交換）、外匯選擇權、外匯保證金、換匯換利（貨幣交換）交易等六種交易方式。除了即期外匯交易外，其餘皆是衍生性的外匯交易商品。以下將分別介紹這幾種外匯交易工具。

　　此外，表 8-2 國內外匯市場各種交易型態的年成交量比較，由表 8-2 得知：國內的外匯市場總交易量逐年成長中，可見國人對外匯的投資與避險的需求，日益增加。此外，由圖 8-2 為國內 2009 年～ 2020 年的各種外匯交易工具的平均交易比重圖，由圖 8-2 得知：國內外匯交易中，以換匯交易比重為 45.32% 最高，其次為即期外匯交易比重為 39.87%。由此可見，外匯交易中，現貨以及避險交易，都有很高的需求。

表 8-2　國內外匯市場各種交易型態的年成交量比較

年份	總交易量	銀行對顧客市場						銀行間市場				
		即期	遠期	換匯	保證金交易	選擇權	換匯換利	即期	遠期	換匯	選擇權	換匯換利
2009	16,222	2,347	498	911	83	313	46	4,932	627	5,492	911	61
2010	20,232	2,734	533	1,198	73	357	58	5,938	616	7,365	1,324	36
2011	24,169	3,286	602	1,814	77	389	51	7,058	1,063	8,051	1,731	47
2012	23,408	3,168	557	1,973	78	476	44	5,766	1,064	8,190	2,014	79
2013	28,929	3,548	669	2,165	88	664	41	7,265	835	9,900	3,662	92
2014	31,290	3,906	758	2,506	82	695	74	7,571	877	10,904	3,841	76
2015	33,349	4,006	827	2,750	102	614	62	9,836	1,103	10,635	3,341	73
2016	28,918	3,975	679	3,246	71	250	102	7,326	1,260	10,699	1,208	102
2017	28,624	4,441	690	3,712	50	144	134	6,955	1016	10,604	834	44
2018	32,079	5,049	867	4,004	32	144	146	7,445	1,414	12,032	857	89
2019	32,445	5,525	1,032	3,811	26	105	98	6,942	1,648	12,412	760	85
2020	33,084	6,206	890	3,575	29	111	83	7,429	1,125	12,869	712	55
平均	**27,729**	**4,016**	**717**	**2,639**	**66**	**355**	**78**	**7,039**	**1,054**	**9,929**	**1,766**	**70**

資料來源：中央銀行（單位：百萬美元）

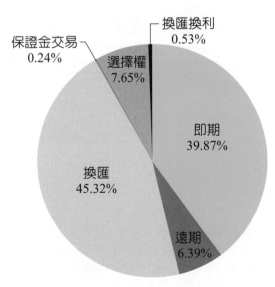

圖 8-2　國內 2009 年～ 2020 年各種外匯平均交易比重圖

一、即期外匯交易

即期（Spot）外匯交易通常係指外匯交易成交後，在兩個營業日內完成交割的外匯業務。即期交易是外匯市場中最常見、最普通的交易方式，其目的在於滿足臨時買賣外匯的需要、實現貨幣購買力的移轉、調整銀行的外匯部位及進行外匯的投資與套利等功能。

通常即期交易的匯率報價方式，採雙向報價法，通常外匯指定銀行會同時報出買價與賣價。例如：若目前美元兌新臺幣之市場匯率為 32.8140/80，則表示銀行的買價為 32.8140，賣價為 32.8180。

二、遠期交易

遠期（Forward）外匯交易[2]是由外匯交易雙方簽定契約後，約定將來某一特定時日，以事先約定之匯率進行外匯的買賣，其目的在於規避因匯率變動所造成的損失。遠期匯率報價方式，也如同即期交易，採雙向報價法[3]。通常會有 10、30、60、90、120、150、180 天期的報價。表 8-3 為銀行即期與遠期外匯的報價表。

表 8-3　銀行美元的即期與遠期外匯的報價表

天期	買價	賣價
即期	28.375	28.626
遠期10天	28.394	28.501
遠期30天	28.391	28.500
遠期60天	28.382	28.499
遠期90天	28.374	28.498
遠期120天	28.363	28.496

---

2. 通常承做遠期外匯交易是廠商或個人有實際外匯收支才可承做，且到期須交割實際本金。但實務上，有另一種稱為「無本金交割遠期外匯」（Non-Delivery Forward, NDF）是指交易雙方約定在未來某一特定日期，雙方依當初合約中約定的匯率與到期時即期匯率差額進行清算，而無需交換本金的一種遠期外匯交易。所以NDF是一種十分方便的避險工具，也具有濃厚的投機性質。

3. 遠期匯率報價方式有兩種：其一為直接報價（Outright Rate）：直接報出不同期限的遠期外匯交易，實際成交的買入與賣出匯率。另一為點數報價（Point Rate）：只報出點數來表示遠期與即期之間的差額，點數的差額稱為「換匯點」。

天期	買價	賣價
遠期150天	28.353	28.494
遠期180天	28.343	28.492

資料來源：臺灣銀行（2021/3/19）

三、外匯保證金交易

外匯保證金交易（Margin Trading）是指客戶只要存入一定成數的外幣金額，當作履約保證，並運用槓桿作用，來操作買賣外匯的交易方式。通常外匯保證金交易是一種以小搏大，具有高報酬、高風險的外匯投資工具。

通常承作外匯保證金交易，各銀行的合約限制不同，一般保證金約繳買賣金額的 10% 左右（原始保證金），當操作外匯保證金活動損失至一定成數時（約50%，也稱維持保證金），則銀行會發出追繳保證金通告，要求客戶需補足保證金差額至原始保證金，才可繼續保留部位。若保證金損失達一定成數時（約75%），銀行可以在不經客戶同意情況下，自行將操作部位平倉，也就是俗稱的「斷頭」。以下表 8-4 為國內各金融機構外匯保證金交易比較表。

表 8-4　國內各金融機構的外匯保證金交易比較表

	最低保證金	操作信用倍數	追加保證金通知	停止損失
合庫銀行	1萬美元	10倍	損失50%	損失70%
遠東銀行	1萬美元	10倍	損失50%	損失70%
第一銀行	1萬美元	10倍	損失60%	損失75%
群益期貨	各標的外幣的 3.33%～5%	20～30倍	損失85%	損失50%

資料來源：各銀行與期貨商網站

例8-1　外匯保證金

　　某投資人與 A 銀行承作一筆 10 萬美元的保證金交易，存入 1 萬美元做為保證金，並下單買日圓，若當時美元兌日圓的匯率成交爲 125 元，則

(1) 若一個月後，日幣升值至 120 元，則獲利多少？

(2) 若規定維持保證金爲本金之 50%，則日圓在何價位時，需補繳保證金？

解

(1) 日圓從 125 升值至 120 則獲利

$$\frac{(125-120)\times100,000}{120}=4,166.67美元$$

(2) 當日圓從 125 貶值至 X 價位時需補繳保證金 50%

$$-5,000=\frac{(125-X)\times100,000}{X}\Rightarrow X=131.5789$$

　　當日圓貶至 131.5789 元時需補繳保證金。

四、外匯選擇權

　　選擇權是一種衍生性商品，大部分的選擇權交易都在期交所進行交易。但亦有些外匯交易有客制化的需求，仍須在店頭市場交易。所以通常這些客制化需求大都在銀行承做。所謂的外匯選擇權[4]，指的是將選擇權的概念應用在外匯交易上。選擇權的定義是選擇權買方在支付賣方一筆權利金（Premium）後，享有在選擇權契約期間內，以約定的履約價格（Exercise Price）買賣某特定數量的標的物的一項權利。

　　通常選擇權主要可分爲「買權」（Call Option）和「賣權」（Put Option）兩種；且每種買賣權都有買方與賣方；通常店頭式的外匯選擇權，買賣方的交易對手大都是銀行。外匯選擇權最基本的操作策略，共有四種分別爲買入買權、賣出買權、買入賣權及賣出賣權。這四種策略的使用，因時機而不同。說明如下：有關選擇權的特性說明，詳見本書的第 11 章。

---

4. 近年來，國內興起一種以承做人民幣匯率選擇權的商品，稱爲「目標可贖回遠期合約」（Target Redemption Forward, TRF）。有關TRF的介紹詳見本書第9章。

（一）買入買權

通常廠商向銀行買入一個美元兌新臺幣買權，必須付給銀行一筆權利金，享有契約期間內，以履約價格買進該標的物的權利。如果契約期間內即期匯率高於履約匯率，則廠商可以要求履約，所賺得的匯差再扣除權利金，即是實際獲利金額。此策略適用於廠商預期美元將來會「大幅升值」，以採取避險的措施。

例如：某 A 進口商有美元實質需求，因擔心美元將來會大幅升值，使買匯成本增加，此時 A 進口商可買進美元買權以鎖住美元成本，但廠商必須支付權利金，因此廠商必須衡量避險成本（權利金支出）與匯率波動可能產生的匯兌損失孰大，來決定是否採取避險。假設現在美元兌新臺幣匯率是 32 元，A 進口商向銀行買進 1 個月期的美元買權合約 100 萬美元，履約價為 32 元，A 進口商先支付權利金 10,000 美元給銀行。若一個月後，新臺幣貶值 33 元價位，此時 A 進口商仍可以用 32 元價位買入 100 萬美元，此一避險動作為 A 進口商節省下買匯成本新臺幣 68 萬元 [（33 － 32）×1,000,000 － 32×10,000=680,000）]。相反的，如果到期時美元不升反貶，美元兌新臺幣匯率維持在 32 元以下，則 A 進口商反而因避險動作損失已支付的權利金費用 10,000 美元（新臺幣 32 萬元）。

（二）賣出買權

通常廠商賣給銀行一個美元兌新臺幣買權，廠商可以先收取一筆權利金，銀行享有在契約期間內以履約價格買進該標的物的權利，而廠商須盡履約的義務。在契約期間內不管即期匯率如何變動，廠商都可以先賺得權利金。此策略適用於廠商預期美元將來會「小幅貶值」或「區間盤整」，以賺取權利金收入。

例如：某 B 出口商未來有美元收入，預期美元將來可能小幅貶值或區間盤整，於是考慮採取賣出美元買權的避險方式，以先收取權利金收入，同時以預定合理的目標匯率出脫美元收入，以鎖住美元的獲利。假設現在美元兌新臺幣匯率是 32 元，B 出口商賣給銀行一個 1 個月期的美元買權 100 萬美元，履約價為 32 元，B 出口商可以先收取權利金 10,000 美元。若一個月後，新臺幣貶到 32.4 元，此時銀行有權利以 32 價位向 B 出口商買入 100 萬美元。此時，B 出

口商避險動作損失約新臺幣 8 萬元 [32×10,000 －（32.4 － 32）×1,000,000=-80,000]。相反地，如果新臺幣價位在 32 元以下，則銀行會放棄履約的權利（因為他可以在市場上買到更便宜的美元），B 出口商可擁有的權利金 10,000 美元收入（新臺幣 32 萬元）。

（三）買入賣權

通常廠商向銀行買入一個美元兌新臺幣賣權，必須付給銀行一筆權利金，享有契約期間內，以履約價格賣出該標的物的權利。如果契約期間內即期匯率低於履約價，則廠商可以要求履約，所賺得的匯差再扣除權利金，即是實際獲利金額。此策略適用於廠商預期美元將來會「大幅貶值」，以採取避險的措施。

例如：某 C 出口商未來有美元收入，因擔心美元將來會大幅貶值，使美元收入大幅縮水，此時 C 出口商可買進美元賣權以鎖住美元外匯收入，但廠商必須支付權利金，因此廠商必須衡量避險成本（權利金支出）與匯率波動可能產生的匯兌損失孰大，來決定是否採取避險。假設美元兌新臺幣匯率是 33 元，C 出口商向銀行買進一個月的美元賣權合約 100 萬美元，履約價為 33 元，C 出口商付出權利金 10,000 美元，一個月後新臺幣升值到 32 元價位，此時 C 出口商仍可以用 33 元價位賣出 100 萬美元，C 出口商因為此一避險動作為 C 出口商的美元收入少損失新臺幣 67 萬元 [（33 － 32）×1,000,000 － 33×10,000=670,000）]。相反地，如果到期時美元不貶反升，新臺幣匯率在 33 元以上，則 C 出口商反而因避險動作損失已支付的權利金費用 10,000 美元（新臺幣 33 萬元）。

（四）賣出賣權

通常廠商賣給銀行一個美元兌新臺幣賣權，廠商可以先收取一筆權利金，銀行享有在契約期間內以履約價格賣出該標的物的權利，而廠商須盡履約的義務。在契約期間內不管即期匯率如何變動，廠商都可以先賺得權利金。此策略適用於廠商預期美元將來會「小幅升值」或「區間盤整」，以賺取權利金收入。

　　例如：某 D 進口商有美元實質需求，預期美元將來可能小幅升值或區間盤整，於是考慮採取賣出美元賣權的避險方式，以先收取權利金收入，同時以預定合理的目標匯率買進美元，以鎖住買匯成本。假設現在美元兌新臺幣匯率是 33 元，D 進口商賣給銀行 1 個月期的美元賣權合約 100 萬美元，履約價為 33 元，D 進口商可以收到權利金 10,000 美元。若一個月後，新臺幣升值到 32.6 元價位，此時銀行仍可以用 33 元價位賣給 D 進口商 100 萬美元，結果 D 進口商因為賣出賣權合約而損失新臺幣 7 萬元 [33×10,000 －（33 － 32.6）×1,000,000= － 70,000]。相反地，如果到期時新臺幣貶到 33 元以上，銀行將放棄履約權利（因為銀行可以在市場上以更高的價格賣出美元），則 D 進口商可擁有權利金收入 10,000 美元（新臺幣 33 萬元）。

五、換匯交易

　　換匯交易（Foreign Exchange Swap, FX Swaps）是指交易者於在外匯市場買進（或賣出）外匯時，同時約定的未來某一時日以約定的匯率，再賣出（或買進）相同金額的一種外匯商品。通常換匯交易是由兩筆交易方向相反的外匯交易組合而成，其合約的交易內容，如：期限、匯率及金額等，均於交易契約簽定時議定。一般而言，換匯交易的契約期間不會超過一年，且期間也無相關利息支付。

　　通常換匯交易的目的，在於企業為了規避匯率風險、或者作為短期的資金調度工具；或為銀行調整外匯部位；或者當外匯市場發生套利機會時，進行套取兩種貨幣的利差。換匯交易的基本功能敘述如下：

（一）轉換貨幣，資金調度

　　通常換匯交易可將手中持有的 A 貨幣轉換成有需求的 B 貨幣，以滿足不同貨幣的資金需求，而交易雙方需事先約定好將來換回的匯率。因此換匯交易不但能規避匯率風險，也可做為廠商或（銀行）資金調度和短期拆借的工具。

　　例如：若 A 銀行現在有英鎊的需求，但因 A 銀行現在沒有英鎊的外匯部位，所以 A 銀行可以和 B 銀行承做換匯交易，A 銀行可將手中的美元部位賣出，轉換成英鎊後，同時約定 3 個月後以約定的匯率再買回美元賣出英鎊。這樣 A 銀行經過換匯交易，利用美元將英鎊轉換出來，使銀行在外匯部位調度上更為便利。

（二）規避風險，套利保值

換匯交易操作上除了可滿足不同的貨幣需求外，亦可規避匯率風險以及套取匯差，並保住本金。

例如：某出口商現在有 100 萬元美金需求，但一個月後才有 100 萬元美金的入帳，則廠商可與銀行承做一筆買入即期美金，賣出遠期美金的換匯交易。如果現在美元兌臺幣匯率為 33.0，一個月後換匯點為 0.06 元，即公司現在以新臺幣 3,300 萬元向銀行換入 100 萬元美金。一個月後再還給銀行 100 萬元美金，並換回新臺幣 3,306 萬元，即可獲得 6 萬元價差。所以換匯交易除了可規避匯率風險外，亦可套利保值。

六、換匯換利

換匯換利（Cross Currency Swap, CCS）也就是「貨幣利率交換」，乃在兩種不同的貨幣交換基礎下，在「期初」與「期末」進行兩種貨幣交換；且「期中」兩種貨幣所產生的利息流量，也進行流量採「固定對浮動」利率或「浮動對浮動」的利率交換。因此換匯換利交易的目的，乃同時規避匯率與利率風險。有關換匯換利，我們將在本書第 12 章詳談之。

例如：某電子公司至海外發行一筆 3 年期美元浮動利率債券，電子公司預期將來美元升值與美元利率將升息，將使公司出現本金的匯差與增加美元利息支出成本。所以此時電子公司可以跟銀行承做換匯換利交易，約定現在期初與將來債券到期時債券的本金，依相同的匯率，互相兌換美元與臺幣；且美元的浮動利息支出，也與銀行交換成支付固定的臺幣利息支出。這樣電子公司可同時規避匯率與利率風險。

市場焦點

專業法人買TRF訂董娘條款

（圖文資料來源：節錄自經濟日報 2017/03/15）

為避險公司「董娘」跟銀行買TRF（目標可贖回遠期契約），卻不了解商品風險，引發爭議，金管會將制定「董娘條款」，規定總資產超過1億元的「專業法人」向銀行辦理衍生性金融商品時，經辦人必須具備金融專業知識及交易經驗。金管會坦言，許多公司向銀行買TRF，不是派專業人員，而是「董娘」親自跑去跟銀行買，結果事後引發諸多銷售糾紛。

訂此規定是為了保護客戶，否則客戶自己也不清楚跟銀行買了什麼商品，不幸虧損引發大規模客訴，對銀行、客戶都不是好事；銀行局副局長也說，客戶在投資衍生性金融商品時，若能具備足夠的專業知識與交易經驗，有助加強自我權益保障。至於何謂「專業金融知識」與「交易經驗」？由各銀行自行定義評估，其評估方式必須報董事會通過。

舉例來說，專業金融知識可以是「財經科系畢業者」，也可以是「上過證基會或金融研訓院開設的相關課程」或曾任職過金融機構等。之後銀行銷售衍生性金融商品的對象，就必須符合自行定義的條件。

短 評

國內銀行前陣子，鼓勵中小企業承作人民幣的目標可贖回遠期契約（TRF），結果搞得風風雨雨。現在金管會規定，若要承作此類高風險的衍生性商品，其客戶的承做人（大都是中小企業的「董娘」），必須要具有金融專業知識及交易經驗，才可交易。

市場焦點

金管會點名兩大非法商品

（圖文資料來源：節錄自工商時報 2019/02/13）

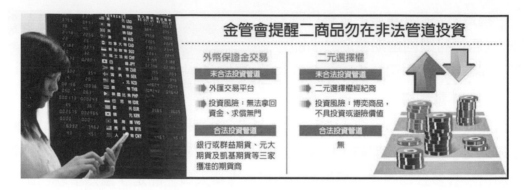

　　金管會提醒民眾，網路所謂「合法外匯交易平台」、二元選擇權等，都是未經金管會准許銷售的「非合法金融商品」，近期有民眾檢舉透過所謂外匯交易平台從事外幣保證金交易，之後卻無法拿回資金，單筆損失有 1.2 萬美元（約近新臺幣 37 萬元）。

　　證期局副局長表示，除非是一些銀行或三家獲准的期貨商，即群益期貨、元大期貨及凱基期貨（其中凱基期尚未開辦）經營的外匯槓桿保證金交易，其他都是「非法」管道，提醒民眾不要輕信網路平台或臺灣所謂的仲介人員。

　　另外，是網路平台也發生過「二元選擇權（Binary Option）」的詐騙案，臺灣與歐盟都認定二元選擇權其實並不是投資商品，也不具避險功能，投資人只是下注一段時間後標的資產的「漲」或「跌」，結果不是拿到一筆固定金額，就是什麼都拿不回來，等於是「博弈」。金管會表示，二元選擇權通常是透過網路或未受規範的管道進行交易，所謂的「經紀商」其實並不是實際的經紀商，投資人其實是跟所謂「經紀商」對賭，在國外已發生多起詐騙及交易糾紛案例。

　　不過若在網路上搜尋「外匯交易平台」，仍是有多家號稱「合法」、「值得信賴」的外匯交易平台，可供投資人進行交易，金管會表示，近期有投資人來金管會檢舉，透過這類平台從事外幣保證金交易，事後申請出金，卻沒

有辦法取回款項,且聯繫臺灣的代表人也聯繫不上,因此希望金管會協助拿回投資的錢。

短 評

　　市場上,常常有宣稱「合法」、「值得信賴」的外匯交易平台,供投資人進行「外匯保證金」與「二元選擇權」交易。金管會表示這些外匯交易平台,都是非經金管會核准的,因此投資人當心受騙。

8-4 臺灣的外匯市場

　　臺灣於 1949 年 6 月發行新臺幣以來,隨著臺灣的經濟發展與時代的變遷,國內的外匯管理與匯率制度,也歷經許多的轉變與革新。以下本節將國內的外匯市場,依匯率的管制情形,分成三大階段來進行討論,分別為「完全管制」時期、「機動調整」時期、「自由開放」時期。

一、完全管制時期(1949 年～ 1979 年)

　　此時期的外匯市場是完全受到政府控制的,匯率波動是採釘住美元的固定匯率制。1 美元兌新臺幣的匯率,在 1949 年為 1:5;1961 年為 1:40;1973 年為 1:38;1978 年為 1:36;新臺幣匯率變動完全由央行所決定。

　　此外,此時期國內的外匯相當少,外匯銀行依據中央銀行每日公告的匯率,進行買賣外匯,外匯每日由外匯銀行與中央銀行每日清算後,由中央銀行集中持有,並統籌分配。所以此時期的外匯市場,是沒有任何市場機能,完全受政府掌控。

二、機動調整時期(1979 年～ 1989 年)

　　此時期的外匯市場是受到政府部分的管控,匯率波動是採管制的機動匯率制。國內央行於 1978 年宣布放棄固定匯率制度,並於 1979 年著手成立外匯市場,此時新臺幣匯率,央行不再每日對匯率掛牌,改由中央銀行與 5 家外匯銀行(台銀、一銀、彰銀、華銀、中國商銀)共同議定之。

在外匯市場成立之初（1979 年～1982 年），新臺幣的匯率乃由銀行與顧客間所買賣的匯率決定之；爾後，1982 年～1989 年，新臺幣的匯率改乃由銀行間所買賣的匯率決定之；但兩時期新臺幣的匯率最大的波動幅度都是前一交易日的上下 2.25%。

在外匯管理制度方面，政府於 1987 年幾乎全面解除外匯管制，開放外匯買賣，讓民間可以自由持有與運用外匯、擴大銀行對顧客即期交易的議價範圍；且銀行間的外匯的即期與遠期買賣，亦可自由進行，將不受央行干預。

三、自由開放時期（1989 年以後）

由於之前政府的解除外匯管制，市場買賣外匯日益頻繁，政府為了尊重市場機能，讓匯率價格，由市場買賣供需自由決定。因此央行於 1989 年廢除，由銀行間所決定的中心匯率制度，讓匯率自由的波動。爾後，國內的外匯市場逐步的邁向自由化與國際化的發展。近年來國內外匯市場的發展，亦發生許多重大轉變，以下將分幾個重點介紹之。

（一）開放外匯經紀公司的成立

國內分別於 1994 年、1998 年，開放「臺北外匯經紀商」、「元太外匯經紀商」的成立。讓市場的外匯交易由以往的銀行相互居間交易，現改由透過外匯經紀商居間協助完成，使得國內的外匯市場交易更具效率。

（二）開放外匯相關商品業務

政府自 1991 年起央行開放銀行對顧客辦理外幣間換匯、以及保證金交易業務。且於 1994 年起央行開放銀行辦理遠期利率協定、保證金交易、換匯換利、店頭市場外幣選擇權、利率選擇權、及外幣信託資金投資國外有價證券等金融商品的業務。並於 1996 年央行核准銀行辦理，純外幣股價交換（Equity Swaps）業務。此外，2006 與 2007 年央行又陸續開放外幣信用違約交換

（CDS）、以及外匯信用違約選擇權的業務。由於開放多項外匯衍生性商品[5]業務，讓個人與企業從事外匯投資與避險更加便利。

2021 年起放寬銀行可承作新台幣與外幣間換匯交易、以及開放極短期（T+2）即期交易，且放寬國內銀行可以在境內發行外幣金融債券得連結衍生性商品或爲結構型債券。

（三）成立兩岸貨幣清算機制

近年來由於臺灣與中國經貿關係往來密切，所以兩國的貨幣流通頻繁。所以政府於 2012 年成立兩國的貨幣清算機制，兩國各自同意一家貨幣清算機構（臺灣爲臺灣銀行上海分行；中國爲中國銀行臺北分行），按照雙方法規，爲對方提供己方貨幣之結算及清算服務。此舉提供兩國的民眾及企業，貿易經商、觀光往來，貨幣的清算便利性。

（四）成立外幣結算平台

近年來央行爲強化國內金融基礎設施，2013 年建置符合國際通用規格之「外幣結算平台」，提供多功能之境內及跨境外幣匯款、交易之結算及清算服務。外幣結算平台連接不同幣別之清算行，集中處理各類外幣支付交易之跨行清算，並採即時總額清算（Real-Time Gross Settlement, RTGS）機制，有效控管清算風險。此一先進、安全且具效率的金融支付系統之運作，將有利於我國外匯市場的發展、以及促進金融穩定。

---

5. 在央行開放多項的衍生性商品中，仍有一項－「無本金交割遠期外匯」（NDF），原本於1995年央行同意開放，但國際投機客常利用此工具炒作新臺幣匯率，所以但於1998年5月，規定國內法人不得承作NDF。但2014年8月央行再度鬆綁，重新開放國內銀行的境外分行，才可承作新臺幣NDF業務。

一、選擇題

❖基礎題

( ) 1. 請問外匯是指何者？ (A) 外幣現金 (B) 外幣支票 (C) 外幣本票 (D) 以上皆是。

( ) 2. 請問下列何者的外匯市場非國際性市場？ (A) 紐約 (B) 東京 (C) 倫敦 (D) 台北。

( ) 3. 通常一般民眾出國觀光，換取外匯應至何處兌換？ (A) 外匯指定銀行 (B) 銀樓 (C) 外匯經紀商 (D) 中央銀行。

( ) 4. 下列何者非與外匯指定銀行直接進行交易的組織？ (A) 中央銀行 (B) 外匯經紀商 (C) 進口商 (D) 移民者。

( ) 5. 下列何種非外匯市場功能？ (A) 均衡匯率 (B) 提供匯兌 (C) 調節國際 信用 (D) 影響國際股市。

( ) 6. 若現在 1 美元 =32 臺幣，而 1 歐元 =1.1 美元，請問歐元兌臺幣的交叉匯 率為何？ (A)35.2 (B)29.1 (C)33.1 (D)30.9。

( ) 7. 請問有關即期與遠期匯率，何者為非？ (A) 銀行均會報價 (B) 通常遠期 匯率較高 (C) 遠期交易可提供避險 (D) 即期交易可於二個交易日內交 割。

( ) 8. 請問實質匯率通常是由兩國何種指數進行調整？ (A) 失業率 (B) 股價 指數 (C) 物價指數 (D) 利率。

( ) 9. 若現在新臺幣的實質有效匯率指數為 98，表示為何？ (A) 臺幣被高估 (B) 臺幣被低估 (C) 美元被高估 (D) 美元被低估。

( ) 10. 請問現在臺幣匯率約為 1 美元等於 120 日圓，請問此報價方式稱為何？ (A) 直接報價 (B) 間接報價 (C) 歐式報價 (D) 以上皆非。

( ) 11. 下列何種幣別，非直接報價？ (A) 新臺幣 (B) 人民幣 (C) 日圓 (D) 英鎊。

( ) 12. 下列何種幣別，採間接報價？ (A) 日圓 (B) 加拿大幣 (C) 歐元 (D) 新加坡幣。

( ) 13. 下列對外匯保證金的敘述何者有誤？ (A) 集中市場交易 (B) 通常至銀 行承做 (C) 保證金約承做金額的 10% (D) 具有以小搏大的功能。

(　) 14. 下列何種外匯交易工具無法提供避險？　(A) 遠期交易　(B) 換匯交易
　　　　(C) 即期交易　(D) 換匯換利交易。

(　) 15. 請問預期臺幣將貶值，人們會如何？　(A) 買臺幣賣美元　(B) 買美元賣臺
　　　　幣　(C) 外匯供給增加　(D) 匯率下跌。

❖ 進階題

(　) 16. 下列敘述何者錯誤？　(A) 外匯市場主要由外匯銀行、外匯經紀商，以及
　　　　外匯供需者所組成　(B) 通常即期票匯匯率比電匯匯率要低　(C) 銀行間
　　　　的相互拋補外匯稱為躉售市場　(D) 顧客須至外匯指定銀行方才能進行外
　　　　匯交易。

(　) 17. 下列敘述何者有誤？　(A) 通常澳幣是採間接報價　(B) 通常實質匯率是
　　　　以經濟成長率進行調整　(C) 若實質有效匯率指數大於 100，表示該國貨
　　　　幣被高估　(D) 換匯換利交易可以規避利率與匯率風險。

(　) 18. 下列敘述何者正確？　(A) 臺灣現行的匯率仍為央行所控制　(B) 臺灣
　　　　現行僅有一家外匯經紀商　(C) 現行臺灣境內銀行已開放 NDF 的業務
　　　　(D) 臺灣為臺灣銀行上海分行為兩岸貨幣清算機構。

❖ 證照題

(　) 19. 經營外匯相關業務者，為處理國際間收付與國際清算之需要，進行不同貨
　　　　幣間的相互交換之市場，稱為下列何者？　(A) 貨幣市場　(B) 資本市場
　　　　(C) 外匯市場　(D) 權益市場。　　　　　　　　　　　　（金融市場常識）

(　) 20. 本國外匯市場係由不同型態的外匯交易參與者所組成，下列何者非屬其組
　　　　織成員？　(A) 進出口商及旅行、投資者　(B) 外匯指定銀行　(C) 外匯經
　　　　紀商　(D) 期貨交易所。　　　　　　　　　　　　　　　（金融市場常識）

(　) 21. 有關國際外匯市場之主要功能，下列敘述何者有誤？　(A) 提供國際匯
　　　　兌與清算　(B) 擴大國際間各種貨幣之利差　(C) 提高國際資金運用效率
　　　　(D) 提供規避匯率風險的工具。　　　　　　　　　　　（金融市場常識）

(　) 22. 兩國之間通貨交換的比率，稱為下列何者？　(A) 利率　(B) 折現率
　　　　(C) 匯率　(D) 準備率。　　　　　　　　　　　　　　　（金融市場常識）

(　) 23. 衡量一國通貨的對外價值時，如考慮到兩國間物價相對變動而加以調
　　　　整，所得到之匯率稱為下列何者？　(A) 名目匯率　(B) 交叉匯率　(C) 均
　　　　衡匯率　(D) 實質匯率。　　　　　　　　　　　　　　（金融市場常識）

(　) 24. 當任何兩種通貨無直接兌換比率，必須透過第三種通貨間接計算而得的兌換率，稱為下列何者？　(A) 名目匯率　(B) 實質匯率　(C) 交叉匯率　(D) 均衡匯率。　　　　　　　　　　　　　　　　　　（金融市場常識）

(　) 25. 遠期匯率與即期匯率的差額，稱為下列何者？　(A) 實質匯率　(B) 換匯匯率　(C) 交叉匯率　(D) 均衡匯率。　　　　　　　　　　　　（金融市場常識）

(　) 26. 外匯市場上，報價銀行 EUR/USD 之報價為 1.1713/17，表示詢價者買入一歐元之價格為何？　(A)1.1713 美元　(B)1.1717 美元　(C)1.1700 美元　(D)0.8534 美元。　　　　　　　　　　　　　　　　（金融市場常識）

(　) 27. 中央銀行為緩和本國通貨匯價的急遽升貶，可利用下列何種方式調節外匯供需，使達成適當匯率水準？　(A) 重貼現政策　(B) 準備金政策　(C) 選擇性信用管制　(D) 外匯干預。　　　　　　　　　　（金融市場常識）

(　) 28. 下列關於新臺幣實質有效匯率指數（REER）之敘述，何者正確？　(A) 新臺幣兌美元匯率上升，REER 下跌　(B) 外資股利匯出，REER 上升　(C) 臺灣 REER 低於南韓，代表出口競爭力低於南韓　(D) 本國貨幣升值，REER 下跌。　　　　　　　　　　　　　　　　　（2014 初等考）

(　) 29. 外匯交易雙方在一特定時點簽訂契約，決定匯率，並於交易後第二個營業日完成契約金額的交割，稱為下列何者？　(A) 即期交易　(B) 遠期交易　(C) 期貨交易　(D) 選擇權交易。　　　　　　　　　　（金融市場常識）

(　) 30. 外資匯入美元，投資臺灣股市，唯恐將來匯出時新臺幣貶值，可如何規避匯率風險？　(A) 買無本金交割遠期美元（NDF）　(B) 買入即期美元　(C) 買入美元賣權　(D) 賣出美元買權。　　　　　　　（金融市場常識）

二、問答與計算題

❖ 基礎題

1. 請問外匯市場中有那些參與者？

2. 請問我國現行有幾家外匯經紀商？

3. 請問外匯市場的功能為何？

4. 請問一般匯率的報價方式有哪兩種？

5. 若目前美元兌新臺幣之市場匯率為 32.8230/80，請問銀行的買價與賣價各為何？

6. 下列哪些貨幣中，請問

(1) 哪些採直接報價？

(2) 哪些採間接報價？

A. 人民幣　B. 印尼盾　C. 歐元　D. 澳幣　E. 新臺幣　F. 韓圜　G. 英鎊　H. 阿根廷披索　I. 特別提款權　J. 愛爾蘭鎊　K. 日幣　L. 南非幣

7. 請問名目匯率與實質匯率的關係為何？

8. 請問計算實質有效匯率指數，通常需要考慮本國與貿易對手國的哪些項目？

9. 何謂 NDF？

10. 何謂換匯交易？

❖ 進階題

11. 請問下列外匯工具中，

(1) 何者為衍生性商品？

(2) 何者可在店頭市場交易？

(3) 何者可同時規避利率與匯率風險？

A. 即期外匯　B. 遠期外匯　C. 外匯保證金　D. 外幣現鈔　E. 換匯交易　F. 外匯期貨　G. 換匯換利　H. 外匯選擇權　I. 無本金遠期外匯

12. 某投資人與 A 銀行承作一筆 100 萬美元的保證金交易，存入 10 萬美元做為保證金，並下單買日圓，若當時美元兌日圓的匯率成交為 145 元，則 (1) 若一個月後，日幣升值至 143 元，則獲利多少？(2) 若規定維持保證金為本金之 50%，則日圓在何價位時，需補繳保證金？

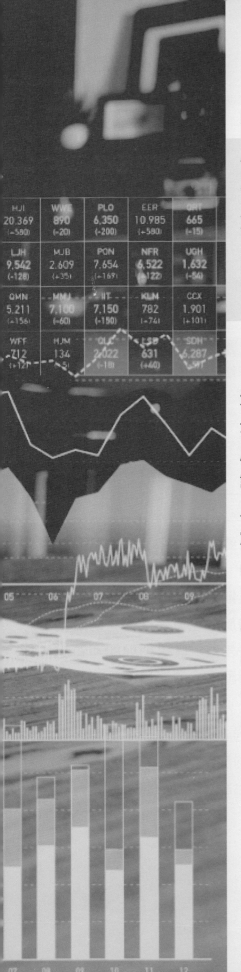

Financial Market

第三篇
衍生性金融商品市場

　　衍生性金融商品是指依附於某些實體標的資產，所對應衍生發展出來的金融商品。這些金融商品大都以無實體的合約方式呈現，其最原始的功能就是提供避險的需要，但因合約設計上的方便，也亦提供投資或投機的功能。因此衍生性商品，已逐受國內投資人的青睞。本篇內容包含四大章，內容將介紹衍生性金融商品的四種基本形式。

Chapter 09　遠期合約

Chapter 10　期貨市場

Chapter 11　選擇權市場

Chapter 12　金融交換

CHAPTER

09

遠期合約

本章內容為遠期合約,主要介紹遠期合約的簡介、遠期利率合約、遠期匯率合約與債券遠期交易等內容,其內容詳見下表。

節次	節名	主要內容
9-1	遠期合約的簡介	介紹遠期合約的意義與特性。
9-2	遠期利率合約	介紹遠期利率的報價方式、訂價與功能。
9-3	遠期匯率合約	介紹遠期匯率的訂價與功能
9-4	債券遠期交易	介紹國內遠期債券交易的功能。

章前導讀

遠期合約是衍生性金融商品中,最基本的組合要素,其它衍生性商品的設計原理均可由遠期合約所變化而來。「期貨合約」就是將遠期合約予以標準化而得的;「交換合約」其實就是由一連串的遠期合約所組合而成;「選擇權合約」也是運用遠期的時間概念發展而來。由於各種資產存在著時間價值,使得遠期合約的價格與即期市場的價格存在著差異,其遠期與即期間的價格差異報價,最常見的為「遠期利率」與「遠期匯率」的報價,因此本章將分別討論之。

此外,國內主管機關為了讓遠期利率具有公正的參考指標依據,所以一直推動國內的「遠期債券」交易,希望建立具參考性的利率指標。以下本章將依序介紹遠期合約的簡介、遠期利率合約、遠期匯率合約,以及跟遠期利率有關的遠期債券交易。

9-1 遠期合約的簡介

遠期合約（Forward Contract）是指買賣雙方約定在未來的某一特定時間，以期初約定的價格，來買賣一定數量及規格的商品；當約定期限到，雙方即依期初所簽定的合約來履行交割。

通常遠期合約是一種店頭市場商品，合約的交易雙方必須自己去找交易對手，所以存在著尋找對手的交易成本、以及交易對手的違約風險之問題。所以實務上，通常交易對手都是銀行（金融機構）為主，這樣比較可以省去交易成本的支出、以及規避違約風險。因此，公司在從事避險活動時，可能也會考慮此種避險方式，因為遠期合約仍具有獨特性，是期貨商品所無法完成取代的。以下我們介紹其主要特色。

一、合約內容較彈性，可以量身訂作

遠期合約不是標準化合約，而是可以根據交易雙方特別的需求來「量身訂作」，不像期貨侷限於標準化的合約規定，所以比期貨合約更能有效地滿足某些特定的避險需求。另外，不是所有的金融資產和商品都能符合期貨合約標的物的條件，故有很多現貨商品在期貨市場上，並沒有相對應的合約，在這種情況下，避險者就可以考慮遠期合約。

二、交易價格雙向報價，保證金具彈性

遠期合約會由銀行提供雙向報價，因此價格公開亦可議價。遠期合約不若期貨合約設置標準化的保證金制度，故不用每日結算保證金的餘額，且繳交的保證金亦較具彈性，以讓企業的資金調度更便利。

9-2 遠期利率合約

遠期利率合約（Forward Rate Agreement, FRA）是指交易雙方依據某一相同的貨幣利率，約定在未來的某一特定期間內，依合約期初約定利率與期末實際支付（收取）的利率之差額，以現金進行結算。通常遠期利率合約交易，只對利息淨差額進行清算，並無本金之交換。其實遠期利率合約便是「利率交換」（Interest Rate Swap, IRS）之前身，利率交換可視為分段的遠期利率合約；或說遠期利率合約是單一期的利率交換。

在遠期利率合約中，交易雙方須相互協議，以某種浮動利率當作交易的參考利率（Reference Rate）。通常國際間是以英國倫敦銀行同業間拆款利率（LIBOR）為浮動利率的基礎。交易雙方大部分以銀行為居間，銀行會針對願意支付或收取的「固定利息」進行報價。通常 FRA 是交易雙方協定，由一方鎖定一種固定利率，另一方鎖定一種浮動利率，雙方在結算日進行利息差額的清算。有關遠期利率的交易圖，詳見圖 9-1 的說明。以下將介紹遠期利率的報價方式、訂價與功能。

圖 9-1 遠期利率的交易示意圖

一、報價方式 [1]

通常遠期利率合約（FRA）的報價方式與貨幣市場拆借利率方式相彷，但 FRA 報價多了合約的約定期限。其報價方式見表 9-1，如以表中報價的第三行為例：報價為「3×6，2.69/74」，則「3×6」英文表示為（3 Month Against 6 Month FRA），即表為合約期限「3 個月對 6 個月」，即表示契約到期日為 6 個月後，但契約起息日為 3 個月後，故契約期限為 3 個月。

---

1. 國內櫃檯買賣中心，亦有針對國內的遠期利率提供報價平台。其合約名目本金為新臺幣10億元；計息期間為三個月，給付結算日得為生效日後第一、二、三、六及九個月，分別以1×4、2×5、3×6、6×9及9×12表示之。

表 9-1　遠期利率合約的利率報價舉例表

合約期限（月）	利率報價（%）
1×6	2.65/72
2×6	2.67/73
3×6	2.69/74
6×9	2.72/77
6×12	2.73/80
9×12	2.78/84

　　例如：假設 4 月 1 日為 FRA 成交日（Dealing Date），其即期交割日（Value Date）為 4 月 3 日，則即期交割日起 3 個月後為 7 月 3 日為結算日（Settlement Date）或稱起息日，即期交割日起 6 個月後為 10 月 3 日為合約到期日（Maturity Date），所以合約的期限為 3 個月，合約參考利率（浮動利率）的定價日（Fixing Date）為成交日起 3 個月後為 7 月 1 日。其關係時間圖（如圖 9-2）。

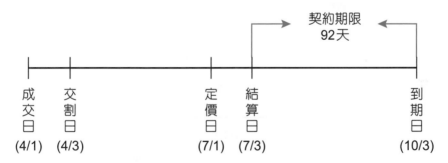

圖 9-2　遠期利率交易時，時間關係圖

　　此外，「3×6」的報價為「2.69/74」，其表示為銀行對 FRA 的買價與賣價的報價。前者 2.69% 為銀行的買價，表示若雙方交易成交後，在結算日銀行（買方）願意付出 2.69% 的利息給詢價方（賣方），並從詢價方收取參考浮動利率（LIBOR）；後者 2.74% 為銀行的賣價，表示若雙方交易成交後，在結算日銀行（賣方）願意收取 2.74% 的利息給詢價方（買方），並向詢價方支付參考浮動利率（LIBOR）。有關此交易範例，請參考如圖 9-3 之說明。

圖 9-3　遠期利率交易範例圖

例9-1　遠期利率合約

　　假設甲銀行基於避險需求，於 4 月 1 日與乙銀行簽定期限三個月後的三個月期遠期利率協定（3×6），契約金額 1,000 萬美元，交易雙方約定甲銀行支付固定利率 2% 給乙銀行，乙銀行在 3 個月後以當時的 3 個月期 LIBOR 支付給甲銀行。（其時間關係圖參考圖 9-2）若 3 個月後當時的 3 個月期 LIBOR 利率為 2.5%，則雙方之收益如何？

解

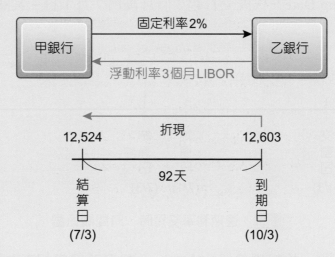

此合約期限為 7/3 ～ 10/3，共 92 天，則到期時利息差額為

$$10,000,000 \times (2.5\% - 2.0\%) \times \frac{92}{365} = 12,603$$

而遠期利率契約通常以結算日時來清算金額，所以到期時損益，必須折現至結算日計算，所以甲銀行實質的收益為 $\dfrac{12,603}{(1 + 2.5\% \times \frac{92}{365})} = 12,524$

所以，乙銀行損失 12,524（美元）

二、遠期利率訂價

通常交易雙方要簽定遠期利率合約時，報價方必須對各種期限的遠期利率進行報價。遠期利率訂價方式，是假設在無套利機會的情況下進行（如圖9-4）。以下我們舉一例說明之。

假設某投資人有一筆二年的閒置資金可供投資，他現在有兩種方式，一種是存入銀行一年期定存利率（$_0R_1 = 6.5\%$），到期後再將本利和，以當時的一年期定存利率（$_1R_2$）續存第二年；另一種為直接存入銀行二年期定存利率（$_0R_2 = 6.8\%$）。若在無套利機會下，此兩種方式所得到的報酬率應相等，且將得出下列此關係：

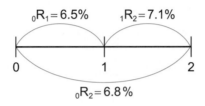

$$_0R_1 = 6.5\% \quad\quad _1R_2 = 7.1\%$$

$$_0R_2 = 6.8\%$$

圖 9-4　遠期利率訂價說明圖

$$(1+_0R_1)(1+_1R_2) = (1+_0R_2)^2 \Rightarrow (1 + 6.5\%)(1+_1R_2) = (1 + 6.8\%)^2 \Rightarrow {_1R_2} = 7.1\%$$

所以由上式計算得知：第一年至第二年之間的遠期利率（$_1R_2$）為7.1%，因此由上計算式可知：任何期間的遠期利率皆可由下式（9-1）求得：

$$(1+_0R_m)^m (1+_mR_n)^{n-m} = (1+_0R_n)^n \tag{9-1}$$

$_0R_m$　：從現在到 m 期的即期利率

$_mR_n$　：從 m 期到 n 期的遠期利率

$_0R_n$　：從現在到 n 期的即期利率

三、功能

一般而言，遠期利率合約的最主要目的，在於規避利率變動風險。避險策略的運用上，依避險標的物的差異而有不同的功能，其功能敘述如下：

（一）保障資產報酬

當投資者持有固定利率債券時，若預期未來利率將可能上揚，為避免所持有的債券因利率上揚而造成利息收入相對減少，可以買入遠期利率合約（以支付固定利率，收取浮動利率）；當持有浮動利率債券時，若預期未來利率將可能下跌，為避免債券因利率下跌而使利息收入減少，可以賣出遠期利率合約（以支付浮動利率，收取固定利率），以保障資產報酬。

（二）鎖定負債成本

當企業發行浮動利率債券時，為避免利率上揚而增加利息支出，可以買入遠期利率合約（以支付固定利率，收取浮動利率）；發行固定利率債券時，為避免因利率下跌而利息支出相對增加，可以賣出遠期利率合約（以支付浮動利率，收取固定利率），以鎖定負債成本。

（三）維持利差收益

當資產與負債採用不同的計息方式時，可以利用遠期利率合約配合當時的利率走勢，來保持資產與負債之間的利差收益。例如：當企業同時擁有以浮動利率計息的負債和以固定利率計息的資產時，可以買入遠期利率合約（以支付固定利率，收取浮動利率），以便於當利率上揚時鎖定利差收益。反之，當同時擁有以固定利率計息的負債和以浮動利率計息的資產時，可以賣出遠期利率合約（以支付浮動利率，收取固定利率），以便於當利率下跌時鎖定利差收益。

市場焦點

重磅！Fed宣布LIBOR最遲退場時間2023年6月底

（圖文資料來源：節錄自經濟日報 2020/11/15）

LIBOR 將退場全球備戰
銀行業影響評估！

　　聯準會（Fed）正式宣布，將逐步淘汰銀行使用 LIBOR 做為參考利率訂立合約，呼籲銀行採用 LIBOR 美元合同應在 2023 年 6 月 30 日前完成。英國金融行為監管局（FCA）早前宣布 LIBOR 將於 2021 年底退場，2022 年 1 月起不再規定會員銀行必須提供 LIBOR 報價，呼籲市場選定替代利率與訂定轉換計畫。

　　LIBOR 是全球引用度最高的利率，全球 150 多兆美元資產的定價參考利率，管理大約 200 兆美元的債務和合同，包括房貸和消費性貸款。在 2007 年至 2009 年的金融危機爆發 LIBOR 操縱弊案，各家金融公司的操縱來支撐回報、掩蓋金融弱點，代表性、可靠性備受外界質疑。

　　LIBOR 改革聲浪隨之而起，美國已初步選定擔保隔夜融資利率（SOFR）作為 LIBOR 的替代參考利率，Fed 持續呼籲銀行開始為 LIBOR 過渡到 SOFR 預做準備。SOFR 根據金融公司的實際隔夜交易，以美國國債或政府債務作為抵押品借入現金。SOFR 優點是以實際交易為主，更難人為操控，但缺點是波動性較大、信貸的敏感性不高，無法衡量銀行信用風險。

短 評

　　遠期利率合約常用的浮動利率基準—LIBOR，由於 2012 年爆發被操縱醜聞，使得公信力受到質疑。近期，FED 正式宣布，將逐步淘汰銀行使用 LIBOR 作為參考利率，並重申 2023 年 6 月底完全停用。

9-3　遠期匯率合約

　　遠期匯率合約（Forward Exchange Contract）是指交易雙方彼此約定在未來某一特定時日，依事先約定之匯率進行外匯買賣的合約。通常承做遠期匯率都是由銀行居間，銀行提供匯率的買價與賣價的雙向報價，且的合約期限以半年以下居多，最長不得超過一年，必要時得展期一次。國內依據中央銀行的現行規定，銀行與客戶之間的遠期外匯買賣合約的保證金額度，由銀行與客戶彼此議定之。

　　通常承做遠期外匯的客戶，必須是有實際的外匯的供給與需求者，客戶必須提供訂單、信用狀或商業發票等相關交易交件，以茲證明其實質需要。另外，在第 8 章有提及的無本金交割遠期外匯（NDF）則是一種無需交換本金的遠期外匯交易，比較屬於外匯投機商品，政府現僅允許國內銀行的境外分行，才可承作新臺幣的 NDF 業務。

　　此外，近年來國內興起一種以承做人民幣匯率為主的遠期合約，稱為「目標可贖回遠期合約」（Target Redemption Forward, TRF）；此商品因眾多企業承做，已變成銀行內金融行銷部門（Treasury Marketing Unit, TMU）的金雞母。但近期，因人民幣的大幅波動，也造成國內許多企業出現大量匯損，引起主管機構的關切。由於遠期外匯契約，具有規避匯率風險以及套利的功能。所以，近年來我國的遠期外匯市場發展頗為迅速。以下將針對遠期匯率的訂價與功能進行說明。

金融小常識

目標可贖回遠期合約（TRF）

　　TRF 嚴格說來是屬於選擇權商品，其實是由兩種不同履約價格的買權與賣權所組合而成，所以又稱零成本選擇權（Zero Cost Option）、或稱區間遠期合約（Range Forward）。TRF 該商品的組成，在兩個履約價格中間，會出現一筆兩權利金的差額（但差額也有可能為零，所以才稱為零成本選擇

權）。TRF 在合約加上一些障礙價的設計、以及買賣選擇權的名目本金乘上倍數，以讓合成遠期合約具有保護價、限制價以及槓桿效果。

所以當將來匯率落於兩個履約價格之間，則投資人可以賺取權利金的差額或無損益；若將來匯率不落於兩個履約價格之間，則投資人因合約的具倍數效果，有可能產生更多的匯兌收益（損失）。因此 TRF 是一種具高風險的結構型衍生性商品。

一、遠期匯率的訂價

通常交易雙方要簽定遠期外匯合約時，銀行必須對各種期限的遠期匯率進行報價。關於遠期外匯價格的計算，一般而言，是採取「利率平價說」（Interest Rate Parity Theory），亦即「拋補（Covered）的利率平價說[2]」，來解釋遠期匯率和即期匯率之間差異的關係。假設在無風險、無套利的機會下，若兩國的資產報酬率相同，則相同的金額分別投資於兩國資產，期末資產報酬率應該是沒有差別。若投資於兩國的報酬有差異時，則兩國的利率差距應該會等於遠期外匯的升貼水。

我們現在試舉一例說明之。假設現在若美元兌新臺幣之即期匯率為 s，遠期匯率為 f，現在新臺幣與美元一年期存款利率分別為 r_d 與 r_f。若現在將新臺幣 1 元，存入銀行一年後可得本利和為 $1(1+r_d)$；如果將之存入美元存款，則一年後可得本利和，以美元來計算為 $\frac{1}{s}(1+r_f)f$。現在如預期新臺幣會升值，為避免到期時以美元換回新臺幣會有損失，故先行賣出遠期美元（匯率為 f），故一年後之本利和以新臺幣計應為 $\frac{1}{s}(1+r_f)\times f$。若當二國的市場處於無套利均衡時，可以得到如下（9-2）式之關係：

$$(1 + r_d) = \frac{1}{s}(1+r_f)f \tag{9-2}$$

---

2. 「利率平價說」是假設在無風險套利的情形下，投資人在即期匯率市場買賣外匯，又同時在遠期外匯市場進行預先買賣（或說拋補）外匯，以進行避險。因這種預先拋補外匯的行為，所以又稱為「拋補利率平價說」。

設 $P = \dfrac{f-s}{s}$，經重新整理，可得 $P+1 = \dfrac{f}{s}$；再將之代入（9-2）式，可得下式（9-3）：

$$r_d = r_f + p + p \times r_f \qquad\qquad (9\text{-}3)$$

由（9-3）式得知，右式的最後一項 $P \times r_f$，在正常情況下其值很小，因此可忽略不計，因此，我們將 $P = \dfrac{f-s}{s}$ 代入（9-3）式整理可得下式（9-4）：

$$r_d - r_f = \dfrac{f-s}{s} \qquad\qquad (9\text{-}4)$$

由上式 9-4 可知：二國間利率之差距會決定二國遠期匯率的升水或貼水，當 $r_d - r_f > 0$，即代表美元遠期外匯為升水或稱溢價；$r_d - r_f < 0$，則代表美元遠期外匯為貼水或稱折價；$r_d - r_f = 0$，則代表美元遠期外匯為平價。若遠期外匯升水（貼水）以年利率可表示為下式（9-5）：

$$\dfrac{f-s}{s} \times \dfrac{12}{n} = r_d - r_f \qquad\qquad (9\text{-}5)$$

f：美元兌新臺幣的遠期匯率

s：美元兌新臺幣的即期匯率

r_d：新臺幣的利率（本國幣的利率）

r_f：美元的利率（外國幣的利率）

n：遠期的月數

例9-2　遠期外匯合約訂價

　　某一出口商半年後預計可收到 100 萬美元，若現在半年期美元利率 1.5%，半年期新臺幣利率 1.8%，美元兌新臺幣即期匯率 32.25，試問：

(1) 半年期美元遠期匯率為升水或貼水？

(2) 半年期遠期匯率為何？

解

(1) $r_d - r_f = 1.8\% - 1.5\% = 0.3\% > 0$（美元遠期匯率升水）

(2) $\dfrac{f - 32.25}{32.25} \times \dfrac{12}{6} = 1.8\% - 1.5\% \Rightarrow f = 32.30$

例9-3 遠期外匯避險

假設某出口商預計三個月後，將收到一筆外國廠商支付的 100 萬歐元款項，因預期歐元將貶值，於是跟銀行承做賣出三個期的歐元遠期外匯，歐元兌新台幣遠期匯率為 34.45；若三個月到期時，歐元兌新台幣即期匯率為 34.35，請問廠商的避險損益為何？

解

若三個月到期時，廠商原本須以 34.35 兌換歐元，但承作賣出遠期後，可以用 34.45 兌換，所以可以減少匯兌損失 (34.45 − 34.35) × 1,000,000 = 100,000 元新台幣。

二、功能

一般而言，企業承作遠期外匯交易的目的大都為規避風險，但也有許多被拿來當投機與套利的工具，以下將分別介紹遠期外匯交易的這兩種功能。

（一）規避匯率風險

通常進出口商從事貿易活動，如遇匯率發生大幅的變動時（例如：出口商碰到美元兌新臺幣貶值），則出口商在訂約時所預計的美元收益，將會被匯兌損失所侵蝕。因此，出口商應在簽約之初，到外匯市場預售遠期外匯，而進口商則應預購遠期外匯，以規避匯率風險。

(二)投機與套利

通常投機客可利用現貨即期匯率與市場預期匯率可能產生的價差,進行套利的活動,假設投機者預期一個月後新臺幣將貶值,他可預先在遠期外匯市場賣出一個月後到期的遠期外匯,到期時如所預期臺幣下跌,則可賺取匯差;若不幸一個月後遠期匯率一直沒超過投機者購買該遠期契約的價格,則該投機者將承擔損失。

市場焦點

TRF監理　央行四部曲緊盯

(圖文資料來源:節錄自工商時報 2018/04/24)

金管會與央行監理分工

主管機關	金管會	央行
監理目的	1.強化監理效能促進客戶權益保障 2.健全銀行衍生性商品 業務經營	1.執行貨幣政策 2.維護外匯市場穩定
監理範圍	所有衍生性商品	外匯衍生性商品
監理項目	1.認識客戶(KYC) 2.客戶分級與商品審查分級(KYP) 3.商品適合度 4.行銷過程控管 5.商品推介、廣告 6.風險告知 7.人員資歷、薪酬與在職訓練 8.客戶糾紛申訴 9.銀行風險控管	1.外匯衍生性商品申請程序 2.外匯衍生性商品開放範圍及個別商品承作限制 3.外匯衍生性商品人員資歷與在職訓練

　　根據央行提供的「銀行銷售 TRF 業務檢討」書面報告,央行衍生性商品監理共有四個階段,當業務許可後,先透過報表稽核進行場外監理,其次在必要時辦理專案檢查,接著提報聯繫小組會議,最後則是配合金管會採取強化監理措施。

　　央行認為,衍生性商品應有效地將風險移轉給有能力承受者,提升市場流動性,但商品具槓桿特性,如果運用不當,將大幅增加風險,應透過完善

法規、督導銀行落實法規遵循，強化複雜性高風險衍生性商品的監理，並持續透過嚴密的場外監理，與金管會進行監理合作。

短 評

前幾年，國內曾爆發銀行銷售人民幣「目標可贖回遠期契約（TRF）」的糾紛。因此，央行加強對這種外匯衍生性商品的監理，並設下監理四部曲，以維護外匯市場的穩定。

9-4 債券遠期交易

債券遠期（Bond Forward）交易是指債券買賣雙方約定未來某一時日，以特定的價格（利率），進行債券的買賣。遠期債券交易提供債券交易商及投資人一項債券投資避險管道。國內由櫃檯買賣中心於 2003 年 3 月已開放遠期債券交易，首筆遠期債券交易由當時的大華證券與寶來債券於 2003 年 4 月完成，交易內容是寶來證券以 10 年期的公債 92-4 期為標的，約定 14 個交易日後，以 1.718% 利率出售面額 10 億元公債給大華證券。

現在國內的櫃檯買賣中心為了積極推動遠期利率的參考性指標，於是建置國內債券遠期的交易平台，以提供國內交易者使用。以下將說明國內的債券遠期合約規格、以及債券遠期交易的功能。

一、債券遠期交易合約規格

根據臺灣櫃檯買賣中心的債券遠期交易平台，所提供的合約規格說明，見表 9-2。

表 9-2　國內債券遠期交易合約規格

合約規格	規格說明
標的債券	距到期日一年以上之中央登錄公債
契約期限	1、2、3及4週
契約交易單位	新臺幣五千萬元
報價方式	殖利率
交割方式	應採實物交割，但雙方同意採現金交割者，得從其約定。

資料來源：臺灣櫃檯買賣中心

二、功能

　　有關債券遠期交易的功能，敘述如下：

（一）規避風險

　　債券投資者若預期將來利率反彈，可利用遠期債券交易，以規避利率風險。此外，公司債的承銷商在包銷公司債時，因承銷商與發行公司在簽約日與發行日常有一個月以上的時間差距，故常會面臨極大的利率風險，因此企業在發行公司債時，可利用遠期債券交易，進行規避利率風險的管道；且可增加投資人買賣公司債的意願，進而能降低發行成本。

（二）套取利差

利用現貨與遠期交易軋平的方式，從中賺取無風險的利差。若預期利率下跌，可在遠期市場買進債券，等到價格上漲後，再利用遠期交易補回，將部位軋平以賺取利差；若預期利率上漲，可在遠期市場先行賣出債券，在交割日前以低價買入，軋平部位，即可賺取利差。

（三）利率指標

遠期債券市場的報價水準反映未來利率的趨勢，亦是現貨市場的最佳預測指標，此訊息可供企業財務調度資金的參考，也有助於國內建立債券長、短天期的利率指標，以發揮遠期價格發現之功能。

例9-4　債券遠期交易

假設某客戶對債市後市看法偏多，於 3 月 1 日買進一個月的遠期債券，成交殖利率為 1.52%，存續時間約為 8 年，金額 5,000 萬元的公債，約定 4 月 1 日交割。假設在 4 月 5 日客戶以 1.45% 賣出遠期公債，將部位軋平，則客戶損益如何？

解

利用債券存續期間概算債券交易的損益，其計算式如下：

$\Delta P = MD \times \Delta r$（$\Delta P$ 為債券價差，MD 為債券的存續期間，Δr 為利率差異）

$\Delta P = 8 \times 50,000,000 \times (1.52\% - 1.45\%) = 280,000$ 元

一、選擇題

❖ 基礎題

(　　) 1. 請問下列何者非遠期合約的特性？　(A) 可量身訂作交易　(B) 具標準化　(C) 店頭市場交易　(D) 是一種衍生性商品。

(　　) 2. 請問遠期利率的報價，下列何者非「2×6」的意思？　(A) 契約到期日為6個月　(B) 契約起息日為2個月後　(C) 契約期限為4個月　(D) 契約起息日為4個月後。

(　　) 3. 若利用遠期利率訂價公式，銀行1年期利息為3%，3年期利息為3.2%，則1年後的2年期利率應為何才合理？　(A)3.1%　(B)3.2%　(C)3.3%　(D)3.5%。

(　　) 4. 請問國內的遠期利率提供報價平台，其合約計息期間為幾個月？　(A) 一個月　(B) 二個月　(C) 三個月　(D) 六個月。

(　　) 5. 下列對於遠期匯率的敘述何者有誤？　(A) 須有實際交易行為產生的外匯需求　(B) 保證金非標準化　(C) 可店頭市場交易　(D) 無須實際交割本金。

(　　) 6. 若現在臺幣與美元一年期利率分別為3%與4%，若以利率平價說來判定，美元匯率將來應該如何才合理？　(A) 升值　(B) 貶值　(C) 不變　(D) 以上都有可能。

(　　) 7. 承上題，若現在美元兌新臺幣即期匯率30.25，請問一年後的美元兌新臺幣的即期匯率為何？　(A)29.95　(B)30.25　(C)30.55　(D)30.85。

(　　) 8. 請問國內的債券遠期交易，其合約交易單位為何？　(A)500萬　(B)1000萬　(C)3000萬　(D)5000萬。

❖ 進階題

(　　) 9. 下列敘述何者有誤？　(A) 遠期合約為店頭市場商品　(B) 遠期合約通常也要繳保證金　(C) 遠期合約其實就是由一連串交換合約所組合而成　(D) 通常承做遠期合約的違約風險較期貨高。

(　　) 10. 下列對遠期利率的報價，「3×6」的報價為「2.69/74」，何者敘述有誤？　(A) 契約到期日為6個月　(B) 銀行願意支付2.69%的固定利息　(C) 契約期限為3個月　(D)2.74%為銀行的買價。

( ) 11. 下列敘述何者有誤？ (A) 買入遠期利率合約是支付固定利率，收取浮動利率 (B) 當外國幣利息高於本國幣利息，合理情狀下，本國幣將來應升值 (C) 遠期利率的報價中，「2×6」的報價，表示合約期限為 4 個月 (D) 通常承做遠期外匯的客戶不用交割實際本金。

( ) 12. 下列敘述何者正確？ (A) 遠期匯率與即期匯率的差異與利率無關 (B) 當外國幣利息低於本國幣利息，合理情狀下，本國幣將來應貶值 (C) 通常遠期匯率會比即期匯率高 (D) 遠期債券交易可以提供匯率避險。

❖ 證照題

( ) 13. 假設 2 年期的債券年利率為 5%，3 年期的債券年利率為 4%，根據「純粹預期理論」，2 年後的預期 1 年期利率約為： (A)1% (B)2% (C)3% (D)5%。 （2013 初等考）

( ) 14. 假設 NTD/USD 之即期匯率為 30，如果臺灣與美國的年利率分別為 3% 及 5%，則一年期之 NTD/USD 遠期匯率應為： (A)30.9 (B)29.43 (C)31.5 (D)30.58。 （2015-2 證券分析人員）

( ) 15. 出口電腦至美國之上市公司若有美元應收帳款，可如何操作金融商品以規避匯率風險？ (A) 買美元期貨 (B) 賣遠期美元 (C) 買美元買權 (D) 賣臺灣存託憑證。 （2015-2 證券高級業務員）

( ) 16. 交易雙方在某特定時點決定匯率，並同意在未來某一時日交割的外匯交易市場，稱為下列何者？ (A) 即期外匯市場 (B) 遠期外匯市場 (C) 外匯期貨市場 (D) 國際資本市場。 （金融市場常識）

二、問答與計算題

❖ 基礎題

1. 請問遠期利率的報價，「1×6」的意思，表示合約的期限為幾個月？契約到期日為幾個月？合約幾個月後生效？

2. 通常國際間承做遠期利率，是以為浮動利率為報價基礎？

3. 通常在計算遠期匯率價格，是採取何種理論計算而得？

❖ 進階題

4. 假設 A 銀行基於避險需求，與 B 銀行簽定（2×6）的遠期利率合約，合約金額 1,000 萬美元，交易雙方約定 A 銀行支付固定利率 3% 給 B 銀行，B 銀行支付 LIBOR 給 A 銀行。若 2 個月後當時的 4 個月期 LIBOR 利率為 2.5%，則雙方之收益如何？

5. 若某一出口商六個月後預計可收到 100 萬美元，若現在六個期美元利率 2%，六個月期新臺幣利率 2.5%，美元兌新臺幣即期匯率 30.5，試問：

(1) 六個期美元遠期匯率為升水或貼水？

(2) 六個月期遠期匯率為何？

期貨市場

本章內容為期貨市場,主要介紹期貨商品的簡介、期貨市場的參與者、以及臺灣的期貨市場等內容,其內容詳見下表。

節次	節名	主要內容
10-1	期貨商品的簡介	介紹期貨的源起、種類、特性與功能。
10-2	期貨市場的參與者	介紹期貨市場各參與者所扮演的角色。
10-3	臺灣的期貨市場	介紹臺灣期交所所推出的金融商品期貨合約。

我們日常生活中對現貨商品的買賣,有時會面臨到價格的波動風險,人們為了規避風險,起初使用遠期的交易方式;但爾後基於避險的效率性,發明了期貨的交易方式,大大的提升金融市場中,投機與避險的交易效率與需求。所以 1990 年諾貝爾經濟獎得主米勒(Miller)曾說:「期貨是人類二十世紀最偉大的金融創新」。因此期貨商品的成立對現貨交易具有很大的助益,所以期貨是現代金融市場裡不可或缺的金融商品。以下本章將介紹期貨商品的簡介、市場的參與者以及臺灣的期貨市場等內容。

10-1 期貨商品的簡介

期貨商品是衍生性金融商品的一種,它並不是一種有形的商品,而是人們最早基於避險需求,所被創造出來的一種無形的商品。它是如何被創造出來的?它具有哪些種類、特性與功能?以下本節將分別介紹之。

一、期貨的源起

在一般的日常生活當中，人們買賣商品最常使用的交易方式為「現貨交易」（Cash Trading）。所謂現貨交易就是買賣雙方於商品成交當時，一手交錢一手交貨的交易方式，如日常生活中，我們去超級市場買日常用品或食物；或者至證券市場買賣股票等商品，均屬此種交易方式。

在自由的經濟制度下，現貨商品的價格，常隨著市場供需的變化而產生漲跌。所以現貨交易的方式，會出現商品價格暴漲、暴跌以及買不到或賣不掉的情形，使得現貨商品的供給者或需求者，產生價格波動的風險。人們基於避險的考量，於是想出在商品買賣前，事先約定交易價格及數量的「遠期交易」（Forward Trading）方式，來克服現貨交易所產生的問題。

雖然遠期交易可以解決現貨商品價格的波動風險，但是遠期交易的契約內容是由交易雙方私下依個別需求而訂定。所以有遠期交易需求的人，必須自己去尋找有意願的交易對手，雙方還必須同時對商品的價格、數量及規格談妥後，才可能訂下契約。因此交易期間雙方所耗費尋找對方的資訊成本、以及議定合約內容的時間成本，所以遠期合約的避險「交易成本」費用頗高。

此外，遠期契約是由交易雙方以議定的方式產生，屬於店頭市場交易方式，不同的遠期契約，其約定的價格、數量、品質均不相同。若在合約未到期前，有一方擬中止合約，則須付出違約金，因為遠期契約通常是不可移轉的，而即使可以移轉給他人，因為合約內容的獨特性或個別性，要尋找願意接受當初所議定的價格、數量及品質的承接人亦不容易，因此遠期交易亦有潛在的契約「流動性風險」。

另外，因遠期交易為店頭市場交易，交易並沒有公正的第三者居間處理，所以遠期交易須面對交易雙方的信用風險。在遠期交易中，若合約到期前，標的物價格的變化，對某一方非常不利時，則不利方有可能將不執行履約的義務，這時會有「違約風險」的問題產生。

所以為了解決上述遠期交易的「交易成本」、「流動性風險」與「違約風險」等問題，聰明的人類就成立專門為遠期合約交易的「集中交易所」，就可同時解決「交易成本」與「違約風險」之問題，並將遠期合約的簽訂內容「標準化」，就可使合約流動性增加，於是將這種新合約更名為期貨合約，那交易所就是期貨交易所，於是「期貨交易」（FutureTrading）方式便孕育而生。

所謂的期貨（Futures）是指交易雙方在期貨交易所，以「集中競價」的交易方式，約定在將來的某一時日內，以市場成交的價格，交割某特定數量及品質規格的金融資產合約之交易。但上述的定義是以「實物交割」為主，但通常期貨交易大都是以「現金交割」為主；也就是通常大部分的交易方式，都是僅對期貨合約的買賣價差進行現金結算，並不會去進行合約中的實物交割之行為。

二、期貨的種類

一般而言，期貨的商品種類的設計，是基於現貨交易的需求而來。人們在進行現貨交易時，會因那些商品的價格變動過大而產生風險，那就會針對這些商品設計出期貨合約來進行避險。通常較常見的期貨商品可分為「商品期貨」及「金融期貨」兩大類。除了上述商品與金融期貨兩大類型外，近年來期貨市場還發展出「新興期貨」商品。以下本單元將分別介紹之。

（一）商品期貨

一般而言，商品期貨（Commodity Futures）大致又可分為「農畜產品」、「金屬」、「能源」以及「軟性商品」期貨等。

1. **農畜產品期貨（Agricultural Futures）**：包括農產品（如：小麥、黃豆、玉米、黃豆油與黃豆粉等穀物）、以及家畜產品（如：牛、幼牛、豬腩及活豬等）。

2. **金屬期貨（Metallic Futures）**：包括貴金屬期貨（如：黃金、白銀等）、以及基本金屬期貨（如：銅、鋁、鎳、錫及鋅等）。

3. **能源期貨（Energy Futures）**：包括原油及其附屬產品的燃油、汽油等、以及其他能源（如：丙烷、天然氣等）。

4. **軟性商品期貨（Soft Futures）**：包括咖啡、可可、蔗糖、棉花及柳橙汁等商品。

（二）金融期貨

一般而言，金融期貨（Financial Futures）大致又可分為「外匯」、「利率」以及「股價指數」期貨等。

1. **外匯期貨（Foreign Currency Futures）**：外匯期貨就是以各國貨幣相互交換的匯率爲標的所衍生出來的商品，而國際金融市場的外匯期貨交易以歐元（Euro）、日圓（JPY）、瑞士法郎（SF）、加幣（CD）、澳幣（AD）、英鎊（BP）與人民幣（CNY）等七種與美元相互交叉的貨幣爲主。

2. **利率期貨（Interest Rate Futures）**：利率期貨可分爲「短期利率期貨」及「長期利率期貨」兩種。

   (1) 短期利率期貨：標的物主要有二大類，其一爲「政府短期票券」，例如：美國國庫券（T-Bills）；另一爲「定期存單」，例如：三個月期的歐洲美元（3-Month ED）。

   (2) 長期利率期貨：標的物主要以「美國政府長期公債」（T-Bonds）、「美國政府中期公債」（T-Notes）等爲主。

3. **股價指數期貨（Stock Index Futures）**：股價指數是由一組被特別挑選出的股票價格所組合而成；全球專爲期貨交易之目的而開發出來之股票市場指數有很多種，美國主要有史坦普500指數（S&P 500）、價值線綜合指數（Value Line Composite Index）、紐約股票交易所綜合指數（NYSE Composite Index）與主要市場指數（Major Market Index, MMI）。美國市場以外，其他國家中較著名的股價指數期貨有日經225指數（Nikkei 225 Index）、英國金融時報100種指數（FTSE 100 Index）、法國巴黎證商公會40種股價指數（CAC 40 Index）、香港恆生指數（Hang Seng Index）以及中國上海證券指數（SSE Composite Index）等。

（三）新興期貨商品

我們日常生活中，除了上述的實體與金融現貨商品的波動，會影響人們的生計外，尚有一些有形或無形的物質指數波動，也會影響著我們的生活，所以也可設計相關的新興期貨合約，提供避險所需。這些新興期貨合約，大致上有以下幾種型式：

1. **氣候期貨（Weather Futures）**：包括：雨量、溫度、雪量等氣候期貨商品。

2. **特殊指數期貨**：包括：運費費率指數、波動率指數（Volatility Index, VIX）等商品。

3. **其他類型期貨**：包括：電力、碳權與比特幣（Bitcion）期貨等商品。

⑤ 金融 小常識

波動率指數（VIX）與比特幣（BTC）

◎ **波動率指數（VIX）**

波動率指數（VIX）乃由美國 S＆P500 股價指數選擇權的價格，反推回來的隱含波動率指數，該指數為衡量預期未來 30 天 S＆P500 股價指數的波動度指標。實務上，常將用於市場發生重大事件時，投資人對未來股市波動的心理恐慌程度，故又稱為「投資人恐慌指標」。因此 VIX 期貨乃是為了規避投資人恐慌，所衍生出的避險商品。

◎ **比特幣（BTC）**

比特幣（BTC）是一種由網路世界裡發展出來的數位虛擬貨幣（Virtual Currency）。比特幣在生成時，必須由網戶利用本身電腦的運算能力去解密而來（俗稱挖礦），所以仍須耗費許多成本（如：購買挖礦設備與電費），因此網戶視之如「電子寶藏」，也有其一定的市場價格，且可以與真實貨幣雙向兌換，具支付功能。由於它不受任何金融監理單位監管，受到特定人士喜好（如：欲進行洗錢者），因此讓它的價格水漲船高，價格也常暴漲暴跌，所以才有比特幣期貨的誕生，可用於避險。

[Follow!] 市場焦點

史上首見負油價！免費送都沒人要，美國油市為何一夕崩盤？

史上首見！
紐約原油期貨價跌到
「－37.63 美元」

（圖文資料來源：摘錄自數位時代 2020/04/21）

　　美國期貨原油價格在 2020 年 4 月 20 日出現前所未見的現象：油價變成負的。作為美國油價標的西德克薩斯中間基原油（WTI），價格一度掉至每桶 -40.32 美元，並且當日價格收在 -37.63 美元，是原油期貨市場誕生以來空前的狀況。

　　至於交易商連忙出售原油的原因，主要是因為 5 月份的原油期貨即將到期，他們擔憂將無處可存放這些滯銷的原油，屆時倉儲成本反倒成為最大負擔，才會不顧成本在此時倒貼出清。

兩個原因解釋為什麼美國油價這麼慘？

　　美國 2018 年的石油產量占全球 16.2%，高居產油國中首位，新冠狀病毒（COVID-19，俗稱武漢肺炎）爆發的影響，令美國成為各個產油國中，受創最為嚴重的國家。武漢肺炎在世界各地造成廣泛的影響，人們大幅減少外出、旅遊業表現慘淡，能源需求也因此銳減，市場對原油的需求量比往常衰

退約 30%。研究公司就指出，人們因此開始擔心，美國已經快沒有地方儲存更多石油了。

　　另外，前陣子沙烏地阿拉伯、俄羅斯與美國之間的油價大戰，對原油市場更是雪上加霜。沙國因與俄羅斯協商破局，宣佈大舉增產原油、並調降對主要客戶報價，對全球油價帶來衝擊。

短 評

　　2020 年 4 月 20 日美國 WTI 原油期貨居然跌至負值，這是原油期貨市場前所未見的現象。一般認為主要有兩個原因造成，其一：因美國受「武漢肺炎」影響甚鉅，導致美國經濟活動大減，原油使用減少，又面臨原油期貨即將到期，擔憂無處可存放這些滯銷的原油，只好壓低價格出清存貨。另一：就是美、俄、沙的油價大戰，就使得油價先猛然崩跌一波，且之前三方無意減產，使得油價每況愈下。

三、期貨的特性

　　期貨合約與遠期合約，都是由某些實體的現貨商品所對應衍生出來的金融商品。雖然它們兩者的執行日期都是在未來，但此兩種合約在特性上仍有許多不同點，以下我們將針對期貨交易的某些重要特性加以說明。

（一）集中市場交易

　　期貨合約是採集中市場交易制度，因設置期貨交易所，使期貨交易人在合約未到期前若想中止合約，只要去期貨市場將原來的部位反向沖銷。因為其為標準化合約，所以合約內容具有一般性及普遍性，很容易便可將合約移轉給他人，因此期貨交易解決了遠期交易中合約流動性不足的風險。

（二）合約標準化

　　為了有效解決遠期合約所產生的流動性風險等問題，期貨交易將每種交易商品的合約都予以標準化的制度規範，以利於合約的流通，此乃與遠期合約

最大的不同點。合約中對商品交易的交貨時間、數量品質、地點、交易最低價格變動及漲、跌幅限制等均予以標準化，並建立一套審查商品等級及倉儲之標準，以確保期貨合約履行交割的品質，對合約買賣雙方均提供保障。

（三）保證金制度

一般而言，現貨與遠期交易，大多是採總額的交易方式，即商品交割時依合約規定的總價值進行買賣。期貨交易則採「保證金」的交易方式，即期貨交易人在買賣合約時，不須付出合約總價值的金額，僅需投入合約總值3%～10% 的交易保證金，一般稱為「原始保證金」（Initial Margin），以作為將來合約到期時，履行買賣交割義務的保證。由於財務槓桿倍數高於數 10 倍以上，使得期貨保證金交易比一般金融商品交易，具有更高的財務槓桿，讓期貨交易人更能靈活地運用資金以求最大效用，所以期貨交易一直被視為高報酬、高風險的一項金融投資工具。

（四）結算制度

遠期交易的買賣雙方必須承擔對方的信用風險。但期貨交易因有「結算所」（Clearing House）的設置，使期貨交易人在交易所從事任何交易時，結算所會對每筆交易進行風險控管，且控管方式是採取逐日結算，並要求合約每日的保證金餘額必須高於「維持保證金」（Maintenance Margin）之上，以維持交易人對合約履約的誠意；若保證金餘額低於維持保證金，須補足至原始保證金的水準，期補足的差額，稱為「差異保證金」（Variation Margin）。

由於透過結算所的仲介，使得期貨合約的買方或賣方不必直接接觸，其合約的信用風險及履約的交割義務均由結算所擔負。所以結算所的成立，不僅可確保期貨合約的確實履行，亦提供買賣雙方信用的保障，使期貨市場更能有效地穩定發展。

四、期貨的功能

期貨交易之主要功能如下：

（一）避險功能

期貨交易的最原始的動機就是為了解決現貨價格波動的風險。投資人可在期貨市場買進或賣出期貨，預先鎖住現貨商品未來買賣的價格，以規避現貨價格的波動風險。此舉使避險者不必擔心商品未來價格的變動，讓避險者可專心的從事本業的生產活動，提升經營效率。

（二）投機功能

期貨市場的最主要的功能就是提供投機的交易方式。因期貨合約採取保證金交易，所以期貨交易人只要提供些許的保證金，就可以從事以小搏大的財務槓桿操作。也因為有投機者的存在，將避險者不願承擔的價格波動風險移轉給投機者，且使得交易合約的流動更為頻繁，避險活動才能順利進行，對期貨市場具有正面的經濟效益。

（三）價格發現功能

因為期貨合約的實際交割行為在未來，因此期貨的交易價格，通常隱含著現貨價格未來的走勢。且期貨市場的交易方式，是由客戶透過經紀商下單至交易所集中競價後，成交價格迅速傳輸至全球世界各地，因此能夠隨時反應最新期貨商品的價格，以作為現貨商品買賣的參考。因此期貨交易價格可作為現貨價格的參考指標，由於期貨價格資訊充分的揭露，對整個經濟資源配置會更有效率。

10-2 期貨市場的參與者

期貨市場的參與者，是由各種不同的法人機構與交易人所共同組合而成。由於臺灣的期貨市場因起步較歐美國家晚，所以許多的交易制度與法令都是學習美國而來。因為國內期貨市場也較股票市場成立得慢，且期貨市場初期的交易量不夠大，所以國內的本土期貨商品都是藉由「證券經紀商」來進行交易。除非投資人要下單去買賣國外的期貨商品，才會藉由真正的「期貨經紀商」來媒介交易。所以以下要介紹的期貨市場參與者所扮演的角色與功能，是以美國

的期貨市場架構爲主體，並輔以與臺灣期貨市場差異之說明。（圖 10-1 爲期貨市場組織架構圖）。

一、主管機關

期貨主管機關主要負責維護整個期貨市場的秩序與健全市場的發展。以美國爲例，其主管機關爲「商品期貨管理委員會」（Commodity Futures Trading Commission, CFTC），由美國政府於 1975 年成立，共有 5 位委員，由總統提名，參議院任命之。我國的期貨交易主管機關爲「行政院金融監督管理委員會」。其主要功能健全發展期貨市場，維護期貨交易秩序。

二、期貨的自律機構

除了政府主管機構外，期貨市場有所謂的業者自律組織，其設立目的在發揮自律的功能及配合期貨市場之發展。在美國稱爲「美國期貨自律組織」（National Futures Association, NFA），該組織亦有政府機關充分授權，以達到監督市場的目的，並負責登錄美國期貨從業人員。我國的期貨自律組織爲「全國期貨商業同業公會聯合會」，目前爲「期貨業商業同業公會」。

三、期貨交易所

期貨交易所本身不從事期貨買賣，其主要的功能在提供交易場所及設備、訂定交易規則及擬訂期貨商品合約等事項；並期使期貨契約能夠公開有效率的交易，且監督期貨交易過程與執行法規。通常期貨交易所的組織可分爲「會員制」及「公司制」兩種。採會員制的期交所，是以非營利爲目的，當期交所發生財務危機，各會員彼此之間需負起連帶無限清償責任；採公司制的期交所，以營利爲目的，當期交所發生財務危機，股東無須負起連帶無限清償責任。以往美國許多的期貨交易所（Future Exchange）是由眾多會員所組成的非營利性組織，屬於會員制[1]。通常採會員制的交易所會發給會員會員證，亦稱爲「席位」（Seats），只能以個人名義持有，交易所只接受擁有席位的會員下單。

---

1. 近年來由於資訊產業發達與網際網路的普及，期貨交易所在環境競爭的趨使下，爲了保有在期貨市場的一席之地，已經有部分的交易所開始將會員制改爲公司制，以追求更高的績效。如：美國芝加哥期貨交易所（CBOT）與芝加哥商品交易所都已於2000 年改爲公司制。

臺灣的期貨交易所為「臺灣期貨交易所股份有限公司」（Taiwan International Mercantile Exchange, TAIMAX）於1996年12月成立，並於1998年首次推出股價指數期貨。該交易所是採公司制，該公司的股東是由期貨業、證券業、銀行業及期貨暨證券等相關機構共同出資所組成的，且限股東才可下單至交易所，所以是具會員制精神之公司制的期貨交易所。

四、期貨結算所

期貨結算所（Clearing House）和交易所一樣是非營利性機構，主要的功能為負責期貨交易契約的結算、訂定與調整保證金金額、訂定結算與交割程序、辦理結算與到期交割作業、管理結算保證金與交割結算基金、結算會員風險管理、確保期貨交易契約之履行、監督管理結算會員、以及對市場整體之財務完整性提供保障。有的結算所是隸屬於交易所，有的則是獨立的組織。我國的期貨結算所目前由臺灣期貨交易所兼營。

五、期貨經紀商

期貨經紀商（Futures Commission Merchant, FCM）是接受客戶委託買賣期貨契約，並可接受客戶開設交易帳戶的個人或公司。經紀商又可分為「結算會員」（FCM Clearing Member）及「非結算會員」（FCM Non-Clearing Member），其中結算會員需在交易所擁有席位，可直接接受客戶保證金，並自行進行期貨交易之結算；而非結算會員不可直接接受客戶保證金，需透過結算會員進行期貨交易之結算。在我國只要是期交所的股東，即為會員經紀商。

期貨營業員（Associate Person, AP）就是期貨經紀商的業務代表。AP的主要功能在招攬客戶，並提供客戶一切期貨交易相關資料及開戶手續的服務；使客戶對期貨交易的相關法規及程序有所了解，且提供客戶所需要的市場價格資訊，並接受客戶的下單買賣、以及負責期貨交易之內部稽核、全權委託、風險管理、法令遵循與結算交割等手續。

六、期貨自營商

期貨自營商（Futures Trader）是指自行在期貨市場內買賣期貨契約，以賺取差價的個人或機構，並不接受客戶下單。在美國亦稱「場內自營商」（Floor Trader），俗稱搶帽客（Scalper）。在臺灣期貨商通常會包含經紀商與自營商兩大部分。

七、仲介經紀商

仲介經紀商（Introducing Broker, IB）或稱期貨交易輔助人，主要功能在招攬期貨投資人從事期貨交易、代理會員期貨商接受期貨交易人開戶及接受期貨投資人交易之委託單，並把交易轉給期貨經紀商來執行。因為仲介經紀並非期貨交易所的會員，不能收受客戶的保證金。

通常在國內只要是非臺灣期貨交易所的股東，所成立的證券經紀商，通常是此處所稱的仲介經紀商（IB）；它們通常必須下單至臺灣期交所股東所成立的證券商。此外，國內的證券商若要幫客戶下單至國外的期交所，通常須經過國內的期貨商，所以國內的證券商，其實也算是國外期交所的仲介經紀商（IB）。

八、期貨投資信託公司

期貨投資信託公司成立期貨基金後，向普羅大眾吸收投資資金，交由期貨基金經理人（Commodity Pool Operator, CPO）代客戶下單買賣期貨，並定期向委託人報告基金營運狀況。

九、期貨投資顧問公司

期貨投資顧問（Commodity Trading Advisor, CTA）乃提供投資人進行時，相關的投資建議與交易諮詢服務，並向投資人收取佣金。

十、期貨交易人

期貨交易人大致可分為投機者、避險者、套利者。一般而言，投機者、套利者與避險者在期貨市場是相輔相成互相依賴。

（一）投機者

投機者（Speculator）買賣期貨的動機不在於規避現貨的價格風險，投機者對未來市場動向加以預測，希望藉由價格變動獲取投機的利潤。

（二）避險者

避險者（Hedger）買賣期貨的動機是為了規避現貨的價格風險，避險者經由期貨交易，將未來現貨價格波動的不確定風險移轉給願意承擔風險者，且藉由期貨買賣價差來對沖現貨的盈虧。

（三）套利者

套利者（Arbitrageurs）通常在市場上，尋找期貨價格與現貨價格失衡的契機，套利交易人會立刻進行買低賣高的套利行為，而由於套利的存在，市場的價格可以透過其套利的行為獲得均衡。通常套利者也是屬於投機交易。

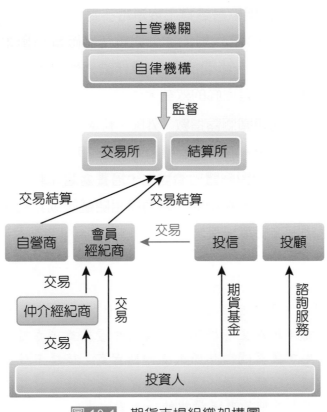

圖 10-1 期貨市場組織架構圖

市場焦點

IB 承作國外期貨　重大突破

（圖文資料來源：節錄自中央社 2014/11/26）

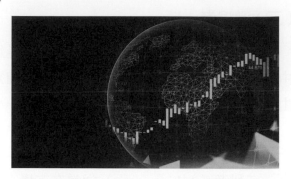

　　金管會今天全面開放期貨交易輔助人（IB）承作國外期貨交易業務。期貨公會理事長表示，此舉為臺灣期貨市場 20 年來的重大突破，可讓臺灣與全球經濟更緊密結合。年初期交所規劃與歐洲期貨交易所合作掛牌的歐台期、歐台選上市時，期貨公會即積極爭取 IB 承作國外期貨，主要考量讓證券商廣大通路交易人進行證券交易或臺股指數期貨交易時，能有適當的避險管道。

　　自 2014 年 5 月歐台期歐台選推出後短短不到半年時間，全體 IB 的交易量就超過 1 萬口，顯見 IB 客戶對於國外期貨商品確實有極大需求。在主管機關與期交所支持下，進一步開放了 IB 承作國外期貨，對於臺灣整體金融市場、交易人以及業者均有正面的效益。

　　由於國外期貨商品範圍涵蓋指數、外匯、利率、債券、能源、貴金屬、民生金屬和農產品等 8 大類。隨著主管機關開放 IB 接受客戶國外期貨業務，藉由觀察全球行情輪動下影響總體經濟變化，培養臺灣年輕人拓展全球金融新視野，同時亦可運用更多元跨市場、跨商品相關避險或套利策略，可望促進國內外期貨及選擇權交易量成長。

短 評

　　通常要在國內下單至國外的期交所，買賣其期貨商品，都須透過國內外所成立的期貨商。現在主管機關開放國內的證券商，亦可充當仲介經紀商（IB）協助客戶先下單至國內外所成立的期貨商，這樣可使國內交易人的交易更為便利；同時亦可使投資人運用更多元的跨市場、跨商品相關避險或套利策略，以提高國內外期貨及選擇權的交易量。

10-3 臺灣的期貨市場

臺灣的期貨交易較全球其他國家的期貨市場起步來的較晚些，臺灣期貨交易所成立於 1996 年，最早推出的合約爲，1998 年所推出的「臺灣加權股價指數期貨」（俗稱：大台指），該商品現仍爲市場上最主要的交易商品。自從大台指推出後，期交所亦陸續推出了許多跟臺股相關的股價指數期貨合約。爾後，隨著市場的開放需求，市場上亦逐步的推出「利率」、「黃金」、「匯率」、「原油」等期貨商品的交易。基本上，臺灣的期貨商品主要以「金融期貨」爲主，但仍有兩項「商品期貨」－「黃金」與「原油」在市場交易。以下表 10-1 爲國內各類期貨商品的交易比重。

本節將逐一簡單的介紹臺灣期交所所推出的金融期貨（包括：股價指數、利率、匯率）、以及商品期貨（包括：黃金與原油）這幾種商品合約的規格說明。

表 10-1　2020 年國內各類期貨商品的日平均交易比重

股價指數類商品	交易比重	股價指數類商品	交易比重
1.小型臺指期貨	43.105%	15.英國富時100期貨	0.044%
2.臺股指數期貨	33.251%	16.臺灣50期貨	0.023%
3.股票期貨	18.546%	17.櫃買期貨	0.012%
4.美國道瓊期貨	1.869%	**匯率類商品**	**交易比重**
5. ETF期貨	0.623%	1.小型美元兌人民幣期貨	0.124%
6.電子期貨	0.623%	2.英鎊兌美元期貨	0.052%
7.美國那斯達克100期貨	0.502%	3.澳幣兌美元期貨	0.031%
8.金融期貨	0.298%	4.美元兌人民幣期貨	0.030%
9.美國標普500期貨	0.184%	5.美元兌日圓期貨	0.030%
10.臺灣永續期貨	0.120%	6.歐元兌美元期貨	0.046%
11.臺灣富櫃200期貨	0.110%	**商品類商品**	**交易比重**
12.臺灣生技期貨	0.069%	1.臺幣黃金期貨	0.115%
13.非金電期貨	0.052%	2.黃金期貨	0.045%
14.東證期貨	0.050%	3.布蘭特原油期貨	0.027%

資料來源：臺灣期交所

一、金融期貨

（一）股價指數期貨

　　臺灣期貨交易所於 1998 年 7 月首次推出「臺灣加權股價指數期貨」（俗稱大台指），為我國的第一檔期貨商品，它是以臺灣所有上市股票所組成的指數當作標的物。該商品一直是臺灣期貨交易所的交易重心，自從推出後，廣受國內外投資人的青睞，交易量逐年上升。圖 10-2 為國內大台指期貨於 2000 年～2020 年每日平均成交量趨勢圖，由圖得知：國內的大台指期貨的交易量，經過這幾年來的快速成長，已由每日近 5 千口成長至近 19 萬口，增幅相當驚人，可見國內期貨市場仍在蓬勃的發展中。

　　但近年來，台股指數高居不下，也讓大台指的保證金相對提高許多，加重投資人的操作成本，所以長久以來，大台指期貨的交易量原本一直獨佔鰲頭，自2020 年起（見表 10-1），已被小台指期貨超越，兩者的交易量總額約佔全體期貨的 75% 以上。

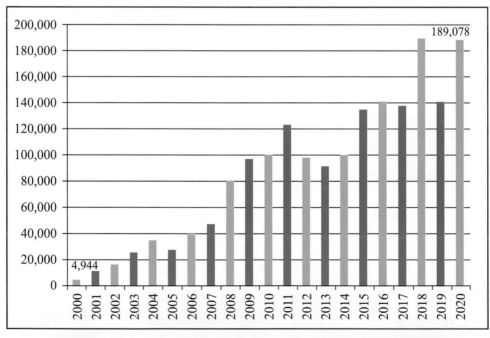

圖 10-2　國內「大台指」2000 年～ 2020 年的日成交量趨勢圖

　　自從大台指推出後，期交所為了擴大本土期貨市場規模，又於 1999 年 7 月推出本土的「電子類股」、「金融保險類股」的指數期貨合約，增加期貨商

品的多樣性。此外，期交所為了吸引更多小額投資人參與，又於 2001 年 4 月再推出「臺股股價指數小型期貨」（俗稱小台指），其契約的乘數只有大台指期貨的四分之一。因臺灣證交所於 2003 年推出國內首檔 ETF─元大寶來臺灣卓越 50 基金，所以期交所於 2003 年 6 月亦順勢推出以臺灣 50 家上市公司為標的物的「臺灣 50 股價指數期貨」，以供 ETF 投資人避險與投機之需求。

近年來，又於 2007 年 10 月與 2008 年 1 月分別推出「櫃買期貨」與「非金電期貨」兩種指數商品，且於 2010 年 1 月推出「個股期貨[2]」，使得期貨商品更趨多樣化，也更能符合個股投資人投機與避險的需求。2019 年～2020 年又陸續推出「富櫃 200」、「臺灣永續」與「臺灣生技」指數期貨，讓國內的股價指數期貨更為多元。

此外，臺灣期交所基於國外避險者的需求，於 2006 年 3 月推出與 SGX（新加坡交易所）股價指數組合成分相同，但合約內容相似的「摩根臺股指數期貨[3]」，該期貨合約為美元計價，是臺灣期交所第一個美元計價的股價指數商品。另外，2014 年 5 月臺灣期貨交易所至歐洲期貨交易所（Eurex）上市 1 天的臺股期貨合約，這是期交所首次將期貨商品輸出至國際市場，使得臺灣的期貨市場更具國際化。

近年來，臺灣期交所積極推展境外指數來臺交易，使臺灣期貨市場更具國際化。首先，2015 年臺灣期交所與日本交易所集團（JPX）洽談合作，並取得東京證券交易所股價指數（TOPIX）授權，於 2015 年 12 月上市以新臺幣計價的「東證」指數期貨，這是臺灣期貨市場第一個掛牌的國外指數期貨商品，也代表臺灣期貨市場的發展邁向國際化的另一個里程碑。此外，2016 年～2020 年又陸續推出印度「Nifty50」、美國的「道瓊」、「S&P500」、「那斯達克 100」、以及英國「富時 100」股價指數期貨，以提供投資人更多參與歐美與亞洲股市的投資管道。

在制度面，2017 年實施部分期貨商品可「盤後交易」，讓交易時間由原先7.5 小時拉長至 19 小時[4]，此讓國內期貨市場不僅可接軌國際，也讓投資人增加

---

2. 截至2021年4月，現在期交所核准可供投資人投資的「個股期貨」，已擴展至217檔股票與ETF。
3. 摩根臺股指數期貨因成交量不足，已於2011年9月下市。
4. 國內期貨市場各種商品盤後交易時間，如下：
   (1)國內股價指數類商品、國外股價指數類商品及原油類商品（一般交易時段13:45收盤）：15:00～次日05:00。
   (2)匯率類及黃金類商品（一般交易時段16:15收盤）：17:25～次日05:00。

投機與避險的機會。2018 年亦推出「動態價格穩定措施」，以防止市場盤中價格異常波動，希望能降低國內的期貨交易風險。

　　表 10-2 將介紹臺灣期貨交易所，所推出的臺灣加權股價指數期貨合約之內容。此外，臺灣期交所推出的各種國內外股價指數期貨，其交易方式與契約規格皆與「臺股加權股價指數期貨」大致雷同，尚有若干不同點，如表 10-3 所示：

表 10-2　臺股指數期貨合約規格比較表

項目	臺股指數期貨合約規格
標的指數	臺灣證券交易所發行量加權指數
合約月份	連續三個近月及最近三個季月，共六種合約
最後交易日	合約月份第三個星期三
契約價值	指數乘上新臺幣200元
升降單位	1點＝臺幣200元
漲跌限制	前一日結算價上下10%
最後結算價	最後交易日當日收盤前30分鐘公布指數算術平均值

資料來源：臺灣期貨交易所

表 10-3　國內各種指數期貨合約規格比較表

期貨商品種類	契約價值	升降單位
電子類股指數期貨	電子指數乘上新台幣4,000元	0.05點＝新台幣200元
金融保險類股指數期貨	金融保險指數乘上新台幣1,000元	0.2點＝新台幣200元
小型台股指數期貨	小型台股指數乘上新台幣50元	1點＝新台幣50元
臺灣50指數期貨	臺灣50指數乘上新台幣100元	1點＝新台幣100元
櫃台買賣中心指數期貨	櫃買指數乘上新臺幣4,000元	0.05點＝新台幣200元
非電子與金融類股指數期貨	非金電指數乘上新臺幣100元	1點＝新台幣100元
櫃買富櫃200指數期貨	富櫃200期貨指數乘上新臺幣50元	1點＝新台幣50元
臺灣永續指數期貨	臺灣永續期貨指數乘上新臺幣100元	1點＝新台幣100元
臺灣生技醫療指數期貨	臺灣生技期貨指數乘上新臺幣50元	1點＝新台幣50元

期貨商品種類	契約價值	升降單位
東證指數期貨	東證指數乘上新台幣200元	0.25點＝新台幣50元
美國道瓊股價指數期貨	道瓊期貨指數乘上新臺幣20元	1點＝新台幣20元
美國S&P500指數期貨	S&P500期貨指數乘上新臺幣200元	0.25點＝新台幣50元
美國那斯達克100指數期貨	那斯達克100期貨指數乘上新臺幣50元	1點＝新台幣50元
英國富時100指數	富時100期貨指數乘上新臺幣50元	1點＝新台幣50元

資料來源：臺灣期貨交易所

（二）利率期貨

臺灣的期貨市場，除了股價指數期貨為主外，基於金融期貨商品的完整性；期交所於 2004 年 1 月推出「十年期公債利率期貨」商品；並於在 2004 年 5 月推出「短期票券利率期貨」，以提供金融機構與企業對利率避險的需求，並期能建構國內有效的殖利率曲線；以使國內的票券與債券市場更健全發展，盼能吸引更多的外資投入國內的金融市場，讓國內的金融市場更趨於國際化。

但礙於臺灣的利率交易市場，大都以法人交易為主，所以交易量雖大，但交易人卻不是很多。因此國內這兩種利率期貨的交易量始終無起色，30 天期短期票券利率期貨，已於 2013 年下市，十年期政府債券期貨，也於 2019 年 9 月劃下句點，所以國內現今已無任何利率期貨可供交易。

（三）匯率期貨

由於近年來，臺灣與中國經貿往來逐漸密切，且國內積極發行人民幣的寶島債市場，使得投資人對人民幣的避險與理財需求日益增加。且國內當局亦積極發展離岸人民幣市場，希望臺灣能成為全球重要的離岸人民幣交易中心。

因此臺灣期交所於 2015 年 7 月，推出 2 檔以美元兌人民幣匯率為交易標的之「人民幣匯率期貨」，分別為「小型美元兌人民幣匯率期貨」（俗稱：小美人），契約規模 2 萬美元、以及「美元兌人民幣匯率期貨」（俗稱：大美人），契約規模 10 萬美元。希望藉由兩檔規格不同的商品，可符合散戶與法人的交易需求；亦提供金融業者、進出口商、人民幣投資者，對人民幣的投

機、避險與套利的交易需求。有關兩檔人民幣匯率期貨契約規格，詳見表 10-4
之說明。

表 10-4　人民幣匯率期貨契約規格表

項目	小型人民幣期貨（RTF）	人民幣期貨（RHF）
契約規模	20,000美元	100,000美元
契約到期交割月份	自交易當月起連續2個月份，另加上3、6、9、12月中4個接續季月，總共6個月份的契約	自交易當月起連續2個月份，另加上3、6、9、12月中4個接續季月，總共6個月份的契約
每日漲跌幅	前一交易日結算價±3%、±5%、±7%三階段漲跌幅度限制	前一交易日結算價±3%、±5%、±7%三階段漲跌幅度限制
報價方式	每1美元兌人民幣	每1美元兌人民幣
最小升降單位	人民幣0.0001元/美元（人民幣2元）	人民幣0.0001元/美元（人民幣10元）
最後交易日	各該契約交割月份第三個星期三	最各該契約交割月份第三個星期三
最後結算價	財團法人台北外匯市場發展基金會在最後交易日上午11：15公布之臺灣離岸人民幣定盤匯率	香港財資市場公會在最後交易日上午11：15公布之美元兌人民幣（香港）即期匯率定盤價
交割方式	現金交割	現金交割

資料來源：臺灣期交所

此外，臺灣期交所為了讓國內的匯率類型的期貨商品更加齊全，於 2016
年 11 月再推出兩種全球主要交易貨幣的匯率期貨，分別為「歐元兌美元匯率」
與「美元兌日圓匯率」；並於 2018 年 1 月更進一步推出「英鎊兌美元匯率」
與「澳幣兌美元匯率」。希望藉由更多元的商品，提供給進出口貿易業者、外
幣資產持有者及交易人等，投機、避險與套利的交易需求。有關歐元、日圓英
鎊與澳幣匯率期貨契約規格，詳見表 10-5 與表 10-6 之說明。

表 10-5　歐元與日圓匯率期貨契約規格表

項目	歐元兌美元期貨	美元兌日圓期貨
契約規模	20,000歐元	20,000美元
交割月份	交易當月起接續之4個季月（3、6、9、12季月循環）	交易當月起接續之4個季月（3、6、9、12季月循環）

項目	歐元兌美元期貨	美元兌日圓期貨
每日漲跌幅	前一交易日結算價±3%、±5%、±7%三階段漲跌幅度限制	前一交易日結算價±3%、±5%、±7%三階段漲跌幅度限制
報價方式	每1歐元兌美元	每1美元兌日圓
最小升降單位	0.0001美元/歐元（2美元）	0.01日圓/美元（200日圓）
最後交易日	最後交易日為各該契約交割月份第三個星期三	最後交易日為各該契約交割月份第三個星期三
最後結算價	最後交易日台北時間下午2時WM/Reuters歐元兌美元即期匯率中價	最後交易日台北時間下午2時WM/Reuters美元兌日圓即期匯率中價
交割方式	現金交割	現金交割

資料來源：臺灣期交所

表 10-6　英鎊與澳幣匯率期貨契約規格表

項目	英鎊兌美元期貨	澳幣兌美元期貨
契約規模	20,000英鎊	25,000美元
交割月份	交易當月起接續之4個季月（3、6、9、12季月循環）	交易當月起接續之4個季月（3、6、9、12季月循環）
每日漲跌幅	前一交易日結算價±3%、±5%、±7%三階段漲跌幅度限制	前一交易日結算價±3%、±5%、±7%三階段漲跌幅度限制
報價方式	每1英鎊兌美元	每1澳幣兌美元
最小升降單位	0.0001美元/英鎊（2美元）	0.0001美元/澳幣（2.5美元）
最後交易日	最後交易日為各該契約交割月份第三個星期三	最後交易日為各該契約交割月份第三個星期三
最後結算價	最後交易日台北時間下午2時WM/Reuters英鎊兌美元即期匯率中價	最後交易日台北時間下午2時WM/Reuters美元兌日圓即期匯率中價
交割方式	現金交割	現金交割

資料來源：臺灣期交所

二、商品期貨

（一）黃金期貨

黃金長久以來一直是國人熱衷的投資工具，近年來，國際黃金價格波動幅動頗大。臺灣期交所基於此，於 2006 年 3 月推出「美元版黃金期貨」合約，該合約採國際規格以「美元」與「盎司」計價，此商品提供國內外投資人，對黃金進行投機與避險的新管道。

但由於國人對於黃金買賣的計價習性與計價標準和國際的基準不一樣，所以臺灣期交所又於 2008 年 1 月推出以「新臺幣」與「臺兩」計價的「臺幣版黃金期貨」商品，以滿足國內投資人的交易習慣。有關美元版與臺幣版的黃金期貨契約規格詳見表 10-7。

表 10-7　黃金期貨契約規格表

中文簡稱	美元版黃金期貨	臺幣版黃金期貨
交易標的	成色千分之九九五之黃金	成色千分之九九九點九之黃金
契約規模	10金衡制盎司	10台兩（100台錢、375公克）
交割月份	自交易當月起連續6個偶數月份	自交易當月起連續6個偶數月份
每日漲跌幅	前一交易日結算價±5%、±10%、±15%三階段漲跌幅度限制	前一交易日結算價±5%、±10%、±15%三階段漲跌幅度限制
最小升降單位	US$0.1/金衡制盎司（1美元）	新臺幣0.5元/台錢（新臺幣50元）
最後交易日	各該契約到期月份最後一個營業日前之第2個營業日	各該契約到期月份最後一個營業日前之第2個營業日
最後結算價	以最後交易日IBA同一曆日所公布之LBMA黃金早盤價為最後結算價。	以最後交易日IBA同一曆日所公布之LBMA黃金早盤價，以及台北外匯經紀公司公布之上午11時新臺幣對美元即期匯率為基礎，經過重量與成色之轉換，計算最後結算價。
交割方式	現金交割	現金交割

資料來源：臺灣期貨交易所

（二）原油期貨

　　由於原油價格與民生議題息息相關，且近年來國際原油價格波動頗大，國內投資人從事複委託交易原油期貨日益增多，於是臺灣期交所於 2018 年 7 月順勢推出國內的首宗能源期貨商品－「布蘭特原油期貨」，以提供國人對原油進行投機與避險的新管道。

　　臺灣期交所所推出的布蘭特原油期貨，將提供國人可利用新臺幣就可進行避險管道；且日盤、夜盤均可交易，可完整涵蓋歐洲與美國等國際主要原油期貨市場價格波動時段，以讓投機與避險交易能夠更即時。以下表 10-8 為布蘭特原油期貨的合約規格。

表 10-8　布蘭特原油期貨契約規格表

項目	布蘭特原油期貨
契約規模	200桶
交割月份	自交易當月起連續三個月份，另加上接續的一個六月份及一個十二月份
每日漲跌幅	採前一交易結算價±5%、±10%、±20%三階段漲跌幅度限制
報價方式	1桶
最小升降單位	新臺幣0.5元/桶（新臺幣100元）
最後交易日	洲際歐洲期貨交易所布蘭特原油期貨（ICE Futures Europe Brent Crude Futures）同一到期交割月份契約最後交易日
最後結算價	以契約到期最後交易截止時間後，洲際歐洲期貨交易所公布之同一到期交割月份契約洲際交易所布蘭特指數價格為基礎，並以最後交易截止時間前，最近一次台北外匯經紀股份有限公司公布之上午11:00新臺幣對美元成交即期匯率，轉換為新臺幣金額。
交割方式	現金交割

市場焦點

期貨夜盤變熱　日均量大增 57%

期貨夜盤交易上線三周年
可交易商品逐步增加

（圖文資料來源：節錄自經濟日報 2020/11/15）

2020 年前十月臺灣期貨夜盤交易日均量 35.9 萬口，較去年同期大幅成長 57.5%。期貨夜盤交易在臺灣期貨市場地位持續提升，今年更因為投資人因應美股變化，轉進夜盤交易，造就夜盤交易量大增。

交易人最喜歡還是操作台指選擇權，在夜盤交易也是最熱門商品，雖然交易人緊盯歐美股市走勢變化，但還是較熟悉台股，所以會依據歐美股市的走勢，研判台股可能開盤後的走勢，以台指選擇權作為主要標的，進行多種策略交易，有時為避險，有時是短線沖銷為主。

夜盤交易除了台股期貨、小台指與台指選擇權之外，美股指數期貨是另一個受交易人重視且積極操作者，除了美國道瓊指數期貨之外，尤其是臺灣主流為科技股，所以，美國那斯達克 100 期貨也十分受到交易人歡迎，甚至會結合美國道瓊指數期貨進行價差交易。

臺灣期貨市場交易仍以自然人為主，不過，外資法人參與比重也提升中，此外，高頻交易也進入臺灣期貨市場，至少有五個團隊透過現貨與期貨市場進行高頻交易，不研判漲跌方向而以套利價差為主，多元策略運用下，也造就較大的期貨交易量。

短 評

自從 2017 年期交所延長夜盤交易時間後，增加投資人避險機會，成交量持續成長。國內的夜盤交易時間與美國股市相仿，所以美指相關期貨頗受投資人青睞。此外，2020 年遭逢武漢肺炎疫情的危機，導致國際金融市場變動幅度加劇，所以投資人可利用期貨夜盤進行避險，也是成交量大增的原因之一。

一、選擇題

❖ 基礎題

( ) 1. 請問市場的演進為何？　(A) 期貨交易→現貨交易→遠期交易　(B) 期貨交易→遠期交易→現貨交易　(C) 現貨交易→期貨交易→遠期交易　(D) 現貨交易→遠期交易→期貨交易。

( ) 2. 請問下列何者不屬於期貨的敘述？　(A) 衍生性商品　(B) 保證金交易　(C) 流動性風險　(D) 系統風險。

( ) 3. 請問歐洲美元是屬於何種期貨商品？　(A) 黃金期貨　(B) 股價期貨　(C) 外匯期貨　(D) 利率期貨。

( ) 4. 下列何者屬於金融期貨？　(A) 可可期貨　(B) 歐元期貨　(C) 金屬期貨　(D) 黃金期貨。

( ) 5. 何者為商品期貨？　(A) 歐洲美元期貨　(B) 日圓期貨　(C) 黃金期貨　(D) 英鎊期貨。

( ) 6. 下列何者非期貨合約之特性？　(A) 合約內容標準化　(B) 交易雙方可以議價　(C) 保證金會每日結算　(D) 在集中市場交易。

( ) 7. 下列何者為期貨合約的功能？　(A) 避險的功能　(B) 價格發現的功能　(C) 投機的功能　(D) 以上皆是。

( ) 8. 請問國內期貨交易的主管機關為何？　(A) 財政部　(B) 金融監督管理委員會　(C) 中央銀行　(D) 國貿局。

( ) 9. 下列對「臺灣期貨交易所」之描述，何者為正確？　(A) 公司制具非營利精神　(B) 會員制具非營利精神　(C) 公司制具營利精神　(D) 會員制具營利精神。

( ) 10. 請問臺灣期貨交易所之結算機構組織為何？　(A) 會員制　(B) 獨立之機構　(C) 合併在期交所內　(D) 以上皆非。

( ) 11. 下列描述「期貨經紀商」何者正確？　(A) 幫其他會員下單　(B) 俗稱搶帽客（Scalper）　(C) 只為自己下單　(D) 賺取買賣價差。

( ) 12. 下列描述「期貨自營商」何者正確？　(A) 非營利性機構　(B) 又分會員與非會員　(C) 可幫客戶代客操作　(D) 只為自己下單。

(　　) 13. 請問臺灣加權股價指數期貨的契約月份為何？ 　(A)3、6、9、12 月和當月、次月 　(B) 連續 2 個近月和連續 4 個季月 　(C) 連續 2 個近月和連續 3 個季月 　(D) 當月、次月和連續 2 個季月。

(　　) 14. 請問臺灣期貨交易所所推出的長期利率期貨之交易標的為何？ 　(A)10 年期公債 　(B)15 年期公債 　(C)20 年期公債 　(D)30 年期公債。

(　　) 15. 請問臺灣期貨交易所股價指數期貨之最後交易日為何？ 　(A) 交割月份倒數第 2 個工作日 　(B) 交割月份第 2 個星期三 　(C) 交割月份第 4 個星期三 　(D) 交割月份之第 3 個星期三。

(　　) 16. 請問臺灣期貨交易所之小型臺指期貨之契約乘數為何？ 　(A)50 元 　(B)100 元 　(C)250 元 　(D)500 元。

(　　) 17. 請問臺灣期貨交易所之新臺幣版的黃金期貨，一口合約規格為何？ 　(A)10 台錢 　(B)10 盎司 　(C)10 台兩 　(D)10 台斤。

(　　) 18. 請問臺灣期貨交易所之人民幣匯率的期貨，一口合約規格為何？ (A)100,000 美元 　(B)100,000 人民幣 　(C)100,000 新臺幣 　(D)100,000 港幣。

❖ 進階題

(　　) 19. 下列敘述何者有誤？ 　(A) 期貨合約是屬於無形的商品 　(B) 期貨合約可實物交割 　(C) 期貨的買賣方都需付保證金 　(D) 歐洲美元是外匯期貨的一種。

(　　) 20. 下列敘述何者正確？ 　(A) 期貨合約必須對交易價格進行標準化 　(B) 股價指數合約只能現金交割 　(C) 期貨的買方需付權利金，賣方需付保證金 (D) 黃金期貨屬於金融商品期貨。

(　　) 21. 下列敘述何者正確？ 　(A) 臺灣期貨交易所採會員制 　(B) 期貨自營商可以幫客戶下單買賣期貨 　(C) 期貨結算所需每日計算客戶保證金的餘額 (D) 仲介經紀商亦可收取客戶保證金。

(　　) 22. 下列敘述何者有誤？ 　(A) 臺灣股價指數期貨的到期日為合約之第三個星期的星期三 　(B) 國內債券期貨是以 10 年期公債為標的 　(C) 國內新臺幣版的黃金期貨，合約規格為 10 台兩 　(D) 臺灣期交所推出的小型人民幣期貨，合約規格為 20,000 人民幣。

❖ 證照題

( ) 23. 下列何者不是期貨契約標準化要求一致之因素？ (A) 品質 (B) 數量 (C) 價格 (D) 交割地點。 （金融市場常識）

( ) 24. 客戶的保證金淨值，因市場行情往不利的方向發展，當淨值跌破某一水位，期貨商就會向客戶發出追繳保證金的通知，此一特定水位稱為：(A) 原始保證金 (B) 維持保證金 (C) 差異保證金 (D) 零和保證金。 （金融市場常識）

( ) 25. 客戶保證金不足時，需補足至： (A) 變動保證金 (B) 原始保證金 (C) 維持保證金 (D) 結算保證金。 （金融市場常識）

( ) 26. 以下何者不是期貨投機活動的正常功能？ (A) 風險移轉 (B) 增加市場的流動性 (C) 有助於期貨價格的穩定 (D) 操控期貨價格。 （金融市場常識）

( ) 27. 期貨經紀商不得從事何種行為？ (A) 代收保證金 (B) 代客戶下單至交易所 (C) 代替買賣雙方直接撮合 (D) 代客戶進行實物交割。 （金融市場常識）

( ) 28. 最近油價飆漲，某甲若完全根據預期而直接放空利率期貨且賺了不少，請問他屬於： (A) 避險者 (B) 投機者 (C) 價差交易者 (D) 賭客。 （金融市場常識）

( ) 29. 股價指數期貨無法規避： (A) 市場風險 (B) 系統風險 (C) 指數型投資組合之風險 (D) 股利變動之風險。 （金融市場常識）

( ) 30. 臺灣期貨交易所 30 天期利率期貨之交易標的為國內之何種票券工具？(A)30 天期融資性商業本票 (B) 國庫券 (C) 銀行承兌匯票 (D) 可轉讓定期存單。 （金融市場常識）

( ) 31. 股價指數期貨之交割方式為 (A) 現金交割 (B) 實物交割 (C) 由賣方決定 (D) 由買方決定。 （金融市場常識）

( ) 32. 依期交法規定，期貨交易人於何時繳交交易保證金？ (A) 下單買賣之前 (B) 下單買賣之後 (C) 成交之後 (D) 成交當日之收盤後。 （金融市場常識）

二、簡答題

❖ 基礎題

1. 請問期貨商品可分為那兩大類？

2. 請問商品期貨包含哪些？

3. 請問金融期貨包含哪些？

4. 請問期貨的特性為何？

5. 請問期貨的功能為何？

6. 請問臺灣期貨市場的主管機關為何？

7. 請問臺灣最早推出的期貨是何種商品？起始於哪一年？

8. 請問臺灣期貨交易所股價指數期貨之最後交易日為哪天？

9. 請問臺幣版黃金期貨的一口單位契約為何？

10. 請問臺灣期交所推出的人民幣期貨，合約規格為何？

❖ 進階題

11. 請問期貨合約解決了遠期合約的哪些不便？

12. 下列哪些選項是執行期貨「避險功能」？

    A. 種植咖啡的農夫在收割期三個月前，怕咖啡價格下跌，賣出咖啡期貨

    B. 小麥進口商在買進現貨同時，賣出玉米期貨

    C. 投資外國股票前，因怕本國貨幣貶值，賣出本國貨幣期貨

    D. 預期股市下跌，賣出股價指數期貨

    E. 公司發行公司債，預期利率下跌，買利率期貨

選擇權市場

本章內容為選擇權市場，主要介紹選擇權簡介、臺灣的選擇權市場及權證市場等內容，其內容詳見下表。

節次	節名	主要內容
11-1	選擇權的簡介	介紹選擇權的種類、特性與規格。
11-2	臺灣的選擇權市場	介紹國內各種選擇權的合約。
11-3	臺灣的權證市場	介紹國內所上市的各種權證型式。

選擇權為四種基本的衍生性商品中，最為特殊的一種。因為選擇權的買方與賣方所承擔的風險，並不相同；又有買權與賣權兩種型式之分，且又有時間價值的因素。所以基本上，對於一般投資人而言，選擇權算是比較複雜的金融商品。

國內的選擇權尚未上市前，證券主管機關先在證券市場，發行一種與選擇權相關的商品－「認購（售）權證」，先當作選擇權正式登場的暖身。近年國內的選擇權與權證市場，不管是發行種類與交易量，均呈現多元與蓬勃的發展。因此國內投資人對於選擇權類的商品，也由陌生漸漸的對它有所認識，並積極的操作它。以下本章將逐一的介紹選擇權商品的基本簡介、以及臺灣的選擇權與權證市場等內容。

11-1 選擇權的簡介

選擇權是一種在未來可以用特定價格買賣商品的一種憑證，是賦予買方具有是否執行權利，而賣方需相對盡義務的一種合約。選擇權的買方在支付賣方一筆「權利金」（Premium）後，享有在選擇權合約期間內，以約定的「履約價格」（Exercise Price），買賣某特定數量標的物的一項權利。選擇權主要可分為「買權」（Call Option）和「賣權」（Put Option）兩種，不管是買權或賣權的買方，因享有以特定價格買賣某標的物的權利，故須先付出權利金，以享有權利；反之，買權或賣權的賣方，因必須負起以特定價格買賣某標的物的義務，故先收取權利金，以盡履約義務。

通常大部分的選擇權與期貨一樣，都是被標準化後於集中市場交易的商品，交易方式與期貨合約性質相近，但兩者特性仍有所差異。以下本節將介紹選擇權的基本種類型式、特性與合約的規格等內容。

一、種類

選擇權分為買權與賣權兩種形式。投資人可以買進或賣出此兩種選擇權，因此選擇權的基本交易形態共有「買進買權」、「賣出買權」、「買進賣權」、「賣出賣權」等四種。以下我們將分別介紹之，其四種形式的比較見表 11-1。

表 11-1　選擇權型式的比較表

	買進買權 （Long Call）	賣出買權 （Short Call）	買進賣權 （Long Put）	賣出賣權 （Short Put）
權利金	支付	收取	支付	收取
最大獲利	無上限	權利金收入	履約價格 減權利金價格	權利金收入
最大損失	權利金支出	無下限	權利金支出	履約價格 減權利金價格
損益平衡點	履約價格 加權利金價格	履約價格 加權利金價格	履約價格 減權利金價格	履約價格 減權利金價格

（一）買進買權

買權的買方在支付權利金後，享有在選擇權合約期間內，以約定的履約價格，買入某特定數量標的物的一項權利。在此種型式下，當標的物上漲，價格超過損益平衡點（Break Even Point）時，漲幅愈大，則獲利愈多，所以最大獲利空間無限；若當標的物下跌時，其最大損失僅為權利金的支出部分，而其損益平衡點為履約價格加上權利金價格。投資人若預期標的物將來會「大幅上漲」，可進行此類型式的操作，圖 11-1 即其示意圖。

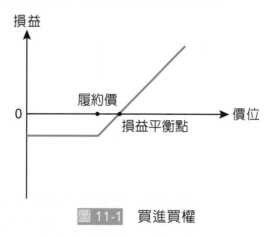

圖 11-1 買進買權

（二）賣出買權

買權的賣方，在收取買方所支付的權利金之後，即處於被動的地位，必須在合約期限內，以約定的履約價格，賣出某特定數量標的物的一項義務。在此種型式下，當標的物不上漲或下跌時，其最大獲利僅為權利金的收入部分；當標的物上漲時，價格超過損益平衡點時，漲幅愈大，則虧損愈多，所以其最大損失空間無限，而其損益平衡點為履約價格加上權利金價格。投資人若預期標的物將來價格會「小幅下跌」或「持平」，可進行此類型式的操作，圖 11-2 即其示意圖。

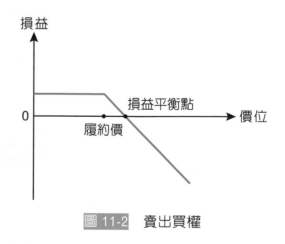

圖 11-2 賣出買權

（三）買進賣權

　　賣權的買方在支付權利金後，享有在選擇權合約期間內，以約定的履約價格，賣出某特定數量標的物的一項權利。在此種型式下，當標的物下跌，跌幅超過損益平衡點時，跌幅愈大，則獲利愈多，但其最大獲利為到期時履約價格減權利金價格之差距；當標的物沒有下跌或上漲時，最大損失僅為權利金的支出部分，而其損益平衡點為標的物履約價格減權利金價格。故投資人對標的物預期將來價格會「大幅下跌」時，可進行此類型式的操作。圖11-3即其示意圖。

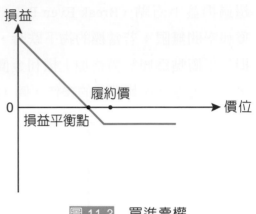

圖 11-3　買進賣權

（四）賣出賣權

　　賣權的賣方，在收取買方所支付的權利金之後，即處於被動的地位，必須在合約期限內，以特定的履約價格，買入某特定數量標的物的一項義務。在此種型式下，若當標的物價格沒有下跌或上漲時，其最大獲利僅為權利金的收入部分，若標的物下跌時，下跌幅度超過損益平衡點時，跌幅愈大，則虧損愈多，但其最大損失為標的物履約價格減權利金價格之差距，而損益平衡點為履約價格減權利金價格。故投資人若預期標的物將來價格會「小幅上漲」或「持平」，可進行此類型式的操作。圖11-4即其示意圖。

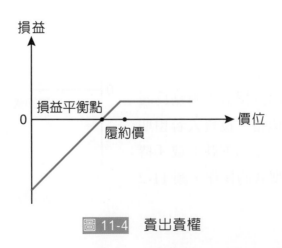

圖 11-4　賣出賣權

二、特性

選擇權是一種依附於現貨或其他金融商品的衍生性合約，選擇權交易其合約內容與期貨一樣。大都會被標準化的，且大部分在集中市場交易，與期貨合約性質相近，但兩者的特性仍有幾項不同，說明如下。

（一）權利與義務表徵的不同

期貨的買賣雙方對合約中所規定的條件，具有履約的義務與權利；選擇權的買方對合約中所規定的條件，只有履約的權利而無義務，賣方對合約中所規定的條件，只有履約的義務，而無要求對方的權利。

（二）交易價格決定方式不同

期貨合約對未來交易的價格並不事先決定，而是由買賣雙方在期貨市場以公開喊價的方式決定，所以期貨價格會隨時改變。選擇權的履約價格則是由買賣雙方事先決定，在合約期間內通常不會改變，至於市場的交易價格，則是權利金的價格，並不是合約標的物的履約價格。

（三）保證金繳交的要求不同

由於期貨的買賣雙方對合約中所規定的條件，具有履約的義務與權利，故雙方都必須繳交「保證金」。選擇權的買方對合約中所規定的條件，只有履約的權利，而無義務，故不須繳交保證金，但須繳「權利金」；選擇權的賣方對合約中所規定的條件，只有履約的義務，而無要求對方的權利，故須繳交「保證金」，以保障其未來會履約。

（四）具有時間價值

選擇權與其他金融商品最大的差異點，在於選擇權合約具有「時間價值」。這好比食品中的保存期限一般，同樣一個食品在新鮮時與快到賞味期限時，廠商會用不同的價格出售。選擇權也是有同樣的情形，不同時間點，其時間價值不同。因此選擇權的價值（權利金）是由「履約價值[1]」（Exercise Value）或稱內含價值（Intrinsic Value）加上「時間價值[2]」（Time Value）這兩部分所

---

1. 「履約價值」就是選擇權的買方，若立即執行履約的權利，其所能實現的利得。
2. 「時間價值」就是選擇權的存續時間，所帶給持有者多少獲利機會的價值。

組合而成。所以選擇權商品的價值（權利金），既使當日所對應連結的標的物並沒有漲跌，雖不影響其履約價值，但時間價值卻每日的遞減中。

三、合約規格

大部分的選擇權合約都是在集中市場交易，所以必須將選擇權契約標準化，以利於市場流通轉讓，以下我們將說明交易所，對選擇權契約須標準化的項目：

（一）交易標的物

通常選擇權的標的物種類繁多，只要現貨或期貨商品需要避險的，皆可成為標的物。因此選擇權又可分為「現貨選擇權」與「期貨選擇權」兩種。至於標的物包括：商品與金融現貨（或期貨）等各種種類。

（二）單位契約數量

通常選擇權每單位契約數量的規定，隨著交易所及交易商品種類不同，而有所不同。例如：臺灣的「股價指數選擇權合約」為加權股價指數乘以 50 元；臺灣的「新臺幣版的黃金選擇權」合約為一口為 10 台兩。

（三）履約日期

一般而言，選擇權的履約日期（Expiration Date）依商品的不同而有所不同，通常每個月份都有一個契約推出。而選擇權依履約日期的不同又可分為「歐式選擇權」（European Option）與「美式選擇權」（American Option），如果選擇權的買方只能在履約日期到期時才能行使履約的權利，此種選擇權稱為歐式選擇權。若選擇權的買方可在履約日期前的任何一天行使履約的權利，稱為美式選擇權。以行使權利時機而言，美式選擇權較歐式選擇權較具有彈性，故美式選擇權的權利金較歐式選擇權貴。一般而言，大多數的選擇權交易都採用美式選擇權。

（四）履約價格

選擇權的合約中，會對投資人將來欲執行履約的價位，進行不同的設定。所以不同的履約價格的選擇權，就是不同的商品。所以同一個月份，就會有好幾個履約價供投資人選擇。假設以臺股指數選擇權為例：若現在大盤指數

為 8,000 點，則近月選擇權的履約價將以 100 點為間隔，分設多種價位（如：9,500、9,400、9,300、9,200、9,100、9,000、8,900、8,800、8,700、8,600、8,500），以供投資人選擇。

此外，選擇權在發行時依履約價格與市價比較，可能為「價內」（In the Money）、「價平」（Atthe Money）或「價外」（Out of the Money）情況下發行。對買進買權而言，在不考慮權利金的情況下，若市價大於履約價格則稱為價內，投資人有利可圖；若市價等於履約價格，則稱為價平；若市價小於履約價格，則稱價外，投資人無利可圖。同理，對買進賣權而言，同樣在不考慮權利金的情況下，若市價小於履約價格，則稱價內；若市價等於履約價格，則稱價平；若市價大於履約價格，則稱為價外。買賣權的價內、價平及價外情形如表 11-2。

表 11-2　選擇權價內、價平及價外情形

	買進買權	買進賣權
價內	市價＞履約價格	市價＜履約價格
價平	市價＝履約價格	市價＝履約價格
價外	市價＜履約價格	市價＞履約價格

11-2 臺灣的選擇權市場

國內最早的選擇權合約，為 2001 年所推出的「臺灣加權股價指數選擇權合約」，現在該商品仍是市場最大的交易重心。這幾年期交所推出的商品，大都以「股價指數」類型的選擇權為主（包含 ETF）；僅有唯一種商品選擇權的交易－「黃金」選擇權。

但近年來，由於國人大量的持有人民幣的資產，於是對該貨幣匯率的變動，具有避險的需求，所以臺灣期交所於 2016 年 6 月推出人民幣的「匯率選擇權」，以提供人民幣匯率方面的投機與避險所需，也將使國內的選擇權市場商品種類更加多元化。有關國內各類選擇權的交易比重請詳見表 11-3。以下本節將簡單介紹「股價指數」、「黃金」與「匯率」選擇權合約的發展與規格。

表 11-3 2020 年國內各類選擇權商品的日平均交易比重

股價指數類	交易比重	匯率類	交易比重
臺指選擇權	99.749%	小型美元兌人民幣選擇權	0.011%
電子選擇權	0.042%	美元兌人民幣選擇權	0.001%
金融選擇權	0.046%		
股票選擇權	0.062%	**利率類商品**	**交易比重**
ETF選擇權	0.067%	黃金選擇權	0.021%

一、股價指數選擇權

　　臺灣期貨交易所於 2001 年 10 月推出「臺股加權股價指數選擇權」，為我國的第一檔選擇權商品。該商品是以臺灣所有上市股票所組成的指數當作標的物。該商品交易量成長很迅速，現已是國內交易熱絡的商品之一。圖 11-5 為國內台股指數選擇權，2001 年～ 2020 年的每日成交量趨勢圖。由圖得知：國內的臺股指數選擇權，經過政府這幾年的大力推展之後，已由 2001 年每日成交量還不到 1 千口，迅速成長至 2020 年已超過 80 萬口，成長速度相當驚人，可見選擇權商品多受到國內投資人的青睞。

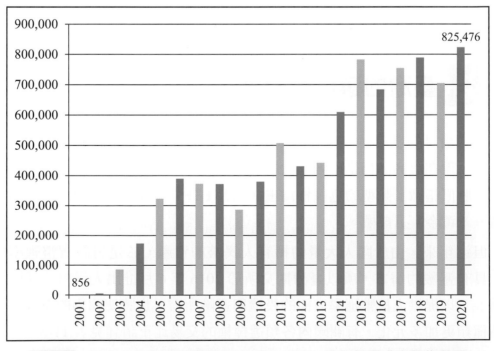

圖 11-5 國內台指指數選擇權 2001 年～ 2020 年的每日成交量趨勢圖

　　自從台股指數選擇權推出後，期交所隨後於 2003 年 1 月推出「個股選擇權[3]」，使原本只有指數期貨上市的臺灣期貨市場的發展更趨於完整，也讓投資人的交易更靈活，有更多的金融工具可供進行投資及避險。因臺灣的投資人偏愛操作電子股或金融股，所以期交所又於 2005 年 3 月推出「電子類」與「金融類」股價指數選擇權，以因應投資人的交易需求。因期交所為了進一步符合國外避險者的需求，於 2006 年 3 月推出「摩根臺股指數期貨」，且也順勢的推出以美元計價的「摩根臺股指數選擇權」，使避險商品更多樣化。期交所又於 2007 年 10 月推出「非金電」與「櫃買」兩種股價指數選擇權，使臺灣的選擇權商品更具完備。爾後，因「摩根臺股」、「非金電」與「櫃買」股價指數選擇權的交易量並不突出，所以紛紛落得憔悴收場。

　　近年來，期交所為了滿足市場投資人對短天期交易的需求，於 2012 年 11 月推出以「一週」為週期的合約，因週合約因「時間短」與「提供較窄履約價格間距」，使得投資人在進行短天期投機與避險交易時，更具便利性與效率性。此外，2014 年 5 月臺灣期貨交易所至歐洲期貨交易所（Eurex）上市 1 天的臺股指數選擇權合約，使得臺指選擇權首度要上國際舞臺，使得臺灣的選擇權市場更具國際化。表 11-4 為臺灣選擇權市場中，交易量最大的合約─「加權股價指數選擇權合約」規格表；另外，國內各種股價指數合約規格與加權股價指數選擇權合約的差異說明，如表 11-5 所示。

表 11-4　臺灣加權股價指數選擇權合約規格表

交易標的	臺灣證券交易所發行量加權股價指數
履約型態	歐式（僅能於到期日行使權利）
契約乘數	指數每點新臺幣50元
到期月份	◎自交易當月起連續三個月份，另加上三月、六月、九月、十二月中二個接續的季月，總共有五個月份的契約在市場交易交易 ◎當月除了第二個週，其餘每週三加掛下一週三到期的週合約
履約價格間距	◎履約價格未達3,000點：近月契約為50點，季月契約為100點 ◎履約價格3,000點以上，未達10,000點：近月契約為100點，季月契約為200點 ◎履約價格10,000點以上：近月契約為200點，季月契約為400點 ◎交易當週星期三加掛次一個星期三到期之契約，其履約價格間距同近月契約 ◎各契約自到期日之前一個星期三起，於前一營業日標的指數收盤價上下3%間，履約價格間距為近月契約之二分之一

3.　截至2019年4月，現在期交所核准可供投資人投資的「個股選擇權」，已擴展至49檔股票。

每日漲跌幅	以前一營業日臺灣證券交易所發行量加權股價指數收盤價之10%
最後交易日	各契約的最後交易日為各該契約交割月份第三個星期三
最後結算價	以到期日臺灣證券交易所當日交易時間收盤前三十分鐘內所提供標的指數之簡單算術平均價訂之。
交割方式	現金交割

資料來源：臺灣期貨交易所

表 11-5　各類指數選擇權規格表

交易標的	契約乘數
電子類發行量加權股價指數	指數每點新臺幣1,000元
金融保險類發行量加權股價指數	指數每點新臺幣250元

資料來源：臺灣期貨交易所

二、黃金選擇權

近年來，國際黃金價格波動幅動頗大。臺灣期交所基於此，並考慮國內買賣黃金的習性與計價標準和國際黃金的計價基準不一樣，並於 2009 年 1 月推出「新臺幣計價的黃金選擇權」，提供黃金投資人一個新的投資與避險管道。以下表 11-6 為新臺幣黃金選擇權規格表。

表 11-6　新臺幣黃金選擇權規格表

交易標的	成色千分之九九九點九之黃金
履約型態	歐式（僅能於到期日行使權利）
契約規模	5台兩（50台錢、187.5公克）
到期月份	連續6個偶數月份
最小升降單位	最小升降單位為新臺幣0.5元/台錢（新臺幣25元）
每日漲跌幅	最大漲跌幅限制為前一交易日結算價上下15%
每日結算價	每日結算價原則上採當日收盤前1分鐘內所有交易之成交量加權平均價
最後交易日	各契約的最後交易日為各該契約到期月份最後一個營業日前之第2個營業日，其次一營業日為新契約的開始交易日

最後結算價	以最後交易日IBA同一曆日所公布之LBMA黃金早盤價，以及台北外匯經紀股份有限公司公布之上午11時新臺幣對美元成交即期匯率為基礎，經過重量與成色之轉換，計算最後結算價。
交割方式	現金交割

資料來源：臺灣期貨交易所

三、匯率選擇權

臺灣期交所已於 2015 年，推出兩種人民幣匯率的期貨合約，由於市場反應頗佳，所以期交所於 2016 年 6 月，再順勢推出兩種人民幣匯率的選擇權合約，以讓匯率類的商品種類更為齊全，也能符合不同交易需求的投資人所需。以下表 11-7 為兩檔人民幣匯率選擇權契約規格說明。

表 11-7　人民幣匯率選擇權契約規格表

項目	小型人民幣匯率選擇權（RTO）	人民幣匯率選擇權（RHO）
交易標的	美元兌人民幣匯率	美元兌人民幣匯率
履約型態	歐式（僅能於到期日行使權利）	歐式（僅能於到期日行使權利）
契約規模	20,000美元	100,000美元
到期月份	自交易當月起連續2個月份，另加上3、6、9、12月中4個接續季月，總共6個月份的契約	自交易當月起連續2個月份，另加上3、6、9、12月中4個接續季月，總共6個月份的契約
報價方式及最小升降單位	0.0001點（人民幣2元）	0.0001點（人民幣10元）
每日漲跌幅	以前一營業日同月份小型美元兌人民幣匯率期貨契約結算價之7%為限	以前一營業日同月份美元兌人民幣匯率期貨契約結算價之7%為限
每日結算價	財團法人台北外匯市場發展基金會在最後交易日上午11：15公布之臺灣離岸人民幣定盤匯率	香港財資市場公會在最後交易日上午11:30公布之美元兌人民幣（香港）即期匯率
最後交易日	各該契約交割月份第三個星期三	各該契約交割月份第三個星期三
交割方式	現金交割	現金交割

資料來源：臺灣期交所

Follow! 市場焦點

2月6日賣方估損40億　臺灣選擇權史上最黑暗一天

（圖文資料來源：節錄自自由時報 2018/02/13）

2月6日選擇權大跌損失慘重
自救會：救救我們！

2月6日台股崩跌，不少選擇權賣家傾家蕩產，因價格1天漲1萬倍，連看對方向的投資人也慘賠。因此「2月6日是臺灣選擇權史上最黑暗的一天！」，估計全市場賣方損失約40億元。

悲慘案例

王老師是選擇權玩家，固定用100萬元保證金當莊家，站在賣方，每月賣出50口價外500到800點買權。在市況正常時，這樣的買權1口價值約10點，1點50元，50口每個月可替他帶來2.5萬元的收益，比定存每個月不到2,000元收入高很多。不過2月6日，一夕風雲變色。王老師手上50口的買權，從價值10點，飆到1,000點，被砍倉強制以市價1,000點買回，以每點50元、50口計算，共虧損247.5萬元，扣掉100萬元保證金，要再補近150萬元。期貨商苦笑形容，「你要賺市場的小錢，但市場要了你的命。」

王老師這樣的例子，只是小咖中的小咖，據傳在台北某期貨商開戶的公務員，這次600萬元保證金被追繳5,400萬元，慘賠出場。

4大原因　投資人慘賠

2月6日超越過去幾次台股選擇權黑天鵝事件，波動率達190%，連在極度開放的美股都前所未見。造成這種異常現象，有以下4個原因：

第1個原因是投資人缺乏紀律，用太少保證金買太多口商品，固然要自行負責，「但付出的代價太不成比例」。

第 2 個原因是期交所缺乏保護機制。大盤當天跌 3 ～ 4% 時，不少買權和賣權都飆漲停，按理賣出買權是看對方向，卻也遭殃。期交所目前提供給選擇權的保護機制，只有在盤後交易，亦即前一天美股崩跌千點，投資人可在凌晨以盤後盤避險。期貨商建議，剛上路的動態價格穩定措施應盡早適用於選擇權。另提高賣方保證金，目前選擇權每口僅 1.2 萬元，美中兩國約在臺幣 5 萬元。

第 3 是期交所對期貨商的內控規定。當天不少人被期貨商砍倉砍在價格最高點，但收盤前價格即恢復正常，讓投資人十分不滿。因此券商可建置人工智慧來估算客戶的未來最大損失，才不會把優質投資人推向斷頭台。

最後，市場也質疑，期貨商的自營部門，肩負「造市」及「操盤獲利」兩種角色，當天委買委賣爆量時，自營部門看到機會來了，是否有放棄造市的嫌疑，故意高掛天價，讓投資人沒有更低的價格能停損？也是值得主管機關檢討之處。

短 評

2018 年 2 月 6 日是臺灣選擇權史上最黑暗的一天！」，估計全市場賣方損失 40 億元。歸結 4 大原因：賣方投資人缺乏紀律、期交所缺動態價格穩定機制、期貨商內控待改進、期貨商造市者不足。經過此次事件，期貨商與主管機關都應該進行檢討，不要再讓悲劇重演。

11-3 臺灣的權證市場

臺灣於 1997 年 9 月首次由大華證券商發行，以「國巨」為標的股票的「大華 01」認購權證，當時國內掀起一股發行認購權證的熱潮。爾後，隨著市場的變化，且為了應付投資大眾的需求，認購權證的設計上也更加的多樣化。國內近年來，因投資大眾對指數商品的需求，2011 年 7 月證交所亦推出可以作多與作空的「牛熊證」，以因應投資大眾的需要。權證投資對於小額投資人，提供

了一個參與股票市場的投資管道，因為它具備以小博大的功能，所以近年來市場的發行量與交易量已佔有一席之地。

　　圖 11-6 為國內權證交易佔全體股市交易比重趨勢圖，由圖得知：國內近年來，權證交易佔全體股市交易比重，由以往不到 0.5% 逐漸成長至 2014 年最高接近 3%。但爾後，由於市場可供投資商品增多，稀釋投資權證的動能、以及大部分的權證流動性，並非買賣雙方所營造出來，而是須藉由券商的造市所產生等原故；近期，已萎縮至 1.0% 左右，使得權證投資逐漸遠離人們的視角。但權證具有小而美的特性，仍有東山再起的機會，重回投資人的目光。以下將介紹國內權證市場所發行的種類與特性。

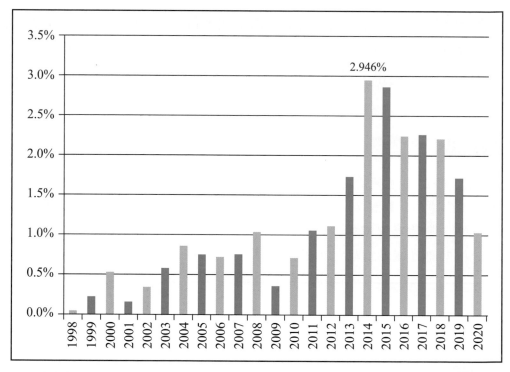

圖 11-6　國內 1998 年～ 2020 年權證交易佔全體股市交易比重趨勢圖

一、依權利不同分類

（一）認購權證

　　認購權證（Call Warrant）是指投資人買方，擁有在為未來履約期間內，以事先約定的價格購買一定數量的標的證券的權利，此即為「買進買權」的型式。

（二）認售權證

認售權證（Put Warrant）是指投資人買方，擁有在未來履約期間內，以事先約定的價格售出一定數量的標的證券的權利，此即為「買進賣權」的型式。

二、依履約期間分類

（一）美式權證

美式權證（American Style Warrant）是指權證持有人，可以在權證的存續期限內的任何時點執行權利。臺灣目前所發行的均為美式權證。

（二）歐式權證

歐式權證（European Style Warrant）是指權證持有人，必須在權證到期日時，才可執行權利。此權證的履約機會少於美式權證，故權證的權利金應小於美式權證的權利金。

三、依標的證券分類

（一）單一型權證

單一型權證（Single Warrant）是指發行人以單一支股票為標的物所發行的權證。國內大部分的權證均以此類型為主。

（二）組合型權證

組合型權證（Basket Warrant）是指發行人以數支股票組合為標的物所發行的權證，俗稱「一籃子」認購權證。通常發行的券商會將具有相同題材的幾支股票，組合成某一概念的組合型權證。例如：科技類型、地產類型與觀光類型等。

（三）指數型權證

指數型權證（Index Warrant）是指發行人以各種股價指數為標的物所發行的權證，因無實體標的物存在，故權證必須採現金交割。目前臺灣所發行的「牛熊權證」，部分為指數型權證。

四、依發行時履約價格與標的物市價高低分類

（一）價平型權證

價平型權證（At The Money）是指認購（售）權證發行時，標的股票的股價等於權證的履約價格。通常國內所發行的權證以此類型居多。

（二）價內型權證

價內型權證（In The Money）是指以認購權證而言，權證發行時，標的股票的股價大於權證的履約價格；以認售權證而言，權證發行時，標的股票的股價小於權證的履約價格。此類型權證，因發行時就對買者有利，故付出的權利金比價平型權證多；所以實務上，國內除了牛熊證外，較少直接發行價內型權證。

（三）價外型權證

價外型權證（Out The Money）是指以認購權證而言，權證發行時，標的股票的股價小於權證的履約價格；以認售權證而言，權證發行時，標的股票的股價大於權證的履約價格。此類型權證，因發行時就對買者不利，故付出的權利金比價平型權證少。一般實務上，投資人購買此類型權證因付出的權利金較少，使得權證的槓桿倍數更大，投機的效果更好。

五、特殊形式

以下介紹幾種國內證券交易所，上市的幾種特殊型式的權證。

（一）重設型權證

重設型權證（Reset Warrant）是指權證在發行一段特定時間內，可以重新調整其「履約價格」。就認購權證而言，在發行一段特定期間內，若標的股下跌至某一水準，權證的履約價格將可「往下」重新設定，使投資人具有下檔風險的保護；就認售權證而言，在發行一段特定期間內，若標的股上漲至某一水準，權證的履約價格將可「往上」重新設定，使投資人具有上檔風險的保護。

　　此種權證商品設計之目的：是為了提高投資人認購意願與降低認購風險，並降低權證發行人的承銷風險。由於具有履約價格可以調整的保護條款，故其權利金亦會較一般型權證高。重設型權證依可重設時點、及可重設價格的調整方式不同而分類如下：

1. 單一重設時點、單一重設價格

此權證是指權證在存續期間內的某一特定時點，可依標的股價是否已經達到預先設定的某一特定價格，而決定重新調整原履約價格。例如：某認購權證，可設定 1 個月後，履約價可調整為原始標的股價的 80%。

2. 單一重設時點、多重重設價格

此權證是指權證在存續期間內之某一特定時點，可依標的股價是否已經達到預先設定的某一組特定價格，而決定重新調整原履約價格。例如：某認購權證，可設定 1 個月後，履約價可調整為原始標的股價的 95%、90%、85%、80%。

3. 多重重設時點、單一重設價格

此權證是指權證在存續期間內之某一組特定時點，可依標的股價是否已經達到預先設定的某一特定價格，而決定重新調整原履約價格。例如：某認購權證，可設定 1、2、3 個月後，履約價可調整為原始標的股價的 80%。

4. 多重重設時點、多重重設價格

此權證是指權證在存續期間內之某一組特定時點，可依標的股價是否已經達到預先設定的某一組特定價格，而決定重新調整原履約價格。例如：某認購權證，可設定 1、2、3 個月後，履約價可調整為原始標的股價的 95%、90%、85%、80%。

（二）上（下）限型權證

　　上（下）限型權證（Caps /Floor Warrant）是指當權證發行時設定兩個價格，一個是正常的「履約價格」，另一個是特定的「障礙價」（上限或下限價），當標的證券觸到或穿越此障礙價時，權證即開始生效或失效。國內所發行上（下）限型權證，其實就是障礙式選擇權（Barrier Option）的應用，說明如下：

1. **上限型認購權證**

   上限型認購權證是指認購權證發行時設定一上限價,當標的證券收盤價觸到或穿越所設定的上限價時,即視該權證到期或自動履約,自動以當日標的證券收盤價辦理現金結算。其損益如圖 11-7 所示。

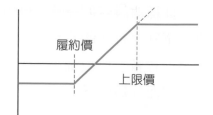
圖 11-7 上限型認購權證

2. **下限型認售權證**

   下限型認售權證是指認售權證發行時設定一下限價,當標的證券收盤價觸到或穿越所設定的下限價時,即視該權證到期或自動履約,自動以當日標的證券收盤價辦理現金結算。其損益如圖 11-8 所示。

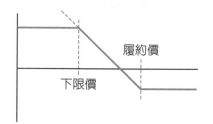
圖 11-8 下限型認售權證

不管是上限型認購權證或下限型認售權證,因權證設定障礙價(上限或下限價),無疑的有礙於投資人的獲利空間,對投資人較不利(對發行者有利),故權利金較一般型為低。但因投資人付出的權利金較少,投資人可享有較高的操作槓桿倍數,更有利於投機操作,因此也會增加投資人購買此權證的意願,且有助於發行人降低承銷風險,以及比較能確定未來的最大損失空間。

(三)牛(熊)證(**Callable Bull/Bear Contracts**)

國內所發行的牛熊證,其發行型態嚴格說來不屬於選擇權的型式,應屬於結構性產品;其主要的原因是牛熊證並沒有如同選擇權一般,其價值會隨時間遞減的情形,因為它的時間價值在發行時,早就被就一開始所設定的「財務費用」給固定了。

　　國內所發行的牛熊證,除了在發行時,會收一筆固定的財務費用,當作發行成本外;也會設定一個「限制價格」,當標的物市價觸到「限制價格」時,權證會提早到期,以間接保護投資人的損失。通常牛證的限制價會設在標的物市價之下,所以牛證類似於「下限型認購權證」;熊證的限制價會設在標的物市價之上,所以熊證則類似於「上限型認售權證」。

　　此外,國內現行所發行的牛熊證在發行時,通常都以「價內」的方式發行,其目的是希望牛熊證的漲跌幅度能與標的物相一致,以讓牛熊證能夠發揮實質的槓桿倍數。通常投資人對股市後市看好時,應購買牛證;反之,當投資人對股市後市看壞時,應購買熊證。所以投資人可運用牛熊證的槓桿效果進行多空操作。以下將進一步介紹牛熊證的各種特性:

1. 價內發行

牛熊證的發行者在發行時,必須設定標的物之「履約價格」與「限制價格」,通常牛(熊)證標的物市價均高(低)於限制價格與履約價,且限制價格又需高(低)於履約價,因此牛熊證的發行是採價內發行,其主要用意乃希望權證的漲跌幅和股票同步。有關牛熊證發行時,標的物市價、限制價與履約價的關係圖。詳見圖 11-9。

通常牛證發行時,標的物市價、限制價與履約價的高低應為:標的物市價>限制價>履約價。例如:假設某一券商發行牛證,其發行時標的證券市價為 50 元時,權證限制價將設為 40 元,履約價將設為 36 元。

通常熊證發行時,標的物市價、限制價與履約價的高低應為:履約價>限制價>標的物市價。假設某一券商發行熊證,其發行時標的證券市價為 40 元,權證限制價將設為 50 元,履約價將設為 60 元。

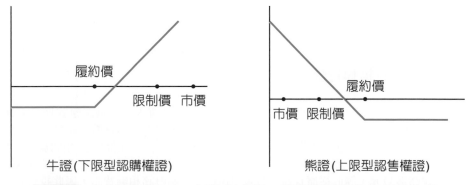

圖 11-9　牛熊證發行時,標的物市價、限制價與履約價的關係圖

2. 訂價透明

牛熊證的訂價非一般選擇權以 Black-Scholes 模型訂價，而是採「財務費用年率」計算。因牛熊證在訂價中的財務費用，即已考量選擇權的時間價值之因素，因此牛熊證的價格無一般選擇權因隨著到期日的逼近，而使時間價值逐漸遞減之情形。其訂價計算式如下：

牛熊證價格＝履約價格與標的物市價之差價 × 行使比例＋財務費用

財務費用公式＝財務相關費用年率 × 履約價 ×（距到期日天數／365）× 行使比例。

3. 停損機制

牛熊證發行時需設限制價格，在到期日之前，若標的物收盤價觸及限制價，牛熊證將提早到期，必須由發行商收回，其買賣亦會即時終止，投資人會損失全部的財務費用，但仍然可收回現金餘款（剩餘價值）。例如：牛證的限制價為 40 元，履約價為 36 元，當牛證標的股票跌至 40 元時，則牛證被結算，投資人可取回 4 元（40 － 36）的餘款。

若到期前標的物收盤價並無觸及限制價[4]，投資人可於到期前在集中交易市場賣出或持有至到期，到期時投資人可獲得之現金結算款項，為履約價與標的證券價格之差價乘以行使比例。

通常標的物價格與限制價相差愈大之牛熊證，強制收回的機率愈低，所以價格相對較高，則其槓桿倍數也就相對較小；反之，標的物價格與限制價相差愈小，強制收回的機率愈高，所以價格相對較高低，則其槓桿倍數也就相對較大。

4. 貼近市價

牛熊證在發行時採價內發行，因此權證價格以已含內含價值（履約價值）。若牛熊證與標的物行使比例為 1：1 時，則權證與標的物的價格變動比率會趨近於相同，所以權證除了能緊貼標的物之走勢，還不須支付購入標的物之全數金額，具有槓桿特性。

---

4. 此外，若該牛熊證若為「可延展型」（或稱存股證），投資人可在權證原到期日前20個營業日，向發行人申請展延，就可繼續持有該權證，且展延後的權證本身價格不變。至於延展的費用，投資人無須再支付，通常會用調整履約價的方式，來作為下一期的財務相關費用。例如：假設第一期期末，延展型牛證的履約價格為36元，若投資人欲展延時，乃將下一期的履約價從原先的36元調高為37元，等於從原有履約價值中預扣下一期財務相關費用，因此投資人可長期持有，並不需增加任何交付費用的繁瑣流程。

例如：某牛證的標的股票市價為 50 元時，該牛證限制價設為 40 元，履約價設為 36 元；則此時牛證價格已有 14 元（50 － 36）的履約價值，假設發行成本（財務費用率）1 元，所以該牛證發行價格為 15 元（14 ＋ 1）。若此時標的股價從 50 元漲至 60 元，上漲 10 元，則此時牛證也將同步上漲 10 元，漲至 25 元。所以投資人等於只用 15 元，就可投資 50 元的股票，具有 3.3 倍（50 ／ 15）的槓桿效果。

 市場焦點

權證風險隨報酬擴大靠一招獲利不縮水

（圖文資料來源：節錄自鉅亨網 2020/06/22）

　　買不起股票沒關係，只要了解權證，就能用更少的資金，同步參與股市行情，不過，投資權證的風險與報酬都會同時擴大，買權證怎麼買才不吃虧是重要課題，元大證券表示，要優先挑選「隱波不降」的權證，才能保障將來賣回權證時，投資權益不受損，獲利不縮水。

　　券商是以「造市委買波動率」計算造市委買價格，這是權證合理價格的重心所在，但是一般造市券商並不會公開「造市委買波動率」，如果投資人想知道，只能透過市場上已知的權證價格去「反推」可能的波動率，因為是「反推」所以稱為「隱含」波動率，以追蹤造市波動率是否有被調降的情形。在其他條件不變下，只要造市券商調低造市波動率，算出的權證價格就會變低，投資人在賣回時的價格就會吃虧。

　　舉例來說，某檔權證的履約價 300 元，半年後到期，行使比例 0.1，造市委買波動率是 30%，當標的股票價格同樣為 300 元時，其權證造市委買價格為 2.62 元。若投資人買進該權證後，造市委買波動率立刻被調降至 29%，結果就會造成標的股票價格明明同樣維持在 300 元，但權證造市委買價格立刻就跌到 2.54 元，等同投資人現賠掉 0.08 元（損失約 3%），這就是調降造市委買波動率所造成的損失。

　　權證是股票的分身，價格隨著標的股價上下波動，有一定的公式可以計算權證的合理價格。理論上，只要造市券商能忠實依造市規定反應報價，投資人買賣權證時，就不須擔心有造市價格變動明顯不合理而吃虧的情形。但是權證商品結構相較一般股票複雜，交易規則也不太一樣，建議投資人先瞭解權證「造市規定」及「合理價格」再進場。建議投資人須選擇報價透明，買賣才安心，選擇「隱波不降」的權證，才能保障賣回時價格不會減損，獲利不會縮水。

短 評

　　權證的價格，可藉由隱含波動率的調整而有所變動。因國內權證交易大都是由券商負責造市，有些券商會在投資人買入權證後，調降隱含波動率，讓投資人平白損失。所以投資權證必須選擇「隱波不降」的權證，才能保障賣回時價格不會減損，獲利不會縮水。

一、選擇題

❖ 基礎題

( ) 1. 下列對選擇權的敘述何者有誤？ (A) 買方需付權利金 (B) 買進買權可獲利無限 (C) 賣方所承擔的風險較買方大 (D) 賣方通常擁有權利。

( ) 2. 請問買進股票買權是具備何者？ (A) 依履約價格買進標的股票之權利 (B) 依履約價格賣出標的股票之權利 (C) 依履約價格買進標的股票之義務 (D) 依履約價格賣出標的股票之義務。

( ) 3. 請問賣出股票賣權具備何者？ (A) 按履約價格買入該股票的權利 (B) 按履約價格賣出該股票的權利 (C) 按履約價格買入該股票的義務 (D) 按履約價格賣出該股票的義務。

( ) 4. 在股票選擇權交易中，其交易價格是指？ (A) 權利金 (B) 保證金 (C) 履約價格 (D) 股價。

( ) 5. 買賣選擇權何者須付權利金？ (A) 買方 (B) 賣方 (C) 買賣雙方均要 (D) 買賣雙方均不要。

( ) 6. 若預期將來股票會大跌應承做何種型式的選擇權？ (A) 買進買權 (B) 買進賣權 (C) 賣出買權 (D) 賣出賣權。

( ) 7. 請問買進賣權的損益兩平點等於？ (A) 履約價格減權利金 (B) 履約價格減保證金 (C) 履約價格加權利金 (D) 履約價格加保證金。

( ) 8. 請問價內的買權是指現貨價格： (A) 等於履約價格 (B) 大於履約價格 (C) 小於履約價格 (D) 大於或小於履約價格。

( ) 9. 請問我國臺指選擇權的契約乘數為何？ (A) 每點 50 元 (B) 每點 100 元 (C) 每點 150 元 (D) 每點 200 元。

( ) 10. 依台指選擇權契約之相關規定，如果現在是 8 月底，則上市的指數選擇權契約有哪些月份？ (A)9、10、11、12、次年 3 月 (B)9、10、12、次年 3 月 (C)9、10、12、次年 3 月、次年 6 月 (D)8、9、10、12、次年 3 月。

( ) 11. 下列何者非權證的特性？ (A) 具槓桿功能 (B) 可以避險 (C) 可以投機 (D) 價值不隨時間改變。

( ) 12. 某交易人買進認售權證，則「交易人」相當於下列那一種角色？ (A) 買進買權 (B) 買進賣權 (C) 賣出買權 (D) 賣出賣權。

（　　）13. 請問美式與歐式權證，通常兩者在何者具有差異？　(A) 履約價　(B) 標的物　(C) 執行日　(D) 發行日。

（　　）14. 下列何種權證的波動性比較小？　(A) 組合型權證　(B) 單一個股型權證　(C) 指數型權證　(D) 以上都沒差異。

（　　）15. 下列何者為價平認購權證的特性？　(A) 權利金較價外為低　(B) 可提早履約　(C) 股價等於履約價　(D) 股價大於履約價。

（　　）16. 下列何種認購權證最可能提早履約？　(A) 價外認購權證　(B) 歐式認購權證　(C) 價內認購權證　(D) 價平認購權證。

（　　）17. 請問重設型的認購權證是指何者可以重設？　(A) 權利金　(B) 權證價格　(C) 履約價格　(D) 行使比例。

（　　）18. 上限型認購權證是指下列哪項有上限？　(A) 漲跌幅　(B) 權證價格　(C) 履約價格　(D) 投資人的獲利。

（　　）19. 下列何者非國內發行牛熊證的特性？　(A) 價外發行　(B) 訂價透明　(C) 具停損機制　(D) 權證漲跌貼近市價。

（　　）20. 請問延展型的牛熊證，將調整權證的何項，以當作下一期的費用？　(A) 權利金　(B) 權證價格　(C) 履約價格　(D) 行使比例。

❖ 進階題

（　　）21. 以下有關股票選擇權的敘述，何者有誤？　(A) 賣方收取權利金，但必須承擔履約義務　(B) 買方執行契約後將會持有股票部位　(C) 買方的利潤為履約價格與選擇權結算價格之價差　(D) 不管買方或賣方，在履約後都必須承擔股票價格變動的風險。

（　　）22. 若交易人預期日圓貶值，則應選擇下列哪些情形？ a. 賣日圓期貨賣權、b. 買日圓期貨賣權、c. 賣日圓期貨買權、d. 買日圓期貨買權　(A)ab　(B)bc　(C)ad　(D)ac。

（　　）23. 有關認購（售）權證與股票選擇權之相同點，何者有誤？　(A) 兩者均有時間價值　(B) 兩者均為利用高槓桿操作之工具　(C) 兩者均為高風險的商品　(D) 兩者均是保證金交易。

（　　）24. 下列敘述何者有誤？　(A) 美式權證的價格通常較歐式高　(B) 單一型權證波動度較指數型高　(C) 重設型權證的訂價應較一般型高　(D) 上限型認購權證的訂價應較一般型高。

( ) 25. 下列有關國內發行牛熊證的敘述何者有誤？ (A) 熊證：履約價＞限制價
＞標的物市價 (B) 牛證：標的物市價＞限制價＞履約價 (C) 牛熊證的
價格無一般選擇權因隨著到期日的逼近，而使時間價值逐漸遞減之情形
(D) 牛熊證在發行時採價外發行。

❖ 證照題

( ) 26. 賣權（Put Option）賦與持有人： (A) 以一定價格出售一資產的權利與
義務 (B) 以一定價格購買一資產的權利與義務 (C) 以一定價格出售一
資產的權利 (D) 以一定價格出售一資產的義務。

（2015-2 證券商高級業務員）

( ) 27. 以下那一種交易者不必繳交保證金？ (A) 期貨的買方 (B) 選擇權的買
方 (C) 期貨的賣方 (D) 選擇權的賣方。 （金融市場常識）

( ) 28. 當賣出期貨賣權（put）且被執行時，其結果如何？ (A) 取得多頭期貨契
約 (B) 取得空頭期貨契約 (C) 取得相等數量之現貨 (D) 取得現金。

（金融市場常識）

( ) 29. S&P500 現貨指數 675 點，則： (A)680 買權為價內 / 680 賣權為價
外 (B)670 買權為價內 / 670 賣權為價外 (C)670 買權及賣權皆為價內
(D)665 買權及賣權皆為價外。 （金融市場常識）

( ) 30. 下列何者須繳保證金？ 甲.買期貨；乙.賣期貨；丙.買選擇權；丁.賣
選擇權 (A) 僅甲、乙、丙對 (B) 僅乙、丙、丁對 (C) 僅甲、乙、丁對
(D) 甲、乙、丙、丁均對。 （2010-1 證券商高級業務員）

( ) 31. 履約價格 7,200 之加權股價指數賣權在最後結算價 7,150 點時，每口會有
多少價值？ (A)10,000 元 (B)2,500 元 (C)0 元 (D)50 元。

（金融市場常識）

( ) 32. 當股價大幅上漲時，下列何種部位獲利最大？ (A) 買入認購權證 (B) 賣
出認購權證 (C) 買入賣權 (D) 賣出賣權。（2015-1 證券商高級業務員）

( ) 33. 認購權證上市後，為何會對標的股票造成助漲助跌之效果？ (A) 認購
權證之槓桿操作 (B) 券商之避險動作 (C) 權證之漲跌幅大於標的股
(D) 選項 (A)、(B)、(C) 皆是。 （2011-3 證券商高級業務員）

( ) 34. 如果股價波動性增大，則： (A) 認購權證及認售權證的價格均會上漲
(B) 認購權證及認售權證的價格均會下跌 (C) 認購權證價格上漲，認售權
證價格會下跌 (D) 認購權證價格下跌，認售權證價格會上漲。

（2011-4 證券商高級業務員）

( ) 35. 認購權證之「發行者」相當於下列選擇權策略中那一種角色？ (A) 買進買權（Buy Call） (B) 買進賣權（Buy Put） (C) 賣出買權（Sell Call） (D) 賣出賣權（Sell Put）。 （金融市場常識）

二、簡答題

❖ 基礎題

1. 請問選擇權基本上有哪四種形式？

2. 哪一種形式的選擇權可以損失無下限？

3. 請說明買進賣權，當價平、價外、價內時，股票市價與履約價格關係為何？

4. 請問國內發行得台指選擇權契約，其最後交易日為何？

5. 請問美式與歐式權證的差別為何？

6. 請問重設型的認購權證是指何者可以重設？

7. 通常上限型認購權證與下限型認售權證，請問履約價與上限、下限價關係各為何？

8. 請問國內牛證與熊證，標的物股價、限制價與履約價的關係各為何？

❖ 進階題

9. 若交易人預期原油會小漲、大漲、小跌與大跌，則應選擇下列哪些較合適？

   A. 買原油期貨買權　B. 賣原油期貨買權　C. 買原油期貨賣權

   D. 賣原油期貨賣權　E. 買原油期貨　F. 賣原油期貨。

10. 若定義普通型權證為「平價發行，歐式」，則下列買權權證的權利金，何者大於普通型？ A. 美式　B. 價內　C. 價外　D. 重設型　E. 上限型。

CHAPTER 12

金融交換

```
本章架構
```

本章內容為金融交換,主要介紹金融交換的簡介、利率交換、貨幣交換、股價交換及商品交換等內容,其內容詳見下表。

節次	節名	主要內容
12-1	金融交換的簡介	介紹金融交換的種類與市場參與者。
12-2	利率交換	介紹利率交換的類型、報價方式與功能。
12-3	貨幣交換	介紹貨幣交換的類型與運用範例。
12-4	股價交換	介紹股價交換的特性與運用範例。
12-5	商品交換	介紹商品交換的特性與運用範例。

```
章前導讀
```

前述第 9 章遠期合約提及,金融交換合約是由多期的遠期合約所組成。所以金融交換與遠期合約,基本上兩者都屬於店頭市場商品,且有許多相類似的地方。兩者差異在於遠期合約比較屬於短期或單期使用;交換合約則比較偏重在長期與多期連續運用。因此金融交換合約在避險上的功能,就較遠期功能強大。所以金融交換合約,常常被金融專業人員運用在規避利率、匯率、股價、商品價格、以及信用等風險上,因此交換合約的特性、功能與運作方式種種知識,確實值得我們去學習。以下本章首先對金融交換作一介紹,再對各種金融商品的交換,如:利率、貨幣、股價、商品等商品的交換方式逐一介紹。

12-1 金融交換的簡介

金融交換（Financial Swap）是指交易雙方同意在未來的一段期間內，彼此交換一系列不同現金流量的一種合約。其交易方式可以由二個或二個以上的個體，在金融市場上進行各種金融工具的交換。其用來交換的金融工具包括：利率、貨幣、股權及商品等等；且通常可進行的交換場所，可以在單一的貨幣、資本或外匯市場進行，也可在好幾個市場上同時進行交易。通常金融交換的合約期間大部分為 2～5 年，甚至 10 年以上；所以金融交換合約，可說是由一連串的遠期合約所組合而成。

金融交換的目的在於使交易雙方經交換之後，得以規避匯率、利率、股價、商品價格及信用等風險，增加資金取得的途徑、降低資金成本、並增強資金調度能力、且調整財務結構、以及使資產和負債能做更佳的配合等利益。以下將介紹金融交換的種類與市場參與者。

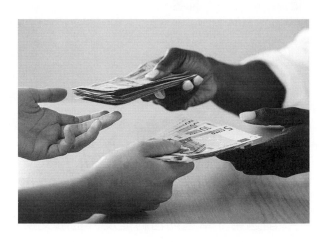

一、金融交換的種類

一般而言，金融交換主要用於規避金融或實體商品，如：利率、匯率、股價、原油、黃金的價格波動風險；但市場上也可用來規避公司信用[1]變動所造成的風險。本章主要介紹的交換合約將以金融或實體商品為主，以下將金融交換分為下列幾種：

（一）利率交換

利率交換乃是在相同貨幣基礎下，兩組不同利息流量的互相交換。若兩組利息流量為「固定對浮動」的交換，則稱為息票交換交易，此種型式為利率交

---

1. 市場有一種以規避公司信用風險的交換合約稱為「信用違約交換」（Credit Default Swap；CDS），這種合約有點類似企業去買保險的意思。運作方式就是企業給願意承做CDS的交易對手一筆資金，以保障當企業發生信用危機時，可以從交易對手哪裡得到一筆賠償金。

換中最基本的交換交易。若兩組利息流量爲「浮動對浮動」的交換，則稱爲基差交換交易。

（二）貨幣交換

貨幣交換乃是在兩種不同貨幣的交換基礎下，若兩組利息流量採「固定對固定」交換，則稱爲貨幣交換，此種型態爲貨幣交換的基本型態。若兩組利息流量採「固定對浮動」或「浮動對浮動」交換，則稱爲貨幣利率交換，亦稱換匯換利交易。有關利率交換與貨幣交換形式比較，請詳見表 12-1。

表 12-1　利率交換與貨幣交換形式比較表

計息方式 / 貨幣種類	固定利率對固定利率	固定利率對浮動利率	浮動利率對浮動利率
相同	--	息票交換（基本型態）	基差交換
不同	貨幣交換（基本型態）	貨幣利率交換（換匯換利）	貨幣利率交換（換匯換利）

（三）股價交換

股價交換與利率交換類似，只要將利率交換中的兩組利息流量的交換，轉換成一組爲標的股票所產生的收益率，作爲支付基礎，另一組則以浮動利率或固定利率支付之。

（四）商品交換

商品交換與利率交換類似，只要將利率交換中的兩組利息流量的交換，轉換爲標的商品交換中，兩組價格的交換。例如：固定價格和浮動價格的交換；此外，交換的計價單位亦可爲金額或數量等。

二、市場參與者

一般而言，金融交換市場中的主要參與者，大致如下幾類：

（一）仲介經紀商

仲介經紀商（Introducing Broker, IB）本身並不參與交換交易，僅為撮合雙方交易，以賺取佣金而已。其最主要功能在於發掘市場有交換需求的交換者（Users）或稱交換對手，當然仲介經紀商的佣金收入，即是由交換者所提供。

（二）居間交易商

居間交易商（Intermediary Dealer）是介於交易雙方之間，承擔交易雙方的信用風險，所以居間交易商可以獲得一筆收入，作為承擔信用風險的補償。居間交易商與仲介經紀商的不同，在於仲介經紀商不參與交換交易，而居間交易商有實際參與交換交易。在實務上，某些大銀行或證券商，通常是同時兼任這兩種角色。

（三）市場創造者

市場創造者（Market Marker）的主要功能為提供交換市場的商品雙向報價，增加交換市場的流動性。通常市場創造者亦可由居間交易商擔任，為提供交換契約給欲交換者使用。

（四）交換者

交換者（Users）通常是交換市場中的供給與需求者，他們是交換市場中的最後使用者。其交換原因基於調整財務結構、資金調度及規避風險等因素，它們是市場的最主要參與者。

12-2 利率交換

利率交換（Interest Rate Swap, IRS）是指交易雙方在相同貨幣基礎下，同意在合約期間內（通常為2年至10年），以共同的名目本金（Notional Principal），各自依據不同的指標利率，定期（每季、半年或一年）交換彼此的利息支出。通常利率交換交易，只交換彼此的利息部分，並不涉及本金的交換，雙方收支的利息，均以名目本金為計算基礎；通常雙方收支相抵後，僅有淨支出的一方將收支相抵後的淨額給予另一方。通常利率交換（IRS），也可說是由一連串的遠期利率（FRA）合約所組成。

　　通常利率交換是各種金融交換的基礎，因爲各種交換合約，都是交換彼此因不同的現金流量所產生的差額；因此各種金融交換的運作內涵，其實都隱含著利率交換的交易模式。所以利率交換的各種交易型式與報價方式，都是其他交換合約的參考依據。以下將介紹利率交換的型式、報價方式以及運用範圍說明。

一、利率交換的類型

　　通常利率交換依兩組不同的利息流量可分爲下列兩種基本型式。

（一）息票交換

　　在利率交換中，所交換的兩組利息流量，一組是以固定利率爲基準，另一組則是以浮動利率爲基準，此種「固定對浮動」利率的交換交易，則稱爲息票交換（Coupon Swap）。此類交換交易採用的固定利率，通常是以固定收益債券的息票收入爲主；浮動利率的基準通常爲各種浮動利率指標（如：LIBOR）。息票交換是利率交換的最原始及常見的交換型式，其交換示意圖如圖 12-1。

圖 12-1　利率交換－息票交換圖

（二）基差交換

　　在利率交換中所交換的兩組利息流量，皆採取浮動利率爲基準，這種「浮動對浮動」利率的交換交易，則稱爲基差交換（Basis Swap）。基差交換交易是由各種不同型式的浮動利率指標所構成，所以又稱爲「利率指標交換（Index Rate Swap）」，其交換示意圖如圖 12-2。

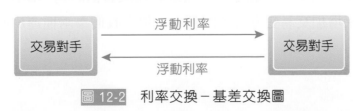

圖 12-2　利率交換－基差交換圖

二、利率交換的報價

通常利率交換合約的利率報價方式，與遠期利率合約的報價方式相仿，只針對固定利率報價。銀行會報出「固定利率」的買價與賣價，銀行的買價即是銀行願意支付給賣方的固定利率，銀行的賣價即是銀行願意向買方收取的固定利率，買價與賣價的價差即是銀行的利潤。在最基本的利率交換契約中，通常在國際間，浮動利率的報價是以 LIBOR 為基礎，銀行僅需報出固定利率的買價與賣價。

以下我們以表 12-2，為國內櫃檯買賣中心所提供的 IRS 報價平台，所提供的五年期利率交換報價為例：表 12-2 顯示，報價銀行希望收取 1.21% 的固定利率，支付 1.19% 的固定利率，因此每筆相對交易中，銀行每年即可賺取 0.03%（或說 3 個基本點（bp））的價差利潤，其交換示意圖如圖 12-3。

表 12-2　利率交換，銀行的報價表

年期	買價（銀行願意支付）	賣價（銀行願意收取）
1	0.891%	0.892%
2	0.91%	0.93%
5	1.19%	1.21%

資料來源：櫃檯買賣中心（2015/8/4）

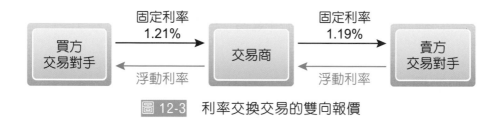

圖 12-3　利率交換交易的雙向報價

三、運用範例說明

通常利率交換其最主功能是用來規避資產或負債的利率風險；或者是利用交換的特性，來增加交易雙方彼此的利益。以下我們舉兩種運用範例說明之。

（一）基於交易雙方的相對比較利益

實務上，交易雙方在基於各自的相對比較利益下，可以先選擇對自己最有利的方式進行，然後再透過交換合約，可以達到彼此最佳狀況、也達到雙贏的效果。以下我們舉一例說明之。

假設甲、乙兩公司的信用評等結果、以及在市場發行固定或浮動利率公司債的成本，如表 12-3 所示：由表得知，雖然信用評等較高的甲公司在固定利率市場、以及浮動利率市場上籌措資金成本，均較信用評等較低的乙公司為低；但是乙公司在浮動利率市場所需多支付的利差，卻小於固定利率市場的利差。因此，乙公司較甲公司在浮動利率市場上擁有比較利益，至於甲公司則是在固定利率市場上擁有比較利益。因此，如果兩公司均可先在自己具有比較優勢的市場籌措資金，然後再進行利率交換交換，將可以降低利息成本。

表 12-3 利率交換中，基於交易雙方的相對比較利益下的範例說明表

	甲公司	乙公司
信用評等等級	AAA級	BBB級
發行固定利率公司債成本	2.2%	3.5%
發行浮動利率公司債成本	LIBOR + 10bp	LIBOR + 80bp
相對比較利益	固定利率	浮動利率

此例中，基於比較利益下，甲公司發行固定利率公司債，利息成本為 2.2%，乙公司發行浮動利率公司債，利息成本為 LIBOR + 80bp。兩公司各自發行固定與浮動利率債券後，雙方再進行利率交換；交換條件為甲公司支付 LIBOR + 20bp 的利率與乙公司支付 2.6% 的利率，相互交換。其交換示意圖如下：

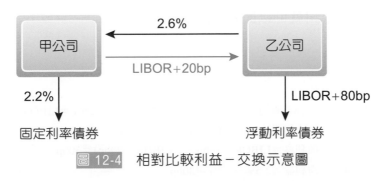

圖 12-4 相對比較利益－交換示意圖

經過利率交換後，甲乙兩公司的發行公司債成本、以及成本交換利益整理於下表。我們得知甲乙兩家公司經過交換之後，都各有 30 bp 的交換利益。因此兩家公司經過利率交換後，可以達到彼此最佳狀況、也達到雙贏的效果。

	甲公司	乙公司
交換前成本[2]	2.2%	LIBOR＋80bp
交換後成本[3]	LIBOR－20bp	3.2%
交換利益	30bp	30bp

（二）轉換利息支出或收入的方式

當公司發行債券或者購入債券，因債券本身每期有其固定或浮動的利息流量，我們可以藉由利率交換，將原來的「浮動利率轉換爲固定利率」、或「固定利率轉換爲浮動利率」，以規避率風險。以下將針對這兩種相互轉換的案例進行說明。

1. 浮動利率轉換爲固定利率，以鎖住負債成本

實務上，有些公司發行浮動利率債券，但公司內部預計將來利息會逐年走高，公司爲了節省利息支出，可以承做利率交換，將原來的浮動利息支出轉成固定利息支出，以鎖住負債成本。以下我們舉一例說明之。

假設某 A 公司原本發行浮動利率債券，債息爲 LIBOR ＋ 50bp，A 公司預期將來利率會上揚，爲了規避利息成本增加，於是與 B 銀行承作利率交換，將浮動利息支出轉爲固定利息支出，鎖定負債成本。其交換條件爲 A 公司支付 2.5% 的固定利率和 B 銀行支付 LIBOR ＋ 30bp 的浮動利率，互相交換。交換結果：將使 A 公司可將浮動利率轉換爲固定利息支出，且鎖定爲 2.7%（LIBOR ＋ 50bp ＋ 2.5% － LIBOR － 30bp）。所以將來利率若逐年走高超過 2.7% 時，公司就可以節省利息支出。

---

2. 經過交換後：甲公司發行公司債的成本＝2.2%＋LIBOR＋20bp－2.6%＝LIBOR－20bp；
　　乙公司發行公司債的成本＝LIBOR＋80bp＋2.6%－（LIBOR＋20bp）＝3.2%。
3. 交換利益：甲公司的交換利益＝LIBOR＋10bp－（LIBOR－20bp)＝30bp；
　　乙公司的交換利益＝3.5%－3.2%＝30bp。

	A公司利息支出	A公司利息支付方式
交換前	LIBOR＋50bp	浮動利息
交換後	2.7%	固定利息

圖 12-5　鎖住負債成本－交換示意圖

2. 固定利率轉換為浮動利率，降低負債成本

實務上，有些公司發行固定利率債券，但公司內部預計將來利息會逐年走低，公司為了節省利息支出，可以承做利率交換，將原來的固定利息支出轉成浮動利息支出，以鎖住負債成本。以下我們舉一例說明之。

假設某 C 公司原本發行固定利率債券，債息為 2.5%，C 公司預期將來利率會下降，為了節省利息支出，於是與 D 銀行承作利率交換，將固定利息支出轉為浮動利息支出，降低負債的成本。其交換條件為 C 公司支付 LIBOR 的浮動利率和 D 銀行支付 2.7% 的固定利率，互相交換。交換結果，使 C 公司的固定利息支出轉換浮動利息支出為 LIBOR － 20bp（2.5% ＋ LIBOR － 2.7%），若將來利率逐漸走低（LIBOR 下滑至 2.7% 以下），則公司可以降低負債成本。

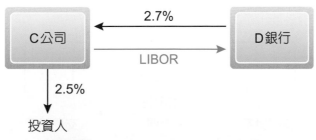

圖 12-6　降低負債成本－交換示意圖

	C公司利息支出	C公司利息支付方式
交換前	2.5%	固定利息
交換後	LIBOR－20bp	浮動利息

12-3 貨幣交換

　　貨幣交換（Currency Swap）是指交易雙方在不同的貨幣基礎下，雙方在「期初」與「期末」時，以當時的即期匯率，互相交換兩種貨幣的本金（或不交換本金）；並在契約約定的「期間內」交換兩組不同貨幣的利息流量。因此，貨幣交換交易不僅交換利息外，也交換實質本金。所以貨幣交換合約，除了進行不同幣別的貨幣交換，也進行不同幣別的利率交換。因此貨幣交換可同時規避匯率與利率的風險。

　　此外，貨幣交換的報價方式，通常銀行僅對利率交換的那塊進行報價，通常銀行會報某一種幣別的固定利率的買賣價，但是交換的利息流量，確是兩種不同的幣別。例如：臺幣的固定利率換美元浮動利率。以下將介紹貨幣交換的種型式以及運用的範例說明。

一、貨幣交換的類型

　　通常貨幣交換在彼此交換不同的貨幣基礎下，其兩組不同的利息流量，又可將貨幣交換分為下列兩種型式。

（一）普通貨幣交換

　　普通貨幣交換（Generic Currency Swap）乃在兩種不同貨幣的交換基礎下，其所交換的兩組利息流量，亦採取「固定對固定」利率的交換交易。其交換示意圖如圖 12-7。

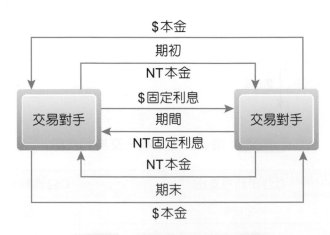

圖 12-7　普通貨幣交換示意圖

（二）貨幣利率交換

貨幣利率交換（Cross Currency Swap, CCS）乃在兩種不同貨幣的交換基礎下，其所交換的兩組利息流量，若兩組利息流量採「固定對浮動」或「浮動對浮動」的交換，通稱為貨幣利率交換，亦稱「換匯換利」。

其中，若兩組利息流量採「固定對浮動」的交換，則稱為交叉貨幣息票交換（Cross Currency Coupon Swap）；若採「浮動對浮動」的交換，則稱為交叉貨幣基差交換（Cross Currency Basis Swap）。其交換示意圖如圖 12-8。

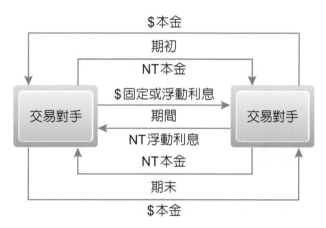

圖 12-8　貨幣利率交換示意圖

二、範例說明

通常企業會利用貨幣交換，來管理企業資產與負債部位的匯率及利率的風險。以下舉一個範例說明之。

例如：假設某公司發行 3 年期，金額 1 億美元的海外公司債，因預期臺幣將來會貶值，3 年後償還公司債時會產生匯兌損失，因此為規避匯率風險於是電子公司與銀行承作換匯換利交易。雙方約定 3 年內，公司每半年支付臺幣固定利息 2.35% 給銀行，銀行每半年支付 6 個月期美元 LIBOR 給公司，且雙方約定期初與期末的匯率均為 1 美元兌 32 臺幣，其交換示意圖如下：

此貨幣交換，電子公司把原先的美元負債部位，利用換匯換利交易轉為臺幣負債，且支付的利息也由浮動的美元利息轉成固定的臺幣利息。所以貨幣交換讓電子公司，同時鎖定匯率與利率風險。

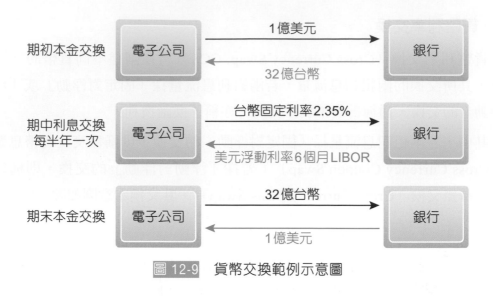

圖 12-9 貨幣交換範例示意圖

12-4 股價交換

　　股價交換（Equity Swap）和利率交換相類似，差別在於利率交換是兩組不同利息流量的交換，而股價交換是由一組浮動股價的收益率和另一組固定利率或浮動利率交換。股價交換和其他金融商品之交換相同，交換本金為名目本金，在交換契約期間內本金並不作交換，到期時只進行現金差額的交割。

　　股價交換的過程中，投資者必須付出浮動或固定的利息支出，其利息支出的價格是取決於當時市場利率及標的股票的現金股利。所以，當市場利率較低時、或標的股票的現金股利較高時，投資者的利息支出則相對較低。（類似選擇權中買權的價值是與無  風險利率成正比、與股票的現金股利成反比）。股價交換是具有避險、節稅、財務槓桿及規避法令限制的功能。其股價交換示意圖，如圖 12-10。

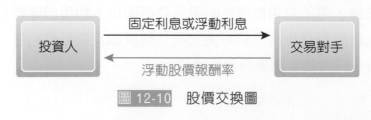

圖 12-10 股價交換圖

　　以下我們舉一例，來說明股價交換的運作模式。假設某投資人與銀行簽定股價交換合約，合約內容為選定台積電為股價交換標的物，期限為二年，且雙方半年計算損益一次，簽約的名目本金為 100 萬，簽約日時的台積電股價為 100 元；交易雙方於簽約期間內，投資人願意以每年支付 8% 的固定利息與銀行交換台積電股價的漲跌。則以下為交換示意圖及各期損益表及計算說明如下：

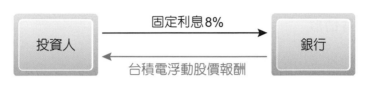

圖 12-11　股價交換範例示意圖

	訂約日	半年後	一年後	一年半後	二年後
台積電股價	100	120	90	110	95
投資人固定利息支出	--	-40,000	-40,000	-40,000	-40,000
投資人股價損益	--	200,000	-100,000	100,000	-50,000
當期損益	--	160,000	-140,000	60,000	-90,000

1. 半年後的損益情形

投資人固定利息支出：$1,000,000 \times \dfrac{8\%}{2} = 40,000$

投資人股價損益：$1,000,000 \times \dfrac{120-100}{100} = 200,000$

投資人當期損益：$200,000 - 40,000 = 160,000$

2. 一年後的損益情形

投資人固定利息支出：$1,000,000 \times \dfrac{8\%}{2} = 40,000$

投資人股價損益：$1,000,000 \times \dfrac{90-100}{100} = -100,000$

投資人當期損益：$-100,000 - 40,000 = -140,000$

3. 一年半後的損益情形

投資人固定利息支出：$1,000,000 \times \dfrac{8\%}{2} = 40,000$

投資人股價損益：$1,000,000 \times \dfrac{110-100}{100} = 100,000$

投資人當期損益：$100,000 - 40,000 = 60,000$

4. 二年後的損益情形

投資人固定利息支出：$1,000,000 \times \dfrac{8\%}{2} = 40,000$

投資人股價損益：$1,000,000 \times \dfrac{95-100}{100} = -50,000$

投資人當期損益：$-50,000 - 40,000 = -90,000$

12-5 商品交換

　　商品交換（Commodity Swap）原理類似利率交換，利率交換是「兩組利息流量」的交換，而商品交換是「兩組價格流量」的交換（例如：固定價格對浮動價格）。此種交換的交易雙方不涉及商品的實質交割，只對交換的支付價格相抵後，淨支出的一方支付淨額給予另一方，並交換名目本金，不交換實質本金。

　　商品交換通常運用在當企業預期商品價格將走高時，可以承做一筆商品交換，將浮動價格支付方式轉為固定價格支付方式，以規避因商品價格走高而使購買成本增加；同理，當企業預期商品價格走低時，則可利用商品交換，將固定價格支付方式轉為浮動價格支付方式，享受商品價格走低的好處。其商品交換示意圖如圖 12-12。

圖 12-12 商品交換示意圖

以下我們舉一例來說明股價交換的運作模式。假設最近國際油價處於近年來的低點，國內的航運業者，為了鎖住將來購油成本，紛紛的承作油價交換（Oil Swap），以華航為例，若現在原油每桶為 50 美元，華航預期油價將走高，於是與銀行承作三年期油價交換，華航願意以固定每桶 55 美元價格與銀行交換收取浮動油價。這樣一來，華航可三年內鎖住購油成本每桶 55 美元，避免油價上揚而侵蝕營業利潤，其交換示意圖如下：

圖 12-13　商品交換範例示意圖

 市場焦點

新台幣IRS、NDF 將集中結算

（圖文資料來源：節錄自工商時報 2020/12/09）

期交所辦衍生性商品論壇

結算制度接軌國際

期交所建立新台幣IRS、NDF集中結算時間表

時間	新台幣IRS	新台幣NDF
2021	建立規章及資訊系統	蒐集國外制度
2022	自營交易集中結算	規劃台灣集中結算制度
2023	所有客戶交易集中結算	徵詢市場意見
2024	—	推出集中結算服務

資料來源：金管會　　　　製表：彭禎伶

金管會將推動期交所在 2022 年建立新台幣利率交換契約（IRS）集中結算制度，2024 年則計畫推出新台幣無本金交割遠期外匯（NDF）的集中結算服務，可讓參與結算的金融機構，資本計提可省 90 ～ 96% 以上。

要接軌 IFRS17，及國外投資避險需求，壽險業表示，未來需要極大量的利率交換衍生性商品，臺灣應儘快發展相關市場；另外是 NDF 若能跟國內外匯指定銀行交易，可大幅節省避險成本。

　　金管會資本市場藍圖規劃建立店頭衍生性商品集中結算制度，以接軌國際。期交所總經理表示，建立 IRS 與 NDF 集中結算制度，已向央行報告並獲同意，IRS 第一階段是 2022 年將自營商間交易 IRS 納入，2023 年是銀行與客戶間交易的 IRS 上線，之後會讓標準化的 IRS 也可上架，讓目前是櫃台買賣的商品有集中結算價，銀行現行交易 IRS 資本計提 20 ～ 100%，在有集中結算後，即可降到 2 ～ 4%，可大幅節省資金成本。

　　2021 年期交所將先蒐集國外主要結算機構的 NDF 結算制度，增訂衍生性金融商品的規章及結算交易系統，2022 年先推出自營交易 IRS 的集中結算，2023 年是所有銀行與客戶交易的 IRS 都可集中結算，2024 年才會推出 NDF 集中結算，先建立機制，再爭取更多開放。

短 評

　　臺灣期交所將推動新台幣利率交換契約 (IRS) 與無本金交割遠期外匯（NDF），這兩種金融商品集中結算服務。在有集中結算後，將可提供更有效率的交易環境，並幫企業節省避險成本。

本 章 習 題

一、選擇題

❖ 基礎題

(　　) 1. 請問金融交換合約，為何種商品多期串連而成？　(A) 遠期合約　(B) 期貨合約　(C) 選擇權合約　(D) 現貨合約。

(　　) 2. 通常利率交換合約與貨幣交換，主要差別在於何者？　(A) 不同名目本金　(B) 不同貨幣　(C) 不同的參考利率　(D) 不同期限。

(　　) 3. 通常利率交換，對何種項目的買價與賣價進行報價？　(A) 名目本金　(B) 貨幣匯率　(C) 浮動利率　(D) 固定利率。

(　　) 4. 請問一般稱 CCS，是表示何種商品？　(A) 利率交換　(B) 貨幣交換　(C) 商品交換　(D) 股價交換。

(　　) 5. 通常貨幣交換可以規避哪些風險？　(A) 匯率與股價　(B) 匯率與公司信用　(C) 匯率與利率　(D) 利率與股價。

(　　) 6. 下列何者對貨幣交換敘述正確？　(A) 須在不同幣別下進行　(B) 可同時規避利率與匯率風險　(C) 也涉及利率交換　(D) 以上皆是。

(　　) 7. 下列對商品交換的敘述何者有誤？　(A) 兩組商品價格交換　(B) 交換兩種現貨商品　(C) 交換名目本金　(D) 不交換實質本金。

(　　) 8. 下列對股價交換的敘述何者正確？　(A) 兩組匯率交換　(B) 交換兩種股票　(C) 現金交割　(D) 交換實質本金。

❖ 進階題

(　　) 9. 下列何者對利率交換敘述有誤？　(A) 通常不交換本金　(B) 固定對浮動利率的交換交易稱為息票交換　(C) 浮動對浮動利率的交換交易稱為基差交換　(D)「固定對固定」利率是利率交換的最原始及常見的交換型式。

(　　) 10. 下列敘述何者為正確？(Ⅰ) 利率交換的報價是以浮動利率為主 (Ⅱ) 利率交換中，兩組「固定對固定」利息的交換方式，仍可進行避險 (Ⅲ) 通常貨幣交換，也交換實質本金 (Ⅳ) 股價交換乃兩種股票相互交割 (Ⅴ) 商品交換是兩組價格流量的交換　(A) (Ⅰ)、(Ⅱ)、(Ⅲ)　(B) (Ⅲ)、(Ⅳ)、(Ⅴ)　(C) (Ⅲ)、(Ⅴ)　(D) (Ⅰ)、(Ⅲ)。

❖ 證照題

( ) 11. 以同一貨幣訂定於不同交割日，依約定兩匯率，作先買並後賣或先賣並後買金額相同的另一貨幣，以達到此二貨幣於兩不同交割日間，互為轉換的交易稱為下列何者？ (A) 換匯交易 (B) 利率交換 (C) 利率期貨 (D) 遠期利率協定。 （2011 板信）

( ) 12. 有關交換契約（swap），下列敘述何者錯誤？ (A) 目前多在金融機構間交易，商品亦未標準化 (B) 權益交換（equity swap）是交易雙方約定在未來一特定時間，互換雙方手中標的證券 (C) 利率交換（IRS）與貨幣交換（currency swap）為廣泛使用的交換契約 (D) 有時交易雙方需要提交擔保品，且擔保品數額有可能增減。 （第 20 屆理財規劃人員）

二、簡答與計算題

❖ 基礎題

1. 請問利率交換中可分那二種，其又有何不同？

2. 請問利率交換中，通常在國際間，浮動利率的報價是以何種為基礎？

3. 請問貨幣交換中，利率的交換可有哪些型式？

4. 請問何種金融交換商品，可以同時規避利率與匯率風險？

5. 請問商品交換是交易雙方交換什麼？

6. 請問股價交換是交易雙方交換什麼？

❖ 進階題

7. 現在假設下列四種情形，公司如何運用交換合約進行避險：

(1) 若利率水準處於高檔，預期利率將往下滑，某公司此時已發行固定利率公司債？

(2) 若利率水準處於高檔，預期利率將往下滑，某公司此時持有浮動利率的公司債？

(3) 若利率水準處於低檔，預期利率將往上揚，某公司此時已發行浮動利率公司債？

(4) 若利率水準處於低檔，預期利率將往上揚，某公司現在此時持有固定利率的公司債？

8. 假設某投資人與銀行簽定股價交換契約、契約內容為選定 A 股為股價交換標的物，期限為二年，且半年計算損益一次簽約的名目本金為 100 萬，簽約日時的 A 股價為 50 元，交易雙方於簽約期間內，投資人願意以每年支付 4% 的固定利息與銀行交換 A 股價的漲跌。以下表為 A 股各期結算時的股價，請問四期結算後的損益如何？

	訂約日	半年後	一年後	一年半後	二年後
A股價	50	60	65	55	40

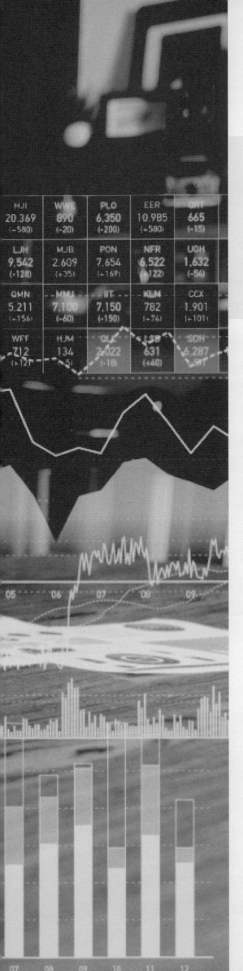

Financial Market

第四篇
國際金融

　　國際金融為經濟體系內重要的一環。企業與個人在進行國際融資、貿易、投資與避險活動,都須透過國際金融機構與市場的運作,方能正常運行。本篇包含二大章,主要介紹國際金融市場與機構的種類與特性。此內容為提供讀者對國際金融市場的組織架構,有初步的基本認知。

Chapter 13　國際金融市場

Chapter 14　國際金融機構

國際金融市場

本章內容為國際金融市場,主要介紹歐洲通貨市場、國際資本市場、國際外匯市場、國際黃金市場、國際衍生性商品市場等內容,其內容詳見下表。

節次	節名	主要內容
13-1	歐洲通貨市場	介紹歐洲通貨市場的特性與業務種類。
13-2	國際資本市場	介紹世界主要的國際證券市場。
13-3	國際外匯市場	介紹世界主要的國際外匯市場。
13-4	國際黃金市場	介紹世界主要的國際性黃金市場。
13-5	國際衍生性商品市場	介紹世界主要的國際性期貨市場。

若一國的金融交易活動並不侷限於國內,而擴及國外,使資金在國際上流動與轉移所形成的市場,即為「國際金融市場」(International Financial Markets)。基本上,國際金融市場可依金融管制的鬆緊程度,又可分成「傳統國際金融市場」與「歐洲通貨市場」這兩類。

所謂的「傳統國際金融市場」乃允許非本國居民參加的國內金融市場,但從事金融活動仍受當地貨幣發行國,有關法令與交易制度種種的限制與管轄。通常傳統國際金融市場的經營範圍,包括:經營間接金融的「國際銀行存放款市場」、以及金融四大市場分別為「國際貨幣市場」、「國際資本市場」、「國際外匯市場」、「國際衍生性商品市場」、再加上既可當貨幣也是一般的現貨商品的「國際黃金市場」。

所謂的「歐洲通貨市場」(Euro-currency Market)又稱「境外國際金融市場」(Offshore Financial Market)或稱「離岸國際金融市場」;允許非本國居民參加的國內金融市場,但從事金融活動不受當地貨幣發行國,有關法令與交易制度種種的限制與管轄。通常歐洲通貨市場的經營範圍;包含:

經營間接金融的「歐洲通貨銀行存放款市場」、以及經營直接金融的「歐洲通貨貨幣市場」、「歐洲通貨資本市場」。有關國際金融市場的架構，詳見圖 13-1 的說明。

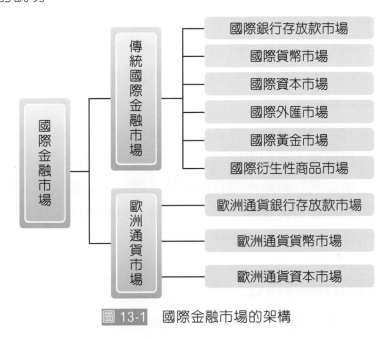

圖 13-1 國際金融市場的架構

本章主要內容，將對代表著真正國際金融市場的「歐洲通貨市場」進行介紹，且對傳統國際金融市場中，比較具有集中交易特性的「國際資本市場」以及「國際衍生性商品市場」進行介紹，並介紹對國際金融活動較具影響性的「國際外匯市場」與「國際黃金市場」。

13-1 歐洲通貨市場

歐洲通貨市場是一種「境外國際金融市場」的概念，此概念起源於歐洲市場，所以才以「歐洲」一詞稱之，其實際上是「境外」的意思。其意義乃在某國金融市場所從事的金融交易活動時，並不受該國金融當局相關法令（如：稅法、交易幣別、交易人）的管轄與限制。例如：日本的企業至「新加坡」發行「美元」債券籌集資金，債券除可出售給當地的境內投資人外，亦可出售給非居住於當地的境外投資人；且買賣債券也不一定要符合當地的交易制度、或稅法的相關規定。

　　歐洲通貨市場的運行，最早起源於「歐洲美元存款」（Eurodollar Deposit）。由於 1950 年代末期起，因美歐貿易關係、以及美國對外國經濟援助等等緣故，使得大量的美元資金，在歐洲地區流通。投資人將這些美元存放於美國境內銀行的歐洲分行、或歐洲各國的本地銀行；隨後又將這些美元貸放給國際組織、或各國政府與跨國企業，使得歐洲地區的美元資金產生流動，而形成了「歐洲美元」的存放款市場。爾後，1960 年代末期，隨著日本的經濟發展，亦有相當大量的日圓經過國際貿易在歐洲地區流通，所以也逐漸發展出「歐洲日圓」的存放款市場。

　　原先歐洲通貨市場的運作，也逐由傳統間接金融的歐洲美元、或歐洲日圓等通貨的借貸，慢慢擴大至利用直接金融的方式，以發行境外債權或股權的方式來融通資金。所以現行的歐洲通貨市場是一個資金流動頻繁、且規模龐大的國際市場，其對全球經濟與金融交易，具有重大的影響性。以下本節將進一步說明歐洲通貨市場的特性與業務種類。

一、歐洲通貨市場的特性

　　歐洲通貨市場與傳統國際金融市場之所以不同，乃在於歐洲通貨市場有以下幾點特性。

（一）突破境內藩籬

　　傳統國際金融受限於境內的規定，必須受限於當地的交易制度、稅法、發行幣別以及交易人種種限制。歐洲通貨市場突破境內的藩籬，既使在某國境內從事交易，並不受當地交易上述的種種限制。例如：在盧森堡發行海外可轉換債（ECB），並不一定要發行歐元，可以發行英鎊、日圓等貨幣；也不用受限當地法令限制，且可開放給全球的任一投資人購買，並不設限須是盧森堡境內的居民。

（二）藉由網路經營

　　因為歐洲通貨市場的交易方式已經突破境內的藩籬，所以交易方式大概以全球各大金融市場的銀行為仲介，利用網際網路串起交易平台，以利於全球投資人進行交易。

（三）獨特利率體系

因為歐洲通貨市場的資金並不受限於境內，因此市場自由開放且競爭。所以市場的借貸利率有別於當地境內的利率水準，具有獨特的利率體系。歐洲通貨市場的借貸利率，若以美元報價，則以英國倫敦銀行同業拆款利率（LIBOR）為代表、若以歐元報價，則以「歐元區銀行間隔夜貸款利率」（Euro Short-term Rate, ESTR）為代表。

二、歐洲通貨市場的業務種類

歐洲通貨市場的業務種類，大致可分為經營間接金融的「歐洲通貨銀行存放款市場」、以及經營直間金融的「歐洲通貨貨幣市場」、「歐洲通貨資本市場」。以下將分別介紹之：

（一）歐洲通貨銀行存放款市場

通常歐洲通貨銀行（Euro-Bank）所承作的歐洲通貨存放款業務，早期只接受美元；即為歐洲美元（Euro-Dollar），現在已逐漸擴展為日圓與英鎊；即為歐洲日圓（Euro-Yen）與歐洲英鎊（Euro-Sterling）等幣別。有關歐洲通貨存放款業務，如下說明：

1. 歐洲通貨存款市場

通常歐洲通貨銀行主要靠短期的存款、或中長期的定期存款來吸收存款；且銀行可發行浮動利率可轉讓定期存單（Floating Rate Certificate of Deposit, FRCD）來吸收存款。

2. 歐洲通貨放款市場

通常歐洲通貨銀行的放款業務可分成「個別放款」與「聯合放款」（Syndicated Loans）兩種。個別放款乃單一家歐洲通貨銀行，針對各國企業進行放款。聯合放款乃多家歐洲通貨銀行組「銀行團」聯合放款，以減輕放款風險。

（二）歐洲通貨貨幣市場

通常歐洲通貨貨幣市場，又可分成「歐洲通貨票券市場」與「銀行間同業拆放市場」。

1. 歐洲通貨票券市場

在歐洲通貨票券市場中，國際企業可以發行「歐洲商業本票」（Euro-commercial Paper, ECP）、「歐洲通貨短期債券[1]」（Euronote），或銀行可發行「浮動利率可轉讓定期存單」（FRCD）來籌措短期資金。

2. 銀行間同業拆放市場

歐洲通貨銀行之間可藉由銀行間同業拆放市場來融通資金。一般而言，此市場，若以美元拆借，則以英國倫敦銀行同業拆款市場為代表，若以歐元拆借，則以歐元區銀行間隔夜貸款市場最具代表性，其所形成的拆款利率分別稱為「英國倫敦銀行同業拆款利率」（LIBOR）、「歐元區銀行間隔夜貸款利率」（ESTR）。此外，全球其他金融市場，亦發展相關的歐洲通貨銀行拆放利率，較知名的利率，例如：「新加坡銀行同業拆款利率」（Singapore Inter Bank Offer Rate, SIBOR），以美元為主。

（三）歐洲通貨資本市場

通常歐洲通貨貨幣市場又可分成「歐洲通貨股權市場」與「歐洲通貨債券市場」。

1. 歐洲通貨股權市場

在歐洲通貨股權市場中，跨國企業可以發行全球存託憑證（Global DR, GDR），利用股權的方式籌集資金。現今全球發行 GDR，大致都在「盧森堡」與「倫敦」的證券市場掛牌交易為主。

2. 歐洲通貨債券市場

在歐洲通貨債券（Euro Bonds）市場中，跨國企業可以發行境外債券，利用債權的方式籌集資金。跨國企業會發行「海外可轉換公司債」（Euro Convertible Bond, ECB）、「歐洲通貨中期債券[2]」（Euro-medium Term Note, EMTN）、「雙元貨幣債券[3]」（Dual Currency Bonds）等這幾種類型債券為主。

---

1. 「歐洲通貨短期債券」的發行期限大都3～6個月，有時會以短期票券包裝成「短期票券循環信用融資工具」（NIF）。
2. 歐洲通貨中期債券中，若以浮動利率計息，稱為浮動利率債券（Floating Rate Note, FRN）。
3. 雙元貨幣債券是以某一種貨幣發行，但支付利息與償還本金是用另一種幣別的債券。

通常歐洲債券在世界各國發行時，因發行幣別為非本地的貨幣，所以為了與以發行當地幣別的外國債券有所區分，都各自有其不同的債券名稱。例如：臺灣－「寶島債券」（Formosa Bonds）、日本－「將軍債券」（Shogun Bonds）、韓國－「泡菜債券」（Kim Chi Bonds）、香港－「點心債券」（Dim sum Bonds）、亞洲地區－「小龍債券[4]」（Dragon Bonds）等。

市場焦點

脫歐慘狀英智庫：逾38兆金融資產撤離倫敦

英國脫歐
多家金融機構退出倫敦轉荷蘭

（圖文資料來源：節錄自自由時報 2021/04/17）

智庫組織《New Financial》發布報告指出，受到脫歐影響，英國總計已有超過440家銀行及金融機構將人員及業務轉移至他處，撤離的資金更驚人，光是銀行就撤出9千億英鎊（約新台幣35兆元），幾乎是整個英國銀行業的10%，而保險公司和資產管理人移出的資產則是超過1,000億英鎊（約新台幣3.89兆元）。

《New Financial》指出，英國金融業中有440多家因脫歐選擇轉移業務、縮編、調動員工，或在歐盟設立了新實體企業。其中都柏林是最受惠城市，佔135家；其次是巴黎的102家；盧森堡有95家；法蘭克福佔63家。

報告稱，不同的金融中心依照專業領域吸引了不同的公司前往，例如，因英國脫歐而轉移的資產管理公司中，有3分之1選擇了都柏林。選擇法蘭克福作為其主要歐盟基地的公司中，有60%是銀行。移居阿姆斯特丹的公司中有近3分之2是交易平台或經紀公司。

---

4. 「小龍債券」乃起源於亞洲開發銀行（Asian Development Bank, ADB）在亞洲各會員國內，所發行的外幣債券，以作為各會員國向亞銀貸款的資金來源。

撤離倫敦的資產規模也相當驚人，銀行移出了 9,000 億英鎊的資產，大約佔英國銀行體系的 10%，保險公司和資產管理人已經轉移了超過 1,000 億英鎊的資產和資金。報告認為，脫歐後，金融機構從英國移出的資產規模可能會更高，英國的稅基也將跟著減少。且隨著時間的流逝，其他歐洲城市將逐漸削弱倫敦的金融市場地位。

短 評

英國倫敦一直是世界金融中心，也使歐洲通貨市場的大本營。自從該國正式脫離歐盟後，確實讓原本設置於此的金融機構紛紛轉至他處，連帶也移出不少金融資產。將來隨著時間流逝，或許其金融霸主的地位恐將動搖。

13-2 國際資本市場

國際資本市場（International Capital Market）是指國際金融市場中，期限在一年以上的各種資金交易活動所形成的市場。通常各國的資本市場，都會設置有集中交易的證券交易所，來為政府或企業協助籌集資金。以下將介紹國際資本市場的分類、以及全球主要的證券市場。

一、市場分類

國際資本市場又可分成「國際股票市場」與「國際債券市場」，以下將分別介紹之。

（一）國際股票市場

國際股票市場乃提供各國企業在國外以發行股票的方式，籌集資金的場所。通常世界各國都設有股票市場，提供跨國公司利用發行股票或存託憑證的方式，以籌措股權資金。以下說明這兩種方式：

1. 發行股票

各國企業可至當地國的股票市場,以發行新股且採第一次上市的方式,至該國股票市場掛牌籌集資金。此種方式,跨國公司須經過當地證券承銷商的輔導,並經由該國證券主管機關的核准,才可至該國發行新股上市。例如:中國電子商務龍頭阿里巴巴(Alibaba)至美國直接發行新股上市或外國的公司直接至臺灣發行第一次上市的新股(KY股)。

2. 發行存託憑證

各國企業亦可至外國的股票市場,以發行「存託憑證」(Depository Receipt, DR)方式,向當地投資人籌集資金。此種方式,跨國公司須提供一定數額的股票寄於發行公司所在地的保管機構(銀行),而後委託外國的一家存託機構(銀行)代為發行表彰該公司股份權利憑證,使其股票能在國外流通發行。例如:臺灣的晶圓製造龍頭台積電公司至美國發行美國存託憑證(ADR),或外國的公司直接至國內發行臺灣存託憑證(TDR)。

一般而言,DR 依據發行地的不同,存託憑證會有以下幾種名稱:

(1) 若發行地在美國市場發行,稱為「美國存託憑證」(American DR, ADR)。

(2) 若發行地在歐洲市場,稱為「歐洲存託憑證」(European DR, EDR)。

(3) 若發行地在日本市場,稱為「日本存託憑證」(Japan DR, JDR)。

(4) 若發行地在新加坡市場,稱為「新加坡存託憑證」(Singapore DR, SDR)。

(5) 若發行地在香港市場,稱為「香港存託憑證」(Hong Kong DR, HDR)。

(6) 若發行地在臺灣市場,稱為「臺灣存託憑證」(Taiwan DR, TDR)。

(7) 若發行地在中國市場,稱為「中國存託憑證」(Chinese DR, CDR)。

(二)國際債券市場

國際債券市場乃提供跨國企業在國外以發行債券的方式,籌集資金的場所。債券的發行以發行當地幣別為主,並限境內投資人買賣所形成的市場。通常跨國企業至全球各國發行外國債券(Foreign Bonds),都有以下特殊名稱。

1. 在美國發行以美元計價的債券,稱為「洋基債券」(Yankee Bonds)。

2. 在英國發行以英鎊計價的債券,稱為「鬥牛犬債券」(Bulldog Bonds)。

3. 在澳洲發行以澳幣計價的債券,稱為「袋鼠債券」(Kangaroo Bonds)。

4. 在日本發行以日圓計價的債券,稱為「武士債券」(Samurai Bonds)。

5. 在中國發行以人民幣計價的債券,稱為「貓熊債券」(Panda Bonds)。

二、全球主要的證券市場

　　全球主要的證券市場中,以美國的規模最大;歐洲地區以英國較為發達;亞洲地區以日本與中國較具規模。以下將介紹這些國家的證券市場。

(一)美國

　　美國是全世界證券市場最發達的國家,其對全球金融市場也最具影響性。美國的證券市場中,有兩個主要的證券交易所-「紐約證券交易所」(New York Stock Exchange, NYSE)與「那斯達克股票交易所」(National Association of Securities Dealers Automated Quotations, NASDAQ)。這兩個交易所以上市美國政府或當地公司,所發行的股票與債券為主;且亦提供國外公司股票與債券,至此掛牌交易。且這個兩交易所所編製的道瓊工業指數(Dow Jones Industrial Average, DJIA)、標準普爾 500 指數(Standard & Poor's 500 Index, S&P 500)與那斯達克指數(NASDAQ)都是全世界知名的股價指數。

　　紐約證交所是現今全世界市值最大的交易所,主要的上市公司以美國中大型股票為主。那斯達克股票交易所,主要的上市公司以高科技為主。截至 2020 年 12 月,這兩交易所分別都有接近 3,000 檔的公司股票,在此掛牌上市,且市值分別超過 26 兆美元與 19 兆美元(見表 13-1 說明),為全球股市規模的前兩強。

美股代號

美國證券市場是全球的龍頭老大,在該國兩大交易所掛牌的公司不計其數,證交所為交易便利每檔股票都有其代號。在國內我們會以 4 個數字當代號,如:台積電股票代號:2330;在美國則以英文字當代號,且可由代號的英文數目,大概可以知道它在哪一交易所掛牌交易。

在 NYSE 掛牌的公司,股票代號會用1~3 個英文字:如:花旗集團(Citigroup;代號 C)、波音(Boeing;代號 BA)、奇異(General Electric;代號 GE)、嬌生(Johnson& Johnson;代號 JNJ)、3M 公司(3M;代號 MMM)等。

在 NASDAQ 掛牌的公司,股票代號會用 4 ～ 5 個英文字:如:微軟(Microsoft;代號 MSFT)、雅虎(Yahoo;代號 YHOO)、蘋果電腦(Apple;代號 AAPL)、特斯拉(Tesla;代號 TSLA)、亞馬遜(Amazon;代號 AMZN)等。但也有少數例外:如:臉書(Facebook;代號 FB)。

美國證券交易委員會為了讓股票代號簡明的傳達給投資人,掛牌公司的財務狀況,若股票代號後面被加入 LF 或 E,表示公司未能準時交出財務報表(如:原本公司代號為 ABC 變成 ABCLF、ABCE),若被加入 Q,表示公司破產(如:ABCQ)。

(二)英國

英國是歐洲地區資本市場較為活躍的國家,該國境內以「倫敦證券交易所」(London Stock Exchange, LSE)為主,它是歐洲第一大的證券交易所。該交易所主要上市英國政府或當地公司,所發行的股票與債券,且其所編製的金融時報 100 種股價指數(Financial Times Stock Exchange 100 Stock Index, FTSE-100)為全世界知名的股價指數。

（三）日本

日本自從第二次世界大戰後，政府努力振興經濟發展，讓日本很迅速成為全球第二大經濟體，也造就資本市場的市場規模。日本的證券市場主要有兩個交易所分別為「東京證券交易所」（Tokyo Stock Exchange, TSE）與「大阪證券交易所」（Osaka Stock Exchange, OSE），但此兩交易所已於 2013 年合併成為「日本交易所集團」（Japan Exchange Group, Inc.）。

日本交易所集團將原本兩家交易所的股票現貨市場，現由東京證券交易所負責經營；而兩家的原本的金融衍生性商品市場，現由大阪證券交易所負責經營。該交易所集團主要上市日本政府或當地公司所發行的股票與債券，且其所編製的日經 225 指數（Nikkei 225）為全世界知名的股價指數。

（四）中國

由於近年來中國經濟快速起飛，企業須要大量的資本，才能繼續推動營運的成長，也造就了資本市場的蓬勃發展。中國的證券市場裏主要有三個交易所，分別為「上海證券交易所」（Shanghai Stock Exchange, SSE）、「深圳證券交易所」（Shenzhen Stock Exchange, SZSE）與「香港交易所」（Hong Kong Stock Exchange, HKEx）。這三個交易主要上市中國政府、或當地公司所發行的股票與債券。該國的證券市場中，上市的股票有分 A 股[5]、B 股[6]與 H 股[7]三種主要類型，分別提供不同幣值的股票，給不同類型的交易人投資買賣。

由於近年來中國證券市場，投資人交易相當活絡，所以造就了上海與深圳這兩個交易所的市值成長快速、成交值與流動性與日俱增。由表 13-1 得知：截至 2020 年 12 月，中國境內的兩大交易所的市場成交值僅次於美國的兩大交易所，但週轉率卻是高居世界前兩位，可見中國證券市場的交易動能相當活躍。

有關世界各主要證券交易所的概況表，請參閱表 13-1 之說明。

表 13-1　世界各主要證券交易所的概況表

交易所	紐約	那斯達克	倫敦	東京	香港	上海	深圳	韓國	新加坡	臺灣
檔數	2,834	2,933	2,347	3,758	2,538	1,800	2,354	2,340	696	948
市值	26,233	19,060	4,046	6,718	6,130	6,976	5,238	2,176	653	1,599

5. A股表示人民幣普通股票，供中國境內的投資人買賣。
6. B股表示人民幣特種股票，它是以人民幣標明面額，但以外幣供中國境內的投資人買賣。
7. H股表示公司註冊地在中國內地、但在香港交易所掛牌上市，供香港投資人買賣。

交易所	紐約	那斯達克	倫敦	東京	香港	上海	深圳	韓國	新加坡	臺灣
成交值	26,176.9	24,924	2,096	6,155.5	3,144.1	12,177.9	17,782.8	4,851.6	259.5	1,548.4
週轉率	116.38%	169.64%	56.50%	105.93%	60.38%	213.54%	429.28%	312.25%	43.50%	123.34%
本益比	29.62	NA	17.53	22.80	17.55	16.76	34.51	29.47	11.83	22.37

註：市值與成交值都是以 10 億美元為單位　　　　　　　資料來源：臺灣證券交易所（2020/12）

市場焦點

香港將地動山搖！港版國安法毀了國際金融中心　中國經濟也因此大難臨頭

港區國安法上路
衝擊香港國際金融中心地位

（圖文資料來源：摘錄自新頭殼 2020/06/04）

　　2020 年 5 月 28 日，中國人大通過「港版國安法」的決議，引起國際社會的撻伐，認為北京自行摧毀承諾，香港的「一國兩制」已名存實亡。美國總統川普宣布「將取消對香港的特殊優惠地位」，包括對美的貿易、投資、簽證與獨立關稅等特殊待遇。

香港國際金融地位動搖　中國經濟受損難倖免

　　回顧過去香港的國際金融中心，所仰賴的就是自由貿易、貨幣自由兌換及法治透明等條件；然而，外界質疑「港版國安法」將讓這一切被破壞

殆盡，表面上香港保有特別行政區之名，但實質上已無異於「中國內地城市」，倘若美國取消過去港幣與美元自由兌換的支持，為避免港幣過度貶值，將可能會改採釘住人民幣的匯率制度，那港幣的國際化與獨立性將會迅速下滑。

香港作為中國與全球金融流動的核心功能是否會受到影響？對中國而言，香港具全球貨幣自由兌換的自由港角色，提供中國取得國際資金與資本外流的方便之門；相關資料顯示，中國每年吸引的外國直接投資（FDI）有將近八成通過香港流入，以及中國非金融的對外直接投資在香港有超過 6,000 億美元的存量，顯然香港是中國與全球資本流動的重要門戶。

逾五成國企都有在香港上市融資

一直以來，香港也是全球離岸人民幣最大的業務中心，全球有七成以上的人民幣支付是經由香港來進行清算，以及超過 50% 以上的中國國有企業在香港上市融資，主要都是看準香港國際金融地位，具有對資本流動舉足輕重的作用。換言之，當香港局勢持續惡化，金融中心地位岌岌可危，那麼將會牽動著人民幣走向國際化的步伐，以及造成香港資本外逃。

另外，習近平上台後力推的「亞投行」及「一帶一路」，近年陸續出現資金運轉、融貸失衡及國際反彈等問題，若美國對中、港採取限制以美元計價的金融活動，那麼，中資銀行透過香港來進行跨境放款的能力會大受影響，進一步削弱中國海外金融業務及國際戰略布局的的能力，值得後續持續關注。無論如何，視當前情勢，如果香港的國際金融地位地動山搖，中國經濟災禍將自此而始。

短 評

長久以來，香港金融中心的地位穩坐東方之珠的美名。近期，中國強推「港版國安法」後，使得香港金融市場逐漸與自由經濟脫鉤，那麼港幣的國際化與獨立性將會迅速下滑。且香港一直中國與全球資本流動的重要門戶，倘若香港金融中心地位不保，也將牽動人民幣走向國際化的步伐，以及造成香港資本外逃，這將對中國的經濟情勢更不利。

13-3 國際外匯市場

全球匯率每日不停的變動著，所以全世界各國的外匯市場，須無時不刻的交易運轉中。全球的匯率變動，主要以歐元、英鎊、日圓、瑞士法朗、澳幣等幣別相對美元的波動為主。目前全球約有 30 幾個國家的外匯市場頗具規模，其中以倫敦、紐約與東京這三個市場較具代表性與影響性。以下將介紹這三個世界主要的外匯市場。

一、倫敦外匯市場

倫敦是全球最早成立的國際外匯市場，也是交易量最大的市場。該市場的匯率報價採用「間接報價法」，且交易貨幣種類眾多，其中以英鎊、日圓與歐元為主。基本上，倫敦外匯市場的運作，並無一個具體的外匯交易場所，乃由英國的中央銀行－英格蘭銀行，所指定的外匯銀行與外匯經紀商、以及商業銀行等金融機構所建構而成。該外匯市場，通常利用電訊網路設備、以及專線電話通訊聯絡交易。

雖然 2020 年英國確定脫離歐盟，但倫敦外匯市場長久累積下來的金融實力，短期內，並不容易被取代。因具有完善的金融監理制度與環境，所以應可繼續吸引全球最先進的金融機構和金融菁英齊集於此進行交易。因此全球外匯市場的交易霸主地位，倫敦應可繼續發揮它的影響力。

二、紐約外匯市場

美國於第二次世界大戰後崛起，美元已是全球央行的外匯存底中最常持有的貨幣，所以美元是全世界通用的貨幣。紐約是美國金融交易的重鎮，其外匯市場的交易已全世界外匯清算的重要樞紐。該市場的匯率報價以「直接報價」為主，但同時也採用間接報價，交易幣別以日圓與歐元為主。

紐約外匯市場無並固定的交易所，也沒有專門指定的外匯專業銀行來負責；該市場主要是美國的商業銀行、儲蓄銀行、投資證券公司、人壽保險公司、外匯經紀商、股票經紀商等機構，通過電訊網路完成交易。此外，美國中央銀行－聯邦儲備銀行（FED）也參與外匯市場的交易活動，藉以鞏固美元其全球的領導地位。

三、東京外匯市場

日本長久一來都是亞洲地區經濟發展，較為進步成熟的國家。東京外匯市場是亞洲地區重要的國際外匯市場，其所交易的貨幣種類較為單一，以日圓為主。東京外匯市場亦是一個無形市場，市場是由日本中央銀行－日本銀行、以及政府核准的外匯專業銀行、外匯指定銀行、外匯經紀商等所組成，交易者通過網際通訊設施進行交易。

13-4 國際黃金市場

黃金很早很早就被拿來當作貨幣使用。全球貨幣發展史中，早期實施金本位制度時，黃金就可自由交易、自由輸出輸入。所以早在 19 世紀初期，世界上就已經出現了國際性的黃金市場（International Gold Market）。況且黃金至

今仍然被世界上絕大多數國家作為外匯準備資產，也是各國發行貨幣的依據。且黃金在發生通貨膨脹時、或出現經濟危機、或政情不穩定時，更能顯其保值特性。所以長久以來，世界各國對黃金有其固定的買賣需求。

國際的黃金交易的報價，通常採金衡盎司[8]（Troy Ounce, OZ）－美元報價。例如：黃金 1 盎司 =1,400 美元。黃金的現貨交易種類很多樣，主要有各

---

8. 1金衡盎司＝31.103477公克，1盎司即為1英兩。臺灣民間習慣用台兩、台錢當作黃金的計價標準，其1台兩=10台錢=1.2057盎司=37.50公克。

種成色 [9] 和重量的金條、金幣、金絲和金葉等,其中最重要的交易標的是金條。一般而言,黃金現貨交易,主要的交易人包含世界 5 大黃金供應商 [10]、定價銀行、商業銀行、經紀商、法人或私人投資客所組合而成。以下本處將介紹全世界幾個主要的國際黃金市場。

一、倫敦黃金市場

倫敦是世界最早從事黃金現貨交易的市場,早在 19 世紀初,倫敦就是世界黃金精煉、銷售和交換的中心。二次世界大戰前,倫敦是世界上最大的黃金市場,約佔全世界交易量的 80%,也是世界上唯一以「公噸」計量進行大額交易的黃金市場。所以現在倫敦仍是全世界最大的黃金現貨交易市場。

倫敦黃金交易市場,並沒有一個實際存在的交易場所,而是由倫敦黃金市場協會的五大定價會員銀行 [11] 的銷售網路,所串連成的無形市場。該市場採行「定盤交易」,定盤價由 5 大定價銀行決定後,向全世界提供報價,每日分成上午與下午兩盤,通常該定盤價格是全球買賣黃金的基準參考價格,在市場具有領導性。

二、蘇黎世黃金市場

蘇黎世黃金市場是二次世界大戰後,逐漸發展起來的國際性黃金市場。由於瑞士特殊的銀行體系,提供黃金自由且保密的交易環境;且瑞士擁有南非 80% 的供應源、又是前蘇聯黃金交易的聚集地,使得瑞士為全球一個重要的交易市場,且也是世界上最大的私人黃金的儲存地。

蘇黎世黃金市場並沒有正式組織結構,它以瑞士三大銀行(瑞士銀行、瑞士信貸銀行和瑞士聯合銀行)為中心,聯合負責清算結帳、三大銀行不僅可為

---

9. 黃金的成色(Fineness)作為黃金的品質單位,也就是黃金的含純金的指標。例如:成色標示為 9999,即為100%純金;亦即24K金。

10. 世界5大黃金商分別為:(1)莫卡特公司(Mocatta & Gold Smid Ltd);(2)夏普斯－皮克斯利公司(Sharps Pixley Ltd);(3)洛西爾父子公司(N.M. Rothschrld & Son's Ltd);(4)約翰遜 塞特戴公司(Johndson Matthey Benker's Ltd);(5)塞繆爾－蒙塔古公司(Samuel Montague & Co. Ltd)。

11. 倫敦黃金市場協會最新的定盤會員(LBMA Fixing Member)銀行分別為:(1)加拿大豐業銀行(Bank of Nova Scotia–Scotia Mocatta);(2)巴克萊銀行(Barclays Bank Plc);(3)德意志銀行(Deutsche Bank AG);(4)香港上海匯豐銀行(HSBC Bank);(5)法國興業銀行(Société Générale)。

客戶代行交易，而且黃金交易也是這三家銀行本身的主要業務。蘇黎世黃金市場的黃金定價，是依據市場實際供需來議定當日黃金交易的官價，且全日金價在此基礎上下波動。

三、紐約黃金市場

紐約黃金市場是目前世界上最大的黃金期貨市場。1933 年成立的紐約商品交易所（COMEX）初期以從事金屬現貨買賣為主，但 1957 年後加入黃金的現貨與期貨買賣，所以現是全球最大的貴金屬期貨交易所。由於紐約商品交易所的巨大的黃金期貨交易量，對黃金價格的變動亦具有主導權，所以也撼動了倫敦黃金市場對價格的權威。

通常紐約商品交易所（COMEX）本身不參與黃金期貨的買賣，僅提供一個場所和設施，並制定一些標準化合約與交易法規，買賣雙方公開喊價，且確保買賣雙方可在公平合理的環境下進行交易。

四、香港黃金市場

香港黃金市場是以「金銀業貿易場」為主要交易地，該交易地前身乃 1910 年成立的金銀業行，後於 1918 年更名為金銀業貿易場。爾後 1974 年，隨著香港政府取消黃金進出口管制，由於香港優越的地理條件，使得倫敦和蘇黎世的各大金商在香港設立分公司，逐漸形成了一個無形的「倫敦金市場」。此外，1980 年香港期貨交易所開始經營黃金期貨業務，所以香港現是世界主要的黃金市場之一。

目前，香港黃金市場由三個市場組成：其一為現貨有形市場：以金銀業貿易場為主，此市場華人資金商較佔優勢，有固定買賣場所。其二為現貨無形市場：以倫敦金市場交易為主，此市場以國外資金商為主體，沒有固定交易場所，通常以電訊成交，然後於倫敦結算。其三為期貨市場：乃按照香港期貨交易所規定進行交易，交易制度較健全。

13-5 國際衍生性商品市場

在國際衍生性商品市場，可交易的金融商品種類包括：遠期、期貨、選擇權、金融交換等基本的商品外、還包括各種的結構型與合成型的衍生性商品。這些商品中，除了期貨與大部分的選擇權商品，可至設有集中交易的期貨交易所，進行交易外；大部份都是至銀行以店頭議價方式進行交易。所以本節所介紹的國際衍生性商品市場，將以全球的期貨交易市場爲主。

全世界的期貨交易市場中，各類的商品交易，均是以美國爲交易重鎮；此外，歐洲以及亞洲地區也都有重要的期貨市場。以下將分別介紹美國、歐洲以及亞洲地區的期貨市場。

一、美國

美國是目前全世界最大的期貨市場，也是最早成立期貨交易所的國家。目前在美國交易的期貨商品有上百種，包括外匯、利率、股價指數、農畜產品、金屬、能源及軟性等多項期貨商品，其中不少商品皆由美國期貨市場，最早推出交易。早年美國商品期貨交易委員會共核准 13 所交易所，近年來全球期貨業吹起整併風潮，雖多家交易所整併爲同一集團，但雖然保留原有的交易廳。以下我們將介紹幾個美國較重要與知名的期貨交易所。

(一)芝加哥商業交易所集團

芝加哥商業交易所集團（CME Group）旗下有芝加哥商業交易所（CME）、芝加哥期貨交易所（CBOT）、紐約商業交易所（NYMEX）與美國商品交易所（COMEX）等 4 家交易所。現該集團爲全球最大的交易所集團。

1. 芝加哥期貨交易所

芝加哥期貨交易所（Chicago Board of Trade, CBOT）設立於 1848 年，是現在全世界最早的交易所，其成交量亦曾經稱霸於全世界。該交易所的契約商品包括各種穀物、美國國庫券、美國中長期政府債券、股價指數、黃金、白銀及選擇權等。其中以穀物交易爲最大宗，交易量曾約佔全球穀物交易量 80% 以上。

此外，CBOT 基於選擇權的交易需求，於 1973 年成立芝加哥期權交易所（CBOE），CBOE 是世界第一家以期權產品為主的交易所，對於期權類產品的開發不遺餘力。另外，全球新興的特殊期貨商品，例如：氣候期貨（如：雨量、溫度）、特殊指數期貨(如：運費費率指數、波動率指數)，CBOT 都有提供交易合約，以供避險者使用。且近年來，金融科技所興起的虛擬貨幣交易熱潮，也讓 CBOE 順勢的推出全球第一個比特幣（Bitcoin）期貨，以因應虛擬貨幣的投機與避險所需。

2. 芝加哥商業交易所

芝加哥商業交易所（Chicago Mercantile Exchange, CME）設立於 1874 年，為全世界最大的金融期貨交易所，該交易所的契約商品以金融期貨及農畜產品為主。CME 於 1972 年成立國際貨幣市場部門（International Monetary Market, IMM），從事各種外幣及利率期貨的交易，其中該交易所推出的外匯期貨為全世界最早的金融期貨。且 1982 年成立指數與選擇權市場部門（Index and Option Market, IOM），為專門從事股價指數及選擇權的交易，其中以 S & P500 股價指數期貨，是全世界交易量最大的股價指數期貨。

3. 紐約商業交易所

紐約商業交易所（New York Mercantile Exchange, NYMEX）成立於 1872 年，該契約商品以能源為主，是目前世界最大的能源期貨交易所。該交易所的主要負責原油、汽油、燃油、天然氣、電力、煤、丙烷等能源類。

4. 紐約商品交易所

紐約商品交易所（New York commodity Exchange, COMEX）成立於 1933 年，是目前全球最大貴金屬期貨交易所。該交易所的契約商品以黃金、白銀及銅等金屬期貨為主。

（二）美國洲際交易所集團

美國洲際交易所集團（Intercontinental Exchange Group, ICE Group），成立於 2000 年，主要經營網路的期貨交易平台，該集團以能源衍生性商品市場起家，現為全球最大的「能源類」期貨交易所。該集團經過這幾年的整併擴大發展，現擁有 14 間跨國的證券及期貨交易所，以及 5 家結算機構，且提供超過 9,700 種上市證券及衍生性商品的交易，現為全球第三大交易所集團。

ICE 其旗下主要知名的交易所，包括：美國地區－紐約證券交易所（NYSE）、紐約交易所（NYBOT）；歐洲地區－紐約泛歐交易所（NYSE Euronext）、倫敦國際金融期貨交易所（LIFFE）、倫敦國際石油交易所（IPE）、以及亞洲地區－新加坡商品交易所（SMX）。

（三）美國其他期貨交易所

美國除了芝加哥商業交易所（CME）集團、以及新成立的洲際交易所（ICE）集團，尚有以下幾個知名且重要的期貨交易所，分布於美國各地，以下分別介紹之。

1. 紐約交易所

紐約交易所（New York Board of Trade, NYBOT）成立於 1998 年，其交易所是有兩家具歷史之交易所合併而來，分別為紐約棉花交易所（New York Cotton Exchange, NYCE）與咖啡、糖及可可交易所（Coffee , Sugar & Cocoa Exchange, CSCE）。但此交易所已於 2007 年被 ICE 集團所收購。

NYCE 成立於 1870 年，主要契約內容包括棉花期貨與冷凍濃縮橘子汁期貨為主。CSCE 成立於 1882 年，乃是咖啡商人為了規避咖啡現貨價格波動所成立，並於 1979 年與紐約可可交易所合併，正式稱為 CSCE，交易契約以咖啡、糖及可可等熱帶經濟作物為主，為全世界最大的「軟性商品」期貨交易所。

2. 堪薩斯期貨交易所

堪薩斯期貨交易所（Kansas City Board of Trade, KCBT）成立於 1956 年，是全世界硬紅冬麥交易最活絡的交易所。該交易所於 1982 年推出價值線綜合股價指數期貨，為全世界最早推出股價指數期貨的交易所。

二、歐洲地區

歐洲主要國家的期貨交易以英國最為發達，其次為歐盟整合歐洲各國所成立的期交所。以下將分別介紹之。

（一）德意志交易所集團

德意志交易所集團（Deutsche Borse Group, DBAG）成立於 1993 年，此集團現為世界第二大交易所集團，集團內最重要的期貨交易所，為歐洲期貨交易所（The Eurex Deutschland, EUREX）是全球重要的期貨市場。

該交易所乃為了應對歐洲貨幣聯盟的形成及歐元（Euro）交易的需求所產生；所以其主要交易合約，都以歐元為設計基礎，包括：德國、法國與義大利的公債期貨（如：歐元德國、法國、義大利的 10 年公債）、歐元區的股價指數期貨（如：歐元藍籌 50 指數（Euro STOXX 50）、德國指數（DAX））為主。

（二）紐約泛歐交易所

紐約泛歐交易所（NYSE-Euronext）乃由美國紐約證券交易所（NYSE）和泛歐交易所（Euronext）於 2007 年合併而成。該交易所又於 2013 年被納入成為美國洲際交易所集團（ICE）的一員。

原先的泛歐交易所（Euronext），是 2000 年由荷蘭阿姆斯特丹證券交易所、法國巴黎證券交易所、比利時布魯塞爾證券交易所與葡萄牙里斯本證券交易所合併而成立的；Euronext 交易所是歐洲首家跨國交易所、歐洲第一大證券交易所，其主要交易商品為歐元區的短期利率期貨、股價指數期貨與部分的軟性商品（如：咖啡、糖、可可）。

（三）英國

英國最早的期貨交易歷史可追溯自 1570 年的皇家交易所，最初交易商品為咖啡及可可等經濟作物，隨後商品內容逐漸擴大，英國國內的交易所也隨之增加，目前已成為世界重要的金屬、能源及金融期貨的交易中心之一，英國現有重要的期貨交易所都集中在倫敦。以下介紹幾個較出名的期貨交易所。

1. 倫敦國際金融期貨交易所

倫敦國際金融期貨交易（London International Financial Futures & Option Exchange, LIFFE）所於 1982 年成立，是歐洲最早從事金融期貨交易的交易所。該交易所於 1996 年將倫敦商品交易所併入，該交易所的契約商品以各國的外匯、利率、股價指數期貨及其選擇權為主。該交易所於 1984 年後推出金融時報 100 種股價指數期貨（FT-100），為一重要的指標商品。此外，該交易所已於 2002 年被泛歐交易所（Euronext）被收購，現均納入成為美國洲際交易所集團（ICE）的一員。

2. 倫敦金屬交易所

倫敦金屬交易所（London Metal Exchange, LME）成立於 1877 年，目前為全世界最重要的金屬期貨交易中心，該交易所的金屬期貨交易價格，為世界金屬買賣交易者的重要參考依據。其主要的契約商品為鋁、銅、鉛、鋅、錫和鎳。此外，LME 已於 2012 年被香港交易所（HKEx）收購，LME 想藉由中國龐大的一般金屬的現貨交易量，積極的擴展亞洲地區的一般金屬的交易契機，並持續在全球一般金屬期貨交易居於領先的地位。

三、亞洲地區

亞洲地區的期貨市場發展較歐美國家晚，其主要的市場以日本、中國（包含香港）、新加坡等。以下將分別介紹之：

（一）日本

日本的期貨市場規模雖然無法與歐美期貨市場相比擬，但其期貨交易歷史悠久，早在 17 世紀就有交易的記載，當時是以堂島的稻米期貨為主。日本的期貨市場經過多年的發展，在亞洲地區具有一定的影響性。以下我們介紹幾個日本較出名的期貨交易所。

1. 東京國際金融期貨交易所

東京國際金融期貨交易所（Tokyo International Financial Futures Exchange, TIFFE）成立於 1989 年，主要契約內容為短期利率、外匯期貨及其選擇權，目前最成功的契約為三個月期的歐洲日圓利率期貨。

2. 東京商品交易所

東京商品交易所（Tokyo Commodity Exchange, TCE）成立於 1988 年，主要契約內容為黃金、白金、白銀、鋁、鋁、生膠、棉紗、橡膠等。目前是日本最大貴金屬交易所，尤其白金與橡膠期貨的交易量曾領先全球。

3. 日本交易所集團

日本交易所集團（Japan Exchange Group, JPX）已於 2013 年將日本的證券市場，主要有兩個交易所分別為「東京證券交易所」（Tokyo Stock Exchange, TSE）與「大阪證券交易所」（Osaka Stock Exchange, OSE）合併。

日本交易所（JPX）集團將原本兩家交易所的股票現貨市場，現由東京證券交易（TSE）所負責經營；而兩家的原本的金融衍生性商品市場，現由大阪證券交易所（OSE）負責經營。該交易所集團主要上市日本政府或當地公司所發行的股票與債券，且其所編製的日經 225 指數（Nikkei 225）、東京證券指數期貨（TOPIX）為全世界知名的股價指數。

（二）中國

中國期貨市場發展較晚，初始階段是從 1990 年鄭州糧食批發市場成立開始。鄭州糧食批發市場從成立起就以期貨市場為目標，引入了交易會員制等期貨市場機制。中國期貨市場經過 1996 至 2000 年的整頓清理之後，現在以鄭州、大連與上海三個商品交易所為主。2000 年以來，中國的經濟快速崛起，對於金融證券的投資與避險日趨重要，於是於 2006 年於上海成立中國金融期貨交易所（CFFE），為中國的第四家期貨交易所。此外，1997 年後香港回歸中國治理，直到 2020 年實施「港版國安法」，香港就正式納為中國市場的一環。以下將介紹中國的這五大交易所。

1. 鄭州商品交易所

鄭州商品交易所（Zhengzhou Commodity Exchange, ZCE）源起於鄭州糧食批發市場，成立於 1993 年，是中國第一個從事糧食交易的期貨交易所。目前交易標的物以小麥、綠豆、棉花、白糖油菜籽油與油菜籽粉為主，其中油菜籽粉的交易量。近年來，已居全世界最大的農產品期貨。

2. 大連商品交易所

大連商品交易所（Dalian Commodity Exchange, DCE）則成立於 1993 年。目前交易標的物以玉米、黃豆與黃豆油、黃豆粉、棕櫚油、蛋為主。其中黃豆類的相關商品的交易量，近年來在全球已具有領先地位。

3. 上海期貨交易所

上海期貨交易所（Shanghai Futures Exchange, SHFE）則於 1999 年由上海金屬交易所、上海商品交易所與上海糧油商品交易所合併成立，現在以銅、鋁、天然橡膠與燃料油等商品期貨為交易對象。

4. 中國金融期貨交易所

中國金融期貨交易所（China Financial Futures Exchange, CFFE），為中國的第四家期貨交易所，也是中國第一家金融衍生品交易所。主要交易商品為股價指數期貨與中國政府公債為主。其中較知名的股價指數期貨如：滬深300 指數期貨、上證 50 指數期貨等。

5. 香港

香港交易所（Hong Kong Stock Exchange, HKEx）乃由香港聯合交易所、香港期貨交易所、香港中央結算有限公司於 2000 年合併而成。其中，香港期貨交易所（Hong Kong Future Exchange, HKFE）為負責期貨交易部分，該交易所前身為 1976 年成立的香港商品交易所，初期交易的期貨商品為棉花、糖、黃豆及黃金等，1985 年改名為香港期貨交易所。

HKFE 於 1986 年推出恆生指數期貨，交易十分熱絡，為此交易所最受歡迎的合約。1990 年推出三個月香港銀行同業拆款利率（HIBOR）期貨，1991年推出香港工商指數期貨，並於 1993 年推出恆生指數期貨選擇權。此外，該交易所於 2012 年成功收購英國倫敦金屬交易所（LME），引起國際期貨市場的關注；港交所希望透過 LME 在全球基本金屬期貨的領先地位，以擴展對全球定價的影響性。

（三）新加坡

新加坡交易所（Singapore Exchange Limited, SGX）是亞太地區首家集證券及金融衍生性商品交易於一體的交易所。新加坡交易所的前身為新加坡證券交易所（Singapore Exchange Limited, SEX）與新加坡國際金融交易所（Singapore International Mercantile Exchange, SIMEX）。這兩家交易所於1999 年合併成立了現在的新加坡交易所。原先 SIMEX 成立於 1984 年，是亞洲地區第一個金融期貨交易所。長久以來 SIMEX 與 CME 有互相簽訂共同沖銷協定，投資者可在兩交易所間轉移或沖銷其部位。

目前該交易所所交易商品有外匯、利率、股價指數、能源與黃金期貨等，其中交易較熱絡的契約為日經 225 指數（Nikkei 225）、三個月歐洲美元、歐洲日圓及摩根台股指數期貨。該交易所 1989 年推出燃油期貨合約，為亞洲第一個上市的能源期貨。也於 2014 年底推出電力期貨，為亞洲的一個上市的新興期貨商品。

Follow! 市場焦點

全球金融中心排名　上海穩坐第三

（圖文資料來源：節錄自工商時報 2021/03/18）

全球金融中心指數2021年排行榜

最新排名	城市	去年9月排行	排名變動	最新排名	城市	去年9月排行	排名變動
1	紐　約	1	持　平	6	北　京	7	上升一位
2	倫　敦	2	持　平	7	東　京	4	下降三位
3	上　海	3	持　平	8	深　圳	9	上升一位
4	香　港	5	上升一位	9	法蘭克福	16	上升七位
5	新加坡	6	上升一位	10	蘇黎世	10	持　平

資料來源：英國智庫Z／Yen集團第29期「全球金融中心指數」報告　　製表：黃欣

　　最新「全球金融中心指數（GFIC）」排行榜公布，紐約、倫敦、上海仍穩坐前三甲寶座，不過香港、北京、深圳的排名都有所提升，顯示亞洲金融中心的競爭力正逐步提升。

　　從城市排名來看，上海在上一次調查首度超過東京，進入全球三強行列。而最新的第29期指數中，雖然前三甲排名未變，但倫敦的得分數大幅下滑，僅較上海領先1分，險守第二位。第二名到第五名間的得分差距都僅為1分，足見頂級國際金融中心競爭已達到空前激烈的程度。

　　另外，香港由第五名前進至第四名、北京由第七名升至第六名、深圳由第九名進步至第八名。東京的名次則是從第四名驟降至第七名。國際金融報報導，前十大排名中，亞洲就佔據六席，代表亞洲經濟發展在金融上的體現。從北京、深圳城市排名上揚來看，這和經濟規模、金融業的持續發展有很大關係。此外他並指出，GFCI評比系統新加入金融科技、綠色金融等指標，也是亞太城市得分上揚的主因。

短 評

　　由英國智庫 Z/Yen 集團與中國（深圳）綜合開發研究院，聯合發布的第 29 期全球金融中心指數（GFCI 29），雖美國紐約與英國倫敦，仍為世界金融的領先者，但中國上海僅追在後，已經超越香港成為全球第三的金融城市。此次排名前十大中，亞洲就佔據六席，代表亞洲經濟發展在金融上的體現。

一、選擇題

❖ 基礎題

( ) 1. 下列對歐洲通貨市場的敘述,何者有誤? (A)起源於歐洲市場 (B)境外的意思 (C)交易幣別須為歐元 (D)投資人可為境內。

( ) 2. 歐洲通貨市場有其獨特的利率系統,請問是以何地區的銀行同業拆放市場為主? (A)巴黎 (B)日內瓦 (C)盧森堡 (D)倫敦。

( ) 3. 請問國際債券市場中,若在英國發行英鎊債券被稱為何種名稱? (A)洋基債券 (B)鬥牛犬債券 (C)歐元債券 (D)騎士債券。

( ) 4. 下列何者非美國證券市場所推出的股價指數? (A)道瓊工業指數 (B)標準普爾500指數 (C)那斯達克指數 (D)金融時報100指數。

( ) 5. 請問全球最早成立的國際的外匯市場為何? (A)巴黎 (B)倫敦 (C)盧森堡 (D)紐約。

( ) 6. 請問國際的黃金交易的報價,通常採取何種計價單位? (A)盎司 (B)公斤 (C)公克 (D)台兩。

( ) 7. 請問目前世界上最大的黃金期貨市場為何? (A)香港 (B)倫敦 (C)蘇黎世 (D)紐約。

( ) 8. 下列何者非美國境內的期貨交易所? (A)CME (B)CBOT (C)LME (D)NYMEX。

( ) 9. 請問目前為全世界最重要的一般金屬期貨交易所為何? (A)TOCOM (B)CBOT (C)LME (D)NYMEX。

( ) 10. 請問亞洲地區第一個成立金融期貨交易所為何? (A)TIFFE (B)HKFE (C)TOCOM (D)SIMEX。

❖ 進階題

( ) 11. 下列敘述何者有誤? (A)歐洲通貨市場的交易地須在歐洲 (B)傳統國際金融市場的金融管制相較歐洲通貨市場嚴格 (C)全球存託憑證通常是屬於歐洲通貨市場商品 (D)LIBOR是屬於歐洲通貨市場的利率系統。

( ) 12. 下列敘述何者有誤? (A)至日本發行日圓計價的外國債券稱為武士債券 (B)美國存託憑證是屬於歐洲通貨市場商品 (C)那斯達克交易所主要的上市公司以高科技為主 (D)中國證券市場裡,A股是指人民幣普通股票,供中國境內的投資人買賣。

(　) 13. 下列敘述何者有誤？　(A) 東京外匯市場以交易日圓為主　(B) 美國聯邦
儲備銀行也參與美國外匯市場的交易活動　(C) 倫敦外匯市場的匯率報價
採用間接標價法　(D) 紐約是全球最早成立的國際外匯市場。

(　) 14. 下列敘述何者正確？　(A) 倫敦是目前世界上最大的黃金期貨市場
(B) 香港的倫敦金市場交易，通常具有實體交易場所　(C) 倫敦是世界最早
從事黃金現貨交易的市場　(D) 通常黃金的國際計價單位為公斤。

(　) 15. 下列敘述何者有誤？　(A)CBOT 為現在全世界最早成立的交易所　(B)LME
為全世界最重要的一般金屬期貨交易所　(C)Nikkei 225 指數期貨主要是針
對日本股市所推出的　(D)SIMEX 與 CBOT 互相簽訂共同沖銷協定。

❖ 證照題

(　) 16. 歐洲債券（EuroBonds）與外國債券（ForeignBonds）之比較何者為真？
(A) 歐洲債券是指 A 國發行者在 B 國發行以 B 國幣計價之債券　(B) 外國
債券是指 A 國發行者在 B 國發行不以 B 國幣計價之債券　(C) 歐洲債券發
行的相關條件與規定均較外國債券來得有彈性　(D) 亞銀所發行的亞洲小
龍債券系列屬於歐洲債券的一種。　　　　　　　　　　（金融市場常識）

(　) 17. 以下何者可以歸類為歐洲美元債券（Eurodollar Bond）？　(A) 法國公司
在日本發行之美元計價債券　(B) 日本企業在瑞士發行之歐元計價債券
(C) 我國企業在美國發行之美元計價債券　(D) 美國公司在英國發行之日
圓計價債券。　　　　　　　　　　　　　　（2015-2 證券投資分析人員）

(　) 18. 世界最早的黃金期貨市場及目前世界最主要的大宗商品期貨市場依序為下
列何者？　(A) 紐約商業交易所（NYMEX）；芝加哥期貨交易所（CBOT）
(B) 芝加哥期貨交易所（CBOT）；東京工業品交易所（TOCOM）　(C) 東
京工業品交易所（TOCOM）；紐約商業交易所（NYMEX）　(D) 倫敦黃
金市場訂價公司（LDGMFL）；芝加哥期貨交易所（CBOT）。

　　　　　　　　　　　　　　　　　　　　　　　　（第 24 理財規劃人員）

(　) 19. 臺灣企業赴美國以存託憑證方式籌措資金，稱之發行：　(A) 臺灣存託憑
證（TDR）　(B) 美國存託憑證（ADR）　(C) 歐洲可轉換公司債（ECB）
(D) 浮動利率債券（FRN）。　　　　　　　　　　　　（金融市場常識）

(　) 20. 主管機關開放的摩根臺指期貨（MSCI Taiwan index）在那一個交易所交
易？(A)CME　(B)CBOT　(C)HKFE（Hong Kong Futures Exchange）
(D)SGX-DT。　　　　　　　　　　　　　　　　　　（金融市場常識）

二、簡答題

❖基礎題

1. 國際金融市場依金融管制鬆緊程度又可分成哪兩種？

2. 請問歐洲通貨市場具有哪些特性？

3. 請問歐洲通貨市場獨特的利率系統為何？

4. 請問在美國發行的外國債券稱為何？

5. 請問在臺灣與香港發行的以人民幣計價的外國債券分別稱為何？

6. 請問全世界資本市場最發達的國家為何國？

7. 請問全球最早成立國際外匯市場為何國？

8. 請問目前全世界上最大的黃金現貨市場為何？

9. 請問目前全世界上最大的黃金期貨市場為何？

10. 請問目前全世界最大能源期貨交易所為何？

❖進階題

11. 請說明歐洲通貨市場與傳統國際金融市場的金融管制的差別？

12. 請問下列商品何者屬於歐洲通貨市場與傳統國際金融市場的商品？

   A.GDR   B.TDR   C.ECP   D.ECB   E.ADR   F.ENTN   G.FRCD

國際金融機構

本章內容為國際金融機構,主要介紹國際貨幣基金、世界銀行集團、國際清算銀行、區域性國際金融機構、歐美的中央銀行等內容,其內容詳見下表。

節次	節名	主要內容
14-1	國際貨幣基金	介紹國際貨幣基金的成立宗旨、組織架構、業務內容以及資金來源。
14-2	世界銀行集團	介紹世界銀行集團內的五個組織機構。
14-3	國際清算銀行	介紹國際清算銀行的成立宗旨、組織架構、業務內容與資金來源。
14-4	區域性國際金融機構	介紹全球十個區域性國際金融機構。
14-5	歐美的中央銀行	介紹美國與歐盟的中央銀行體制。

第二次世界大戰末期,1944 年在美國新罕布夏爾州(New Hampshire)召開的布列敦森林會議(Bretton Woods),決定「美元」成為將來的國際通用貨幣,並成立維持全球金融市場穩定的「國際貨幣基金」,以及成立協助各國發展經濟與脫貧的「世界銀行」。經由上述兩個國際金融機構的運作,使得戰後全球的金融秩序趨於穩定、經濟貿易交易得以步入軌道。爾後,1969 年,「國際清算銀行」修改了宗旨,亦擔負起世界各國中央銀行合作的橋梁。因此「國際貨幣基金」、「世界銀行」、「國際清算銀行」,三者共同擔負起全球經濟發展與金融秩序的重責大任。

全球各區域的經濟發展,有其獨特的需求與契機,因此「區域性國際金融機構」的成立,可以讓區域國家之間的經濟發展,更能緊密結合,且可彌補國際性金融機構的不足。世界各國的「中央銀行」,是整個國際金融組織架構下的基礎重要成員。國際性與區域性金融機構的各種政策執行運作,常須各國中央

銀行的配合與協助。因此全球金融機構的組織，可以由「國際性金融機構」、「區域性國際金融機構」與各國「中央銀行」所架構而成，圖 14-1 為全球金融機構組織架構圖。

以下本章將分別介紹三個主要的「國際性金融機構」、十個「區域性國際金融機構」、以及全球較具影響性的歐美兩地的「中央銀行」。

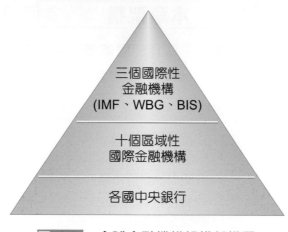

三個國際性
金融機構
(IMF、WBG、BIS)

十個區域性
國際金融機構

各國中央銀行

圖 14-1　全球金融機構組織架構圖

14-1 國際貨幣基金

國際貨幣基金（International Monetary Fund, IMF）是世界上維持國際貨幣穩定與促進經濟發展，一個重要機構組織。該基金組織於 1945 年成立，其成立的主要目的乃致力於促進全球貨幣合作、確保金融穩定、推動國際貿易，促進經濟增長、並減少世界各地的貧困。其總部設在美國華盛頓特區。截至 2020 年，IMF 共有 189 個會員國。

以下將介紹 IMF 的成立宗旨、組織架構、業務內容以及資金來源。

一、成立宗旨

IMF 其成立宗旨，如表 14-1 的說明。

表 14-1　IMF 的成立宗旨

宗旨	宗旨說明
促進國際貨幣合作	透過IMF的協商機制，讓會員國之間的貨幣與匯率問題，可經由磋商取得應有的共識，並促進國際間貨幣交流合作。
平衡國際貿易發展	增強會員國的經濟能力，增進國際貿易往來與均衡發展，期使各會員國達到高度就業與提高實質所得。
維持國際匯率穩定	透過會員國之間的匯率協議，消除競爭性的貨幣貶值，以維持國際匯率穩定。
建立多邊支付體系	建立會員國間的多邊支付與匯兌交換體系，以解決全球貿易發展的外匯管制。
協助成員資金援助	對會員國提供資金援助，以解決會員國的國際收支失衡問題。

二、組織架構

　　IMF 的組織架構主要是由「理事會」、「執行理事會」、「諮詢委員會」、以及「總裁」所組成。以下將分別介紹之：

（一）理事會

　　理事會（Board of Governors）是 IMF 的最高權力決策機構，由各會員國各派 1 名理事以及副理事所組成，任期 5 年。理事會通常每年開一次年會。各國理事通常由該成員國的財政部長或中央銀行行長擔任，具有投票表決權。理事會的主要職權如下：

1. 批准新會員國的加入。

2. 批准 IMF 的份額規模與特別提款權的分配。

3. 批准會員國貨幣平價的調整。

4. 決定會員國退出 IMF 之事宜。

5. 討論 IMF 章程之修改。

6. 討論有關國際貨幣制度的重大問題。

（二）執行理事會

執行理事會（Executive Board）是 IMF 負責處理日常業務工作的常設機構，由 24 名執行理事組成，任期 2 年。執行理事會的職權主要如下說明：

1. 定期處理各種政策和行政事務，並向理事會提交年度報告。
2. 隨時對會員國經濟方面的重大問題，特別是有關國際金融方面的問題進行全面研究。

（三）諮詢委員會

在執行理事會與理事會之間，還有兩個諮詢委員會機構：其一為「國際貨幣金融委員會」（International Monetary and Financial Committee）；另一為「發展委員會」（Development Committee）。兩個委員會主要討論國際貨幣體系與如何協助開發中國家援助等重大問題。

（四）總裁

總裁（Managing Director）是 IMF 的最高行政主管，其下設副總裁協助工作。總裁負責管理 IMF 的日常事務，由執行理事會推選，並兼任執行理事會主席，任期 5 年。總裁可以出席理事會和執行理事會，但平時沒有投票權，只有在執行理事會表決雙方票數相等時，才可以投決定性的一票。

三、業務內容

IMF 的根本任務是確保國際貨幣體系的穩定，其主要的業務內容如下三項：

（一）監控

IMF 負責監督國際貨幣體系，其監督其 188 個成員國的經濟和金融政策。其目的監測會員國須遵守的政策與義務，促進國際貨幣體系的有效運行與發展，並維持全球經濟與金融的穩定。

（二）貸款

　　IMF 的核心職責就是提供貸款，當會員國遇到國際收支失衡時，對其提供貸款。這種援助資金援助乃希望會員國能夠重建自己的國際儲備，穩定本國貨幣，使能夠繼續國際支付；並延續經濟政策，解決潛在的問題，最後以恢復經濟增長為目標。

（三）技術援助

　　IMF 協助會員國透過人力的培訓、加強機構的建設以及技術援助，讓會員國更有效率的設計經濟政策與管理金融事務。且有助於提高 IMF 對政策的影響性，使能夠掌握最新的創新方法和了解全球經濟風險，並幫助應對金融危機所帶來的挑戰。

四、資金來源

　　IMF 的資金來源，大致可來自於以下三個方面：

（一）配額

　　由各會員國所認繳的配額（Quotas），是 IMF 最主要的資金來源。其分配配額主要根據會員國在全球經濟實力的相對性。其中繳納的配額，部份可用特別提款權（Special Drawing Rights, SDR）來計算，部分用可會員國的本國幣繳納。

（二）借款

　　儘管會員國認繳配額是 IMF 的主要資金來源，但必要時 IMF，可以向會員國借款補充其配額資金。

（三）出售黃金

　　IMF 依然是世界黃金最大的官方持有者之一，所以可以藉由出售黃金，補充資金來源。

金融小常識

特別提款權（SDR）

特別提款權（SDR）是 1969 年在國際貨幣基金組織（IMF）正式創設的一種新的國際貨幣，它是用來記錄會員國與會員國、或會員國與 IMF 之間資金往來的記帳單位，不是真正貨幣，使用時必須先換成其他貨幣，不能直接用於貿易或非貿易的支付。其本質上乃是 IMF 帳戶上的一項記錄，用一個共同的計價單位，來作為會員國之間互相清算之標準，所以為無實體貨幣。

特別提款權的價值是與一籃子貨幣掛　，市值不固定。現今 SDR 的價值以「標準籃（Standard Basket）」的方式計算，根據 2016 年 IMF 所公布標準籃子內的各國貨幣權重，分別為美元占 41.73%、歐元占 30.93%，人民幣占 10.92%，日圓占 8.33%，英鎊占 8.09%。

14-2 世界銀行集團

世界銀行集團（World Bank Group, WBG）是全球金融體制中，一個重要的金融體系，它是一個具嚴密組織、精細運作的國際銀行集團。該銀行集團成立於 1944 年，其中包含五個國際機構的組織，總部設在美國華盛頓特區。世界銀行集團的成員，必須同時亦為國際貨幣基金（IMF）組織成員。

世界銀行集團內的組織形成，是基於國際的需求，且透過國際公約或協定逐而建立完成的。首先，成立的是在第二次世界大戰後，1944 年與國際貨幣基金（IMF）同時成立的「國際復興開發銀行」；其餘機構依序分別於 1956 年設

立「國際金融公司」、1960 年設立「國際開發協會」、1966 年設立「國際投資爭端解決中心」、1988 年設立「多邊投資擔保機構」。這五個機構的功能屬性各有不同，其最初設立的目的幫助在第二次世界大戰中，被破壞的國家的重建。現今的任務是「終結極度貧困，促進共享繁榮」。以下將分別介紹這五個機構。

一、國際復興開發銀行

國際復興開發銀行（International Bank for Reconstruction and Development, IBRD）於 1944 年成立，是銀行集團裡最重要的成員，一般被稱為「世界銀行」就是以該銀行為代表。其主要提供的功能，就是提供會員國主權擔保的債務融資。以下介紹其成立宗旨、組織架構、業務內容與資金來源。

（一）成立宗旨

世界銀行的成立宗旨如下幾項：

1. 協助會員國境內的復興與建設，包括：恢復受戰爭破壞的經濟，恢復使生產設施，以滿足和平時期的需要。

2. 利用擔保或參與私營貸款、及其他民間投資的方式，促進外國民間私人投資。

3. 鼓勵國際投資，促進國際貿易長期均衡的增長，並保持國際收支的平衡，以協助會員國提高生產力、生活水平和改善勞動條件。

（二）組織架構

世界銀行的管理機構由「理事會」、「執行理事會」、「總裁」所組成。「理事會」為最高權力機構，由成員國的財政部長、中央銀行行長或級別相當的官員擔任理事。「執行理事會」由 24 名執行董事組成，其中 5 名由擁有股份最多股份的國家（美國、英國、法國、德國、日本）分別委派，另外 19 名由其他成員國按地區選出。「總裁」由執行理事會指派，為世界銀行的最高行政主管；由於世界銀行最大股東為美國，所以歷屆總裁均為美國人。此外，總裁同時兼任其它 4 個組織的總裁。

（三）業務內容

世界銀行的業務內容如下：

1. 提供各國所需要的教育資金。

2. 提供資金以應付各國各種衛生醫療項目的需求。

3. 協助貧窮國家減免債務，以及正視各國窮人的要求。

4. 生物多樣性項目資金的提供。

5. 致力消除全球性的政府官員的貪污腐敗。

6. 導引各國公民社會更積極參與銀行的工作。

7. 幫助戰爭衝突後的國家重建。

（四）資金來源

世界銀行的資金來源，大致來自於 3 個方面：

1. 股本：由各會員國所繳納的股金。

2. 借款：向國際金融市場借款或發行債券以籌集資金。

3. 營業利潤：世界銀行會將營利所得，一部分充當銀行的資金。

二、國際開發協會

國際開發協會（International Development Association, IDA）於 1960 年成立，基於國際復興開發銀行運作後，發現某些國家的貧窮程度，使他們不能符合銀行「有借有還」的開發貸款，所以再設立國際開發協會，當作國際復興開發銀行的補充機構。其設立的目的乃在幫助貧窮國家的發展，所設立的銀行服務機構，因此又稱為「第二世界的銀行」。所以一般所泛指的世界銀行，是指「國際開發協會」與「國際復興開發銀行」兩者的合稱。

國際開發協會的成立宗旨：乃為協助未開發貧窮地區的會員國，促進其經濟發展，提高生產力，從而提高他們的生活水平。通常提供貸款給這些國家的條件，實際上是幾乎不必償還的援助貸款或贈款、或極低利息的貸款，其希望解決他們日常生活中之所需。

三、國際金融公司

　　國際金融公司（International Finance Corporation, IFC）於 1960 年成立，爲世界銀行集團內，負責私人民間部門融資功能的國際組織。通常私人企業在各個國家投資發展，具有舉足輕重的重要性。國際復興開發銀行在營運時，若貸款牽涉到私人企業，一般都是由相關國家政府，提供還款的保證；但這樣有時會有運作上的困難。因此國際金融公司的成立，可以特別著眼於私人企業的貸款需求。

　　國際金融公司的成立宗旨：乃對開發中會員國的私人企業提供貸款、以及技術援助或指導，使私人企業的營運增長，以促進開發中國家的經濟發展。

四、多邊投資擔保機構

　　多邊投資擔保機構（Multilateral Investment Guarantee Agency, MIGA）於 1988 年成立，該機構爲協助各會員國的私人資本，在投資開發中國家時，提供它們投資保障的擔保機構。通常開發中國家需要大量資金進行經濟發展，除了世銀集團本身提供資金外，亦引入各會員國的私人資金，以協助發展；但多數的開發中國家，因社會動盪、政策朝令夕改、官員貪污，無法使外來資金得到應有保障，所以成立多邊投資擔保機構，以協助國際外來資金的投資保障安全。

　　多邊投資擔保機構的成立宗旨：乃鼓勵推展並保障外來私人資本，可安全的直接投入開發中國家的經濟發展，以增進改善人民的生活、以及減少貧窮的痛苦。

五、國際投資爭端解決中心

　　國際投資爭端解決中心（International Centre for Settlement of Investment Disputes, ICSID）於 1966 年成立，是依據《解決國家與他國國民間投資爭端公約》而建立的，世界上第一個專門解決國際投資爭議的仲裁機構。

　　國際投資爭端解決中心的成立宗旨：乃專爲政府與外國私人投資者之間發生爭端時，提供調解和仲裁；並期使國家和投資者之間，培育出一種相互信任的氛圍，從而促進國外的投資不斷增加。

Follow! 市場焦點

IMF發行6,500億美元SDR　將創造三贏局面

IMF 歷史性的決定！批准6,500億美元SDR分配　藉此提振全球流動性

（圖文資料來源：節錄自經濟日報 2021/04/13）

　　國際貨幣基金（IMF）證實，將於2021年6月提案發行相當於6,500億美元的特別提款權（SDR），表態支持的美國財政部認為，這項措施將創造三贏局面，使低所得國家、美國以及全球經濟同蒙其利。

　　IMF 指出，在 2020 年全球經濟萎縮3.5%之後，2021 年經濟增長將成長 5.5%。然而，這種復甦面臨著巨大的下行風險是先進與開發中經濟體的成長不均衡，今年預測將有 150 個經濟體的人均所得低於危機前的 2019 年。此外，全球經濟衰退也使許多國家央行的外匯存底吃緊。

　　IMF 認為，低所得國家和開發中國家在這場疫情危機中受創尤深，恐將扭轉過去 20 年在減貧方面的進展，2021 年低所得國家的實際年 GDP 成長率將下降約 5%，2020 ～ 2021 年間將有近 9,000 萬人陷入極端貧窮。為防止富國和窮國之間出現永久性發展分歧，IMF 估計，未來五年低所得國家需部署約 2,000 億美元，用以對抗疫情，另需 2,500 億美元以重新步上追趕先進經濟體的道路。

　　美國財政部指出，計畫中的 SDR 分配將有助於緩衝儲備與支援各國政府因應健康和經濟危機的措施。重要的是，SDR 分配將增加促進全球復甦所需的信心和流動性，從而使美國工人和美國經濟增長受益。全球強勁復甦也將增加對美國商品和服務出口的需求，進而創造美國就業機會並為美國企業提供支持。

短 評

　　國際貨幣基金（IMF）作為促進全世界經濟發展的重要組織，在全球遭受肺炎疫情危機當下，發行 SDR 用於協助低所得國家的經濟發展、進而可讓美國與全球經濟同蒙其利，創造三贏局面。

14-3 國際清算銀行

　　國際清算銀行（Bank for International Settlement, BIS）原本是第一次世界大戰後，為了處理德國的戰敗賠款，所成立的國際金融機構。其主要成員是由歐洲各主要國家的中央銀行、以及代表美國的摩根大通銀行（J.P. Morgan Chase）、以及花旗銀行（Citigroup）於 1930 年所共同組成的，其總設立於瑞士的巴塞爾（Basel）。但戰後 BIS 其主要任務以修改為：致力於各會員國貨幣政策和財政政策相互合作交流的國際機構。以下將介紹國際清算銀行成立宗旨、組織架構、業務內容與資金來源。

一、成立宗旨

　　國際清算銀行初創辦的目的是為了處理第一次世界大戰後，德國的賠償支付及其有關的清算等業務問題，所以負責歐洲地區各種國際機構的金融業務之代理人，所以有「西方中央銀行的銀行」之稱號。

　　爾後，國際清算銀行改變章程，將服務宗旨修改為促進各國中央銀行之間的合作，為國際金融業務提供便利，並接受委託或作為代理人，辦理國際清算業務等。所以現成為各會員國國際金融與經濟合作之間的結算機構。

二、組織架構

　　早期，國際清算銀行的成員僅侷限於歐洲各國，剛建立時只有 7 個成員國。近年來國際清算銀行，逐而接受世界各國的中央銀行加入，截至 2018 年底，目前共有 60 個會員國的中央銀行。

國際清算銀行是以「股份公司」的組織架構所組成，亦即包括「股東大會」、「董事會」等。國際清算銀行的最高權力機關為「股東大會」，由認購股票的各國中央銀行的代表所組成。股東大會每年開一次決議年度會議，以決算資產負債表和損益表、利潤分配辦法和接納新成員國等重大事項。

股東大會下設置有「董事會」，董事會設置主席一位，若干名董事，定期開會，審議銀行的日常業務。董事會的職責乃制定國際清算銀行的政策方向，並監督行政部門執行日常性業務。

三、業務內容

國際清算銀行的主要任務是促進各國中央銀行的合作交流，並提供便利的國際金融業務，其業務內容如下：

1. 處理國際清算事務

早期，國際清算銀行就承擔歐洲地區各種國際機構的金融業務代理人，承擔著大量的國際結算業務。現在則提供世界各國中央銀行進行國際交流、以及貨幣清算的機制。

2. 辦理代理銀行業務

各會員國的中央銀行在國際清算銀行擁有帳戶，所以可辦理各會員國中央銀行的黃金或貨幣存款，以及買賣黃金、外匯、有價證券等；且辦理放款與貼現等業務。

3. 解決國際金融問題

國際清算銀行會定期的與各國中央銀行開會交流，商討有關世界經濟情勢與國際金融問題，分析協調國際的金融政策與經濟政策，促進各國中央銀行的合作，維持國際金融穩定。

四、資金來源

國際清算銀行的資金主要來源於三個方面：

1. 股本：由各會員國所繳納的股金。

2. 借款：向各會員國中央銀行借款，補充該行自有資金的不足。

3. 吸收存款：接受各國中央銀行的黃金存款和商業銀行的存款。

14-4 區域性國際金融機構

通常區域性的國際金融機構，其主要成立的目的協助區域的經濟與金融的發展。目前全球區域性的國際金融機構，比較早期成立的有「亞洲開發銀行」、「美洲開發銀行」、「中美洲經濟整合銀行」、「歐洲復興開發銀行」、「歐洲投資銀行」、「北歐投資銀行」、「非洲開發銀行」及「加勒比開發銀行」等八個機構。但近年來，新興國家經濟崛起，紛紛成立區域性的國際金融機構。如：2014 年 7 月，由金磚五國成立「新開發銀行」、以及 2014 年 10 月，由中國主導成立的「亞洲基礎設施投資銀行」，都將協助區域性國際金融的發展。因此本文此處亦將此兩新成立的金融機構加入一併介紹之。

一、亞洲開發銀行

亞洲開發銀行（Asian Development Bank, ADB），簡稱「亞行」，成立於 1966 年，總部設於菲律賓馬尼拉，目前共有 68 個成員，我國是創始會員國之一。該行為亞洲最主要之經濟發展機構，設有「亞洲開發基金」（Asian Development Fund, ADF），其目的在協助低度開發之會員國消弭貧窮。

亞洲開發銀行的宗旨：是向其會員國或地區成員提供貨款和技術援助；且幫助協調會員國或地區成員，在經濟、貿易和發展方面的政策；同時與聯合國及其專門機構進行合作，以促進亞洲在地的區域經濟發展。

二、美洲開發銀行

美洲開發銀行（Inter-American Development Bank, IDB）成立於 1959 年，總部設於美國華盛頓，目前該行現有 48 個會員國，該行於 1991 年起每年邀請我國以觀察員身分出席年會。

美洲開發銀行成立的宗旨：乃希望藉由各成員國的力量，對拉丁美洲國家的經濟、社會發展提供資金和技術援助，並協助它們加速經濟發展和社會進步作出貢獻。

三、中美洲經濟整合銀行

中美洲經濟整合銀行（Central American Bank for Economic Integration, CABEI），簡稱中美洲銀行，成立於 1960 年，總部設於宏都拉斯首都德古西加巴市。現有 15 個會員國，我國於 1992 年成為區域外會員國。

中美洲經濟整合銀行成立宗旨：乃在促進中美洲經濟整合及各會員國的經濟均衡發展，並為實現中美洲經濟整體化奠定財政基礎。

四、歐洲復興開發銀行

歐洲復興開發銀行（European Bank for Reconstruction and Development, EBRD），簡稱「歐銀」；成立於 1991 年，總部設在英國倫敦，歐銀現有 61 個會員及 34 個受援國及準受援國。我國以特別觀察員身分每年參加理事會年會，並與歐銀合作設立「臺灣 - 歐銀技術合作基金」（Taiwan Business-EBRD Technical Cooperation Fund），參與歐銀相關技術合作計畫；另我國自 2004 年起參與歐銀「初期轉型國家」（Early Transition Countries, ETC）基金計畫。

歐洲復興開發銀行成立宗旨：乃在在考慮加強民主、尊重人權、保護環境等因素下，幫助和支持東歐、中歐國家及獨立國協受援國，由計畫經濟轉型為市場經濟，並邁向民主政治及多元化社會。

五、歐洲投資銀行

歐洲投資銀行（European Investment Bank, EIB）於 1958 年創立，總部設在盧森堡。歐洲投資銀行是歐盟成員國合資經營的金融機構，目前會員國為 28 國。雖然 EIB 隸屬於歐盟之下，但其本身具有獨立的法律人格以及財務自主性。

歐洲投資銀行成立宗旨：乃在配合歐盟的政策，協助歐盟體內落後地區的興建項目，並對提供長期貸款或保證，將有助於會員國促進工業現代化結構改革；且促進歐盟會員國之間的整合、平衡發展以及經濟與社會的凝聚。

六、北歐投資銀行

北歐投資銀行（Nordic Investment Bank, NIB）為北歐五國於 1976 年創立，總部在芬蘭赫爾辛基，爾後，2005 年波羅的海三國（立陶宛、拉脫維亞、愛沙尼亞）加入，所以現共有 8 個成員國。

北歐投資銀行的成立宗旨；提供資金與國際擔保，給有益於北歐各國在外投資的計畫案；且通過各國銀行，對有益於北歐中小企業，在波羅的海各國的投資提供貸款。

七、非洲開發銀行

非洲開發銀行（African Development Bank, ADB）於 1964 年成立的地區性國際開發銀行，總部設於象牙海岸首都阿比讓。目前該行共有 77 個成員國所組成，其中共有 53 個非洲國家及 24 個非非洲區國家為其會員。

非洲開發銀行的成立宗旨：希望透過貸款、資本投資、以及技術協助的方式，來協助非洲地區國家在經濟、社會等方面的發展，幫助成員國研究、制定、協調和執行經濟發展計畫，以逐步實現非洲經濟一體化。

八、加勒比開發銀行

加勒比開發銀行（Caribbean Development Bank, CDB）是 1969 年成立，為加勒比海地區的一家區域性銀行，總部設在巴貝多布里奇敦。目前該銀行共有 26 個會員國所組成，其中由 21 個加勒比國家、以及 5 個非本地區成員所組成。

加勒比開發銀行的宗旨：乃促進加勒比地區成員國的經濟發展，推進經濟合作以及本地區的經濟一體化，為本地區發展中國家提供貸款援助。

九、新開發銀行

新開發銀行（New Development Bank BRICS, NDB）又稱金磚國家開發銀行（BRICS Development Bank），俗稱「金磚銀行」，是 2014 年由金磚五國家（包括：巴西 (B)、俄羅斯 (R)、印度 (I)、中國 (C)、南非 (S)）共 5 個會員國，共同倡議建立的國際性金融機構，總部設在中國上海。

金磚國家開發銀行其成立宗旨：是方便金磚國家間的相互結算和貸款業務，從而減少對美元和歐元的依賴，有效保障成員國間的資金流通和貿易往來。並為發展中國家提供基礎設施建設所需資金，進而促進金磚國家的經濟持續發展。

十、亞洲基礎設施投資銀行

亞洲基礎設施投資銀行（Asian Infrastructure Investment Bank, AIIB），簡稱「亞投行」，成立於 2014 年，總部設於中國北京。該行截至 2019 年 7 月，意向創始成員國確定為 100 個，其中區域內國家有 44 個、區域外國家有 25 個，以及簽約國家有 31 個。亞洲基礎設施投資銀行是一個向亞洲國家和地區政府，提供資金以支持基礎設施建設之區域性多邊開發機構。

亞洲基礎設施投資銀行其成立宗旨：乃在促進亞洲區域的建設互聯互通化和經濟一體化的進程，並且加強中國及其他亞洲國家和地區的合作。

Follow! 市場焦點

中國色彩濃……亞投行5年成效不彰　負債超過1/3資產

（圖文資料來源：節錄自自由時報 2021/01/07）

美國之音報導，亞洲基礎設施投資銀行（AIIB，亞投行）在中國主導成立，從 2016 年正式運轉迄今將屆滿 5 週年，觀察人士認為，亞投行成效和發展不如預期，對歐美日主導的國際援外秩序並未構成挑戰；最新財報顯示，截至去年 9 月底，亞投行資產規模僅約亞洲開發銀行（ADB，亞銀）的 8 分之 1，亞投行負債還超過本身資產 3 分之 1。

亞投行資產規模大概只有亞銀的 8 分之 1，兩者規模約 300 億美元對 2,500 億美元，由此來看，亞投行「發展得不如預期」；疫情明顯降低了

借貸國還債能力，使亞投行 2020 上半年的獲利和資產都出現嚴重減損或呆帳，其資產規模未如預期般那樣快速擴張，因此，亞投行必須要以現有規模去應對目前的資產和獲利減損。

報導指出，在部分觀察人士眼中，亞投行不僅未曾有過任何改變投資銀行圈內生態的壯舉，去年還受到武漢肺炎疫情的衝擊，對外投融資的態度漸趨保守；中國在武肺疫情之外，近年來還受洪災、豬瘟和美中貿易戰等內憂外患，連中共黨內對領導人習近平這類對外「大灑幣」路線都不無質疑的聲浪。

短 評

由中國主導的亞投行（AIIB）經過這年的運作，並未如當年外界認為會挑戰到世界銀行與亞洲開發銀行地位的誇大說法。近期，全球又受武漢肺炎疫情的衝擊，導致各國經濟衰退，也讓亞投行的資產受損，因此也削弱它的影響力。

14-5 歐美的中央銀行

全世界幾乎每個國家或區域都有期中央銀行，各國中央銀行是貨幣政策的最高執行指導機構。在國內，扮演著各種不同的角色，對一個國家的經濟發展與金融穩定，具有舉足輕重的影響性與獨特性；在國際，必須扮演著該國與國際經貿交流合作的重要橋梁。它也是整個國際金融組織架構下的基礎重要成員。

全世界最早成立具有中央銀行功能的國家銀行，是 1694 年英國成立的英格蘭銀行（Bank of England）。直到現今 21 世紀，全球的央行的家數已達 189 家左右。其中比較具有影響性的經濟大國的中央銀行，分別如：美國－聯邦準備理事會、歐盟－中央銀行、英國－英格蘭銀行、日本－日本銀行、中國－中國人民銀行等等。這些大國央行的政策舉動，都會對全球經濟發展產生重大影響。以下我們將介紹全球較大的二個經濟體的中央銀行制度，分別為—美國與歐盟。

一、美國

美國的中央銀行制度是採聯邦準備體系（Federal Reserve System），其乃根據 1913 年「聯邦準備法」所制定的。該體系的運作原則是採用「分權制衡」，乃將貨幣政策的權限分散至全國各區域與各部門。整個體系包括五大組織，分別為「聯邦準備理事會」、「聯邦公開市場委員會」、「聯邦準備銀行」、「聯邦諮詢委員會」以及「會員銀行」。

（一）聯邦準備理事會

聯邦準備理事會（簡稱「聯準會」或「理事會」）（Board of Governors of Fed, Fed）是聯邦準備體系的最高決策機構，由 7 位委員組成，其中 1 位為理事主席，其委員與主席皆由美國總統提名，參議院批准。委員任期通常為 14 年，不允許連任；理事主席任期 4 年，可以連任。

聯準會的主要的工作職權為調整市場的「法定準備率」與「貼現率」的水準，且因聯準會的 7 位委員是公開市場委員會的當然委員，由於公開市場委員會由 12 位委員組成，所以聯準會掌握過半的權利，所以具有實權參與制定「公開市場操作」的決策與方針。

（二）聯邦公開市場委員會

聯邦公開市場委員會（Federal Open Market Committee, FOMC）是公開市場操作政策的主導者，由 12 位委員組成，其中 7 名為聯準會委員，且紐約聯邦準備銀行總裁為當然委員，其餘 4 名委員由其他 11 家聯邦準備銀行總裁輪流擔任，任期 1 年。FOMC 的主席亦由聯準會主席擔任，副主席由紐約聯邦準備銀行總裁擔任。

聯邦公開市場委員會的職權主要是定期集會討論貨幣政策，並制定公開市場操作的方針。

（三）聯邦準備銀行

美國聯邦準備銀行（Federal Reserve Banks, FRBs）是聯邦準備體系的運作分支，全國共分成 12 個地區，各區設立一家聯邦準備銀行分管自己的轄區，且以所在地的城市[1] 命名。其中，紐約聯邦準備銀行為規模最大者，且總裁為 FOMC 當然委員，所以影響力最大。

---

1. 12家聯邦準備會銀行分別位於波士頓、紐約、費城、克利夫蘭、里奇蒙、亞特蘭大、芝加哥、聖路易斯、明尼阿波利斯、堪薩斯、達拉斯、舊金山。

　　聯邦準備銀行的職權為制定貼現率（但主導權仍在聯準會）、評估該地區哪些銀行可以獲得貼現放款。

（四）聯邦諮詢委員會

　　聯邦諮詢委員會（Federal Advisory Council）是由 12 家聯邦準備銀行分別選出 1 名董事所組成，共 12 名委員。其設立的目的在於廣徵各方的意見，以提供聯準會參考，為諮詢性質，不具決策權力。

（五）會員銀行

　　依「聯邦準備法」規定，所有經聯邦政府設立的國家銀行，都是聯邦準備制度的會員銀行（Member Bank），各州所設立的州立銀行可以自由選擇是否加入成會員銀行。會員銀行為聯邦準備體系的最基層，所以執行聯準會政策居多，對貨幣政策無實質表決權。

二、歐盟

　　歐盟的歐洲中央銀行體系（European System of Central Bank, ESCB）乃於 1999 年歐元誕生後開始運作。該制度是由歐洲中央銀行（European Central Bank, ECB）與歐盟各會員國的中央銀行（National Central Bank, NCBs）所共同組成。歐洲中央銀行（ECB）為制定歐盟的共同貨幣政策的主要決策單位，歐盟各會員國的中央銀行（NCBs）則負責執行貨幣政策。該制度的運作採「集體決策、分權執行」之原則，其組織結構由「管理委員會」、「執行理事會」與「一般委員會」這三大組織所組合而成。

（一）管理委員會

　　管理委員會（Governing Council）是 ESCB 的最高決策單位，其成員包括執行理事會的所有理事、以及採用歐元各會員國的中央銀行的總裁，理事任期為 8 年，NCBs 總裁任期至少 5 年。其職權乃負責制定歐盟區貨幣政策，並核定指導原則。

（二）執行理事會

執行理事會（Executive Board）的成員包括 ECB 總裁、副總裁與 4 位具貨幣專業素養的理事，共 6 人，理事任期為 8 年，不允許連任。其職權乃主要負責貨幣政策的操作，並擬定匯率政策、制定銀行管理規則、提供清算支付的運作機制以及發行歐元。

（三）一般委員會

一般委員會（Executive Board）的成員包括 ECB 總裁、副總裁以及歐盟各會員國的中央銀行的總裁。其職責主要執行 ECB 所指派的任務，由於仍有成員國未加入歐元區，因此須處理未加入歐元區會員國的央行和 ESCB 之間貨幣政策上的協調。

 市場焦點

歐洲央行維持史上最低利率　購債速度保持不變

（圖文資料來源：節錄自中央社 2021/04/23）

歐洲中央銀行（ECB）今天將政策利率維持在史上最低點，並維持現有大規模收購債券的緊急抗疫振興措施規模，以協助衰弱的歐洲經濟體克服 COVID-19 疫情危機帶來的巨大衝擊。

　　法新社報導，歐洲央行決議將主要再融資操作利率維持在 0%，邊際放款機制利率維持在 0.25%，存款機制利率維持在 -0.5%。最後一項代表銀行業若存放過多現金在歐洲央行，將須支付利息。

　　歐洲央行所採取的措施，包括提供銀行超低利貸款，目的是要將包含 19 國的歐元區借貸成本壓低，以鼓勵區域內的支出和投資活動，進而帶動經濟成長和通貨膨脹。

短 評

　　歐洲中央銀行（ECB）為了因應 COVID-19 疫情危機所帶來的巨大衝擊，提供歐盟許多成員國的銀行超低貸款利率，希望壓低 19 國的歐元區借貸成本壓低，以鼓勵區域內的支出和投資活動，進而帶動經濟成長。

一、選擇題

❖ 基礎題

( ) 1. 請問 IMF 是指何者？ (A) 國際貨幣基金 (B) 國際貨幣銀行 (C) 國際清算銀行 (D) 世界銀行。

( ) 2. 下列何者非國際貨幣基金的資金來源？ (A) 會員的所認繳的配額 (B) 向會員國借款 (C) 出售債券 (D) 出售黃金。

( ) 3. 請問下列非世界銀行集團的組織 (A) 國際復興開發銀行 (B) 國際金融公司 (C) 多邊投資擔保機構 (D) 美洲開發銀行。

( ) 4. 請問 BIS 是指何者？ (A) 國際貨幣基金 (B) 國際貨幣銀行 (C) 國際清算銀行 (D) 世界銀行。

( ) 5. 請問臺灣是何項國際金融機構的創始會員國？ (A) 美洲開發銀行 (B) 亞洲開發銀行 (C) 歐洲復興開發銀行 (D) 亞洲基礎設施投資銀行。

( ) 6. 請問下列何項國際金融機構，為近期中國積極主導下成立？ (A) 加勒比開發銀行 (B) 亞洲開發銀行 (C) 中美洲經濟整合銀行 (D) 亞洲基礎設施投資銀行。

( ) 7. 請問美國聯邦準備體系的最高決策機構為何者？ (A) 聯邦準備理事會 (B) 聯邦公開市場委員會 (C) 聯邦準備銀行 (D) 聯邦諮詢委員會。

( ) 8. 下列何者為歐洲中央銀行體系的最高決策單位？ (A) 管理委員會 (B) 執行委員會 (C) 一般委員會 (D) 仲裁委員會。

❖ 進階題

( ) 9. 下列敘述何者正確？ (A)IMF 的資金來源可來自出售所持有的有價證券 (B) 國際金融公司是世銀負責私人民間部門融資功能的國際組織 (C) 世界銀行集團包含國際清算銀行 (D) 美國公開市場委員會是聯邦準備體系的最高決策機構。

( ) 10. 下列敘述何者有誤？ (A) 世界銀行集團的成員，必須同時亦為國際貨幣基金（IMF）組織成員 (B) 臺灣是亞洲基礎設施投資銀行的創始會員國 (C) 美國聯準會的主要工作職權為調整市場的「法定準備率」與「貼現率」的水準 (D) 管理委員會是 ESCB 的最高決策單位。

❖ 證照題

(　　) 11. 有關特別提款權（SDR），下列敘述何者錯誤？　(A) 為國際貨幣基金所創設　(B)SDR 有具體的鈔票，並可像美元、日圓一樣，用作買賣、借貸的計值單位　(C) 於西元 1969 年，當國際貨幣基金創設特別提款權時，它的價值原具有一定的含金量　(D) 特別提款權的價值，受決於其他一籃子貨幣的價值，所以可稱之為「指數性貨幣」。　　　　(2011 三信銀)

(　　) 12. 有關各國中央銀行之敘述，下列何者正確？　(A) 美國聯邦準備體系依照由東至西的時區差異，將美國分成 3 個聯邦準備行政區，每個聯邦準備行政區各有一個聯邦準備銀行　(B) 歐洲中央銀行制度包括歐洲中央銀行與會員國財政部　(C) 英國英格蘭銀行為最古老的中央銀行　(D) 日本的中央銀行為三菱銀行，組織上獨立於政府之外。　　　　(2011 陽信銀)

二、簡答題

❖ 基礎題

1. 請問 IMF 的資金來源有哪些？

2. 請問世界銀行集團由哪些機構所組成？

3. 請問國際清算銀行的資金主要來源於哪幾方面？

4. 請問臺灣是哪一個國際區域性銀行的創始會員國？

5. 請問美國聯邦準備體系中，整個體系分成哪五大組織？

6. 請問歐洲中央銀行體系的組織中，整個體系分成三大組織？

❖ 進階題

7. 請簡述世界銀行集團各機構的主要任務？

8. 請說明美國聯邦準備理事會、聯邦公開市場委員會的主要工作內容與理事的組成情形？

CHAPTER A 中英文索引

1~3 劃

人壽保險公司 Life Insurance 2

上下限型權證 Caps /Floor Warrant 11

人工智慧 Artificial Intelligence, AI 1

上海證券交易所 Shanghai Stock Exchange, SSE 13

上海期貨交易所 Shanghai Futures Exchange, SHFE 13

大阪證券交易所 Osaka Stock Exchange, OSE 13

大連商品交易所 Dalian Commodity Exchange, DCE 13

小龍債券 Dragon Bonds 13

4 劃

中國金融期貨交易所 China Financial Futures Exchange, CFFE 13

不動產投資信託證券 Real Estate Investment Trusts, REITs 6

不動產基金 Real Estate Investment Trusts, REITs 7

不動產資產信託 Real Estate Asset Trusts, REAT 6

不動產證券化 Real Estate Securitization 6

中央銀行 Central Bank 2

中央銀行數位貨幣 Central Bank Digital Currency, CBDC 1

中美洲經濟整合銀行 Central American Bank for Economic Integration, CABEI 14

中國存託憑證 Chinese DR, CDR 13

中期債券 Medium-Term Notes 6

公司型基金 Corporate Type Fund 7

公司債 Corporate Bonds 6

公開發行 Public Offering 6

公債發行前交易 When-issued Trading 6

分割債券 Stripped Bonds 6

升值 Appreciate 8

支票存款 Check Deposits — 3

日本交易所集團 Japan Exchange Group, Inc. — 13

日本存託憑證 Japan DR, JDR — 5

牛熊證 Callable Bull/Bear Contracts — 11

5 劃

立即成交否則取消 Immediate or Cancel, IOC — 5

生物辨識 Biometric — 1

世界銀行集團 World Bank Group, WBG — 14

代銷制 Best Efforts — 5

加勒比開發銀行 Caribbean Development Bank, CDB — 14

包銷制 Firm Commitment — 5

北歐投資銀行 Nordic Investment Bank, NIB — 14

可交換公司債 Exchangeable Bonds — 6

可持續發展債券 Sustainability Bonds — 6

可賣回公司債 Putable Bonds — 6

可轉換公司債 Convertible Bonds — 6

可贖回公司債 Callable Bonds — 6

台北金融業拆款定盤利率 Taipei Interbank Offered Rate, TAIBOR — 3

外國通貨 Foreign Currency — 8

外國機構法人 Qualified Foreign Institutional Investor, QFII — 5

外匯 Foreign Exchange — 8

外匯市場 Foreign Exchange Market — 1,8

外匯保證金交易 Margin Trading — 8

外匯指定銀行 Do-Mestic Banking Unit, DBU — 8

外匯期貨 Foreign Currency Futures — 10

外幣存款 Foreign Currency Deposits — 3

巨災債券 Catastrophe Bonds — 6

市場創造者 Market Marker — 4,12

市價委託單 Market Order — 5

平衡型基金 Balanced Fund — 7

永續債券 Perpetual Bonds — 6

目標可贖回遠期合約 Target Redemption Forward, TRF — 9

去中心化金融 Decentralized Finance, DeFi — 1

6 劃

交叉貨幣息票交換 Cross Currency Coupon Swap	12
交叉貨幣基差交換 Cross Currency Basis Swap	12
交叉匯率 Cross Exchange Rate	8
交易所交易證券 Exchange Traded Note, ETN	7
交易所掛牌商品 Exchange Traded Product, ETP	7
交割 Clear	5
交換者 Users	12
仲介經紀商 Introducing Broker, IB	10,12
企業貸款債權擔保證券 Collateralized Loan Obligation, CLO	6
全部成交或取消 Fill or Kill, FOK	5
全球存託憑證 Global DR, GDR	5
全球型基金 Global Fund	7
全權委託投資業務 Discretionary Investment Business	5
共同基金 Mutual Fund	2,7
再保險公司 Reinsurance	2
名目本金 Notional Principal	12
名目匯率 Nominal Exchange Rate	8
地下金融 Undergound Financial	2
多邊投資擔保機構 Multilateral Investment Guarantee Agency, MIGA	14
存託憑證 Depository Receipt, DR	5
存款 Deposit	3
存款保險制度 Deposit Insurance	2
成長加收益型基金 Growth and Income Fund	7
成長型基金 Growth Fund	7
收益型基金 Income Fund	7
有組織的市場 Organized Market	1
有擔保債券 Guaranteed Bonds	6
次級市場 Secondary Market	1
次順位債券 Subordinated Debenture	6
自營商 Dealers	2
伊斯蘭固定收益證券 Sukuk	6

7 劃

住宅用不動產抵押貸款證券 Residential Mortgage Backed Securities, RMBS　6

利率平價說 Interest Rate Parity Theory　9

利率交換 Interest Rate Swap, IRS　12

利率指標交換 Index Rate Swap　12

利率期貨 Interest Rate Futures　10

即期市場 Spot Market　8

即期匯率 Spot Exchange Rate　8

投資信託公司 Investment Trust Corporation　2

投資顧問公司 Investment Consulting Corporation　2

投機 Speculation　10

投機者 Speculator　10

私募 Private Placement　6

私募股權基金 Private Equity Fund, PE　2

那斯達克股票交易所 National Association of Securities Dealers
　　　　　　　Automated Quotations, NASDAQ　13

邪惡基金 Vice Fund　7

亞洲基礎設施投資銀行 Asian Infrastructure Investment Bank, AIIB　14

亞洲開發銀行 Asian Development Bank, ADB　14

初次上市 Initial Public Offerings, IPO　5

初級市場 Primary Market　1

社會債券 Social Bonds　6

8 劃

到期日 Maturity Date　6

到期年限 Term to Maturity　6

到期收益率 Yield To Maturity, YTM　6

到期贖回利率 Yield To Put, YTP　6

咖啡、糖及可可交易所 Coffee Sugar & Cocoa Exchange, CSCE　13

固定利率貨幣市場工具 Fixed Rate CP or BA　4

固定匯率 Fixed Exchange Rate　8

垃圾債券 Junk Bonds　6

定期存款 Time Deposits　3

定期放款 Time Loans　3

定期儲蓄存款 Time Savings Deposits — 3

定盤利率 Fixing Rate — 3

居間交易商 Intermediary Dealer — 12

店頭市場 Over The Counter, OTC — 1

房地產放款 Real Estate Loans — 3

承兌匯票 Acceptance — 4

承銷商 Underwriter — 2

抵押債券 Mortgage Bonds — 6

抵押擔保證券 Mortgage Backed Securities, MBS — 6

放款 Loan — 3

東京商品交易所 Tokyo Commodity Exchange, TOCOM — 13

東京國際金融期貨交易所 Tokyo International Financial Futures Exchange, TIFFE — 13

東京證券交易所 Tokyo Stock Exchange, TSE — 13

武士債券 Samurai Bonds — 13

油價交換 Oil Swap — 12

法定準備金 Required Reserves — 4

直接金融市場 Direct Financial Market — 1

直接報價法 Direct Terms — 8

股利 Dividends — 5

股東 Shareholders or Stockholders — 5

股票 Stock — 5

股票股利 Stock Dividends — 5

股票型基金 Stock Fund — 7

股價交換 Equity Swap — 12

股價指數期貨 Stock Index Futures — 10

芝加哥商業交易所 Chicago Mercantile Exchange, CME — 13

芝加哥期貨交易所 Chicago Board of Trade, CBOT — 13

花旗銀行 Citigroup — 14

金磚國家開發銀行 BRICS Development Bank — 14

金融中介者 Financial Intermediary — 2

金融市場 Financial Market — 1

金融交換 Financial Swap — 12

金融行銷部門 Treasury Marketing Unit, TMU — 9

金融科技 Financial Technology, Fin Tech — 1

金融時報100種股價指數 Financial Times Stock Exchange 100
　　　　　　　　Stock Index, FTSE-100 13
金融商品 Financial Instrument 1
金融控股公司 Financial Holding Company 2
金融期貨 Financial Futures 10
金融債券 Bank Debentures 6
金融業拆款市場 Interbank Call Loan Markets 3
金融業拆款利率 Interbank Call Loan Rates 3
金融資產證券化 Financial Assets Securitization 6
金融監督管理委員會 Financial Supervisory Commission 2
金融機構 Financial Institutions 2
金屬期貨 Metallic Futures 10
長期債券 Long-Term Bonds 6
附買回交易 Repurchase Agreement, RP 4,6
附認股權證債券 Bonds with Warrants 6
附賣回交易 Reverse Sell Agreement, RS 4,6
雨傘型基金 Umbrella Fund 7
非洲開發銀行 African Development Bank, ADB 14
泡菜債券 Kim Chi Bonds 13

9 劃

非結算會員 FCM Non-Clearing Member 10
保本型基金 Guaranteed Fund 7
保險公司 Insurance Company 2
保險代理公司 Insurance Agency 2
保險經紀公司 Insurance Broker 2
信用卡公司 Credit Card Company 2
信用合作社 Credit Union 2
信用保證基金 Credit Guarantee Fund 2
信用違約交換 Credit Default Swap, CDS 12
信用增強 Credit Enhancement 6
信託投資公司 Investment & Trust Company 2
契約型基金 Contractual Type Fund 7
封閉型基金 Closed-end Type Fund 7

指數股票型基金 Exchange Traded Funds, ETF 　　7

指數型基金 Index Fund 　　7

指數型權證 Index Warrant 　　11

指數債券 Indexed Bonds 　　6

指標利率 Benchmark 　　6

政府公債 Government Bonds 　　6

政策性放款 Policy-related Loans 　　3

洋基債券 Yankee Bonds 　　13

洗錢 Money Laundering 　　2

活期存款 Demand Deposits 　　3

活期放款 Demand Loans 　　3

活期儲蓄存款 Savings Deposits 　　3

流通市場 Circulation Market 　　1

美式報價法 American Terms 　　8

美式選擇權 American Option 　　11

美式權證 American Style Warrant 　　11

美洲開發銀行 Inter-American Development Bank, IDB 　　14

美國存託憑證 American DR, ADR 　　5

美國洲際交易所集團 Intercontinental Exchange Group, ICE Group 　　13

美國國庫券 Treasury Bills 　　6

美國期貨自律組織 National Futures Association, NFA 　　10

美國聯邦準備銀行 Federal Reserve Banks, FRBs 　　14

英國倫敦銀行同業拆款利率 London Inter Bank Offer Rare, LIBOR 　　3,6,13

衍生性金融商品市場 Derivative Securities Market 　　1

限價委託單 Limit Order 　　5

香港交易所 Hong Kong Stock Exchange, HKEx 　　13

香港期貨交易所 Hong Kong Future Exchange, HKFE 　　13

10 劃

倫敦金屬交易所 London Metal Exchange, LME 　　13

倫敦國際金融期貨交易所 London International Financial Futures
　　　　　　　　　　　　& Option Exchange, LIFFE 　　13

倫敦黃金市場協會最新的定盤會員 LBMA Fixing Member 　　13

倫敦證券交易所 London Stock Exchange, LSE 　　13

原始保證金 Initial Margin …… 10

套利者 Arbitrageurs …… 10

套利型基金 Arbitrage Fund …… 7

息票交換 Coupon Swap …… 12

時間價值 Time Value …… 11

浮動利率可轉讓定期存單 Floating Rate Certificate of Deposit, FRCD …… 13

浮動利率債券 Floating-Rate Bonds …… 6

浮動匯率 Floating Exchange Rate …… 8

消費性放款 Consumer's Loans …… 3

特別股 Preferred Stock …… 5

特別提款權 Special Drawing Rights, SDR …… 14

紐約泛歐交易所 New York Stock Exchange-Euronext …… 13

租賃公司 Leases Company …… 2

紐約商品交易所 New York commodity Exchange, COMEX …… 13

紐約商業交易所 New York Mercantile Exchange, NYMEX …… 13

紐約期貨交易所 New York Board of Trade, NYBOT …… 13

紐約棉花交易所 New York Cotton Exchange, NYCE …… 13

紐約證券交易所 New York Stock Exchange, NYSE …… 13

能源基金 Energy Fund …… 7

能源期貨 Energy Futures …… 10

除息 Ex-dividend …… 5

除權 Ex-right …… 5

鬥牛犬債券 Bulldog Bonds …… 13

氣候債券 Climate Bonds …… 6

氣候期貨 Weather Futures …… 10

11 劃

區域性市場 Local Market …… 8

區域型基金 Regional Fund …… 7

區塊鏈 Blockchain …… 1, 10

區間遠期合約 Range Forward …… 9

商用不動產抵押貸款證券 Commercial Mortgage Backed Securities, CMBS …… 6

商品交換 Commodity Swap …… 12

商品期貨 Commodity Futures …… 10

商品期貨管理委員會 Commodity Futures Trading Commission, CFTC   10

商業本票 Commercial Paper, CP   4

商業性放款 Commercial Loans   3

商業承兌匯票 Trade Acceptance, TA   4

商業銀行 Commercial Bank   2

國內的金融市場 Domestic Financial Market   1

國內基金 Domestic Fund   7

國外基金 Offshore Fund   7

國庫券 Treasury Bills, TB   4

國際存託憑證 International DR, IDR   5

國際投資爭端解決中心 International Centre for Settlement of
Investment Disputes, ICSID   14

國際性市場 International Market   8

國際性黃金市場 International Gold Market   14

國際的金融市場 International Financial Market   1,13

國際金融公司 International Finance Corporation, IFC   14

國際金融業務分行 Offshore Banking Unit, OBU   6

國際清算銀行 Bank for International Settlement, BIS   14

國際貨幣基金 International Monetary Fund, IMF   14

國際復興開發銀行 International Bank for Reconstruction and Development, IBRD   14

國際開發協會 International Development Association, IDA   14

國際資本市場 International Capital Market   13

國際證券業務分公司 Offshore Securities Unit, OSU   6

基本匯率 Basic Exchange Rate   8

基差交換 Basis Swap   12

基準點 Basis Point, BP   6

專業銀行 Specialized Bank   2

晨星 Morningstar   7

晨星星等評級 Morningstar Rating   7

淨值 Book Value   5

淨資產價值 Net Asset Value, NAV   7

深圳證券交易所 Shenzhen Stock Exchange, SZSE   13

現金股利 Cash Dividends   5

現金增資 Seasoned Equity Offering, SEO   5

現貨交易 Cash Trading 10

理柏 Lipper 7

產物保險公司 Fire and casualty Insurance 2

產業基金 Sector Specific Fund 7

票券金融公司 Bills Finance Corporation 2

票面利率 Coupon Rate 6

票匯匯率 Demand Draft Exchange Rate, D/D 8

第三方支付 Third-Party Payment 2

組合型基金 Fund of Fund 7

組合型權證 Basket Warrant 11

貨幣市場 Money Market 1

貨幣市場基金 Money Market Fund 7

貨幣交換 Currency Swap 12

貨幣利率交換 Cross Currency Swap, CCS 12

軟性商品期貨 Soft Futures 10

虛擬貨幣 Virtual Currency 1,10

將軍債券 Shogun Bonds 13

開放金融 Open Finance 1

開放銀行 Open Banking 1

12 劃

透支 Overdraft 3

連續競價 Continuous Auction 5

創業投資公司 Venture Capital Company, VC 2

單一型權證 Single Warrant 11

單一國家型基金 Country Fund 7

換匯 Swap 8

換匯換利 Cross Currency Swap, CCS 8

普通股 Common Stock 5

普通貨幣交換 Generic Currency Swap 12

期貨公司 Future Corporation 2

期貨交易 Future Trading 10

期貨交易所 Future Exchange 10

期貨自營商 Futures Trader 10

期貨投資顧問 Commodity Trading Advisor, CTA ... 10

期貨基金 Future Fund ... 7

期貨基金經理人 Commodity Pool Operator, CPO ... 10

期貨結算所 Clearing House ... 10

期貨經紀商 Futures Commission Merchant, FCM ... 10

期貨營業員 Associate Person, AP ... 10

殖利率 Yield To Maturity ... 6

無組織的市場 Unorganized Market ... 1

無實體債券 Book Entry Bond ... 6

無擔保公司債 Non-Guaranteed Bonds ... 6

無擔保放款 Unsecured Loans ... 3

發行日 Issue Date ... 6

發行市場 Issue Market ... 1

短期票券循環信用融資工具 Note Issuance Facility, NIF ... 4

短期債券 Short-Term Notes or Bills ... 6

貴金屬基金 Precious Metals Fund ... 7

貶值 Depreciate ... 8

買入匯率 Buying\Bid Exchange Rate ... 8

買進買權 Long Call ... 11

買進賣權 Long Put ... 11

買斷 Outright Purchase, OP ... 4,6

買權 Call Option ... 8,11

貼現 Discount ... 3

超額準備金 Excess Reserve ... 4

郵政公司 Post Company ... 2

開放型基金 Open-end Type Fund ... 7

間接金融市場 Indirect Financial Market ... 1

間接報價法 Indirect Terms or Reciprocal Terms ... 8

集中市場 Listed Market ... 1

集合競價 Call Auction ... 5

堪薩斯期貨交易所 Kansas City Board of Trade, KCBT ... 13

13 劃

債券 Bonds	6
債券型基金 Bond Fund	7
債券遠期 Bond Forward	9
債券增額 Reopening Bond	6
債券擔保證券 Collateralized Bond Obligation, CBO	6
債務人 Debtors	6
債權人 Creditors	6
匯率 Foreign Exchange Rate	8
匯率操縱國 Currency Manipulator	8
搶帽客 Scalper	10
新加坡交易所 Singapore Exchange Limited, SGX	13
新加坡存託憑證 Singapore DR, SDR	5
新加坡國際金融交易所 Singapore International Mercantile Exchange, SIMEX	13
新加坡銀行同業拆款利率 Singapore Inter Bank Offer Rate, SIBOR	13
新加坡證券交易所 Singapore Exchange Limited, SEX	13
新開發銀行 New Development Bank BRICS, NDB	14
會員銀行 Member Bank	14
當日沖銷 Day Trade	5
當期收益率 Current Yield	6
經紀商 Brokers	2
資本市場 Capital Market	1
資本性放款 Capital Loans	3
資產基礎商業本票 Asset Backed Commercial Paper, ABCP	4
資產擔保證券 Asset Backed Securities, ABS	6
資產證券化 Asset Securitization	6
農畜產品期貨 Agricultural Futures	10
道德基金 Ethical Fund	7
道瓊工業指數 Dow Jones Industrial Average, DJIA	13
隔夜 Over Night, O/N	3
零成本選擇權 Zero Cost Option	9
零息債券 Zero Coupon Bonds	6
零售市場 Resale Market	8

電子支付系統 Electronic Payment System   2

電子票證 Electronic Stored Value Cards   2

電匯匯率 Telegraphic Transfer Exchange Rate, T/T   8

14 劃

境外可轉換公司債 Euro Convertible Bond, ECB   13

境外金融市場 Offshore Financial Market   1

境外國際金融市場 Offshore Financial Market   13

實質有效匯率指數 Real Effective Exchange Rate Index, REER 8

實質匯率 Real Exchange Rate   8

維持保證金 Maintenance Margin   10

臺灣存託憑證 Taiwan DR, TDR   5

臺灣期貨交易所股份有限公司 Taiwan International Mercantile Exchange, TAIMAX 10

認股權證基金 Warrant Fund   7

認售權證 Put Warrant   11

認購權證 Call Warrant   11

遠期市場 Forward Market   8

遠期交易 Forward Trading   10

遠期合約 Forward Contract   9

遠期利率合約 Forward Rate Agreement, FRA   9

遠期匯率 Forward Exchange Rate   8,9

銀行可轉讓定期存單 Bank Negotiable Certificates of Deposit, NCD 4

銀行承兌匯票 Banker Acceptance, BA   4

銀行間市場 Inter-bank Market   8

銀行對顧客市場 Bank-customer Market   8

障礙式選擇權 Barrier Option   11

網路銀行 Online banking   1

綠色債券 Green Bonds   6

數位金融 Digital Financial   1

熔斷機制 Circuit Breaker / Trading Curb   5

15 劃

價內 In the Money   11

價外 Out of the Money   11

價平　At the Money　11

價格報價法　Price Quotation　8

價格發現　Price Discovery　10

履約日期　Expiration Date　11

履約價值　Exercise Value　11

履約價格　Exercise Price　11

德意志交易所集團　Deutsche Borse Group, DBAG　13

摩根大通銀行　J.P. Morgan Chase　14

數量報價法　Volume Quotation　8

標準普爾　Standard & Poor's, S&P　7

標準普爾500指數　Standard & Poor's 500 Index, S&P 500　13

歐元區銀行間隔夜貸款利率　Euro Short-term Rate, ESTR　13

歐式報價法　European Terms　8

歐式選擇權　European Option　11

歐式權證　European Style Warrant　11

歐洲中央銀行　European Central Bank, ECB　14

歐洲日圓　Euro-Yen　13

歐洲存託憑證　European DR, EDR　5

歐洲投資銀行　European Investment Bank, EIB　14

歐洲美元　Euro-Dollar　13

歐洲美元存款　Eurodollar Deposit　13

歐洲英鎊　Euro-Sterling　13

歐洲商業本票　Euro-commercial Paper, ECP　13

歐洲通貨中期債券　Euro-medium Term Note, EMTN　13

歐洲通貨市場　Euro-currency Market　1,13

歐洲通貨銀行　Euro- Bank　13

歐洲期貨交易所　The Eurex Deutschland, EUREX　13

歐洲復興開發銀行　European Bank for Reconstruction and Development, EBRD　14

歐盟各會員國的中央銀行　National Central Bank, NCBs　14

歐盟的歐洲中央銀行體系　European System of Central Bank, ESCB　14

賣出買權　Short Call　11

賣出匯率　Selling\Offer Exchange Rate　8

賣出賣權　Short Put　11

賣斷　Outright Sell, OS　4,6

賣權 Put Option   8,11
鄭州商品交易所 Zhengzhou Commodity Exchange, ZCE   13

16 劃以上

擔保放款 Secured Loans   3
擔保債權證券 Collateralized Debt Obligation, CDO   6
積極成長型基金 Aggressive Growth Fund   7
融券 Short Selling   5
融資 Margin Purchase   5
貓熊債券 Panda Bonds   13
選擇權 Options   8,11
聯合放款 Syndicated Loans   13
聯邦公開市場委員會 Federal Open Market Committee, FOMC   14
聯邦準備理事會 Board of Governors of Fed, Fed   14
聯邦諮詢委員會 Federal Advisory Council   14
避險者 Hedger   10
避險型基金 Hedge Fund   7
點心債 Dim Sum Bonds   13
雙向報價法 Two-way Quotation   8
證券公司 Securities Corporation   2
證券放款 Loans for security   3
證券金融公司 Securities Finance Corporation   2
證券型代幣 Security Token   5
證券型代幣發行 Security Token Offering, STO   5
穩定幣 Stable Coins   1
寶島債券 Formosa Bonds   13
礦產基金 Mining Fund   7
競價 Competitive Offer   1
議價 Negotiated Offer   1
躉售市場 Wholesale Market   8
權利金 Premium   8,11
贖回貼水 Call Premium   6

國家圖書館出版品預行編目資料

金融市場 / 李顯儀編著. -- 四版. -- 新北
市 : 全華圖書股份有限公司, 2021.08
　　面；　　公分
　ISBN 978-986-503-870-0(平裝)
　1.金融市場
561.7　　　　　　　　　　　110014395

金融市場(第四版)

作者 / 李顯儀

發行人 / 陳本源

執行編輯 / 呂昱潔、柯雯麗

封面設計 / 楊昭琅

出版者 / 全華圖書股份有限公司

郵政帳號 / 0100836-1 號

印刷者 / 宏懋打字印刷股份有限公司

圖書編號 / 0821703

四版二刷 / 2023 年 08 月

定價 / 新台幣 520 元

ISBN / 978-986-503-870-0

全華圖書 / www.chwa.com.tw

全華網路書店 Open Tech / www.opentech.com.tw

若您對本書有任何問題，歡迎來信指導 book@chwa.com.tw

臺北總公司(北區營業處)
地址：23671 新北市土城區忠義路 21 號
電話：(02) 2262-5666
傳真：(02) 6637-3695、6637-3696

南區營業處
地址：80769 高雄市三民區應安街 12 號
電話：(07) 381-1377
傳真：(07) 862-5562

中區營業處
地址：40256 臺中市南區樹義一巷 26 號
電話：(04) 2261-8485
傳真：(04) 3600-9806(高中職)
　　　(04) 3601-8600(大專)

歡迎加入 全華會員

● 會員獨享

會員享購書折扣、紅利積點、生日禮金、不定期優惠活動…等。

● 如何加入會員

掃 QRcode 或填妥讀者回函卡直接傳真 (02) 2262-0900 或寄回，將由專人協助登入會員資料，待收到 E-MAIL 通知後即可成為會員。

如何購買 全華書籍 全華書籍

1. 網路購書

全華網路書店「http://www.opentech.com.tw」，加入會員購書更便利，並享有紅利積點回饋等各式優惠。

2. 實體門市

歡迎至全華門市（新北市土城區忠義路 21 號）或各大書局選購。

3. 來電訂購

(1) 訂購專線：(02) 2262-5666 轉 321-324
(2) 傳真專線：(02) 6637-3696
(3) 郵局劃撥（帳號：0100836-1　戶名：全華圖書股份有限公司）
※ 購書未滿 990 元者，酌收運費 80 元。

OpenTech.com.tw 全華網路書店

全華網路書店 www.opentech.com.tw
E-mail: service@chwa.com.tw

※ 本會員制如有變更則以最新修訂制度為準，造成不便請見諒。